帝王治国策

盛唐天子的治世之道

[唐]吴兢 著
冷月 编译

新世界出版社
NEW WORLD PRESS

图书在版编目（CIP）数据

帝王治国策 / (唐) 吴兢著 ; 冷月编译 . -- 北京 : 新世界出版社, 2016.7

ISBN 978-7-5104-5812-5

Ⅰ . ①帝… Ⅱ . ①吴… ②冷… Ⅲ . ①帝王—政治—谋略—中国—古代 Ⅳ. ①D691

中国版本图书馆CIP数据核字(2016)第118805号

帝王治国策

作　　者：[唐] 吴兢 著　冷月 编译
责任编辑：余守斌　赵政德
责任印制：李一鸣　黄厚清
出版发行：新世界出版社
社　　址：北京西城区百万庄大街 24 号（100037）
发 行 部：（010）6899 5968　（010）6899 8705（传真）
总 编 室：（010）6899 5424　（010）6832 6679（传真）
http://www.nwp.cn
http://www.nwp.com.cn
版 权 部：+8610 6899 6306
版权部电子信箱：nwpcd@sina.com
印　　刷：三河市骏杰印刷有限公司
经　　销：新华书店
开　　本：710mm × 1000mm　1/16
字　　数：390 千字　印张：21.25
版　　次：2016 年 7 月第 1 版　2016 年 7 月第 1 次印刷
书　　号：ISBN 978-7-5104-5812-5
定　　价：38.00 元

明宪宗序

夏商周三代君主以后，历朝历代的国政体制都比不上唐朝。在唐朝统治的近三百年时间里，最强盛的要算贞观年间。这是因为唐太宗励精图治，任用贤才，以魏征为代表的大臣们，为报答知遇之恩，纷纷争先进献良策，君主和大臣相辅相成，共治天下。君明臣贤，国家强盛是必然的。

后来有个叫吴兢的史官在采编故事的时候，按内容编为十卷，取名叫《贞观政要》。元代临川的学士戈直，又完善了考订和注释，附录了一些论述，使其更加完整。当时的一个大学士吴澄又为这本书题了词，他深信贞观的遗训世间不可能会失传。我在日理万机的闲暇之余，钻研史书，偶然看到这本书。我非常赞叹书中的君主有任贤纳谏的美德，臣子有尽忠献策的胆识。他们讨论国家的存亡、政教的得失，详细说明其中善恶利弊，值得借鉴，我很欣赏。不过因为这本书的撰刻年代比较久远，很多字已经模糊难辨，所以我想让有学识的大臣重新修订，让它永世流传下去。

呜呼！唐太宗真是一代明君，造福人世，功勋极其卓越，古往今来，很少有能赶超他的功业，可惜的是，他在修身养性这方面还比不上先秦之前的尧舜等帝王，国家的统治还不是特别稳固。我要效仿古代的明君，用更深刻的智慧，来宏大我的统治。虽然我的做法和这本书稍有出入，但是我仍然很推崇它，因为它升华了我的思考，对我创造更盛大的功业很有帮助。

我写下这篇序言，放在书的最前，让读者自己来鉴别吧。

成化元年八月初一日

作者序

本朝良相侍中安阳公源乾曜、中书令河东公张嘉贞二位大人，因为得遇圣明的朝代，做到宰相的高位。他们敬信三皇五帝之道，用来辅佐君主治理朝政。因为担心政事不能全部处理好，忧虑国家礼、义、廉、耻的治国纲领不能得到贯彻，所以他们总是克制私心，励精图治，缅怀以前的盛世，从来不敢有所懈怠。

唐太宗时，国家政令教化确实可观，自古以来，还从来没有过贞观年间一样的盛世。那时的政令教化、典章制度，以及君臣之间的言行举止等等，其中有不少值得垂示后人、发扬光大。两位丞相命令我，详细地加以甄别采录，在过去的基础上有所发挥。于是我收集了我所见过的资料，又参考过去的历史，列出大纲，并且注意了文采和准确性的有机结合，目的在于惩恶劝善，那样就可以将大唐的人伦之纪和军国之政更加完备地保存下来。全书总共为一函十卷，合起来共四十节，名为《贞观政要》。

每一个持家、立业、治国的人，只要能遵循贞观年间的成功经验，学习有用的知识，那么，本来可以长久的事业必将更加远大，本来伟大的功绩就会更加显著，又何必一定要追述尧、舜的教化，一定要遵守文王、武王的法度呢！

大唐卫尉少卿兼修国史吴兢撰

编　序

唐朝是中国古代最为灿烂的黄金时代。一代明君唐太宗与其臣子共同开创的“贞观之治”，是中国古代治国最高境界的代名词，也是大唐三百年基业最辉煌的顶点。

本书根据中华千年典籍《贞观政要》翻译而成。从10个方面记录了唐太宗君臣的言行举止，细致入微地向读者展示了世界性大国——唐朝的崛起之路。从唐玄宗开元年间面世开始，《贞观政要》就一直是历朝历代君王从小必读的教科书，可谓中国帝王学的第一经典。

然而，本书的真实价值远远超出了帝王学的范畴。除了是史政学者借以认知历史的古代典籍外，本书蕴涵着更多的神奇。在中华文化影响较为深远的许多地方，如日本、韩国和东南亚地区，许多大众读者都将本书作为立身处世的重要指南，从中汲取做事做人的道理。尤其是在经济界：日本企业家和港台地区、东南亚的华人企业家，早就将本书和《三国演义》《孙子兵法》并列为经营管理的必读经典；很多成功的企业家认为，与《三国演义》《孙子兵法》侧重计谋和策略相比，本书讲述的是更为重要的经营根本之道。

这次编译所用的底本，是《四库全书》所采用的元朝戈直集论本。由于译者水平所限，不足之处，望各界书友不吝指正。

唐太宗像

唐太宗，名李世民（599—649），唐朝第二位皇帝。在位期间开创了著名的『贞观之治』。

目录

贞观政要原文

第四卷

第五卷

第六卷

第七卷

第八卷

第九卷

第十卷

附录

【第一卷】

总则

【第一节】
治国大纲

必先修身　然后治国

贞观初年时，唐太宗对身边的大臣说："君王治理天下，必须先养护百姓。如果以损害百姓的利益来供奉君王自己，那么就好比是割自己大腿上的肉来吃，肚子是饱了，但人却丢了性命。想要天下安定，国君必须先修正自身的德行，没有身正而影子歪，君上安顺而臣下却叛乱的。我每每想到，使人们受到伤害的不是身外之物，而都是由自身的贪欲带来祸害。君王如果沉溺于声色美味之中，他贪欲得越多，那么造成的祸害必然也就越大，既妨碍国家政事，又扰乱百姓民生。一旦再讲出一些不太明智的话来，就会使得无数臣民离心离德，长此以往，离弃和背叛恐怕就接踵而来了。我每次想到这点，就不敢有一丝的骄奢和懈怠。"谏议大夫魏征回答说："古代的圣君明主，也都观察身边的事物，并由此而推断出世间万物的规则。从前楚王礼聘贤人詹何，向他讨教治国的诀窍，詹何回答说要修养个人的德行。楚王又问詹何具体该如何施行，詹何说：'我从来没听说过有国君修正自身的德行而国家亡乱的。'陛下所说的道理，其实就和古代圣贤的观点一样。"

明君兼听　昏君偏信

贞观二年时，唐太宗问魏征道："怎么样才算是明君？怎么样才算是昏君？"魏征说："君王之所以圣明，就在于他能广泛听取臣下的不同意见；而君王之所以昏庸，就在于他只听信个别亲信之人的一面之词。《诗经》上说：'先辈们总说，国家有疑难事情无法解决，就询问山上的砍柴人。'上古明君尧舜的治国方法，是广开任用贤才之门，遍听四方的意见。所以圣人的圣明普照天下，共工、鲧之类的奸徒不能蒙蔽他；什么花言巧语都不能迷惑他。秦二世胡亥把自己和人民隔离起来，只听信奸佞小人赵高，结果到了天下都已叛变，他还被蒙在鼓里。梁武帝偏信朱异，结果叛贼侯景带兵进攻皇城时还一无所知。隋炀帝也是偏信虞世基，结果连各路英雄义军已经在到处攻城略地了，他身为皇帝却一点都不知道。所以身为君王的人，只要多听听各路的消息，多采纳臣下的意见，那么随便哪个权贵都不可能堵塞言路、蒙蔽君上，这么一来，下面的情况就能够如实地传递给君王。”唐太宗非常赞赏魏征的这些话语。

汉殿论功图　【明】刘俊

此图取材于汉殿论功的典故。汉高祖刘邦初立，功臣争功邀赏，致拔剑砍殿柱。叔孙通乃说高祖召鲁地诸生，规定朝仪，高祖大喜，以为如此始知皇帝之尊。

创业不易　守业更难

贞观十年时，唐太宗对身边的大臣说：“帝王的功业，创业和守成哪个更难？”尚书左仆射房玄龄回答说：“天下大乱的时候，群雄并起，只有攻破敌阵才能让对手投降，战胜敌军才能让对手归顺。从这个角度来说，是创业比较难。”魏征回答说：“天命的帝王兴兵逐鹿天下，必然是乘着天下衰败混乱的时机，推翻百姓厌恶的前朝，上天授命，百姓支持，并不算太难。但是得到天下之后，君王往往就骄奢纵欲，老百姓想要过平静安逸的日子，君上却总是无休止地强征徭役，统治者生活奢靡而百姓的生活凋敝不堪，一个国家的衰落就是这样开始的。这么说的话，还是守成更难啊！”唐太宗说：“房玄龄跟随我一起打天下，九死一生，历尽艰辛，所以感受到了创业的不易。魏征帮我治理天下，担心一旦开启骄奢淫逸的风气，那就必然会使国家陷入危亡的境地，所以感受到守成的艰难。现在创业的艰难已经成为过去，只有守成的困难摆在眼前，我一定会和诸位一起面对这个困难。”

经营治理　唯在德行

贞观十一年时，魏征给唐太宗上呈奏疏说：

“我注意到，自古以来，受命掌控国家的君王，都希望自己能像天地一样德行深厚，像日月一样光耀天下，自己开创的皇位子子孙孙世代传递，永无止境。然而能始终坚持的实在罕见，一个个相继败亡是这些朝代与国家的最终命运，这到底是什么原因呢？这是因为他们没有遵守治理天下的规律。前代的经验就在眼前，可以引以为戒。

隋炀帝杨广像　【唐】阎立本

“隋朝当时统一天下，兵强马壮，立国三十多年，盛名远播，威震万里之外的异邦，有朝一日背离了天下治理的规律，马上就被人取而代之。隋炀帝难道就那么讨厌天下的安定，一心不顾国家的长治久安，故意效仿夏桀的暴行，以便让国家快点灭亡吗？不是的，他只是仗着自己国家富强，以为自己可以不顾后果地随意行事。他驱使天下百姓为所欲为，竭力搜刮天下的财物以供他一个人享受，强征国内的美女，到处寻访各种奇珍异宝。宫殿花园的装饰极为华美，亭台楼阁的构建极为壮丽，徭役无休无尽，战争更是接二连三。外表看起来庄重威严、不可侵犯，实际上内部已经是危机重重。邪恶奸佞之徒享受好处，忠诚正直之人却性命不保。君臣上下互相蒙蔽，老百姓生活艰苦不堪，国家也因此而崩溃。隋炀帝以九五之尊，最终命丧一个凡人之手，其子孙血脉也因此断绝，被全天下人所耻笑，这难道还不够令人心痛吗？

“陛下乘着巧合的机缘，拯救苍生于水火之中。不到十二个月，就使远近的人民过上了秩序井然的日子。相信不久的将来，就会使天下祥和安定，刑罚杀戮趋于无用。现在皇上宫殿楼台都已经拥有，各种奇珍异宝也都应有尽有，美女佳人都在身边服侍，全天下人都成为您的臣民。如果皇上能借鉴隋朝失败的教训，记住我朝得天下的原因，每天谨慎处事，即使休息时也不能完全懈怠，烧掉鹿台华而不实的宝衣，毁掉像阿房宫一样无用的宫殿，住在壮美的楼宇也能心忧天下的危亡，身处简陋的房舍也能心怀百姓的安定，那么一定会与天地神灵合为一体，达到天下无为而治的境界，这便是君王德行的最高境界了。如果舍不得已经建好的华丽宫殿，那么就让它保留原样，去除掉不急需的供奉，尽量减少不必要的享受，使普通的茅屋和华丽的豪宅能够同时并存，让玉制台阶和一般石级可以掺杂并用，使老百姓乐于被君王驱使，但又不竭尽民力，时常感念享受者的安逸与劳动者的辛劳，让亿万百姓乐于见到你的到来，而主动顺从你的统治，这是君王德行的第二层境界。如果一意孤行，不顾百姓死活，不知善始善终，忘记创业者的艰难，以为自己有天命的倚仗，便可为所欲为，抛弃打天下时的朴素作风，一味追求华丽广大的宫殿楼阁，在原来的基础上大肆扩建，广为修饰，其他的事情也是类似这样，做事不知道节制，人民看不到他的功德，只看见劳役越来越多，这就是君王德行的最低一层境界了。这好比是背着柴草去救火，搅动开水来阻止滚水的沸腾，用新的暴政来取代旧的乱世，这样的后果实在是不堪设想，更不用说后代子孙如何看待了！当局者没有处理好政事必然会招致人民的怨恨，而人民的怨恨又会引发神灵的愤怒，神灵一旦愤怒，就要降灾难于人间，而一旦灾难降临，那么民变和叛乱恐怕就不可避免了，而变乱如果已经发生，居上位者要保全身家性命就很难了。我大唐顺应天意改朝换代后，将有千百年的国运，江山社稷子子孙孙万代相传，可是得江山这么艰难而失江山如此容易，为人君主者怎么可以不认真考虑这个问题呢？”

正本清源　行善积德

同一个月，魏征又上表奏疏说：

“我听说要想让树木长得高大，一定要先使其根基稳固；要想让河水流得长远，一定要先疏清它的源头；要想让国家长治久安，一定要广积德行道义。源头未疏清却希望江河流得长远，根基不稳固却想要树木长得高大，德行不丰厚却想要国家安定，我虽然愚蠢无知，也知道这是不可能的，何况陛下这么圣明！君王身为一国之主，身居天下要冲，地位如同天地一样崇高，永生享受荣华富贵，如果不能居安思危、用

唐皇帝出巡仪仗图　佚名
陕西省乾县李重润墓室壁画

节制的美德来取代奢侈的劣习，不能积累深厚的德行，而沉溺于各种欲求不可自拔，那么就和砍掉树根还想让树木长得更高大、堵塞源头却想让江河流得长远一样荒谬了。

“通常开创功业的君王，顺承天命，没有一个不是时刻铭记前朝的教训而德行卓著的，一旦取得天下，却往往很快德行就变得衰微了。开始创业时做得非常好的实在不在少数，而能够将美德坚持到最后的却非常罕见，难道真的是创业容易而守业非常艰难吗？原来打天下时气定神闲，现在守天下时却捉襟见肘，这是为什么？天下未定时，都尽力以诚心对待臣下；而一旦赢得天下，马上就倚仗自己的权势，放纵自己的欲望，以自己的尊贵来轻视全天下的事物。诚心相待，就算异族蛮夷也会觉得是一家人，而轻视天下，就算是亲生的兄弟骨肉都会形同陌路。就算是以严刑威势强行压制下去，终究是仁义不施，臣民即便是表面上恭顺得很，内心却不可能真正信服。怨恨的大小还不是最根本的问题，人民的力量终究才是最可怕的，就像水一样，可以让船舶浮行也可以让船舶翻覆，小心谨慎是唯一的办法。马车飞驰而勒马的缰绳却已经腐朽，面对如此危险的境地，怎么可以有一丝的疏忽呢？

“统治天下的君王，如果看到自己的欲求就能想到自我节制，方可知足常乐，决定做一件事情就想到适可而止方能安定人心，担忧居高位的危险就想到要谦逊才能自知，害怕自己骄傲自满就想到要像江海容纳千百条河流一样度量宽大，乐衷于游玩打猎时就想到应该适当地给老百姓留一条生路，担心自己松懈而想到做任何事情都要善始善终、坚持不懈，担心被人蒙蔽而想到要虚心采纳听取臣下的意见，担心自己听信奸邪的谗言而想到要修正自身、远离邪恶之徒，实施赏赐恩惠就想到会不会因自己一时的喜好而使无功者受禄，而施加惩罚就想到会不会因自己一时的厌恶而使无罪者受刑。这总共十个念想。只要能弘扬上面说的这些美德，选拔人才并委托重任给他，接近贤士并听取他的意见，那么聪明人就会奉上他所有的智慧，勇士将乐于为国献力，仁人到处施加恩惠，义士也会献出他的忠诚。文臣武将互相争着为国效力，君王和臣民相安无事，这样国君自然也就可以尽情游玩、像古代的仙人一样颐养天年，不用太过劳神，天下就自然而然会得到治理。何必时时伤脑筋冥思苦想，代行臣下的职责，让自己耳目劳累不堪，违背无为而治的治国之道呢？”

唐太宗亲笔回复魏征说：

“看到你几次上书，写得确实诚恳，可以说是言尽意切。使我阅读的时候忘记了疲倦，常常不自觉读到半夜。如果不是你深切地关心国事，希望开导我的思路，怎么会向我提出这么好的谋略，指正出我的过失！我听说晋武帝从统一吴国后，就一味地追求骄纵奢侈的生活，不再关心国事。晋朝的何曾退朝后对他的儿子何劭说：‘我每次上朝看到皇上不说国家大事，却说一些没用的生活小事，就知道他不是能将功业延续给子孙后代的明君，你或许还可以免于乱世，’他指着旁边的几个孙子说，‘他们一定会在乱世中丧命。’后来他的孙子何绥果然死于乱世中的酷刑。以前的史书都称赞他有先见之明，但我不这么认为，我觉得何曾是对国君不忠不孝，罪过很大。作为臣子，应该上朝时想着要尽忠职守，下朝后想着弥补君王的过失，帮助君王实施仁政，匡正君王的过错。这样国家才会得到治理。何曾身为国家重臣，地位崇高，责任重大，应该直言不讳，以治理天下的大法辅佐君王。但他下朝后乱议朝政，上朝时却不敢谏言，如果以为这种人明智，那就大错特错了！国家危急时却不能加以扶持，还要你这个宰相干吗？你的诚恳建议，让我知道了自己的过失。我会将这份奏折放在案台上，以便时时提醒自己。希望到我晚年的时候，国家可以治理好，不让良臣盛世的欢歌只出现在远古的时代，我们君臣之间，现在就像鱼和水一样亲密无间。这么晚才回复你的中肯建议，希望你不要有什么犹豫，继续直言上谏。我将会虚心地听从你的美言。”

晋武帝司马炎像　【唐】阎立本

居安思危　艰难守业

贞观十五年时，唐太宗对身边的大臣说：“守天下难不难？”宰相魏征回答说：“很难。”唐太宗说：“任用贤能的大臣，采纳臣下的谏言，这样就可以了。怎么说很难呢？”魏征回答说：“我观察从古到今的帝王，在一开始忧患危急的时候，可以任用贤能之士，采纳逆耳的谏言。等到局势安定，形势明了后，内心往往便生安逸懈怠，让议事的大臣都战战兢兢、诚惶诚恐，这么日积月累下来，最终使国家走向了衰败。古代圣人之所以说居安思危，就是因为这个原因。国事安逸的时候，却要求君王能保持足够的警惕，这难道不是很困难的事情吗？”

【第二节】
施政要略

利害得失　了然于心

贞观初年的时候，唐太宗对萧瑀说："我年轻的时候喜欢弓箭，自以为已经懂得其中所有的奥妙。最近得到十几张良弓，拿给造弓箭的工匠看。工匠说：'都不是好的材料制作的。'我问他为什么，工匠说：'如果木心不正，那么木料的纹理就不整齐，造出来的弓虽然刚劲有力，但箭射出去的轨迹却不直，所以不能算是好弓。'我这才领悟过来。我用弓箭平定四方，用过的弓非常多，但仍然不懂其中的道理。更何况我统治天下的时间这么短，对其中道理的认识，肯定还不如弓，我在弓上都会犯错误，更不用说治理天下的道理了。"从这以后，唐太宗要求五品以上的在京官员，轮流住到中书省，每次召见他们，都让他们坐下来和他谈话，询问他们外面的实际情况，务必让自己知道天下百姓的疾苦以及国家政策的得失。

独善其身　终害自身

贞观元年时，唐太宗对黄门侍郎王珪说："中书省指定的政令文件，门下省经常有不同的意见。有时候，甚至是两边都有过失，却互相指责对方的不是。我们设定中书省和门下省这两个部门的本来用意，就是要让两者之间互相监督，避免过失和错误。人们对事情的意见，本来就会各有不同，有对有错，但都是为了公事。如果只知道掩盖自己的缺点，害怕别人指正自己的过失，有人议论他们的是非，便记恨在心。或者因为要避免私人的恩怨，照顾他人的颜面，明明知道决策有误，却不指正出来就执行下去。由于不愿意违

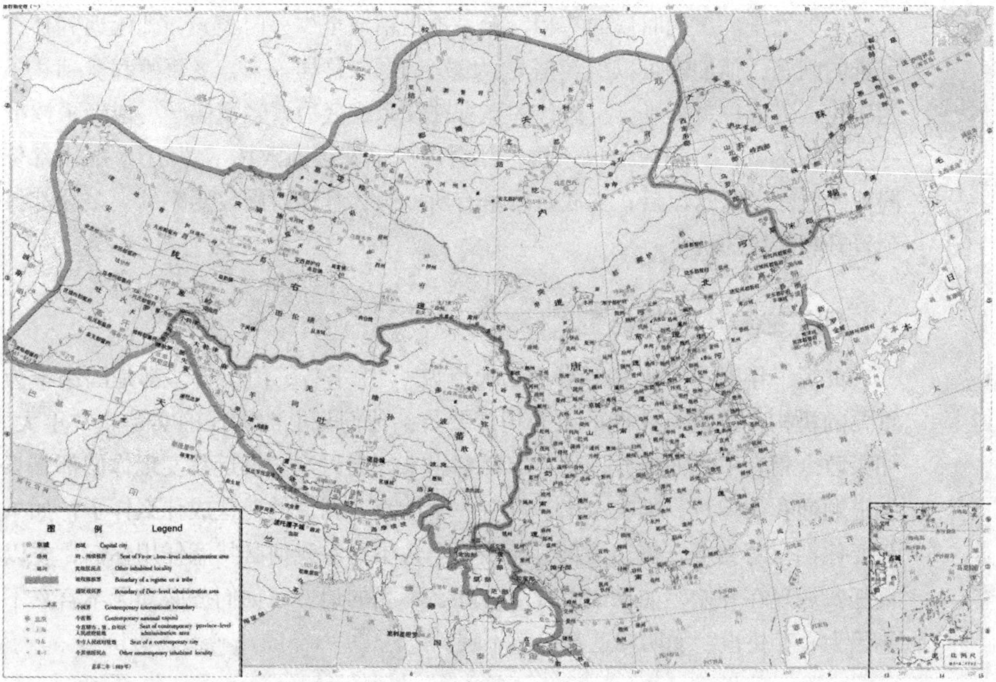

唐总章二年（669年）疆域图

唐高宗李治为唐太宗第九子，唐朝第三位皇帝。他在位期间唐朝版图拓展至最大。

背一个官员的情面，却一下子导致千万人的祸害。这其实是使国家衰亡的做法，你们一定要注意防止出现这种错误。隋朝时，内外百官都是别人说什么就是什么，完全不敢有自己的见解，最终导致国家的祸乱，我们现在多数人都没能深入地思考这个问题。当时那些人都以为自己可以独善其身，表面上顺从、背后却风言风语，以为祸害不至于降临到自己身上，结果到了天下大乱的时候，全都国破家亡，少数侥幸保存性命的人，虽然没有死于非命，也活得非常艰难，并且深为当时的舆论所谴责。你们一定不要有独善其身、保存自我的想法，要尽职奉公，坚守公义，遇到问题要一起讨论、相互启发，千万不要人云亦云，千篇一律。”

清静无为　崇尚儒术

贞观二年时，唐太宗对黄门侍郎王珪说：“近代的君臣对国家的治理，往往比古时候的君臣要差，这是为什么？”王珪回答说：“古时候的帝王治理天下，都崇尚清静无为，以百姓心里所想为执政的第一准则。近世的君王却往往以损害百姓的利益来满足自己的贪欲，任用的执政大臣，也都不是懂得经学儒术的饱学之士。汉代时候的宰相，无一不是精通至少一门经典，朝廷遇到什么疑难的问题，他们都可以引经据典、解决问题。这样一来，老百姓都受到礼乐的教化，天下也就太平了。近代的皇家往往重视武力，轻视儒学，或者再掺杂一些法家的方法，崇儒之风不再，社会风气也就逐渐败坏了。”唐太宗非常赞同他的看法。从这以后，文武百官里有所专长，且懂得施政要略的，多数都得到晋升和提拔的机会。

闻过必奏　有错必究

贞观三年时，唐太宗对身边的大臣说：“中书省、门下省，都是国家最为重要的机构，挑选有才能的人来担任要员，他们身上的责任确实是非常重大。如果政令稍有不妥的地方，就一定要拿出来一起讨论。最近我发现你们都是只知道顺迎我的旨意，唯唯诺诺，没有一个敢直言相谏的，这成什么样子？如果只要你们写写文书、传达消息，随便哪个人不行？我何必特意任用你们，委以重任？从现在开始，如果诏书政令有什么不妥的地方，你们务必知无不言，不能因为心存畏惧，明明知道却一声不吭。”

君臣互信　各司其职

贞观四年时，唐太宗问萧瑀说：“隋文帝是怎么样的一名君主呢？”萧瑀回答说：“隋文帝能够克制自己，遵从礼法，勤政爱民，经常太阳落山时还在处理政务，经常传诏五品以上的官员，和他们坐下来谈论事情，他的侍卫因此经常要站着轮流吃饭，他的品性即使不是至为仁义明智，也算是励精图治的君主了。”唐太宗说：“你只知道其一，不知道其二。隋文帝这个人性格过于严厉但是不够明智。因为不够明智所以难免有疏漏的地方，因为严厉难免有多疑之心。而且由于他的天下是从孤儿寡母手中抢过来的，他一直担心朝廷群臣心有不服，所以无法信任各部的官员，结果事事亲力亲为。这样一来，尽管把自己累得不行，也不能让每件事情都做得顺利圆满。臣属都知道他的用意，但却又不敢直接谏言，所以，从宰相开始一直往下的所有文武百官，都只能顺承他的意旨，不敢提出别的意见。我的看法和他完全不同，天下这么广大，百姓不计其数，需要处理的事情千头万绪，必须学会变通处理，要委托各部官员研究好，交由宰相审议谋划稳妥后，才能让君王来决定是否施行。怎么可以让皇帝一人每天处理那么多政务呢。再说了，就算他每天亲自处理十件事情，有五件事情决策有失，决策好的当然没问题，但决策失误的该怎么办呢？如此日积月累，错误肯定就会越来越多，这么一来，国家怎么可能不灭亡呢？如果多任用一些贤良的大臣来代为处理政事，自己在宫中居高临下，时刻注意百官的行为，法律政令严格照章执行，这样还有谁敢胡作非为呢？”唐太宗于是通知各部官署，如果发现朝廷颁布的诏书有不妥当的地方，一定要上奏，不能简单顺承旨意随便施行，而要尽到臣下的责任和义务。

上下猜疑　治国大忌

贞观五年时，唐太宗对身边的大臣说：“治理国家和病人养病没有什么不同。病人病情好转时，就越需要小心护理，如果这时候没有休养好，导致再次发病，就会送掉性命。治理国家也是这样。天下开始安定的时候，更要小心谨慎，如果这时候就开始骄纵安逸，必然使国家走向败亡。现在整个国家的安危，都系在我一个人身上，所以我必须一天比一天谨慎，即使在休息的时候也不能过于松懈。我的手脚耳目，其实是寄养在你们身上，君臣之间的道义把我们联系在一起，我们应该同心协力，如果事情有不妥当的地方，你们都可以对我畅所欲言，无须隐瞒。如果君臣之间互相猜疑，不能亲密无间，那就是国家的祸害了。”

心存畏惧　国运长久

贞观六年时，唐太宗对身边的大臣说：“我观察古代的帝王君主，有兴盛的时候，也有衰败的时候，就好像有日出就必然有日落一样，其实都是因为耳目被蒙蔽，不知道政事的真正得失，忠诚正直的大臣无法上谏规劝，邪恶谄媚者却天天谗言不止，既然无法知道自己的过失，当然就会最终导致灭亡。我身居九重之上的高位，无法亲自看见天下所有的事情，因此才委托你们，作为我的耳目，帮我仔细察看天下。不要以为现在天下太平，四海安宁，便忘记了你们的职责。《尚书》上说：百姓所爱戴的不就是君王吗？君王所畏惧的不就是百姓吗？作为君王，有德行老百姓就拥护他，没有德行百姓就抛弃他，这实在是令人感到敬畏啊。”魏征回答说：“自古以来，失去国家的君王，都是因为在国家安定强盛的时候，忘记了国家倾覆灭亡的危险，所以不能长久地统治国家。现在陛下已经拥有整个天下，国家内外安定平和，如果能留心治理天下的道理，时常保持如履薄冰、如临深渊般的谨慎，那么国家的运数自然会变得长久。我还听古人说：‘君，舟也；人，水也。水能载舟，亦能覆舟。’陛下认为这种情况值得警惕，确实如此。”

小事不做　大事必败

同一年，唐太宗对身边的大臣说：“古人说：将要跌倒而不去扶持，已经跌倒了还不去救起，那还要辅佐的人干什么？君臣之间有那么深的道义，臣下怎么能不尽忠职守、辅佐君王呢？我每次在书上看到夏桀杀大臣关龙逄，汉景帝杀大臣晁错时，都发自内心地放下书不停叹息。你们只要能严词直谏，对政事有所帮助，我肯定不会因为你们冒犯君王、违反圣旨而随便施加惩罚或责骂。我最近在朝上的决议，也有违背大唐律令的。你们以为这是小事情，都不点出来。所有大事都是从小事开始的，小事不在乎，大事一来肯定也不敢补救，国家社稷的倾覆危亡，都是这么开始的。隋朝皇帝残暴对待臣下，最终死于平民之手，举国上下，没有几个人为他感到心痛惋惜。你们为我思考隋朝灭亡的教训，我也记着关龙逄、晁错的无辜被杀，君臣互相保全，这样难道不就是最好的结果吗？”

齐心协力　成功在即

贞观七年时，唐太宗和秘书监魏征在一起漫谈从古至今天下治理的得失经验，唐太宗说：“现在天下刚刚经历大乱，短时间内恐怕很难治理好。”魏征回答说：“不是的。人们在危急的时候，就会担忧自己性命不保；担心性命不保就会希望天下安定；希望天下安定就会容易教化。所以乱世后百姓容易教化，好像肚子过度饥饿的人给什么都好吃一样。”唐太宗说：“仁义的君主治理天下，要一百年才能使天下太平、刑罚无用。现在大乱之后，希望很快得到治理，难道不是奢望吗？”魏征说：“这是对普通的君主来说的，圣明的君主就不同了。圣明的君主施行仁政，上下同心，人民的配合就像声音的回响一样快，一年达到天下大治程度应该不太难，如果三年才治好，已经是有点久了。”唐太宗赞同魏征说的道理。封德彝等人反对说：“上古夏商周三代以后，人心逐渐狡诈难测，所以秦朝一心用严厉的法律来治理天下，汉朝也杂用霸道来治理国家，都是想教化人民而不能达到目的，难道说可以教化而当时的君王不想吗？陛下如果听信魏征的话，恐怕会使国家走向败亡。”魏征解释说：“三皇五帝并不是等前代的乱世遗民全部死掉，才实现国家的大治。施行王道还是帝道，不是最根本的问题，根据当时的需要来推行教化的内容，天下自然治理。只要考证典籍就知道这些道理。当时黄帝和蚩尤连续大战七十多次，天下可以说非常之乱，但黄帝战胜蚩尤后，天下就太平了。九黎叛乱，颛顼出兵征伐，平定叛乱后，同样教化也就实现了。夏桀暴虐，商汤将他流放，天下在商汤在位的时候就实现了太平。商纣王无道，被周武王讨伐，武王的儿子成王也就实现了太平。如果说世风不好，人心日渐狡诈，不像上古一样淳朴，那么演变到现在应该人人的品性都像鬼魅一样可怕了，怎么还能有被教化的可能性呢？”封德彝等几个人都无法再反驳魏征，但还是坚持说魏征的观点不对。唐太宗却听从魏征的意见，每日厉行勤政，不知疲倦，数年之内，国家果然太平安

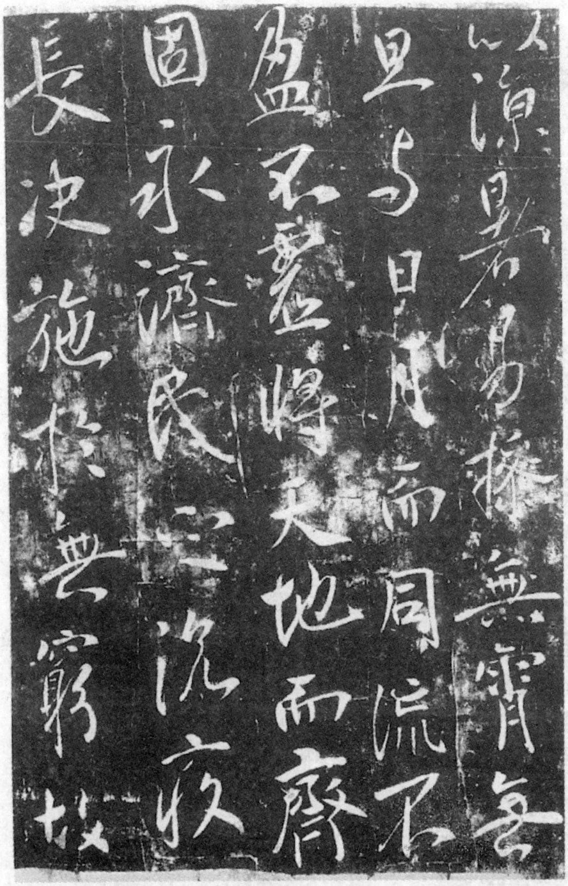

温泉铭【唐】李世民

李世民也是一位书法大家。《温泉铭》是唐太宗李世民为骊山温泉撰写的一块行书碑文。此碑立于贞观二十二年，即唐太宗临死前一年。原石早佚，1900年发现于敦煌石窟，现藏于法国巴黎图书馆。《温泉铭》书风激跃越宕，字势多奇拗。不同于初唐四家的平稳和顺，而有王献之的欹侧左放。

宁，突厥也被灭掉，唐太宗于是对群臣说："贞观初年的时候，大家都说，这个时代不能行帝王之道，只有魏征持不同的意见。我听从他的意见，不过短短数年，就使国家安宁，外夷臣服。突厥很久以来一直都是我们的劲敌，现在他们的酋长却成为我的带刀侍卫，他们的子民都以穿戴我们的衣冠为荣。我现在能达到这个成就，都是魏征的功劳。"唐太宗回头对魏征说："美玉虽然质地优良，但如果处在石头之中，没有遇到高明的工匠把它从矿石雕刻成美玉，那跟破砖乱瓦也没有什么区别。只有遇到高明的工匠，才能成为受人瞩目的传世之宝。我虽然谈不上有什么优良的品质，但受到你的磨砺，你用仁义来约束我，用道德来推动我，使我的功业能达到现在的地步，你也好比是一位不凡的能工巧匠啊！"

国家安定　无上恩惠

贞观八年时，唐太宗对身边的大臣说："隋朝的时候，天下逆行，老百姓

十八学士图　佚名

“十八学士”是唐李世民为秦王时，于宫城西开文学馆，罗致四方文士，以杜如晦、房玄龄、陆德明等十八人，分为三番，每日六人值宿，讨论文献，商略古今，号为十八学士。后世多以为画题。

昭陵六骏图　【金】赵霖

『昭陵六骏』是指唐太宗李世民在开国战争中先后乘骑的六匹战马。它们的名字分别是：飒露紫、卷毛䯄、白蹄乌、特勒骠、青骓和什伐赤。李世民登基后为自己修建陵园，下诏将六马的英姿雕刻于石屏之上，镶嵌在昭陵北阙。并亲题赞词以示表彰和怀念。此图从唐太宗昭陵石刻摹画而来。

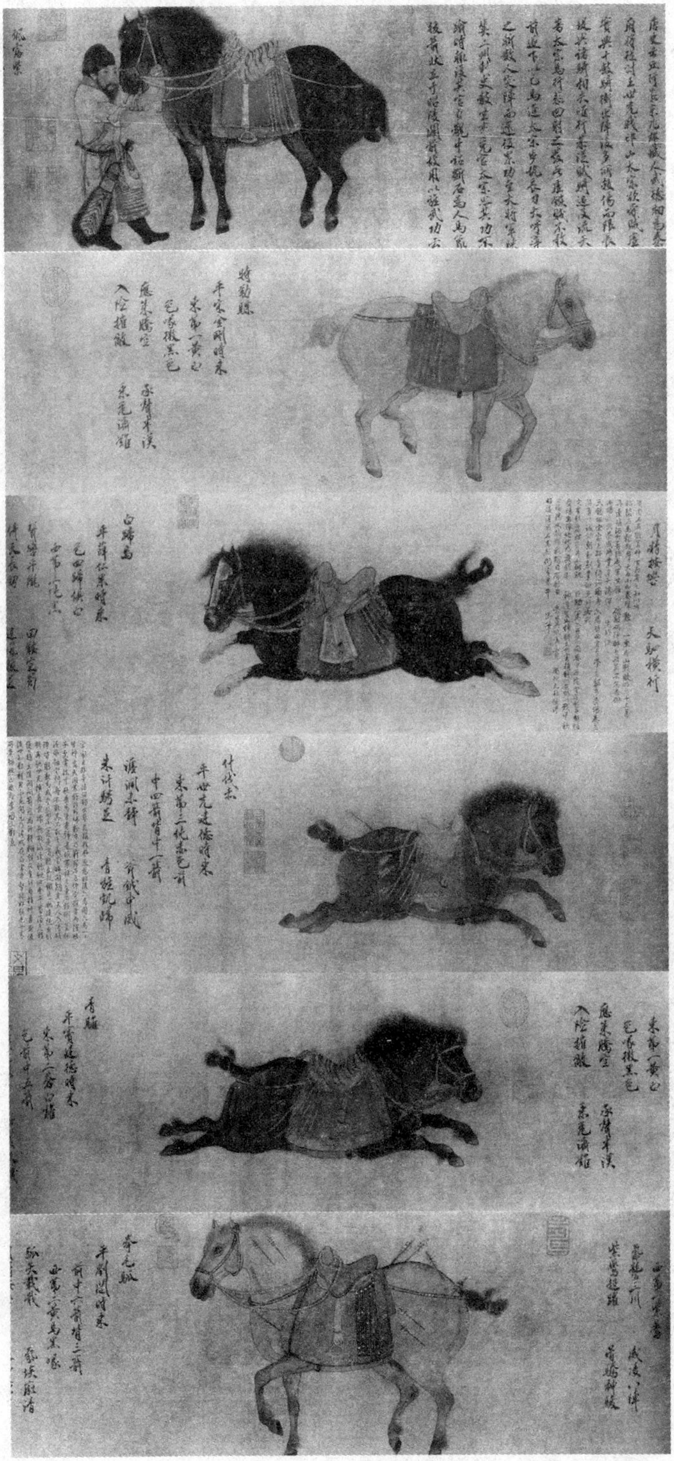

纵然有微薄的财产，又怎么能长期保得住呢？自从我统治天下以来，着意让天下百姓休养生息，没有什么捐税徭役，人人都有营生的途径，并得以累积自己的财富，这都是我给天下百姓的赏赐。”魏征回答说：“尧舜治理天下的时候，百姓说‘耕田而食，凿井而饮’，每个人肚子吃得饱饱的，却说：‘帝王对我们有什么帮助呢？’现在陛下这样厚养百姓，百姓每天都受到恩惠却没有意识到。”魏征又说：“春秋时候，晋文公有一次打猎迷失了方向，走进一块沼泽地，找不到回去的路。后来碰到一个渔夫，晋文公就对渔夫说：‘我是你的国君，告诉我怎么才能走出这里，我将重赏你。’渔夫说：‘我有意见要说。’晋文公说：‘出了这个沼泽你再跟我说。’于是渔夫把晋文公送出沼泽。晋文公说：‘现在你对我有什么指教，请说。’渔夫说：‘鸿鹄在江海之中，生活无忧，但因为厌倦而想去小湖中游玩，但这样就有被弹弓击射的危险。鼋鼍在深渊之中，悠然自得，但因为厌烦而想去浅滩上游玩，于是就有被钩钓的危险。现在君上离开猎场，来到这么危险的地方，这是为什么呢？’晋文公说：‘说得太好了！’他让随行的人员记下渔夫的名字。渔夫说：‘国君何必要记着我的名字？国君只要尊敬天地社稷，保卫好国家边疆，慈爱万千百姓，减少苛捐杂税，我就能得到好处了。如果国君违背天地的规则，不顾社稷，不巩固边防，对外与各国关系紧张，对内不以民心为重，导致国

唐招提寺

唐招提寺位于日本奈良市，由中国唐代高僧鉴真和尚主持兴建，是日本佛教律宗的总院。该寺深受盛唐建筑风格影响，乃是日本的国宝。

家沦亡，就算您赐予我再多的奖赏，我终究保存不住。’渔夫于是推辞不受国君的奖赏。”唐太宗说：“你说得对。”

治国种树　根基勿动

贞观九年时，唐太宗对身边的大臣说：“当年平定京师的时候，我发现皇宫中满是美女和珍宝。而隋炀帝的欲望还不能满足，到处横征暴敛，还对外东征西讨，穷兵黩武，老百姓生活困苦不堪，国家终于灭亡。这都是我亲眼所见，所以我才日夜孜孜不倦，勤政爱民，希望让百姓休养生息，天下太平。因此，我停止所有不必要的徭役，终于使粮食丰收，百姓安乐。治理国家好比种树，不去动摇它的根基，它就能枝叶繁茂。国君清净无为，不扰乱百姓的正常生活，那百姓怎么可能不安居乐业呢？”

君上严明　臣下尽职

贞观十六年时，唐太宗对身边的大臣说：“君王在上面胡作非为，但下面的大臣们希望天下得到治理；或者大臣在下面作乱，而上面的君王励精图治。这两种情况，哪种更为可怕？”特进魏征回答说：“君王励精图治，就可以体察到底下大臣的过失。只要赏功罚过，杀一儆百，还有谁敢不敬畏君王的威严而尽忠职守的呢？如果高高在上的君王残暴昏庸，不能听取忠臣的谏言，像百里奚、伍子胥这样的贤臣辅佐当时的虞国、吴国，也一样无法让国家避免衰败与灭亡的命运。”唐太宗说：“可是这么说的话，为什么北齐文宣皇帝那么昏庸残暴，杨遵彦还能以正道来辅佐他，使国家得到治理呢？”魏征回答说：“杨遵彦为残暴的君主弥补过失，拯救天下苍生，才让国家免于祸乱，其实他当时的处境是非常艰苦的。这和君王严明，可以听取谏言，同时臣下尽忠守法，敢于直言上谏之间相差简直就是天壤之别。”

不骄不纵　虚心求谏

贞观十九年时，唐太宗对身边的大臣说：“我发现从古到今的帝王，因为骄纵而导致国家败亡的数不胜数。不说太远的，近世晋武帝平定吴国、隋文帝统一陈国后，都很快心高气傲，使得臣属不敢再谏言，国家政事因此就逐渐废弛。我自从平定突厥等后，又兼并铁勒部，席卷西域，把他们都设置为州县，偏远的外族纷纷臣服，国家的声威日渐扩大。我担心自己会骄傲自满，所以经常自己约束自己，常常处理政务到很晚才吃饭，凌晨早起无法入眠，只能坐等天亮。每次想到臣子的谏言，如果对国家的治理有所帮助，我就应该像师友一样对待他们。这样或许就可以做到国泰民安吧。”

广赐恩德　天下太平

唐太宗从即位开始，国家就碰到霜灾、旱灾等自然灾害，导致国内粮价飞涨，再加上突厥入侵，边境各州县都局势动荡、人心惶惶。唐太宗担忧百姓的生计，励精图治，提倡勤俭节约，向百姓广赐恩德。当时京城长安、河东、河南、陇右等地的饥荒最为厉害，一斗米要用一匹绢才能换到。百姓虽然被迫离乡背井、寻求救济，但没有一个对朝廷有怨言的，一个个都很是安分守已。贞观三年的时候，关中地区的粮食丰收，逃难的百姓陆续回乡，竟然没有一个逃散的。这说明唐太宗是多么深得人心。而且，他还善于纳谏，喜好儒术，征求贤士，特别重视官员的选拔，改革弊政，建立典章制度，总是能从一件事情里触类旁通，很好地解决同类的问题。当年李建成、李元吉作乱时，一同加害唐太宗的党羽，有上千人，平乱后，唐太宗仍旧将其中不少人任命为侍卫随从，心胸宽广，内心里对这些人没有一点的嫌弃。当时的人们都认为唐太宗非常有帝王的气度，能够做成大事。他特别痛恨官吏贪污受贿，凡是被发现违规收受钱财的官员，没有一个能得到赦免。不管是京城的，还是地方上的官员，凡是贪赃枉法的，一律要向朝廷禀明，根据所犯的罪行，严格判罚。这样一来，各级官员大多能够保持清廉。他还严厉节制王公贵族，使得他们敬畏皇帝的尊严而不敢侵凌普通老百姓。出外经商的旅人在外面住宿，都不用担心治安问题，监狱因为盗贼少经常空着，牛马牲畜布满山野，人们晚上睡觉时甚至不用关门。再加上连年丰收，米价极为低廉，一斗米只要三四钱，旅行者从京城到岭南，从山东到东海边，都不用自带干粮，只要在路边就可以得到补给。旅行者进入山东的村落，经过的地方，本地人都会热情地招待他们，甚至离开时还要送东西给他们。这可是从来没有过的事情。

【第二卷】

任贤

【第三节】招揽贤才

玄龄伯乐 宽大平和

房玄龄，齐州（今山东）临淄人。早先是隋朝隰城（今山西汾阳）县尉。后来，因事获罪被撤职流放至上郡。唐太宗率兵攻下渭北的时候，房玄龄拄着拐杖到军营中求见。唐太宗与他一见如故，当即赐他为渭北道行军记室参军。房玄龄遇到了知己，感到非常高兴，于是就竭尽全力为唐太宗效命。那时，每平定一方贼寇，大家纷纷争抢金银珠宝，唯独房玄龄首先想的是招揽人才，送到唐太宗的幕府。只要碰到谋士猛将，房玄龄都会暗中与他们结交，说服他们归顺唐太宗。后来，经过多次提升，他被任命为秦王府记室，兼陕东道大行台考功郎中。

房玄龄像

房玄龄在秦王府任职长达十几年，长期主管记室工作。当时的太子李建成和齐王李元吉见房玄龄和杜如晦极受唐太宗的礼遇，对他们恨之入骨，于是在高祖面前尽力诋毁他们。因此，房玄龄和杜如晦一起被贬斥。在太子李建成发动夺权政变前夕，唐太宗紧急召见房玄龄、杜如晦，让他们穿上道士服装，偷偷潜入秦王府以密谋对策。事变结束后，唐太宗被立为太子，房玄龄被提拔为左庶子。贞观元年，房玄龄升为中书令。贞观三年，又升为尚书左仆射监管修国史，后又被封为梁国公，赐封一千三百户。

任职百官之首的宰相之后，房玄龄更加谨慎谦恭，日夜操劳，尽力为国家效劳，不想有一件事情处理不善。听到别人的美德，他就好像自己也拥有一样感到高兴。在处理朝政和管理百官方面，房玄龄非常通达，说话也非常妥帖，审定法令，总以宽大平和为原则。对待别人，房玄龄从来都不求全责备，也从不用自己的优点来衡量别人。用人方面，他根据能力大小来分别任用，而不论他们的社会地位、家庭出身，以及与自己的亲疏远近。人们谈到房玄龄，都认为他是个好宰相。

贞观十三年时，房玄龄又被加授为太子少师。

因为自己独居相位十五年，房玄龄曾多次上表唐太宗要辞去宰相职务，但唐太宗每次都下诏表示反对。贞观十六年，房玄龄又官拜司空，仍旧统管朝政、监修国史。房玄龄心生惶恐，又一次以年老为理由，请求内退。唐太宗派人对房玄龄说："长期以来，您一直是国家的宰相，国家一旦离开您，就会像一个人突然失去双手一样。如果您精力还可以，请您就不要再推辞了。如果您确实感到精力不支，那再另外奏请。"于是，房玄龄就不再提出辞职的要求了。

唐太宗追思自己创业的艰难，想到房玄龄、杜如晦等人辅佐自己的莫大功劳，于是作了一篇《威凤赋》用来比拟自己。他将此赋赠送给房玄龄，从中可以看出，他对房玄龄是多么地崇信。

如晦谋略　决策千里

杜如晦，京兆万年人（今陕西临潼北）。高祖武德初年，在秦王府任职兵曹参军，不久就被提升为陕州总管府长史。唐太宗对于手下许多贤才都被高祖调走感到担忧。这时，房玄龄对唐太宗说："被调走的人虽然多，但大多不值得惋惜。杜如晦足智多谋、深谋远虑，是辅佐帝王的不二人才。如果大王仅打算做一个藩王，碌碌无为，当然用不着这种人；但若想经营天下，那么此人不可不用。"从这以后，唐太宗对杜如晦更加器重，把他当成心腹之人，并立刻奏请高祖，调任他为秦王府

杜如晦像

的属官。

从此，杜如晦经常参与秦王府的决策。当时有很多军国大事需要处理，他的决断谋略，往往迅速而又恰当，深为同僚佩服，官位屡升，最后至天策府从事中郎，兼任文学馆学士。

太子李建成的阴谋挫败，杜如晦和房玄龄居功至伟。因此，杜如晦升迁为太子右庶子，不久又升为兵部尚书，晋封为蔡国公，实封一千三百户。

贞观二年时，杜如晦又以兵部尚书兼任检校侍中。

贞观三年时，他被授予尚书右仆射，兼管吏部选事，仍旧与房玄龄共同治理朝政。朝廷基本机构的架构设定、典藏文物，都是二人共同制定。由于声誉崇高，他们两人被人们合称为“房杜”。

魏征刚正　深谋远虑

魏征，巨鹿人（今河北巨鹿）。后来搬家到相州内黄（今属河南）。武德末年时，官居太子洗马。身为太子的幕僚，他看到唐太宗李世民与太子李建成暗中争夺帝位，几次劝太子早做打算。唐太宗挫败李建成之后，召见魏征，责备他道：“你为什么要挑拨我们兄弟之间的关系呢？”众人都替魏征感到不妙。魏征镇定自若地回答道：“如果当初皇太子听了我的建议，他就不会有现在的下场。”唐太宗听到这话，马上怒容消失，态度转变，对魏征以礼相待，并授任他为谏议大夫。

唐太宗曾多次召魏征到他的寝宫，向他讨教施政治国的道理。

魏征胸怀经世治国的才能，性格耿直、刚正、无所屈从。唐太宗每次和他谈话，都由衷地感到欢欣喜悦。魏征也为遇到圣明的君主而感到高兴，尽力为唐太宗效劳。唐太宗曾经对魏征说：“你对我的劝谏，前后超过二百多件事，都非常符合我的心意。如果不是你一心为国，怎么可能做到这样呢？”

贞观三年时，经过多次升迁，魏征官至秘书监，参与朝政的决策。魏征深谋远虑，为国家的治理作出了极大的贡献。唐太宗曾对他说：“你曾经有比射中齐桓公带钩更大的罪过，但我信任你超过齐桓公信任管仲。近代以来，君臣彼此信任的程度，有像我和你这样的吗？”

贞观六年时，唐太宗驾临九成宫，宴请诸位大臣。长孙无忌说：“王珪和魏征以前曾协助过李建成，当时我看见他们，就像见到仇人一样，没想到今天却和他们出现在同一个宴会上。”唐太宗说：“魏征确实曾经是我们的仇敌，但他尽心尽力侍奉他的主人，有值得赞扬的地方。我能提拔而且任用他，和古代的圣君明主相比，可谓毫不逊色。魏征每次都能大胆直谏，不让我做错事，这就是我重用他的原因。”魏征向唐太宗拜了两拜，说：“因为有陛下的引导，我才敢斗胆直谏。如果陛下从一开始就不接受我的规谏，我怎么还敢违逆陛下，触犯龙鳞呢？”唐太宗听后非常高兴，于是赏赐魏征和长孙无忌各十五万钱。

魏征像

贞观七年时，魏征取代王珪任侍中，后又多次加封，最后官至郑国公。不久，他以生病为借口，上表请求离职，要求改任为有名无实的散官。唐太宗说：“我把你从仇人提拔为大官，委任你重要的官职。你每次见我的过失，没有不对我加以规劝的。我们看矿石中那些没有提炼过的金子，它有什么可珍贵的呢？只有经过冶炼和锻造的金器，人们才会认为是珍宝。我就好像是矿石中的金子，而你就好像是将金子从矿石中提炼出来并锻炼成形的名匠。你虽说身体有恙，但你还不算衰老，怎么能就此辞职呢？”魏征只好放弃。后来魏征又再次坚决要求辞去职务，唐太宗只好由着他辞去侍中职务，改授他为特进（文散官的第二等），但仍然主持门下省的事务。

贞观十二年时，唐太宗喜得皇孙，于是大宴群臣。唐太宗兴奋地对群臣说：“贞观以前，跟着我打拼天下，历尽千辛万苦的，房玄龄功劳最大，无人能及。贞观以后，全心全意、忠诚不贰地进献良言，利国利民，使我能拥有今日功业的，就只有魏征了。古代的名臣如何能超过他们呢？”于是，唐太宗亲自解下身上的佩刀，赐给魏征和房玄龄。

已经被废为庶人的太子李承乾，在宫里不修养德行；这时候，魏王李泰日益受到唐太宗的宠爱，朝廷内外百官纷纷议论，怀疑唐太宗要另立太子。唐太宗听到传闻后非常不悦，对身边的大臣说：“朝廷众臣里，论忠诚正直没有一个人能超过魏征。我要委任他做太子的老师，以便断绝天下人的非分之想。”贞观十七年时，唐太宗授魏征为太子太师，并仍然主持门下省事务。魏征上表唐太宗，说自己身体有病，无法胜任。唐太宗说：“太子是宗庙社稷的根本，必须有优秀的老师教导。因此，必须选择公正无私的人辅佐他。我知道您身体不适，那您可以躺在床上教导太子。”于是，魏征就担任了太子太师一职。上任不久，魏征就得了急病。魏征家的宅第原本没有正堂，唐太宗当时正打算建造一个小宫殿，于是就停下来了，用这些材料为魏征盖了正堂，只用了五天时间就竣工了。唐太宗还派宫中使节赐予魏征布被和素色的褥子，以成全他崇尚简朴的美德。没过几天，魏征就去世了。唐太宗亲自到魏征的灵堂悼念哭泣，追封他为司空，谥号“文贞”。唐太宗还亲自为魏征撰写碑文，并亲笔书写在石碑上，特别赐予魏征的家人食邑九百户。

后来，唐太宗对大臣们说：“用铜来做镜子，可以端正衣冠；用历史来做镜子，可以知道历代兴亡；用人来做镜子，可以发现自己的得失对错。我一直保有这三面镜子，以便防止自己犯错。现在魏征离去了，我损失了一面多好的镜子啊！”唐太宗因此而流泪了许久。于是，唐太宗下诏说：“以前只有魏征一个人，敢于指出我的过失。自魏征辞世后，我虽然还是有不少过失，却没有人能帮我指出来了。难道仅仅是我以前犯错，而现在做什么事都对吗？显然是你们对我顺承阿旨，怕触犯我罢了！我愿意虚心征求他人的意见，用以扫清迷惑，帮助我看清自己。哪怕所进之言没用上，我心里也是喜欢的。我明明能纳谏，你们却不敢进言，这是谁的责任呢？从今往后，大家一定要表示出诚意来。一旦我有不对的地方，请大家务必知无不言，勿要隐瞒。”

王珪廉明　好善喜德

王珪，太原祁县人。高祖武德年间，他司职太子中允，受到李建成的重用。后来因为李建成阴谋事变而受到牵连，被流放到巂州。李建成被诛杀后，唐太宗即位，将王珪召回宫中，封为谏议大夫。他做事尽心尽力，经常进献良言。他曾密书上奏，直言劝谏。唐太宗对王珪说：“你上书进谏所说的，都指明了我的过失。古往今来，没有哪个君王不想使社稷长治久安的；之所以做不到，是因为君王听不到自己的过错，或者即使听到了，也没有改正。今天虽然我有过失，但还好你能直言指出来，我由此知道自己的过失并得以改正。这样我就无须担心国家社稷不能长治久安了。”唐太宗又对王珪说：“你如果能长久做谏官，我必能永远没有过失。”自此，唐太宗对王珪更加推崇礼遇。

贞观元年时，王珪升任为黄门侍郎，参与处理朝政，并且兼任太子右庶子。贞观二年时，又升至侍中。当时，房玄龄、魏征、李靖、温彦博、戴胄等人和王珪共同掌管朝政。有一次宴会上，唐太宗对王珪说：“你在鉴别人才方面很有眼力，尤其善于品评人才。不妨品评一下在座诸位各自的优缺点，同时和他们比一比，看看你和他们谁更优秀。”王珪答道：“孜孜不倦地为国家效忠，凡是做得到的无不尽心尽力而为，这方面我不如房玄龄；每次都敢于向陛下直言进谏，以陛下不及尧舜为耻，这方面我不及魏征；文韬武略，出将入相，这方面我不抵李靖；上书论事，清楚明了，出令纳言，禀报下情，正直公允，这方面我不如温彦博；处理纷繁杂务，解决难题，办事井然有序，这方面我不如戴胄。至于品评贪污，宣扬清廉，疾恶如仇，好善喜德方面，我比以上各位略有所长。”唐太宗对他的评论深表赞同，群臣们也都觉得王珪讲出了自己的心里话，认为他说得非常在理。

李靖领军　居功至伟

李靖，京兆三原人。隋炀帝末年时任职马邑郡丞。当时唐高祖正担任太原留守，李靖留心到高祖有夺取天下的想法，便乔装成囚犯，把自己锁进囚车，准备逃到江都向隋炀帝告发。走到长安，却因为交通阻塞而停了下来。高祖攻占下长安后，抓到李靖，要将他斩首。李靖高呼道：“您举兵起义，推翻暴乱的朝廷，不就是为了成就大事吗？为什么还要因私人恩怨斩杀壮士呢？”唐太宗也为李靖求情，于是高祖就饶恕了他。

武德年间，李靖凭着平定萧铣、辅公祏的功劳，累积升迁至扬州大都督府长史。唐太宗继位后，授予他刑部尚书之职。贞观二年，他以刑部尚书本官兼任检校中书令。

贞观三年时，李靖转任兵部尚书，担任代州行军总管，很快攻破突厥占据的定襄城，突厥的各个部落都逃到大漠以北。这次，李靖还捕获了隋朝齐王杨暕之子杨道政及隋炀帝的萧皇后，将他们押送到京城长安。突厥的突利可汗投降，颉利可汗只身逃脱。唐太宗对李靖说：“以前李陵率领五千步兵，奋力作战，最终战败投降，留名青史。你只用区区三千骑兵，深入突厥腹地，收复定襄城，威震北狄，实在是空前巨大的功业，足以报先前渭水之战的仇恨了！”因为功勋卓著，李靖被唐太宗封为代国公。

此战之后，颉利可汗一直对大唐心存畏惧。贞观四年，颉利退至铁山，并派使节到长安入朝谢罪，请求率全族归附大唐。于是，唐太宗又任命李靖为定襄道行军总管，前往突厥接受颉利可汗的投降。颉利虽然表面上请求归降，其实内心却犹豫不决。于是，唐太宗下诏派遣鸿胪卿唐俭、代理户部尚书安修仁将军前去安慰颉利可汗。李靖对副将张公瑾说：“使臣到了突厥，突厥一定会懈怠。那个时候，我们可以挑选精锐骑兵带足二十日干粮，从白道突击他们！”张公瑾说：“既然已经同意他们的归降，而且使者也都已经出发了，再出兵征讨就不合适了。”李靖说：“这是用兵的最佳时机，机不

李靖像

可失，时不再来。”于是，率领军队快速前进。军队行走到阴山，遇到突厥侦察兵千余营帐，便把他们都俘虏了过来，并随着军队一起前进。颉利可汗见到唐朝派去的使者很高兴，根本没有想到后面还有追兵。李靖的前锋趁着大雾行军，直至逼近颉利可汗营帐只有七里的地方，才被敌人发现。情况紧急，来不及让士兵列阵，颉利可汗于是单身上马逃亡。突厥士兵看到首领已经逃跑，顿时士气涣散，被李靖一击即溃。这次战役唐军共斩首一万余人，杀了颉利可汗的妻子，即隋朝的义成公主，俘虏十余万人，开拓了从阴山到大漠的广阔疆土，从而一举灭掉了突厥。不久，又在别的部落将颉利可汗捕获，突厥其余部属也全部投降。唐太宗非常高兴，对大臣们说：“我听人说，国君忧心，臣属就会感到耻辱；国君受到屈辱，臣属就当以死报效。以前，在国家初创之时，突厥人横行霸道，太上皇为了百姓的安居，不得已向颉利称臣，我真是痛心疾首，当时便立志要消灭胡人，因此很久以来一直寝食难安。今天，我们仅仅动用了次要的部队就战无不胜、攻无不克，使敌人在我大唐面前俯首称臣，总算是雪洗耻辱了！”大臣们齐向唐太宗称颂万岁。

不久，唐太宗任命李靖为光禄大夫、尚书右仆射，赏赐实封食邑五百户。又任命他为西海道行军大总管，让他征讨吐谷浑。李靖随即又大破敌人。李靖因为功勋巨大，被改封为卫国公。李靖死后，唐太宗下诏特批，允许其坟墓依照汉朝卫青、霍去病坟墓的规格营造。在他的墓前设置石阙，象征原突厥境内的燕然山和吐谷浑境内的碛石山，以表彰他的不世功勋。

世南博雅　秉性刚烈

虞世南像

虞世南，会稽余姚人。贞观初年，唐太宗召见他，待他以上宾的礼遇。唐太宗开设的文学馆里人才济济，奇人异士很多，但公推虞世南为文学方面的领头。唐太宗授予虞世南记室的职位，让他和房玄龄一起掌管文书。唐太宗曾经特别请他书写《列女传》，用来装饰屏风。当时现场并没有这本书，虞世南依靠自己的超强记忆，竟然一字不落地默写出来。

贞观七年时，虞世南官职累升为秘书监。

唐太宗在政务比较宽松的时候，常常召见虞世南一起谈话，和他一起研读经史典籍。虞世南外貌文雅，身体瘦弱，穿衣服似乎都撑不起来，但他秉性刚烈，每次谈到古代帝王处理政务的过失之处，他都会在言语中规谏唐太宗，这对唐太宗非常有帮助。

高祖去世时，唐太宗因为过度悲伤而日渐憔悴，很久不理朝政，朝廷百官焦急万分，但都想不出好的规谏办法。唯有虞世南每次进宫上谏，唐太宗都赞赏有加，并予以采纳，对他更加敬重。唐太宗对大臣们说："闲暇的时候，我常与世南说古论今，如果我说得妥当，世南一定是欣喜雀跃；相反，我的每一次错误，世南没有不惋惜的。正因为他如此地诚恳待我，所以我对他特别的赞赏。你们如果都能像虞世南这样，我又何愁天下不能治理呢？"唐太宗赞扬虞世南有"五绝"：一是德行，二是忠直，三是博学，四是文笔，五是书法。

虞世南去世后，唐太宗特别为他设祭悼念，而且大哭一场。治丧的费用全由官府承担，赐给他皇家工匠监制的棺椁等葬具，并追赠他为礼部尚书，赠谥号"文懿"。唐太宗亲笔诏书给魏王李泰，其中写道："虞世南和我近乎一体，仿佛是一个人一样。他对我补阙拾遗，没有一天懈怠过，堪为伦常道德的模范榜样，称得上是当代少见的名臣。我有再小的善德，他都必定努力帮我实现；我有再小的过失，他都必定直言规谏，哪怕犯颜逆旨。可是现在，他去世了，石渠、东观两阁之内，再也找不到这样的人才了。我的悲痛如何能用言语表达？"不久，唐太宗写了一首诗，追思古往今来的治乱大道，写成后感叹道："钟子期去世后，伯牙就不弹琴了，我写的这首诗，又能给谁看呢？"于是，唐太宗就让褚遂良到虞世南的灵帐前，将这首诗诵读之后烧掉。他对虞世南的悼念之情由此可见一斑。后来，唐太宗又命人将虞世南与房玄龄、长孙无忌、杜如晦、李靖等二十四人的画像，画在凌烟阁上。这就是唐太宗凌烟阁二十四功臣说法的由来。

李勣忠贞　令行禁止

李勣，曹州离狐人。他原本姓徐，最早是李密手下的左武侯大将军。武德二年时，李密与王世充作战失败，便率领手下归附大唐。这时候，李勣一个人统管着李密旧属的十郡土地。李勣对长史郭孝恪说："魏公（李密）已经归顺大唐。我所统管的这些人马、土地都是属于魏公的。我如果趁机越过魏公向唐王上表献纳，就是乘主子之危，趁机为自己邀功请赏，这是我所不耻的。现在我应当把州县、军民编册列表献给魏公，让魏公自己进献给朝廷，那么，

李勣像

这就是魏公的功劳了，这么做不是很好吗？”于是，李勣派使人给李密送信。使者刚到长安城，高祖李渊听到李勣没有直接向自己呈送降表，而是给李密送了信函，于是感到非常地不快。使者把李勣的想法上奏高祖，高祖大悦道：“李勣对主公感恩戴德，把所有功劳都推给了主公，真是忠心耿耿的纯臣啊！”于是，高祖让李勣担任黎州总管，并赐他李姓，把他的属籍划归到管理皇室的宗正寺。高祖还封李勣的父亲李盖为济阴王，李盖坚决辞去爵位，后来改封爵为舒国公，授官散骑常侍。没多久，李勣就升迁为右武侯大将军。

之后，李密因反叛被杀，李勣穿丧服为李密发丧，仍然对他行君臣之礼，并且上表高祖请求由他收葬李密。高祖于是将李密的尸体交给了李勣。

于是，李勣为李密大办丧事，将他葬于黎阳山，他所属的旧部将士都穿上了素色丧服。丧事办完后，李勣就让众人脱去丧服散去。朝野上下一致认为李勣是一个很讲义气的人。不久，李勣被窦建德打败，身陷敌营，但他很快逃脱，奔回京师。随后，李勣跟随唐太宗讨伐王世充和窦建德，并平定了他们的祸乱。

贞观元年时，李勣官拜并州都督。他制定的命令都能很好地执行，发布的禁令也都能得到严格的控制。大家都称赞他很称职，突厥人非常惧怕他。唐太宗对身边的大臣说：“隋炀帝不知道要精选贤才来镇守边关，只知道大修长城，广聚士兵来被动防御，他的见识实在是太浅薄了。现在我让李勣驻守并州，就是为了让突厥人感到害怕，让他们远远地逃到塞北去。大唐边疆因此得以安宁，这难道不比修筑万里长城强得多吗？”

这之后，并州又改置为大都督府，李勣担任大都督府长史。经过多次升迁，李勣官至英国公。李勣打理并州总共十六年。后来他被唐太宗召回京城，授予兵部尚书兼知政事之职。刚好，李勣患了急病，大夫说龙须烧成灰能治此病。唐太宗得知，立刻剪下自己的胡须为李勣配药，李勣感动得叩头到流血，泣不成声。唐太宗说：“我只是在为国家社稷着想，你用不着感谢我。”

贞观十七年时，唐高宗李治为东宫太子，李勣被任命为太子詹事，加封特进，仍然兼知政事。一次宴会上，唐太宗嘱托李勣说：“我想将太子托付给一个人，想来想去，没有人比你更合适了。你过去都不背弃李密，现在又怎么可能辜负我呢？”李勣感动得落泪，马上答应下来，并咬破自己的手指以表忠心。过了一会儿，李勣因酒醉睡倒，唐太宗脱下自己的衣服披在他的身上，由此可以知道，唐太宗对李勣极为信任。

每次行军打仗，李勣都能运筹帷幄，遇敌时能够随机应变，进退决策非常符合兵事之理。自贞观以来，征讨突厥颉利和薛延陀等的几次战役中，李勣都参与决策并打败敌人。唐太宗曾经说过：“李靖、李勣二人，乃是

唐太宗纳谏图 【唐】阎立本

唐太宗以善于纳谏而著称，他重用敢于直言的魏征，给历史上留下了一段佳话。这幅图描绘的正是唐太宗虚心纳谏的情形。

职贡图（局部）　【南朝】萧绎

此图又名《番客入朝图》或《王会图》，展现当时周边国家朝贡的盛大场面。现存此图为残卷。萧绎（508—554），南朝梁画家。即梁元帝，字世诚，小名七符，南兰陵（今汉苏武进）人。武帝萧衍第七子。萧绎是中国古代第一位知名的皇帝画家。传世作品有《职贡图》，已残缺。

历代名将白起、韩信、卫青、霍去病都不能和他们相比的杰出人物！”

马周机智　处事平稳

马周，博州茌平人。贞观五年到长安，住在中郎将常何的家中。当时，唐太宗下诏命令百官上书，论说朝廷政事的对错得失。马周替常何列举了二十余条治国的方针，让常何上奏，所奏的观念竟然全都符合唐太宗的意愿。唐太宗不信常何能提出这些不凡的建议，于是询问常何，常何老实答道：“这确实不是我的本意，而是我家访客马周的想法。”唐太宗当即就下令召见马周，马周还没有来得及赶到宫里时，唐太宗就派人连续催了他四回。马周觐见后，唐太宗和他谈了很久，感到非常地对味，于是就任命马周为监察御史，在门下省值班。

马周机智善辩，精于奏谏，观察判断能力很强，所以每次上奏，都能符合唐太宗的心意。唐太宗曾说：“一刻不见马周，我就情不自禁地想起他。”

贞观十八年时，经过多次升迁后，马周官至中书令，兼任太子左庶子。马周身兼二职，处事一向稳妥，很受别人的美誉。后来，马周又以中书令的身份，兼任吏部尚书。

唐太宗曾对身边的大臣说：“马周处事机智迅速，他性情谨慎小心，评论人物又能够直言不讳。他推荐的人才，我接连地任用，大多数都符合我的心愿。马周既然忠心耿耿，诚心诚意为我效力，我就充分地发挥他的才能，大家共同治理朝政，使国家越来越安顺。”

【第四节】

诚心求谏

诚心求谏　看清自己

唐太宗仪容严肃，前来觐见的文武百官，见了唐太宗都紧张得手足无措。唐太宗知道后，每当有人前来奏事，就特意表现出和颜悦色的样子，希望大臣们能够讲真话，积极议论朝政和教化的对错得失。贞观初年时，唐太宗曾对大臣们说："人们想看清自己的面目，就要借助于明镜；君王想了解自己的过失，就必须借助于忠臣。身为一国之君，如果自以为是，而臣属又不能匡正君王的过失，想让国家不危亡怎么可能呢？如果君王失国，臣子也不可能单独保全自己。像隋炀帝这样的暴君，大臣们都不敢开口批评他的过错，他听不到批评自己过失的声音，终至败亡，而虞世基等众臣也很快被杀。前朝的教训距离今天并不算远，你们以后每当看到我的决策有不利于百姓的地方，一定要主动劝止。"

虚心纳谏　匡正过失

贞观元年时，唐太宗对大臣们说："贤君任用奸臣不能把国家治理好，贤臣侍奉恶君也同样不能把国家治理好。只有贤君遇到贤臣的辅佐，君臣如鱼得水般和谐相交，才能使天下大治。我虽然不算多么贤明，但幸好有你们经常匡正扶救。希望依靠你们的真诚劝谏，使天下太平安定。"谏议大夫王珪回答说："我听说木材经过墨绳的标量，才能锯直；君王采纳臣子的劝谏，才会圣明。所以，古代的圣明君王，必定拥有很多敢于进谏的诤臣。如果谏言不被采用，则宁肯一个接一个谏诤到死。现在陛下广开圣明的思路，勤奋处理国家政务，采纳大臣的建议。身处这个没有什么禁忌的开明年代，我非常乐意随时将我的浅见说出来。”唐太宗非常认同王珪的话语，下令从今往后，凡是宰相入朝商讨国事，必须让谏官列席参加，监督朝政。如果有善意的批评或建议，一定得虚心接受。

上昏下谀　怎能治理

贞观二年时，唐太宗对身边的大臣说：“贤君经常想到自己的缺点，因此越来越开明；昏君则常常护着自己的短处，所以永远愚昧。隋炀帝喜欢自夸、护短，拒绝接受他人的劝谏，大臣们自然就无法犯颜直谏。虞世基不敢直言劝谏，也许算不上什么大罪，商朝的箕子假装疯癫，借以保全自己的生命，孔子称赞他是仁人。后来，隋炀帝被杀，虞世基应该和他一起去死吗？”杜如晦回答说：“天子如果有诤谏之臣，即使再无道也不至于失去天下。孔子说：‘史鱼这个人很正直！国家有道，他能像箭一样正直；国家无道，他仍旧像箭一样正直。’虞世基怎么能因为隋炀帝暴虐无道，不纳谏言，就闭口不言了呢？他苟且偷安、贪恋权势，不能直言进谏，却又不辞去官职，这和箕子装疯去职的情况大不一样。当年晋惠帝与贾皇后要废掉愍怀太子，当时的司空张华不能极力劝谏，只知阿谀奉承、保全自我。后来，赵王司马伦起兵废除贾皇后，派人去捉张华，张华辩解道：‘当初要废太子的时候，我并不是没有谏言啊，只是没有被采纳。’来使说：‘你位居三公，太子无罪被废，既然意见不能被采纳，你为什么不立即引退辞职呢？’张华无话可说，于是被处死，株连三族。古人说：‘国家危难时不去扶持，颠覆时不去匡救，那还用这些大臣做什么？’所以，‘君子在大是大非的原则面前，气节不能屈服’。张华想保持正直，却不能坚持气节；阿谀逢迎非但不能真正保全性命，反而使得操行完全丧失。虞世基身居朝廷宰辅大臣的高位，理应向君王直言进谏，竟然没有尽职向君王进谏一句话，真是该死。”唐太宗说：“你说得很对。君王必须有忠直大臣的辅佐，才能身心康宁、国泰民安。隋炀帝难道没有一个忠臣吗？只是因为他听不到有人进谏他的过失，才使小过累积成大错，小祸酿成大难，灭亡也就随之降临了。如果君王的行为有过失，臣下又不匡正，只是阿谀奉承、歌功颂德，这样的情况君是昏君，臣是佞臣。如此君昏臣佞，国家灭亡也就近在眼前了。我希望我们君臣上下，能够天下为公，遇事共商协进，一起使天下得到治理。请你们务必尽心尽力、大胆进谏，匡正我的过失，我保证绝不因为诸位忤逆我的心意而责备你们。”

孜孜不倦　不负臣意

贞观三年时，唐太宗对司空裴寂说：“最近大臣们上奏的条数较多，我将这些奏折都贴在墙上，以便进出都能看到。我之所以勤勉地阅读这些奏折，是要鼓励大臣们尽忠职守，多多进谏。我常常思考治国之道到很晚，有时候到深夜三更才能入睡。希望你们也用心钻研治国之道，千万不要辜负我对你们的殷切期望。”

己能受谏　再谏他人

贞观五年时，唐太宗对房玄龄等大臣说：“自古以来，君王大多由着自己的性子，喜怒无常。高兴时，对无功之人乱加奖赏；生气时，对无罪之人也肆意杀戮。国家的祸乱，全都是这么引起的。我最近没日没夜地思索这件事情，就是希望你们要对我极力劝谏。同时，你们也要接纳别人对自己的规劝。怎么能因为别人的意见和自己不同，就不接受别人的劝谏呢？如果连自己都不能接受别人的劝谏，又如何更好地规谏别人呢？”

为君不易　为臣更难

贞观六年时，御史大夫韦挺、中书侍郎杜正伦、秘书少监虞世南、著作郎姚思廉等人上呈密奏，所表达的内容很合唐太宗的心意。唐太宗于是召见他们，对他们说：“我观察历代臣子奉献忠诚之事，如果遇到明主，便很容易向君王诚意规谏。但如果所遇非人，像关龙逄、比干，自身被杀，还不免祸及家人。可见，做明君不易，当忠臣也很难。我听说龙是可以一起玩耍的，并且也不难驯服，但它的喉咙下长有逆鳞，一旦触动逆鳞，龙就会杀人。诸位不避忌讳，不怕触犯龙鳞，争相进献谏言。如果能长期坚持下去，我还有必要为国家社稷的倾覆而心忧吗？每回念及你们的这番心意，我便时刻不敢忘记，所以今天特地设宴，大家在一起欢聚一堂，畅所欲言。”宴后，唐太宗按照各人的等级，各赐予数额不等的绢帛。

善始善终　勇于上谏

太常卿韦挺曾经上书陈奏朝政的得失，唐太宗给他回信说：“你所上的奏章，意见中肯，行文通达，见解深刻，我读后感到非常地欣喜。从前，齐桓公争夺君位时，管仲对他有过射带钩的罪行；晋文公在蒲城之战中，勃鞮对他有斩袂的仇恨。但齐桓公对管仲深信不疑，晋文公待勃鞮亲若故人。这难道不是因为桀犬吠尧，各忠其主吗？你对我的真心诚意，从奏章里可以看得出来。如

步辇图 【唐】阎立本

此图描绘贞观十五年唐太宗李世民接见来迎娶文成公主的吐蕃使者禄东赞的情景。图中李世民威严而平和，端坐在宫女抬着的步辇之上。画面左边站立三人：红衣虬髯者为宫中的礼宾官员，其后身着藏服者为吐蕃使者禄东赞，最后着白袍者为内官。作者再现了这一具有伟大历史意义的事件。

果你能始终坚持自己的操守，就一定可以青史留名。如若不能坚持而有所懈怠，那岂不令人惋惜？希望你善始善终，为后来者做一个好榜样，让后人看今人，就像今人看古人一样，这难道不好吗？我已经很久没有听到别人批评我、指点我，还好有你的多次忠诚进言，滋润我的胸怀。我对此的感激，是无法用用一句话表达清楚的！”

忠言逆耳　不可责罚

贞观八年时，唐太宗对身边的大臣说：“我平时无事独处，就会反省自己。常常担忧自己上不符合天意，下让百姓埋怨。只希望能有正直之人，来辅佐匡正我，使我耳聪目明，详细地了解下面的情况，以便及时消除百姓的怨气。最近向我奏事的人，常常惊慌失措。平时奏事都成这样，要是想进谏不同的意见，肯定会担心触怒我。因此，即便他们所谏之言不合我意，我也不会怪罪。如果当场就对他们呵斥责怪，我恐怕他们心存畏惧，下次怎么还可能直言进谏呢？”

臣下欲谏　先忧降罪

贞观十五年时，唐太宗问魏征：“最近大臣们都不议论朝政了，这是为什么呢？”魏征回答道：“陛下诚心纳谏，本来是应该有人进谏才对。但是古人说：‘不被信任的人进谏，就会被认为是有意诽谤；被信任的人进谏，就会被认为是尸位素餐。’但是每个人的才情各不相同，性格怯弱的人，心怀忠直也不敢言；被疏远的人，担心即使直言上谏也不会被信任；一心想着俸禄的人，担心对自己不利而不敢说。所以大家全都保持沉默，得过且过。”唐太宗说：“真的就像你说的一样。我知道臣属想要进言，就害怕有生命的危险，这和赴汤蹈火、冲锋陷阵的危险有什么区别呢？所以那些忠贞的大臣，不是不想竭力输诚，而是因为太难做到了。大禹一听到善言就马上拜谢，难道不就是因为这样吗？我现在敞开胸怀，接纳谏言。你们不要因为担心和恐惧，而不敢畅所欲言。”

人不自知　必鉴他人

贞观十六年时，唐太宗对房玄龄说：“‘了解自己的人明智’，这句话说起来容易，做起来难啊！比如那些写文章的文人、搞手艺的工匠，都说自己的专长超越他人。如果让名家来评论他们，那么他们的缺陷就一清二楚了。这么说来，为人君王，需要有谏臣辅佐，才能发现他的过失。身居高位，日理万机，一个人决断所有事情，就算费心劳累，又怎么可能做到完美呢？我常常想起，魏征遇事就谏，每每刺中我的过失，就好像明镜映照出人的形象，美丑都无所遁形。”于是，唐太宗举杯赐酒给房玄龄等人，勉励他们继续努力。

过失满盈　不可挽回

贞观十七年时，唐太宗询问谏议大夫褚遂良：“从前，虞舜制作漆器，大禹雕刻祭器，劝谏阻止的有十几号人。制造器具这点小事，何必苦谏呢？”褚遂良回答说：“制作雕琢影响农业生产，纺织锦绣衣裳的机组妨碍妇女的劳动。奢靡之风一启，就是危亡的开端。漆器制作没有被阻止，就会变成制作金器；金器制作没有被阻止，就会变成制作玉器。所以诤谏之臣一定会从事情开端的时候就加以劝止，如果等到事态失控了，再想劝止，就来不及了。”唐太宗说：“你说得很对。我以为当然的事情，如果有不妥的地方，不管是刚开端，还是已经满盈，你们都可以劝止。我最近看前代的史书，有的帝王见臣下劝谏，就说‘我已经改了’，或者‘我已经答应你了’，最后却没有停止或改正。这样做事，那国家的危亡就指日可待了。”

【第五节】
虚心纳谏

厌而不去　是为最恶

贞观初年时，唐太宗与黄门侍郎王珪在宴席上交谈，当时有位美人在唐太宗身边伺候。她原先是庐江王李瑗的小妾，李瑗败亡后，她被籍没入宫。唐太宗指着她对王珪说："庐江王荒淫无道，阴谋杀害了她的丈夫后将她占为己有。李瑗如此暴虐，怎能不亡？"王珪离开座位站起来，对唐太宗说："您认为庐江王的作为是对还是错呢？"唐太宗说："哪有杀了人又夺人妻子的道理呢？你问我是对还是错，是什么意思？"王珪回答道："我记得《管子》上记载道：齐桓公到虢国去，问当地的百姓说：'虢国为什么灭亡？'百姓回答说：'因为国君好善而厌恶。'齐桓公说：'这么说来，他应该是一位贤明的君主啊，怎么还会亡国呢？'百姓回答说：'国君好善而不能运用善，厌恶而不能祛除恶，因此亡国。'现在这个美人还侍奉在陛下左右，我觉得您赞同庐江王的所作所为。如果您认为庐江王是错的，那就是厌恶而不能不祛恶。"唐太宗听了感到很高兴，称赞王珪的话很对，并立即下令将这位美人送还给她的家人。

宫殿修成　民心即散

贞观四年时，唐太宗征发士卒在洛阳重修乾元殿，作为以后东巡的行宫。给事中张玄素上书规谏说：

"陛下圣明仁智遍及天下。诏令下达后，哪个地方敢不响应？陛下心中想做的事情，哪件事不遂意呢？我私下以为，秦始皇依靠东周时秦国的余业，凭借统一六国的强盛国势，成为一代帝王，打算将江山帝业万世传递。却没想到，只传到他儿子手中，国家就灭亡了。这些都是他放纵嗜欲，违逆天意，残害百姓的下场。由此可见，天下是不能单用武力去征服的，神灵也不是靠亲近就能倚恃的。只有崇尚勤俭节约，减少百姓的赋税，始终保持谨慎小心，才可以永久保持国家的稳固。

“我朝承继百代君王之后，处于凋零破败的境地，如果想用礼制来节制天下，陛下就应该自己先做出表率。东都巡幸的日期尚未安排，就下令修葺宫殿；现在各位藩王都要离京到封地去就职，也必须营建官邸。如此频繁地大兴土木，岂是百姓所期待的？这是不能修建乾元殿的理由之一。陛下当初平定洛阳的时候，拆毁所有的高楼豪宅，天下百姓为之欢呼，一致从心里钦佩敬仰陛下。哪能当初讨厌洛阳宫殿的奢靡，今天又重修它的雕梁画栋呢？这是不能修建乾元殿的理由之二。臣下多次听说陛下要去洛阳，但都没能够去成，可见此事并非当务之急，那么修建乾元殿就是白白浪费人力、财力的举动。现在大唐的国库还没有两年储备，怎么能同时供应得起豪华的两都？征发过度，一定会造成民愤，这是理由之三。战乱之后，百姓的人力财力损失殆尽，陛下普降恩泽，百姓目前仅仅刚能初步自立，饥寒还没有完全解决，生活还不安定，恐怕三五年内还不能恢复元气。为什么要为建造尚未巡幸过的都城，而夺取百姓疲惫不堪的劳力呢？这是理由之四。从前，汉高祖打算建都洛阳，娄敬向他谏言反对，高祖当天就起驾西行返回长安。他难道不知道洛阳地处国土之中，各地贡赋调度的路程较方便吗？只是因为洛阳的地势不如关中险固。陛下统御天下的时日不长，民风还不是很淳朴敦厚，此种情况下，怎么合适东游巡幸呢？这是理由之五。

“我见过隋朝初年刚造此殿的情景，殿堂的楹梁都很粗壮。大木料近处没有，都是从豫章砍伐运来。两千人才能拉动一根大木柱，柱子下边安置车轮，那轮子都是用生铁铸造的。因为如果使用木轮，滚动起来就会摩擦起火。粗略计算一根柱子的费用，就高达数十万钱。而其他的费用还超过柱子许多。我听说：‘阿房宫修成，秦人离散；章华台筑成，楚国众叛亲离；乾元殿竣工，隋朝民心解体。’再说大唐今天的国力，怎么能比得上当年的隋朝？承凋敝残破之后，役使困顿疲惫的百姓，耗费巨额钱财，重蹈几代国君的弊端，这么说来，陛下的过失恐怕要超过隋炀帝了。希望陛下深思，不要被春秋时的由余所嘲笑，那一定是天下百姓的幸事。”

唐太宗对张玄素说：“你认为我不如隋炀帝，那么与夏代的桀、商代的纣相比怎样？”张玄素说：“如果这个宫殿修成，就会像桀、纣那样，天下大乱。”唐太宗感叹道：“真没想到后果竟然这么严重。”于是回头对房玄龄说：“今天玄素上表，看来洛阳乾元殿是不能修建了。以后如果有事一定要去洛阳，即使露宿又有何妨？所有宫殿建造和调派劳力的事情都要立刻停下来。卑微的人冒犯尊贵的人，自古以来就不是件容易的事情，如果不是张玄素忠诚耿直，怎么能做到这一点呢？一群人的唯唯诺诺，不如一个人的直言进谏。我应该赐他五百匹绢。”魏征也感叹说：“张先生真有回天之力。仁义之人的言说能给国家带来很大的利益呀！”

因马杀人　百姓怨恨

唐太宗有一匹好马，非常受他的喜爱，一直在宫里好好地养着，有一天却突然无病死去。唐太宗很是恼怒，要杀掉养马的人。长孙皇后劝谏说：“从前，齐景公因为爱马死去，要杀养马的人。晏子请求数落养马人的罪状，说：‘你的责任是要把马养好，但马却死了，这是你的第一条罪状；你让我们的国君因为死了一匹马而杀人，百姓知道了必然要对君王有意见，这是第二条罪状；诸侯们一旦听说此事，必定会因此看轻我国，这是你的第三条罪状。’齐景公听了这些话，就赦免了养马人。陛下应该读过这个故事的，难道忘记了？”唐太宗的气这才消了。后来，他对房玄龄说：“皇后在许多方面都能启迪我，让我非常受益。”

九成宫醴泉铭　【唐】魏征文　欧阳询书

此碑是奉唐太宗之命，由魏征撰文，欧阳询书定。碑文记载唐太宗在九成宫避暑时发现涌泉之事。该碑为欧阳询晚年的代表作，历来为学习书法的范本。

牺牲自己　成全百姓

贞观七年时，唐太宗计划巡游九成宫，散骑常侍姚思谦进谏说："陛下身居高位，责任是要安定天下，普济苍生，应该节制自己的欲望、服从百姓的需要，不能用牺牲百姓的利益，来满足一人的欲望。离开皇宫去别处巡幸游玩，这是秦始皇、汉武帝做的事情，而不是尧、舜、禹、汤这样的圣明君主会做的事情。"姚思谦这番话说得很是诚恳。唐太宗对他说："我有气喘病，天气一热病情就加剧。所以我去九成宫并非是喜好游玩，而是去避避暑。不过还是要感谢你的诚意。"唐太宗因此赏赐姚思谦绢帛五十匹，以示奖励。

一句善言　重于千金

贞观三年时，李大亮担任凉州都督一职。有一位朝廷使臣出使凉州，看到当地出产猎鹰，就暗示李大亮向唐太宗进献。李大亮密奏唐太宗说："陛下已经很久不外出打猎了，而朝廷使臣却要求进献猎鹰给陛下。如果这是陛下的意愿，那就违背了以前的圣旨；如果是使臣的意愿，那就是陛下所用非人了。"唐太宗回信说："正因为你文武双全，刚正不阿，所以我才任命你为地方要员。近来你为我镇守凉州，成绩显著，声名远扬，你的忠贞我时刻不忘。朝廷使臣让你献鹰，你没有迎合，还引经据典，以古论今，不远万里向我进献谏言，可谓尽心诚恳，我读了之后，心里非常地感叹，心情久久不能平息。有这样的忠直之臣，我还有什么好担忧的呢？你应该发扬这种精神，始终如一。《诗经》中说：'安守本职，发扬精神。神灵在关注你，赏赐幸福给你。'古人说，一句善言，重于千两黄金。你的意见非常可贵。我特别赐你金壶瓶、金碗各一个，虽然没有千镒黄金那么贵重，但都是我平常使用的器物。爱卿正直廉明，赤诚为国，你所担任的职位，都很称职，我将委任你更重要的职务，来表示对你的信任。在公余时间，你可以多阅读些经典。我这次先给你一部荀悦的《汉纪》，这部书简明扼要，深刻广博，对政务的处理和君臣的大义，讲述得非常详细。现在我将它赐予你，希望你仔细研读。"

言辞激烈　并非诽谤

贞观八年时，陕县县丞皇甫德参上书批评朝政，不合唐太宗的意旨，唐太宗认为他是诽谤。侍中魏征说："以前，贾谊给汉文帝上书说：'当今国家的政事，可使人痛哭的有一项，可使人深叹的有六项。'从古至今，上书的言辞多数比较激烈。因为如果言辞不激烈，就无法引起国君的注意。但言辞激烈，看起来就好像是攻击和诽谤，希望陛下仔细想一想他所说的意见究竟是对是错。"

唐太宗说："除了你，还有谁能讲出这种道理呢？"于是，唐太宗下令赐给皇甫德参绢帛二十段。

宝物无用　德行可贵

贞观十五年时，唐太宗派遣使者到西域敕封叶护可汗。使者还没有返回，唐太宗又派人带很多金帛到西域各国招买马匹。魏征进谏说："现在派去的使者是为了封立可汗的，可汗还没有封立，就到西域买马。突厥人一定以为我们是为了买马，而不是专程去封立可汗。这样，即便可汗授封了，他也不会感恩予陛下，授封不成功的话，就会结下仇怨。西域各国知道此事，也会看不起我国。只要能使西域稳定，那么好马不用自己去买，就会自动送上门来。汉文帝时，有人进献千里马。汉文帝说：'我外出巡幸时日行三十里，打仗时日行五十里，前面是仪仗，后面是副车，我自己骑着匹千里马又能跑到哪里去呢？'于是，便给了献马人一些路费，让他回家去了。汉光武帝时，有人进献千里马和宝剑，光武帝让千里马来拉装着战鼓的车子，把宝剑赐给了勇士。现在，陛下的德行超过夏禹、商汤、周文王，怎么在这个问题上，见识还在汉文帝、汉光武帝之下呢？魏文帝曾打算买下西域的一颗大珍珠，苏则进谏说：'如果陛下恩及四海，这些东西不强求自然就会有人送来。能用钱买到的东西，并不算珍贵。'陛下即便不仰慕汉文帝的德行，难道也不畏惧苏则的言论吗？"唐太宗

吉马图（局部）　佚名
这一长卷绘有九十五匹神态各异的马，及四十一位圉人，是一幅画马杰作。全卷气势磅礴，神韵飞扬，让人叹为观止，依稀可见韦偃画马风范。

听了之后，立即停止招买马匹。

谏言有益　回报应得

贞观十七年时，太子右庶子高季辅上书进言朝政的得失对错。唐太宗特意赐给他一剂钟乳石，说：“你向我进献药石之言，所以我也要拿药石来回报你。”

当面责问　阻退进言

贞观十八年时，唐太宗对长孙无忌等人说：“人臣对待君主，大多都是顺从而少有忤逆，用花言巧语来赢得帝王的喜爱。我今日提问，你们要依次讲出我的过失，不得有所隐瞒。”长孙无忌、唐俭等都说：“陛下用教化之道治理天下，现在天下太平安宁。我没有发现陛下有什么过失。”黄门侍郎刘洎回答说：“陛下艰苦创业，救百姓于水火之中，功德永垂千古，正如长孙无忌等人所说那样。只是不久前有人上书进谏，其文辞有一些不符合圣意的地方，就被您当面诘问，且穷追不舍，使他们都因为羞愧而退却。这恐怕不是奖励进言的措施。”唐太宗说：“你说得很有道理，我一定改正。”

耳濡目染　劝谏成风

唐太宗生苑西监穆裕的气，下令在朝堂上将他当场斩杀。当时唐高宗还是皇太子，不惜冒犯龙颜，直言劝说。唐太宗这才解气，没有斩杀穆裕。司徒长孙无忌说：“自古以来，太子进谏都是找适当的机会慢慢说，今天陛下大发天怒，太子却能犯颜进谏，这是古往今来都没有出现过的。”唐太宗说：“人在一起相处久了，自然会形成一种习气。自从我统治天下以来，一直虚心接纳谏言，尤其是魏征，一天到晚前来进言。自魏征去世后，刘洎、岑文本、马周、褚遂良等又相继进谏。皇太子小时候在我面前，常常看到我闻谏而喜的表情，因此养成喜欢纳谏、进谏的习惯，所以才会有今日之谏。”

【附】
直言诤谏

忧民所忧　乐民所乐

贞观二年时，原来隋通事舍人郑仁基的女儿，刚刚十六七岁，外貌出众，姿色过人。文德皇后通过探访得知这名女子后，请求唐太宗纳为妃子。于是，唐太宗便将她聘为充华。诏书已经写好，但册封的使者尚未出发。

魏征听说这个女子已经许配给了陆家，于是赶忙向唐太宗进谏说："陛下身为天下百姓的父母，应该以百姓的忧虑为忧，以百姓的欢乐为乐。自古以来，有道德的君主都会爱护百姓，把百姓的心愿作为自己的心愿，思考百姓们思考的事情。所以君王住在宫殿楼宇里，就要想到百姓是否也有房屋可以安居；君王吃着膏粱鱼肉，就要想到老百姓是否能够温饱；君王选聘妃嫔和宫女，也要想到老百姓是否也能有娶妻成家的快乐。这是身为国君必须具备的基本理念。如今，郑家的女儿早已许配给了人家，陛下聘娶她之前，居然没有去了解清楚。这件事情如果传到民间，恐怕会违背为君之道啊！虽然我听到的只是传言，不一定真有其事，但若不加调查，恐怕会损害圣上的美德，所以我不敢有所隐瞒。君主的一举一动都要载入史册，我希望陛下谨慎小心。"

唐太宗听说后大吃一惊。他回复魏征，表示深深自责，并停止册封，下令将郑氏女子送还给她许配的人家。左仆射房玄龄、中书令温彦博、礼部尚书王珪、御史大夫韦挺等都说："郑氏女子许配给陆氏，消息并不确切，既然已经册封了，怎么能再收回呢。"陆家的人也上表给唐太宗说："我父亲在世的时候，曾与郑家往来，时常相互赠送财物，但并没有定亲之事。"又说："都是外人不知详情，随便胡乱猜测而已。"大臣们纷纷劝唐太宗聘娶此女。唐太宗心

文姬归汉图　【唐】佚名

汉末蔡文姬被匈奴人掳去，后由曹操派人接回中原，这一历史事件成为众多诗人和画家的创作素材，而且多带悲伤的情调。此图却不大相同，文姬与丈夫左贤王各骑一马，怀中各抱一个孩子，正在行进之中。文姬面容饱满，神情安详，左贤王则回着顾盼，面露微笑。夫妻之情溢于言表，体现了唐朝时期匈汉一家的观念。

胡人出猎图（局部）

此图卷描绘胡人出猎情景，画面从左至右可分为牵马备鞍、列队出发、围捕猛虎三部分。人物鞍马众多，但画面组织疏密适度、错落有致、动静结合，富有节奏感。

有疑惑，问魏征说："大臣们是顺从我的意思，可陆家的人为什么这么急着为自己辩解呢？"魏征回答道："在我看来，陆家的本意很简单，他是把陛下看成和太上皇一样的人了。"唐太宗说："为什么呢？"魏征说："以前太上皇刚平定长安时，收纳了辛处俭的妻子，并对她宠爱有加。辛处俭当时是太子舍人，住在东宫，太上皇知道后很不高兴，立即下令把他赶出东宫，贬为万年县县令。辛处俭常常恐惧不安，担心不能保全性命。陆家人定然以为陛下就算今天虽然能宽恕他，但将来很可能会暗中惩罚。他之所以再三辩解，就在于此，没什么奇怪的。"唐太宗笑道："外人确实可能会这样想，而且我的话也未必所有人都相信。"

于是，唐太宗下诏说："已经知晓郑氏的女儿曾接受别人的聘礼，先前发出文书时，对此事没有了解清楚，是我的过失，也是有关部门的失职。已颁发的充华诏书，停止作废。"当时人们对唐太宗的举动，无不赞叹不已。

朝令夕改　失信于人

贞观三年时，唐太宗下诏免除关中地区两年赋税，免除关东地区一年徭役。没多久又诏令说：已经开始服役、交租的，照常进行，到明年一起结算。

给事中魏征上书说："我看到八月九日颁布的诏书说，全国都免除一年的徭役赋税，百姓听到这个消息，全都欣喜若狂。后来又听说新诏书说：现在已经开始服役的，命令他服役到期满后折成租税，其余物资缴纳完毕，等到明年合在一起折算。不少百姓因此感到失望。虽然对百姓来说，这种做法最终的效果是一样的，但是他们一开始很难理解朝廷的用意。而且他们现在温饱都还成问题。他们会以为国家出尔反尔，说话不算数。我听别人说，上天辅佐仁慈的帝王，百姓支持守信的国君。现在陛下继位不久，天下百姓都还在观察您的德行。才发出严肃的圣旨，就立刻生出变化，这样一定会让百姓感到疑惑，甚至失信于民。即使在国家危亡的时候都不能这么做，更何况如今国家稳如泰山！这个主意，虽然使陛下增加一些财富上的收益，但在道德上却大受损失！我私下为陛下感到惋惜。但愿陛下能审阅我的奏书，仔细衡量利害与得失。我见识短浅，冒昧上书，愿陛下惩罚我的罪过。"

简点使右仆射封德彝等人，想把十八岁以上的中男征召入伍，文书下了三四次，魏征都执意上奏驳回，认为不能这么做。封德彝再次上奏说："负责征兵的官员说，次男当中身体强壮的大有人在。"唐太宗听后很生气，于是下令："中男以上，即使未满十八岁，身体强壮的，也可以征召。"魏征仍然不同意，不肯在敕令上签字。唐太宗召集魏征和王珪，向他们大发脾气说："中男当中，如果真是体弱的，自然不用入伍。如果身强力壮的，自然可以征召。这妨碍你们什么地方了。这么固执，我真不知道你们是怎么想的？”魏征严肃地说：“我听说，竭泽而渔，不是抓不到鱼，而是以后就无鱼可捕了；焚林打猎，不是抓不到野兽，而是以后就无兽可打了。如果把次男以上的男子都征召入伍，那么国家的租税杂役，让什么人来提供呢？再说近年来的兵士作战能力弱，哪里是人少的原因？是因为待遇有问题，使他们丧失了斗志。或者征更多的兵，如果让他们去充当杂役，人数再多，也是没用。如果精心挑选健壮勇敢的成年男子，以礼相待，他们定会个个奋勇作战。何必强求数量呢？陛下常说，我一旦做了国君，就要以诚信待人，要使天下官民，都没有虚情假意。但是，陛下从即位到现在，已经处理的两三件大事，都是不守信用，出尔反尔。这样怎么能取信于民？”唐太宗惊愕地问道：“你说我不守信义，是指哪些事？”魏征说：“陛下刚登基时，就下诏书说：‘以前的租赋欠债及拖欠官府的财物，一律免除掉。’并命令主管单位，列出免除的清单。结果，秦王府所征的租税和财物，却不在官府财物之列。陛下由秦王升为天子，既然秦王府所征调的物品都不算官府的财物，那么什么地方征调的才算是官府的财物呢？后来，关中免两年租税，关外免一年徭役，百姓没有不欣喜感恩的。结果马上又下了一道诏书说：‘今年征集壮丁的徭役，役期多已服满，如果从今年开始实施，那就没什么意义了。已经开始服役或缴纳租税的，仍然收纳上交，诏令答

执扇宫女图
【唐】杨訾　杨瑾
陕西唐李重润墓壁画

应免除的，都从明年开始算。’赦免之后，又更改命令，重新征收，这样出尔反尔，百姓心里定有怨恨。又借口租税已经征收，士兵已经征召，说免租、免征从明年再开始，这样怎么能取信于民呢？另外，共同治理国家的重大责任，在各位刺史和县令身上。每年的赋税都要靠他们来收取，到了选拔壮丁时，又怀疑他们有所欺瞒，这样，希望下级诚实守信，难道可能吗？”唐太宗说：“我看到你固执己见，以为你对事情并不了解。今天听你谈论国家失信的情况，才发现其实是我不通民情。我没有认真思考清楚，决策失误，这样怎能把国家治好呢？”于是，停止征召中男入伍，并赐给魏征一口金瓮，赐给王珪五十匹绢。

偏信小人　人心涣散

贞观五年时，治书侍御史权万纪、侍御史李仁发，都因告密攻击陷害别人，多次被唐太宗引见。于是他们就肆意弹劾大臣、欺罔天子，使得天子震怒不已，朝臣们也不能自安。朝廷内外的人都知道这样下去是不行的，但没有人敢去向唐太宗道明事实。

给事中魏征义正词严地向唐太宗启奏说：“权万纪、李仁发都是小人。他们不识大体，以中伤别人为本事，以揭人隐私为正直。他们弹劾无辜的人，陛下却替他二人护短，采纳他们诽谤的言语，使得他们愈加地肆意妄为。他们欺辱群臣，蒙骗圣上，以骗取刚直的名声，行事违背礼法。他们诬陷房玄龄，斥退张亮，不仅没有起到勉励臣子的作用，反而损害了陛下的圣明。这样做将使得路人也随意诽谤朝廷。我揣度陛下的意思，应该不会把这两人当成是深谋远虑的国家栋梁，只是想利用他们肆无忌惮的冲劲来警告群臣。陛下即便是信任这两个奸邪之人，也不能根据小臣的说法来判断大臣。群臣向来没有矫情虚伪的事，陛下这样做只会使得人心涣散。像房玄龄、张亮这样的近臣，如果还不能洗清他们的冤枉，那么关系疏远、地位卑贱的臣子们，谁还能免遭他们的诬陷？希望陛下认真考虑清楚，这两个人自从被陛下任用以来，他们如果做过一件对国家有益的事，我情愿认错，请陛下责罚。陛下即便不能任用贤才以发扬圣德，难道就可以重用奸人而自损英名吗？”

唐太宗欣然采纳魏征的意见，赏赐给他五百匹绢帛。后来这两人渐渐暴露了他们的奸诈品性，李仁发被免职，权万纪被贬为连州司马，百官都相互庆祝。

宁为良臣　不做忠臣

贞观六年时，有人告发尚书右丞魏征，说他袒护亲戚。唐太宗派御史大夫温彦博前去调查此事。据调查知道，是告发人心术不正，诽谤他人。温彦博向唐太宗禀告说，魏征既然被人指责，虽然他没有徇私违法的行为，但肯定也有不检点的地方。唐太宗立即命令温彦博转告魏征说："你给我进谏了几百条正确的建议，怎么能因为这件小事而损害你那么多的美德呢？从今以后，你要注意你的言行举止。"

过了不久，唐太宗问魏征说："最近外面有人说我有什么不是的地方吗？"魏征回答说："前几天，陛下令温彦博向我宣诏，告诉我说：'为什么不检点一下自己的言行举止？'这话就很有问题。我听说'君臣同气，义均一体'。没有听说过不心存公道，光要注意检点言行举止的。如果君臣上下，都只注意检点自己，那么国家的前途就很难判断了。"唐太宗听了，非常严肃地说："我当时说了这句话，马上就感到后悔，这么说的确很不妥。但是，你也不可以此为由，就避不进谏。"魏征赶紧下跪说："魏征以身许国，按照天道行事，绝不敢欺瞒陛下。但是希望陛下让我做良臣而不是忠臣。"唐太宗说："忠臣和良臣有什么不同？"魏征说："良臣使自己获得美名，同时使君王得到尊崇的地位，子孙代传，福禄不尽。而忠臣使自己丢失性命，同时使君王恶名远播，家国同时遭到损失，只是徒有忠臣的名称而已。我的看法是，良臣和忠臣相差很远啊。"唐太宗说："但愿你不要忘记今天这句话，我一定不会忘记国家兴亡的大事。"于是，唐太宗赐魏征二百匹绢。

天下初安　岂可铺张

贞观六年时，胡人已经平定，远邦纷纷来朝，吉兆天天出现，粮食年年丰收。各地官员纷纷上书奏请唐太宗到泰山举行封禅仪式，诏告天地。群臣们也都歌功颂德，认为"机不可失，天不可违。现在才举行封禅大典，已经觉得有些晚了"。只有魏征一个人持不同的意见。唐太宗说："我要听听你的意见，你要实事求是地说，不要有所隐瞒。你觉得我的功绩不够高吗？"魏征答道："功高。"唐太宗接着问："我的仁德不厚吗？"魏征答："德厚。"唐太宗又问："国土还没有安定吗？"魏征答："安定了。"唐太宗再问："边远的异邦还有未归顺的吗？"魏征答："都已收服了。"唐太宗问："那么吉兆还没有出现吗？"魏征回答："出现了。"唐太宗又问："粮食不丰收吗？"魏征答："丰收了。"唐太宗说："既然如此，你为什么还要阻止我去泰山封禅呢？"

魏征回答说："陛下功虽高，但人民尚未感受到您的恩惠。德虽厚，但教化还没有普及。国土虽然已经安定，但国家还没有强盛到足以保证封禅大典的供应。异邦虽然已经臣服，但还无法满足他们的要求。吉兆虽然已经出现，但大小案件仍然频繁。粮食虽然接连丰收，但国库却仍然空虚。这就是在下认为还不能封禅的原因。我一时也找不到以前的例子，就打个不当的比方吧。有个人长期患病，痛不欲生，后来经过良医的治疗刚刚好转，人已经憔悴得只剩皮包骨了，如果这时候要他背一担米，在一天之内行走一百里，那肯定是不可能的。隋朝的祸乱不止十年，幸好有陛下像良医治病一样精心治理国家，安定天下，解除了百姓长期的苦痛，但国家还不算富强。这种国情和治病的例子比较相似。因此，以为大功已经告成，现在就诏告天地，为时还早。而且陛下一旦去东边的泰山封禅，各国贵宾都必定前来庆贺。现在国内自伊水、洛水二水以东直到泰山，一路上千里荒野，杳无人烟，道路萧条，来往艰难，听不到村落里鸡犬的声音。怎么可以把外人引到这里，主动暴露我们的虚弱？到那时，恐怕国家就是竭尽财力赏赐，也满足不了蛮夷的欲望；再免除几年的徭役，也补偿不了这次封禅的劳役花费。万一再遇上些自然灾害，使天象出现变化，就会受到无知者的议论和责难，那时候再想后悔就来不及了。不只是我有这样的恳求，很多人也是同样的意见，只是不敢说出来而已。"唐太宗称赞魏征的劝止，于是决定停止封禅。

皇亲国戚　严加管理

贞观七年时，蜀王妃的父亲杨誉在皇宫禁地追逐婢女，被官郎中薛仁方拘留审问，还没来得及处理。杨誉的儿子司职千牛卫将军，他在朝廷上陈述说："只要是五品以上的官员，不是犯了反叛之罪的，都不应该被拘留。我父亲是皇亲国戚，薛仁方因此故意刁难，迟迟不予断案。"唐太宗听了大怒，说："明知是我的亲戚，还胆敢故意刁难！"当场就下令责罚薛仁方一百棍，并削去他的职位。

唐高祖像
唐高祖李渊，唐朝开国皇帝。

魏征进谏说："城墙下的狐狸和神社中的老鼠，都是些小东西，但因为它们有所依靠，想除掉它们并不容易。再说自古以来，官宦之家与皇亲贵戚就一直难于管理。汉、晋以来，甚至发展到无法无天的地步。高祖武德年间，皇亲国戚中违法乱纪的人很多，一直到陛下登基后，他们才有所收敛。薛仁方只是执行他的工作，为国家执法，怎么能对他施加惩罚，来达到为外戚公报私仇的目的呢？如果开此先河，以后会有更多的麻烦接踵而来，到时候就悔之莫及了。自古以来能严厉控制外戚的，只有陛下一个人。防患于未然，这是治国的永恒道理。怎么能河水没泛滥，自己先拆掉堤防呢？我私下以为，这样做不妥。"唐太宗说："你说得没错，我之前没有考虑清楚。但是薛仁方扣留人却不上报，也是专权，虽然不是什么大错，也应该受到惩罚。"于是，下令责打薛仁方二十棍杖，但免予解职。

左右臂膀　不相隐瞒

贞观八年时，左仆射房玄龄、右仆射高士廉，在路上遇到了少府监窦德素，于是就问他北门最近又在建造什么？窦德素便把这事报告了唐太宗。唐太宗于是对房玄龄说："你只要管好南衙的事情就好了，北门宫内营建什么跟你有什么关系？"房玄龄等人于是下跪谢罪。

魏征进谏道："我不知道陛下为何责问房玄龄和高士廉，也不知道他们为什么要谢罪。房玄龄二人既然是朝廷重臣，也就是陛下的耳目臂膀，陛下在北门建造房屋，为什么就不能让他们知道呢？陛下责备他们了解相应的情况，我无法理解。工程的营造是利是弊，动用劳力多少？如果陛下做的是好事，就应该协助陛下把事情办好，如果陛下做得不对，即使已经开工也应该请求马上停止。这才是国君礼遇臣子、臣子侍奉国君的道理。房玄龄等询问此事本来就没错，陛下却责备他们，这是我疑惑的地方；房玄龄等人忘记自己的职责，只管向陛下磕头谢罪，这也是我疑惑的地方。"唐太宗听后，感到非常惭愧。

私心国法　不可混淆

贞观十年时，长孙皇后的孩子，太子的弟弟越王生性聪慧，唐太宗非常喜爱他。有人密奏唐太宗，说朝廷三品以上的大官，都对越王有所蔑视。他的用意是要诋毁魏征等大臣，激起唐太宗的怒气。唐太宗在齐政殿召见所有三品以上的大臣，对他们怒声说："我有话要说。从前的天子是天子，今天的天子就不是天子吗？以前的天子之子是天子的儿子，今天的天子之子就不是天子的儿子吗？隋朝的诸位王侯，对待少数显贵之外的官员，都免不了一番骚扰。我的儿子，从来都不让他们惹是生非，你们的日子好过了，就不把他们放在眼里吗？我如果纵容他们，你们能有好果子吃吗？"房玄龄等人都吓坏了，赶紧下跪谢罪。只有魏征严肃地说："在座的臣子们并没有蔑视越王的意思。在礼制上，臣与子是平级的。《经传》上说，天子身边的臣子虽然卑微，但是地位却在诸侯之上。任命他们为公，他们就是公；任命他们为卿，他们就是卿。即便不做公卿，他们还可以做诸侯下面的士。当今朝廷三品以上的大员，都是公卿级别，身为天子的大臣，是陛下礼聘来的。纵然有或大或小的过失，越王也不能随便侮辱他们！当然，国家亡乱时期，就不可理喻了。中华当代正值天地有序，国君圣明，越王怎么能对公卿如此无礼呢？再说隋高祖无视礼制，溺爱诸位王子，致使诸王频频做出无礼的行为，不久就自食其果，被人废黜。隋朝的前例很不值得后人效法，陛下怎么称道他们呢？”唐太宗听到魏征这些话，转怒为喜，对群臣们说：“凡是说得有道理的，就不能不佩服。我刚才那番话，是出于私心，魏征讲的才是国家治理的大法。我刚才怒气冲天，自以为理直气正，听了魏征的分析，才知道自己一点道理都没有。为人君主，说话应该小心谨慎啊！”于是，唐太宗赏赐魏征绢帛一千匹，并狠狠地责备了房玄龄等人一番。

扬其长处　避其短处

贞观十一年时，监察部门禀报唐太宗，说凌敬向穷人索取财物。唐太宗于是责备侍中郎魏征等人举荐的官员不合格。魏征回答说：“我等每次承蒙陛下问话，总是既讲出所推荐人的优点，又点明他的缺点。凌敬有学识，敢于谏诤，是他的优点；但喜欢享受生活，贪财好利，是他的缺点。现在凌敬替人写碑文、教人读《汉书》，以此来谋求私利。这不正是我们之前所说的实情吗？陛下不充分发挥他的优点，只是看到他的缺点，却说我等欺骗陛下，我心中不服。”唐太宗赞扬了魏征的意见。

人不自察　虚心受教

贞观十二年时，唐太宗对魏征说：“这些年来，国家施政的得失，与以前相比，有什么成绩呢？”魏征回答说：“从朝廷恩泽普及程度、国威远扬，异国纷纷前来朝贡等方面来看，和贞观初年相比，的确胜出不少。但如果从德行的发扬、民心的诚服方面讲，相比贞观初年，则相差甚远。”唐太宗说：“异族归顺，应该就是德行散布的结果。怎么说不如以前呢？”魏征回答说：“以前天下还不太平时，陛下常常将德义记挂在心，后来四海安宁，陛下就逐渐骄奢自满。所以现在的功业虽然比以前盛大，但德行终究不如从前。”唐太宗又问：“我的作为和以前对比，有什么不同吗？”魏征回答说：“贞观初年时，陛下担心没人敢进谏，想尽办法鼓励大臣们进谏。三年之后，看到有人进谏还比较乐于采纳。近一两年来，已经变得不喜欢别人进谏，虽然也能勉强听取，但心里却不大乐意，偶尔还露出难堪的表情。”唐太宗说：“具体哪些事情是你说的这样呢？”魏征回答说：“陛下登基那年，要将元律师处死，孙伏伽进谏说：‘元律师罪不当死，不能滥加罪责。’陛下采纳并将价值百万的兰陵公主园赏赐给他。当时有人表示异议说：‘孙伏伽进谏这么一件小事，陛下的赏赐太过丰厚了。’陛下当时回答说：‘自我继位以来，他是第一个进谏的，所以我要重赏他。目的是希望能起到鼓励进言的作用。徐州司户柳雄，私自加高自己在隋朝时的官阶资历，蒙骗朝廷，被人告发，陛下让他自首，否则就要治他的罪。柳雄坚持原来的说法，坚持不自首。大理寺审查结果表明，柳雄的确作假，于是被判死刑。大理寺少卿戴胄上书说，按法律规定，柳雄应判流放，而非死刑。陛下说：‘这个案子我已经判决了，应该执行死刑。’戴胄说：‘陛下既然不同意我的谏言，就请治我的罪。我还是认为柳雄罪不至死，不能随意妄加罪责。’陛下发怒，下令处决柳雄，戴胄坚持己见，这样来回争执了四五次，陛下终于赦免了柳雄的死罪。之后陛下对司法部门的官员说：‘只要你们能为我这样严守法纪，我还用担心出现滥用死刑的事情吗？’这是乐意接受规谏的案例。前些年，陕县县丞皇甫德参上书，违背了陛下的旨意，陛下认为他诽谤朝廷。当时我上奏说，奏书的言语必须激烈，才能引起国君的注意，但言辞激烈就和诽谤相似。陛下当时虽然听从了我的意见，并赏赐我绢帛二十匹，但是心里却并不乐意，这是勉强采纳谏言的案例。”唐太宗说：“的确如你所说。除了你，还有谁能向我说出这样的话来？人们都苦于不能自知，你没说这番话之前，我还以为自己的作为和以前一样，没有什么差别。听你这么一说，才知道我的过失已经非常可怕。希望你保持忠贞耿直的心灵，我定然不会违背你的教诲。”

【第三卷】

人事

【第六节】
上下齐心

有福同享　有难同当

贞观三年时，唐太宗对身边的大臣们说："国君和臣属之间，有福共享，有难同当。君王能采纳忠臣的进谏，臣子们敢于直言匡正，君臣之间的和谐默契，从古至今都很受推崇。如果君王自以为是，臣子们又不去匡扶，长此以往，国家一定会面临灭亡的危险。一旦君王丧失国家，臣子也不可能单独保全自己的家庭。隋炀帝暴虐无道，堵住臣属的嘴巴不让讲话，最后他听不到别人指正他的过错，随即导致了国家的灭亡，隋炀帝自己被杀死，虞世基等人，不久也被杀死。这件事情的发生至今时间并不遥远，我们怎么能稍有懈怠而不谨慎呢？千万不要成为后人耻笑的对象！"

敢于直谏　不避惩罚

贞观四年时，唐太宗和大臣们谈论隋朝时的情况。魏征说："我以前在隋朝的时候，听说有过一桩盗窃案。隋炀帝派於士澄缉拿盗贼。於士澄只要一发现稍有可疑的人，便都抓起来严刑拷问，将近两千多人被抓，许多人被屈打成招。隋炀帝下令把这些人一并处决。当时的大理寺丞张元济觉得这个案子很是奇怪，希望找寻这个案子的一些真实情况。发现其中有六七个人，案发当日正在忍受牢狱之灾，案发后才得以获释，但他们由于不堪忍受严刑拷问的痛苦，被迫屈打成招。张元济沿着这件事深查下去，得到的结果是，两千多人中只有九个人形迹可疑。官吏中有人认识这九个人，他们有四人不是盗贼。负责监斩的部门觉得隋炀帝已经下令处决这些人，就没有禀报实情，把这些人全部处以极刑。”唐太宗说：“这不仅仅因为是隋炀帝暴虐无道，也怪他的臣子们疏忽大意。应该敢于上谏，不要惧怕杀身之祸，怎么能如此腐败奸恶，只求君王欢心？君臣之间这样下去，国家怎么会不败亡呢？我要靠你们同心辅佐，才能让国家和谐昌盛。希望你们可以善始善终，像今日这样直言不讳！”

莫学桀纣　忘其自身

贞观六年时，唐太宗对身边的大臣说：“我听说周朝和秦朝刚刚平定天下的时候，国政并没有什么大不同。随后周朝为百姓做了很多顺应民心的好事，积累声望，所以能保持八百多年的稳固国运。秦朝却放纵骄奢，经常动用刑罚，所以没过两代就灭亡了。这难道不正是行善者国运昌盛，福禄绵长，作恶者寿命短少，国运难长吗？我又听说，虽然夏桀、商纣贵为帝王，可是如果把一个普通百姓比作桀、纣，他们会为之感到耻辱；颜回、闵子骞，虽然只是普通百姓，可是一个帝王，如果被人与之比拟，他也会引以为荣。这也是帝王应该深感羞愧的地方。我经常把这件事情引以为鉴，常常担心自己的德行比不上他二人，而被百姓所耻笑。”魏征说：“我曾经听过一个故事：鲁哀公对孔子说：‘有一个记性不好的人，在一次搬家的时候，竟然忘了带上自己的老婆。’孔子说：‘还有人比他更忘事呢！我看像夏桀、商纣这样的君王，忘掉自己应有的德行，迟早遭受天谴。’希望陛下能经常想到这点，以免被后人耻笑。”

孔子像　【宋】马远

此图孔子身着长袍，拱手而立，沉静肃穆，若有所思，神情十分生动

不忘过去　慎戒骄纵

贞观十四年时，为了庆祝征服高昌，唐太宗在两仪殿举行宴会赏赐群臣。在宴会上，唐太宗对房玄龄说：“高昌的国君就是因为忘记了虚心听取谏言的治国训诫，不然怎么会亡国呢？我虽然平定了这个国家，但是心中还是感到不安，只有以戒骄戒躁来预防国难，听纳忠言改进自己，贬黜奸佞邪恶的小

人，任用贤良忠正之士，不用小人之言来冤枉君子，谨慎地坚持这个原则，以保国家昌盛和百姓平安。”魏征进谏说：“根据我的观察，自古以来皇帝在平定叛乱、艰苦创业的时候，都比较能严格要求自己，谦虚谨慎地接受臣下的意见，听从忠良的正直之言。天下安定之后，就开始放纵各种私欲，喜欢听奉承之言，而排斥忠直的劝谏。张良是汉高祖的谋臣，后来高祖准备废嫡立庶时，张良说：‘今日之事，不是凭语言所能辩明的。’所以，他始终不敢过多地劝说。陛下德行的高厚，是刘邦所无法比拟的。陛下登基迄今有十五年，圣明之德就像太阳一样光耀天地。现在又征服了高昌国。陛下无时无刻不把国家和百姓的安危放在心上，任用贤臣良将，广开言路，这实在是亿万百姓之幸。从前齐桓公与管仲、鲍叔牙、宁戚四个人在一起饮酒，齐桓公对鲍叔牙说：‘为什么不起来为我祝寿呢？’鲍叔牙端着酒杯站起来说：‘愿您不忘当年奔走山东莒国的艰难；愿管仲不忘在鲁国被捆绑的艰难；愿宁戚不忘在车下喂牛的艰难。’齐桓公站起来答谢道：‘我与管仲、宁戚二位大夫一定不会忘记您今日之良言，有您这样的忠臣，国家社稷一定不会有什么危险。’”唐太宗对魏征说：“我一定不忘当年身为普通百姓时的情形，你也不要忘记鲍叔牙的榜样啊！”

君臣一体　同心协力

同一年，魏征上书说：

“如果说国君好比是人的头脑，那么臣子就是四肢，脑袋和四肢协调齐备才能算是一个完整的身体。身体如果有缺陷，就不能成为一个完整的人。脑袋虽然重要，但必须要有四肢的配合才能成为一个人；国君再怎么英明，也得有贤才的帮助才能治理好国家。《礼记》上说：‘百姓把国君当做是自己的心脏，国君把百姓看成是自己的身体。内心端正，身体就会舒坦；内心善良，面容才会恭敬。’《尚书》上说：‘君明臣贤，万事大吉！’又说：‘君昏臣懒，一事无成。’这么说来，国君如果把辅国大臣放在一边，自己擅权独断，而想把国家治理稳妥，恐怕是不可能的事情。

“君臣相互了解彼此，从来就很难做到。好比要让石头顺着水流，难得一见；而让水顺着石头流，就随处可见。君臣共奉正道，让所有的人才各尽其用；在内国君尽心尽力，在外大臣竭尽所能，两者融为一体，坚固得像金石一样。不只是靠高官厚禄笼络人心，更在于要以礼相待。古时候，周文王在凤凰之墟巡游，鞋带松了，他发现左右居然没有找到一个可以供自己使唤的人，于是只好自己把鞋带系上。难道周文王的时代，人人都是才俊，而唯独我们这个时代缺少人才吗？只是君对臣是否知遇，待之是否有礼而已。伊尹是有莘国的陪嫁家奴，韩信是项羽的手下败将，商汤对伊尹以礼相待，于是在南钞奠定了王业，汉高祖拜韩信为大将，于是在垓下成就了帝业。如果夏桀不抛弃伊尹，或者如果项羽能任用韩信，他们会轻易丧失政权，成为亡国奴吗？还有，微子是商纣王的同胞，商灭后，他却被周朝分封于宋，箕子是商纣王的贤臣，却向周武王呈献《洪范》，孔子认为他们是‘仁人’，没有人反对他们的做法。《礼记》上记载，鲁穆公问子思说：‘被解职的大臣，为他过去的君主服丧，是古代的礼制吗？’子思说：‘古时候的君主，用人时以礼相待，即便是拒绝也是委婉谦恭，所以才有旧臣为旧君服丧的礼制。现在的君主，用时就把你说得天花乱坠，不用时就说得你一无是处。这种情况下，旧臣不率兵来讨伐旧主已经是万幸了，怎么可能还有为旧主服丧之礼？’齐景公问晏子说：‘忠臣应该怎样服侍君主呢？’晏子回答说：‘国君遇难，忠臣不陪君而死；国君逃亡，忠臣不去送行。’齐景公又说：‘推崇他，以裂土分封来奖励他，然而，一旦国君遇难，忠臣却不能为君而死，国君流亡也不陪护，这是什么道理？’晏子回答说：‘如果忠臣的建议被国君采纳，那么国君就不会落难，忠臣又何谈为谁而死呢？如果国君接受忠臣的规劝，就可以避免流亡，忠臣又有谁可以护送呢？忠言不被采纳，国君因而遇难，这种情况下如果忠臣殉死，叫做妄死；谏言不被接受，国君因而流亡，这种情况下臣子还去护送，这是假忠。’《春秋左氏传》上说，崔杼杀死齐庄公，晏子守在崔杼的家门外。有人问晏子说：‘你要陪庄公一起死吗？’晏子说：‘是我一个人的国君吗？我为什么要陪他送死呢。’又有人问他：‘你要逃走吗？’晏子回答道：‘是我犯下的罪过吗？我为什么要逃走呢。国君如果为国而死，臣子就应当同他一起死去。国君为社稷而逃亡，臣子也应当陪他一起逃亡。如果国君是为己而死、为私而逃，不是他的亲信，谁肯跟他一起去死，一起去逃呢？’门打开了，晏子进了崔杼家后，趴在庄公的尸体上哭了一会儿，然后站起身来顿足三次，就离开了。孟子说：‘国君视臣子为手足，臣子就会把国君当做心腹；国君视臣子为犬马，臣子就会把国君当做普通人；国君视臣子为粪土，臣子就会把国君视为仇人。’虽然臣子侍奉君主不能有不

帝尧像

琉璃堂人物图（局部）　【五代】周文矩
此卷内容，据有关史料及比较研究，是画唐代诗人王昌龄与其诗友在江宁县丞任所琉璃堂厅前聚会吟唱的故事。此幅作品同北京所藏残存的后半段，均为宋摹本。

太白醉酒图 【清】苏六朋

此图描写唐朝著名诗人李白醉酒于唐玄宗宫殿之内，由内侍二人搀扶侍候的情景。图中省略布景，人物造型准确，李白戴学士巾，五绺清须，面部用工笔描绘，层层晕色，表情活脱若生，眉宇间流露出高傲之态，十分传神。是作者于清道光年间创作的名作。

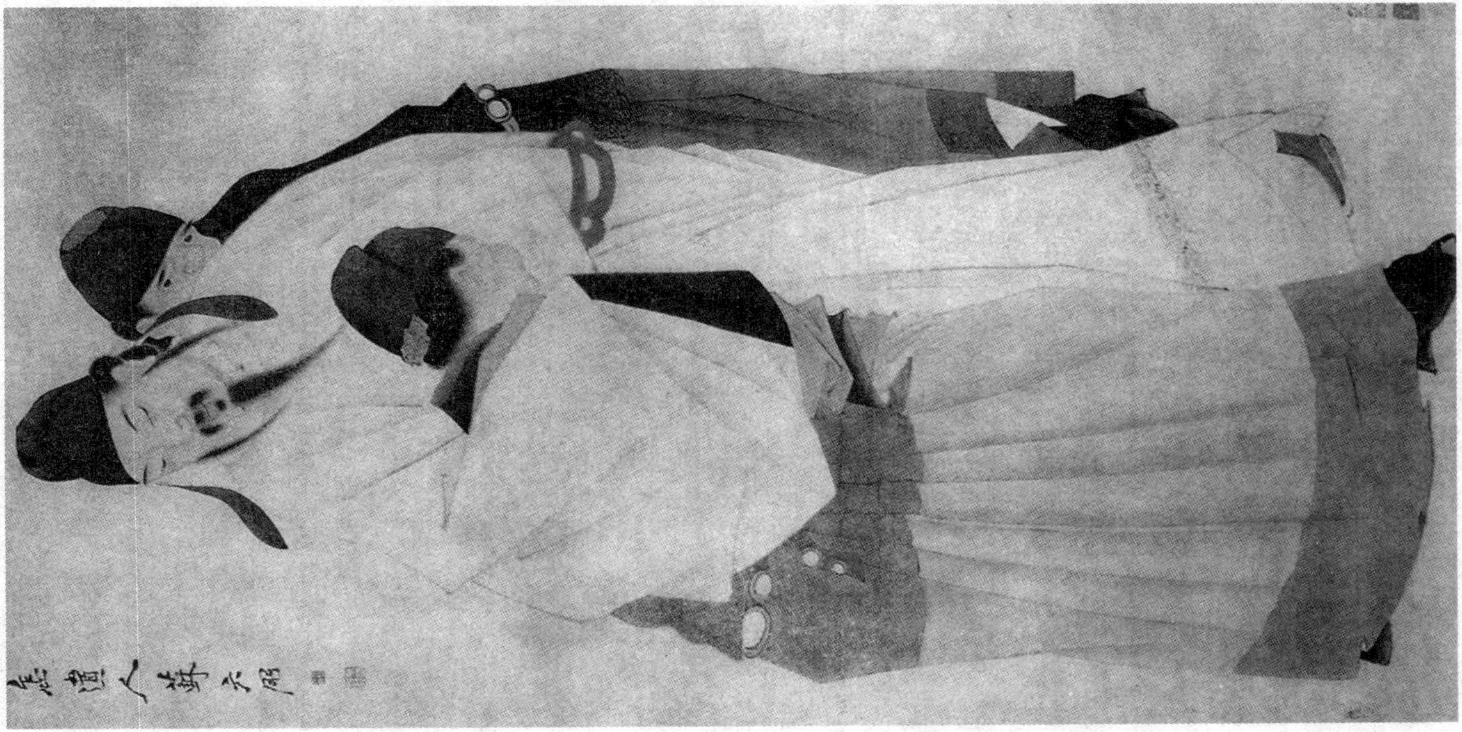

忠之心，但是他可以根据国君对自己恩泽的轻重，来决定是去是留。如此说来，身为君主，怎么能无视臣子们的存在呢？

“我发现朝廷大臣里，有些是在西北边疆担任军职的重臣，有的是在朝廷参政的要员。他们都创立自己的丰功伟业，都是天之骄子。他们身处极为关键的重要职位，责任重大。虽然他们承担的责任非常重大，但君主对他们的信任却非常不够。这样将使他们心存余虑，觉得自己不被信任，从而产生不负责任的做事态度，培养不出精忠报国的情操，高尚的情操培养不起来，德行仁义就得不到发扬，在这种情况下妄想保持国家的安定，保住大唐的国土，是不可能的事情。我又听说国家爱惜功臣，不计较他们的过往。这与古代圣君的作为是一样的。但是陛下无视大的过错，对小的过失反而严厉对待，有时候发脾气训斥臣下，不免带着爱憎私心。怎么能这样治理朝政呢？虽然国家法令严厉，可还有人敢于触犯，而且往往是职位重要的人带头违法乱纪，其他官员就更加不堪。河流堵塞会使河堤泛滥，造成伤亡。普通的老百姓怎么办呢？这就是说，国君一旦遗漏了一个弊端，随后就会出现一百个弊端，然后，天下就会大乱。《礼记》上说：‘自己喜爱的人，要了解他们的缺点；即使是自己讨厌的人，也要知道他们的优点。’如果因为厌恶某人，就抹杀他的优点，那么忠良之士一定会心生恐惧；如果因为喜欢一个人就掩盖他的缺点，那么恶人就会越来越多。《诗经》上说：‘君王如果暴虐无道，百姓就会随之作乱。’然而，古人之所以发怒，是为了惩罚恶人，我们现在的惩罚，反倒助长了奸邪的民气。这不是尧、舜的本意，也不是禹、汤应做的事情。《尚书》上说：‘抚爱我的就是我的主公，迫害我的就是我的仇人。’荀子说：‘人君就好比舟，百姓就好比水。水可载舟，也可覆舟。’所以，孔子说：‘鱼失去水源就会死亡，水失去鱼的存在依旧是水。’因此，尧、舜执政总是战战兢兢，一天比一天谨慎小心。对于以上的道理，怎么能不反复深思呢？

“责成大臣办理国家大事，派遣小臣去执行具体的小事。这是治国的永恒之道。现在行使职务总是重大臣而轻小臣，遇到事情时候，则怀疑大臣而轻信小臣。相信小臣怀疑重臣，这种做法，怎么能使国家大治呢？再说，政策贵在持之以恒，不能三天两头地改变政令。现在的问题是，有时候让小臣负责大事，有时候又让大臣去处理小事。所有人都失去自己应该的职责和位置。有的大臣因为小小的过失而犯错，有的小臣因为处理大事不当而受到惩罚。职责和位置互相背离，他们所受到的惩罚，也不是他们本来分内的事情。如此一来，要求他们一心一意地为国效力，怎么可能？不可委任小臣做国家大事，也不应该因为小过失而处罚大臣们。把国家大事委任给大臣，却在小细节上挑剔他们，这样做就使一些擅长旁门左道的人迎合皇上的旨意，捕风捉影，搬弄是非。大臣为自己辩护就被认为是在狡辩；不辩护，就被认为所犯属实。这样进退两难，不能给自己一个清白之身，甚至被迫苟且认罪，最终正直忠厚的臣子也会萌生不当的念头，狡诈之心一旦萌生，就会导致虚浮成风，这样一来，天下就难以太平了。

“朝廷选拔贤才，任命大臣，是想让他们尽心为国，但有的大臣却有所顾忌不敢说真话，这么做就是不尽职。如果举荐的人称职，就算是亲友又何必避嫌。如果举荐的人不合适，即使关系再疏远，又有什么可贵。如果君主对臣子不尽心尽意，又怎么要求别人对自己忠孝呢！即便臣子偶尔犯错，国君也不应该这样对待他们。国君怀疑臣子，必然是认为臣子没有可信之处；如果臣子真的一点不值得信任，那么国君当然也就会被怀疑了。《礼记》上说：‘君主多疑，臣子就无所适从；对臣子不加以了解，君主就要担忧。’一旦君臣上下相互猜疑，那天下太平就是奢谈了。现在的群臣之间，如果频繁地传布流言，我私下以为，肯定不会有一个人能像曾母那样扔掉机杼逃跑。我国疆域广大，人民数以亿计，难道就没有一两个值得信赖的人吗？这是因为信任一个人就觉得他毫无可疑的地方，怀疑一个人就觉得他毫无可信的地方，怎么可能一直都是臣子的错误呢？寻常百姓交友，还能以命相许、一生不悔，何况君臣上下，情

虢国夫人游春图（局部）　【唐】张萱

此图描绘的是天宝十一年，唐玄宗的宠妃杨玉环的三姊虢国夫人及其眷从出游赏春的情景。

同鱼水？如果国君像尧、舜一样圣明，臣子像稷、契一样贤能，哪里还会有一碰到挫折就改变志向，得到小便宜就马上变心的呢？下面的臣子忠心不够明显，也是由于国君不够信任，不能以礼待之所造成的。这能够得上‘君使臣以礼，臣事君以忠’的标准吗？以陛下的圣明和不世功绩，如果能广泛寻求贤才，君臣上下齐心协力，那么，陛下定能赶上上古时候的三皇五帝。那时候，夏、商、周、汉哪个还值得一提呢？”

唐太宗非常赞赏魏征的谏言，采纳了他的意见。

自强不息　躬行实践

贞观十六年时，唐太宗问魏征说：“我节制自己的欲望、一心治理朝政，希望自己能追上古时候的圣君明主。把积德、聚仁、丰功、厚利这四个方面，当做最重要的事情来勉力推行。可是，我经常苦于没有自知之明，不知道我所做的事情，到底做得好还是不好？”魏征回答说：“德、仁、功、利这四方面陛下都能做到。对内平乱，对外攘夷，是陛下所建立的功业。使百姓安居乐业，让他们都有生存的依靠，是陛下所积的利。这么说来，还是功与利方面的成就比较大，德与仁方面，陛下坚持不懈，躬行实践，一定可以达到。”

见危不救　天下必乱

贞观十七年时，唐太宗对身边的大臣说：“自古以来，开国君主艰难创业，传到子孙手中时，很多会发生祸乱，这是为什么？”司空房玄龄说：“这是因为幼主成长于深宫之中，从小就生活于富贵之乡，不懂得百姓的甘苦，不了解国家的兴亡之道，所以执政后就容易发生变数。”唐太宗说：“你以为所有责任都在国君身上，我的观点刚好相反，我认为责任在于臣子的后代。功勋子弟大多无才无德，却凭借祖上功德的荫袭而做了大官。他们不修养仁义道德，品性骄奢纵淫。国君年幼无知，而臣子又没有才能，国家有危险而不去匡救，这样天下怎么可能不乱？隋炀帝为了奖励宇文述帮他夺得帝位，提拔他的儿子宇文化及做了高官。结果，宇文化及不但不想着精忠报国，反而叛逆弑君。这难道不是当臣子的过错吗？我之所以说这些话，是希望你们告诫自己的子弟。如果他们不违法乱纪，那就是国家的大幸。”

唐太宗又说：“宇文化及和杨玄感都是受隋皇恩惠最深的功臣后代，但是他们最后都背叛了隋朝，这是为什么呢？”岑文本回答道：“君子知道感恩戴德，杨玄感、宇文化及都是小人。这就是古人为什么看重君子而轻视小人的原因。”唐太宗说：“你说得对。”

【第七节】
选拔官吏

官僚体系　谨慎制定

贞观元年时，唐太宗对房玄龄等人说："天下得到治理的根本，在于审查挑选，根据才能授予相应的职务。《尚书》上说：'有道德有才能的人才能做官。'又说：'官员不在于齐备，而在于是否是人才。'得到优秀的人做官，即使数量少，也足够了；若让低劣的人当官，即使很多又有什么用呢？古人也把不当的人为官，比作在地上画饼，不能吃啊！《诗经》上说：'出主意的人太多，所以不能成功。'孔子也说过：'官员不削减，如何节约经费？'而且'一千张羊皮也不如一张狐狸腋下的皮子珍贵'，这些都是记载在经典里的，就不都说了。必须裁并官员，使他们与自己的职务相匹配，那样的话，就可以无为而治了。诸位仔细想想这里面的道理，设置好官僚体系。"房玄龄等人根据这个构想，设置了文武百官共六百四十人的官僚体系。唐太宗批准了这个方案，又对房玄龄说："从今以后，宫廷乐师及从事其他杂务的人员，当中技艺高超的，只能给他们金钱、绸缎之类的奖赏，以视为对他们能力的肯定，一定不能超编制给他们官职。让他们与朝廷大臣们并肩而立，同坐进餐，大臣们会有看法的。"

选用人才　逐级分权

贞观第二年时，唐太宗对房玄龄、杜如晦说："你们是我的宰相，应当为我排忧解难，扩展信息来源，发掘人才。近来听说你们处理审告，每天数百起。忙这些都忙不过来，怎么能帮我找寻人才呢？"于是便下旨尚书省，细碎

事务交给左、右丞相办理，只有冤屈、疑难，长期办不了的大案，才能上报宰相处理。

封疆大吏　兴衰关键

同一年，唐太宗对身边的大臣说：“我每天晚上仔细想民间的事情，半夜都睡不着。生怕那些各省都督、封疆大吏不能让百姓过日子。所以在屏风上写下了这些官员的名字，常常念想，他们中有人做了好事，我都记在他们名下。我深居宫中，外面的情况了解不切实，能依靠的就是这些人了，这些人是国家兴衰的关键，尤其应该让优秀人才待在这些岗位上。”

人才不缺　唯恐遗漏

还是在这年，唐太宗对右丞相封德彝说：“天下得以安定的根本，就在于获得人才。近来命你推荐人才，至今没有推荐出来。我统治天下，责任重大，你应当为我分忧，你一个人才也不给我推荐，我以后怎么治国？”封德彝回答：“我虽然不聪明，但不至于笨到不了解您的意思，只是至今没发现本事特别大的人。”唐太宗说：“从前英明的君主，用人都得心应手，都能发掘当时的优秀人才。难道我还能等着梦见传说中的姜子牙，再来治理国家？再说哪个时代没有优秀人才，只怕是遗漏了不知道罢了！”封德彝惭愧地退下。

举荐贤能　品行第一

贞观三年时，唐太宗对吏部尚书杜如晦说：“近来见吏部选拔官员，只考察他们的言论、文采，不了解他们的为人，几年后，丑恶的嘴脸暴露出来，即便加以惩治，百姓也已身受其害。怎么才能得到品行端正的人才？”杜如晦答道：“两汉时选拔人才，都是选那些在乡里有好口碑的人，由州、郡推荐到中央，然后再选入任用，所以当时号称贤才很多，现在每年选人，汇集一处竟有数千人。这些人貌似忠厚，又善于用言辞伪装自己，让人无法了解，选官的机构只是随便配个官衔给他们罢了。选官的道理没有摸透，所以得不到人才。”唐太宗依照汉代选人的法令，令各州推荐人才。正好这时遇到对功臣进行世袭封爵的事情，这事就这么搁下了。

错用一人　祸害无穷

贞观六年时，唐太宗对魏征说：“古人说，国君选官，不能草率就用。我做的每件事，都会被天下人看到；我说的每句话，都会被天下人听到。用正直的人做官，可以鼓励天下人做好事；错用恶人做官，民风会越来越坏。奖励适当，没有功劳的人便会觉得自己无功而不来争功；惩治得当，做坏事的人就会因恐惧而引以为戒。所用之人必须谨慎选择。”魏征说：“了解一个人怎么样，自古到今都是件困难的事情，所以我们才根据官员的工作成果来考核成绩，决定他们的升迁或降任，考察他们人品的好坏来决定对他们的任免。假如一个人不能成事，只是因为能力不济，那还不会造成太大的祸害。错用一个能力很强的恶人，一旦他胡搞，祸害就大了。乱世时用人看重的只是他的能力，而不考虑他的品行。天下太平的时候，必须德才兼备的人才能用。”

地方官员　审慎选拔

贞观十一年时，侍御史马周提建议说：“治理天下要把百姓作为根本，要想让百姓安定，就在于那些刺史、县令怎么做。县令人数众多，不可能都是贤才，如果每个州的刺史都由贤才担任，则全境安定，百姓得以休养生息。天下的刺史们如果都符合陛下的意思，则陛下可以端坐在朝堂之上，不用担心百姓是否安定了。自古以来，郡守、县令都要精心挑选些有贤德的人担任，若要升迁做将相，必须要他们试着做地方官，或者直接从级别为俸禄两千石的官员中挑选丞相、司徒或者太尉的候选人。朝廷一定不能只看重朝内的臣子，轻视在地方做官的刺史、县令，不注重选拔他们。百姓不安定的原因，大概出在这里吧。”唐太宗因为这个对身边的大臣说：“刺史我要亲自选，县令命京城五品以上官员，每人推荐一名。”

丞相重任　精心挑选

同一年，治书御史刘洎认为左、右丞相职务的人选必须要慎重挑选，提议说：“我听说，尚书省日理万机，实在是国家行政的根本，寻求这个职务的人选很难。所以把左右宰相、六部长官比作天上文昌宫的群星，把左右丞相比作钥匙、车辖。尚书省长官乃至各曹郎中，都和天上的星宿相契合，如果不称职，就会产生非议。我发现，近来尚书省的敕召办理有所停顿，文书处理滞怠。我虽然很平庸，但请允许我说说其中的原因。贞观初年时，没有设置尚书令、左右宰相等职，那时尚书省事务繁杂，比现在多一倍，而当时的左丞相戴胄、右丞相魏征都是精通行政的人，胸怀坦荡、性格耿直，该说就说，毫不回避矛盾，陛下又很爱护他们，自然政纪严肃，各个部门都不懈怠。这是任人得当的缘故。到杜正伦继任右丞相时，也很勉励下属。近来国家失去原则，功臣、国亲手握大权，其中很多人不称职，权力斗争不断，相互倾轧。在国家机关负责的人，往往做事不公道，有些人也想奋发努力，但却总要先预防被人陷害。本来是郎中就能决定的事情，却要请示上级；各部尚书又模棱两可，不能决断。有的检查弹劾的文件，故意拖延，案子的情况很清楚了，还要不断盘问下级。公文发出去没有期限，回来迟也不会受到批评，随便一个公文发出，都要历时一年半载。有时候为了迎合上面的意思，弄虚作假；有时候为了避嫌，就压制正当的理由。办案官员只是把结案作为最高追求，敷衍了事，不追究是非；尚书以圆滑当做奉公，不管事情是否恰当。互相姑息迁就，掩盖失误。况且选拔人才，是为了把权力安排给那些有能力的人，不是人才就不应该提拔，替天治理百姓的重任，怎么能随便胡来呢？至于皇亲国戚、开国元勋，只适合享受高级别的礼仪待遇和俸禄。有的年事已高，有的长期患病、神志不清，既然无法适应现在的要求，就应当让他们退下来，安享晚年，不再担任实职。招纳人才的渠道长期堵塞，特别不应该。要消除这种弊端，应该精心挑选左右丞相和左右郎中。如果选人适当，自然国家的原则得以维持，也应该纠正那种互相倾轧的风气，怎么能光片面去解决政务停滞的问题呢？”意见提出后，唐太宗便任命刘洎为尚书左丞相。

自我举荐　助长歪风

贞观十三年时，唐太宗对身边的大臣说：“我听说天下太平后必会大乱，大乱之后又归于太平。大乱之后，天下总的趋势是太平的。能安定天下的人，只是在于会使用贤才。你们不知道贤才在哪里，我又不能到处去找，日复一日，怎么能得到贤才呢？现在我想让大家自我推荐，你们看怎么样啊？”魏征答道：“了解别人的人聪明，了解自己的人明智。能了解别人就很难了，要了解自己真是非常难啊！况且愚昧、心理黑暗的人都是自以为是，喜欢贬低别人，我担心这样会助长相互倾轧的歪风，不能叫大家自我推荐。”

正臣邪臣　奖惩分明

贞观十四年时，特进魏征提建议说：

“我听说，没有人比君主更了解自己的大臣，没有人比父亲更了解自己的儿子。如果父亲不了解自己的儿子，就无法使一家人和睦；君主不了解自己的大臣，就无法使天下和谐。天下安定，是君主一人的喜事，但必定要依靠忠良辅佐才能达到。贤能的人在朝为官，则很多功业都可以完成，不用多大动作就可使风气淳化了。所以尧、舜、周文王、周武王被前代人铭记，都是因为了解贤能，才成了英明的君主，他们的朝廷中充满贤能的人。元、凯辅佐舜功绩显赫，周公、召公辅佐周王业绩辉煌。那么‘四岳’、‘九官’、‘五臣’、‘十乱’这样的贤臣，难道只生长在过去的朝代，而唯独现在没有吗？只是在于国君是否认真找寻这些人，是否真正渴望得到这些人罢了！为什么这样说呢？美玉、明珠、翡翠、犀角、象牙、宝马、猛犬，有的没有脚，有的没有感情，它们都产在八方荒凉的地方，路途都有万里之遥，外国人前来贡献，一路上络绎不绝，这是为什么呢？这是因为我们喜好这些东西。何况做官的人感怀君主给予的荣耀，花费君主给予的俸禄，君主以大义来统率他们，他们有什么不能做到呢？我认为用‘孝’来教化他们，就可使他们同曾参、闵子骞一样；用‘忠’来教化他们，就可以使他们同关龙逢、比干一样；灌输他们‘信’的准则，就可以使他们同尾生、展禽一样；用‘廉’的标准教育他们，就可以使他们同伯夷、叔齐一样了。

“然而，现在的官员们，很少有品德廉洁、才能卓越的人，这是对他们要求不严，对他们磨砺不精细的缘故。如果用大公无私、忠心为国的精神要求他们，用远大的抱负激励他们，让他们各自干好本职工作，各自施展自己的才华；显贵时，观察他所推荐的人，富有时，观察他们所养的门客，闲居时，观察他们平时的爱好，学习时，观察他们所说的话，贫穷时，观察他们推辞不受的东西，卑贱时，观察他们所不愿意干的事情；根据他们的长处选择，权衡他们的才能任用，发挥他们的长处，避开他们的短处；再用‘六正’来勉励他们，以‘六邪’来劝诫他们，这样就算不管束，他们也会勤奋，不规劝，他们也会自勉了。所以《说苑》上说：大臣的行为，有‘六正’、‘六邪’之分。实践‘六正’光荣；甘愿‘六邪’可耻。什么叫‘六正’呢？第一正：事态没有萌芽，征兆还不能看到，就慧眼见到存亡的关键、得失的要领，防患于未然，使君主安然屹立，这样的人是圣臣。第二正：虚心侍奉君主，常常进献好的建议，勉励君主按礼仪行事，告诉君主什么是长久之计，对君主对的地方支持，错的地方纠正，这样的人是良臣。第三正：早起晚睡，推荐贤才，从不懈怠，常常告诉君主古代英明君主的所作所为，以此激励君主，这样的人是忠臣。第四正：明智地觉察到时局的成败，早早预防扭转不利形势，弥补裂缝，断绝源头，转祸为福，让君主最终没有忧虑，这样的人是智臣。第五正：遵纪守法，当官做事不贪不占，福利、功绩都让给别人，生活节俭，这样的人是贞臣。第六正：国家混乱的时候，不阿谀逢迎，敢于向君主提不同意见，当面指出君主的过失，这样的人是直臣。这就是所谓的六正。什么叫‘六邪’呢？第一邪：只考虑自己的官位俸禄，不务正事，随波逐流、看形势，这样的人是具臣。第二邪：君主说的都说是好的，君主做的都说可以做，暗地里观察君主的喜好作为自己说话的根据，以取悦君主的耳朵，骗取君主的笑容，让君主开心，不顾由此产生的危害，这样的人是谀臣。第三邪：内心险恶，外表小心谨慎，花言巧语，善于伪装，嫉妒贤才，想推荐谁，就说他的优点，回避他的缺点，想排挤谁，就说他的过失，掩盖他的优点，让君主奖励、惩罚不到位，命

高逸图（局部）　【唐】孙位
此图为《竹林七贤图》残卷

令不能实施，这样的人是奸臣。第四邪：有掩盖错误的小聪明，有蛊惑他人的口舌，对内离间骨肉亲人，对外形成对朝廷的不利形势，这样的人是谗臣。第五邪：专权擅国，颠倒轻重，以小集团利益为重，培植自己的势力，为自己家族谋好处，假借君主之名发号施令，以显示自己的权势，这样的人是贼臣。第六邪：用恶毒的话诽谤君主，用计谋使君主处在不道义的境地，结党营私、蒙蔽君主，使君主不辨黑白、不分是非，使君主的坏名声在国内遍布，邻国都知道，这样的人是亡国之臣。这就是所谓的‘六邪’。

“贤能的大臣自觉奉行‘六正’，不去做‘六邪’之事，所以君主放心，百姓安生。他们活着，世人高兴，他们死了，世人怀念，这是为官的准则。《礼记》上说：‘秤用来客观地称重，不可能用轻重欺骗它。准绳用来客观地标出直线，不可能用曲直来欺骗它。圆规、尺子用来客观地画圆、画方，不可能用圆、方来欺骗它。君子一向注重自己的礼仪，不可能用奸诈来诬陷他。’那么官员的忠奸情况，就不难了解了。最后对他们既礼仪相待，又用法度制约他们，做好事的给予奖励，做坏事的加以惩治，这样一来，哪有不上进的，哪里有不尽力的呢？

“国家想要使用忠良，辞退败坏、无能的官员，有十多年了，只听到声音，没见到动作，为什么呢？这是因为说是这样说，做却不是这样。说这样好听，是出于公道，做不是这样，是因为方法不当。这样就是非不分，好恶莫辨。喜欢的人虽然有罪，却没有受到刑罚；讨厌的人虽然无辜，却常常被罚。这就是人们所说的：'喜欢的人就想让他好好地活，讨厌的人就想让他马上去死。'有时候因为小的缺点就看不到他的优点，有时候因为小的过失就忘记他的功绩。这便是人们所说的君主在奖励时没有功绩不能给予奖励，君主在惩罚时有罪的人不能逃脱惩罚的道理。

"奖励不能起到劝诫大家做好事的作用，处罚不能起到惩治犯罪的作用，而期望正邪分明，那样怎么可能呢？如果奖励不忘记那些疏远的人，惩罚不因是皇亲国戚就手软。坚持公平的原则，以仁义为准绳，考察官员的能力与德行，授予相应的职务，再对其职务上的表现进行考核，那么自然正邪分明、善恶清楚了。然后录用那些工作踏实的人，摒弃作风虚浮的人，留住那些为人厚道的人，清除那些为人刻薄的人。这样一来，自然风清气正，只要过一年时间就可以达到无为而治的境界了。

"如果只喜欢徒有其表的人，而不为百姓切实着想，选取官吏，嘴上讲公道，却没有行动，因为喜欢就不知道他的缺点，因为憎恨便遗忘了他的优点，因为徇私情而与奸诈的小人走到一块，因为背离公道的原则而与忠良们越离越远，那么，即使整夜不睡、冥思苦想地寻求治国的真理，也是不可能得到的。"

奏章上报后，唐太宗非常高兴地接纳了这些建议。

忠臣一言　官员政任

贞观二十一年时，唐太宗在翠微宫授予农业官员李纬新任户部尚书的职位。房玄龄那时留守京城。当时正好有来自京城的使者，唐太宗问使者说："玄龄听说李纬任户部尚书的事，他怎么看？"使者答道："他只说'李纬很喜欢摆弄胡子'，就没有说其他的话了。"于是唐太宗让李纬改任洛州刺史。

【第八节】

封建利弊

赏罚得力　不偏亲属

贞观元年时，唐太宗封中书令房玄龄为邗国公，兵部尚书杜如晦为蔡国公，吏部尚书长孙无忌为齐国公，并列第一等功臣，食邑实封均为一千三百户。唐太宗的叔父淮南王李神通上奏反对说："当初反隋的旗号一打出，我就率兵首先响应，现在房玄龄等这帮耍笔杆子的家伙反而功居第一，我实在不服气。"唐太宗说："军国大事，就在于赏罚分明。赏赐与功劳相符合，那么无功之人就会自动退后；惩罚与过错相当，那么作恶之人才会感到害怕。由此可以看出，赏与罚是不能轻易实施的。现在计算功勋实施赏赐，房玄龄等人有运筹帷幄、安定社稷的大功劳；汉代萧何虽然没有在疆场上带兵征战，但他有军队所在、粮草随至的大功，所以功居第一。叔父是皇室至亲，我的确不应该吝啬，但也不能为私情而与功臣同赏。"由此，各位大臣相互议论说："陛下对待臣子非常公正，施行赏赐也不偏袒皇亲国戚，我们还有什么好说的呢。"

当年，唐高祖按照宗室名籍，把自己的兄弟、侄子，再从、三从兄弟的子侄都封为王，总计达到几十人。唐太宗对群臣说："自两汉以来，帝王只封儿子和兄弟为王。其他关系比较疏远的，除非立下大功，如汉朝的刘贾、刘泽之外，都没有封赏。如果所有亲属都封王，给他们配享仆役，那就是用加重天下百姓的困苦，来养活我一个人的亲戚，很不妥当。"于是，宗室当中，原先被封为郡王但没有立下什么功劳的，统统降格为县公。

分封世袭　不合时宜

贞观十一年时，唐太宗看到周朝分封子弟，国祚传承八百多年，秦朝废除诸侯封建制，结果传到二世就灭亡了，吕后想夺取刘家的江山，刘氏最终依靠皇族的力量，安定了天下。所以他认为，分封皇室子弟和功勋大臣，应该是保全国运的好方法。于是唐太宗决定实行爵位世袭制，将荆州都督荆王李元景、安州都督吴王李恪等二十一位皇室子弟，以及长孙无忌、房玄龄等十四位功臣，都封为世袭刺史。

礼部侍郎李百药上书驳斥说：

“我听说护国安民，乃是国君的职责；尊崇国君，维护国君的地位，是百姓的大义。制定法规来宣扬帝业，使它永世绵延不断，这些大的方面，大家想的肯定都一样。但是，不同朝代享年的长短不同，国家的治乱也有很大差异。只要随便看一下史书，都记载得非常清楚。都说周朝享年超过其国运应有的时间，而秦朝国运之短远远不及其应有的时间，周、秦存亡的道理，就在于封建制和郡县制的不同。周朝借鉴夏朝、商朝长久国运的经验，遵从皇帝和诸侯国并存的策略，分封诸侯、建立藩国，使诸侯藩属国共护王室，根深蒂固，这样即便以后王纪败坏、国法弛废，诸侯国旁支仍可相互维持，宗庙社稷香火不断，不至于发生谋反叛逆之事。秦朝违背历代的经验教训，抛弃先王的治国之道，倚仗华山天险，废除诸侯，设置郡县，皇族子弟无一寸土地，亿兆百姓很少有共治天下的想法，所以随便一人奋起叛变，宗庙社稷就轰然倒塌。

“我以为，自古以来君临天下的帝王，没有不是受命于天的。他们的名字登记在帝王的名录里。他们之所以能取得天下，原因是碰上了改朝换代的好机会。像魏武帝曹操乃是宦官养子，汉高祖刘邦出身下层小吏，非但因为他们窥视天下，只要时机一到，万众一心，恐怕想推掉都不能。如果民心转移，精华已去，即便帝尧般的恩德遍及四方，大舜般的功业与日月齐高，自己不想让位，恐怕也守护不住帝位。以帝尧、大舜的美德，都不能让自己子孙昌盛。我们由此可知，国祚帝系延续的长短，必然在于天命，而国家政治的兴衰，才跟人事有关。兴盛的周朝帝王传位三十世，享国七百年，虽然晚期国家极为衰落，但文王、武王制定的礼仪制度都还在，因此，龟甲钟鼎象征的帝王之运，必然是决定于渺茫未知的上天。周昭王南征被淹死，周平王躲避犬戎的进攻东迁洛邑，当时周王朝的国运已经日渐薄弱，之后连京郊土地也保不住，才真正揭开了周王朝衰落的序幕，这其实是因为受到了封建制的拖累。秦朝的国运短少，好比是闰余，终结于百六的周期厄数灾变。秦朝的受命君主秦始皇，德行离夏禹、商汤太远，继位的君主秦二世胡亥才能也比不上夏启、周诵，就算当时让李斯、王绾之类的大臣都裂土分封，使嬴将闾、嬴子婴等之类的皇族子弟都成为封爵千乘的诸侯，又怎么能抗拒得住赤帝之子刘邦开创帝业呢？

“事情的成败得失，各有各的原因，然而著书的人大都墨守成规，古今莫辨，不明白淳朴的古代和虚浮的现代之间的巨大差异。企图在经历这么多朝代之后，效法夏商周上古三代的老办法，将五服之内的土地分封给诸侯，把京郊千里之地分给卿大夫做采邑，这是想在舜、禹的时代，施行上古结绳记事的方法，在汉魏交际时代推广远古的象刑法典。这种做法，必然只会造成纲纪松弛，伦常失序。刻舟求剑和胶柱鼓瑟都是行不通的。

“大家都知道楚庄王问鼎周王的蛮横和晋文公想得到王者葬礼的企图；秦王子婴白马素车投降刘邦的时候，没有一个诸侯出来帮助他。如果不理解秦二世被赵高杀害的事件，那么像夏朝后羿推翻太康、寒浞杀害后羿带来的灾难，就无法接受了；如果遭遇魏国高贵乡公曹髦的杀身之祸，就不难想象周幽王被申侯与缯勾结犬戎所杀害的悲惨。这都是因为君王自己昏乱，自求死路，与国家采用郡县制还是封建制没有关系。

“皇室一旦建立，历经几代之后，必然逐渐衰弱，原来当成屏障的藩国，

周武王像　【宋】邓麟

道统五像之一。这幅『武王像』在『道统五像』中与其他两位帝王：禹王和商汤都不同。像上武王穿的是便服，没戴冠冕，并且是侧面图。马麟不知道为什么把他画成这样。

游骑图　佚名

此图画唐朝时期贵族子弟骑马去打球游玩的情景。画中共七人，其中五人骑马，二人步行。他们或挟弹弓，或背弹丸，或持打马球的球杖联骑出游，反映了当时仕宦人家的生活风尚。打马球，又称“击球”，唐代十分流行。此图是马球运动的形象史料。作者以简练有力的线条，成功地表现了人物和马匹的形态，劲健而富有韵味。

宫乐图（局部） 佚名

图中绘体态丰肥、着华丽衣饰的十名仕女围长案而坐，或谛听，或啜饮，或顾盼，气氛闲适。从仕女披帛的着椎髻、花冠的发式特征看应是中晚唐贵族仕女的生活写照。本图体现了唐代仕女画的创作水平，是一幅优秀的传世作品。

都变成了仇敌。于是，各诸侯无视中央政令，自行其是，彼此相互攻城略地，刀兵相见。鲁国的臧纥为救鄫国而讨伐邾国，结果狐骀之役战败，全国妇女都为之束发服丧。秦晋崤陵之战，秦军战败，全军覆没，连一只车轮都没能回去。类似的案例不可胜数，我只是略举一二。晋代的陆机却浅薄地写道：‘继任的国君虽然弃国而逃，凶残的蛮族占领了京城，但天下却没有什么大事，终会扭转乾坤，变乱世为太平。’这真是睁眼说瞎话。施行郡县制，拜官设职，任用贤才，分别担任刺史、太守，以承担共治天下的重任。哪个时代缺乏贤才呢？只要任用这些贤才，就会使国泰民安，百姓就会将国君视为父母，把朝廷当成神赐。魏人曹元首却自以为是地说：‘与人同乐，人就会共担忧愁，与人同安，人就会救急保安。’怎么可以以为分封建制就能使国家免于危难，而聘任大臣就不能治好国家呢？这句话实在是荒谬透顶！

“分封的列国王侯，这些人承袭祖上功德的荫庇，忘却先人创业的艰辛，漠视其不劳而得的富贵，多数一代比一代骄纵淫逸。竭力营造宫殿，铺张浪费。陈灵公违反君臣之礼，和他的大夫孔宁、仪行父一同与大夫夏御叔的妻子夏姬通奸，又一起侮辱夏御叔的儿子征舒。卫宣公纳子之妻，父子共淫乱伦，终于害死了自己的两个儿子。陛下说分封诸侯可以帮助自己管好国家，难道想让诸侯像陈灵公、卫宣公那样来管理国家吗？

“朝廷的内外官员，都是精挑细选，从士族和平民中提拔出来，在施政记录中考察鉴别，按其政绩功劳来衡量升降或者留弃。这样，他们都会尽职尽责，努力帮陛下治理国家。他们有的公正廉明，不私下收受贿赂，有的上任不带妻女，以免干预政事，有的因为节俭，不生烟火，常年食用干粮，有的身为地方大员，带米任职，只用当地的水。东汉的南阳太守羊续，常常身着破旧的衣服；莱芜县令范丹，家中贫困而米缸蒙灰。如果说他们当官是为了谋求私利，怎么可能这么清廉呢？总而言之，爵位如果不是世袭得来，那么任用贤才的途径就会更多；而国家如果不是只有一个固定的国君，民心就很难稳固。这个道理无论聪明的人还是愚笨的人都能想得明白，陛下怎能为之迷惑呢？更可怕的是，春秋两百年，弑君乱纪，几乎没有停止过。宋襄公为了到睢水祭祀，竟然杀掉鄫国国君作为祭品；鲁国风气不正，庄公的夫人文姜多次私下幽会齐襄公。而郡县制的汉朝，即便在西汉哀帝、平帝时，东汉桓帝、灵帝时，君上再无道，臣下再混乱也不至于发生这种事情。从中不难看出国家治理的道理，基本上就蕴藏其中了。

“陛下统御天下，手握大权，遵天命而开启帝业，扫平天下，拯救万民于水火之中。陛下开创的帝业，传袭万代，德配天地；陛下发布的政令，暗合万物，巧妙恰当。陛下见解独到，心怀古人，准备放弃旧制，恢复上古的公、侯、伯、子、男五等爵位，分封列国，以使皇亲功勋更加亲近。我私下认为，自汉魏以来，分封诸侯带来的弊端现在还没有完全理清。尧舜既然已经成为过去，他们推行的一些道理也就和当代的需要不相符了。何况晋代司马氏失德，天下分崩离析，蛮族趁机入侵中原，造成华夷杂处的局面；后来北魏拓跋氏趁机一统北方。江山残破，南北为之分裂，各自视为仇敌。于是文人热衷纵横谋略，武人企盼干戈不止，为奸猾狡诈的民风埋下了祸根，助长了虚浮的社会习气。隋文帝凭借外戚的身份，驾驭群臣，玩弄权术，任用野心勃勃的人，最终窃取天下。他在位二十多年，人民看不到他的恩德。后来隋炀帝杨广继位，更加暴虐无道，世道沦丧，前代仅有的功臣业绩都一扫而空。虽然杨广聪颖神武，削平叛乱，但无休止的战事，使得国家渐渐失去活力。

“陛下自从继承皇位，就一心一意地治理国家，研究历代君王治政的对错得失，决心超越前贤。陛下德行高厚，实在难于言表。但请允许我凭自己的印象略说一二。陛下对太上皇毕恭毕敬，不知疲倦，孝德可比大舜。陛下一日多次亲自询问太上皇的身体，亲自为他品尝食物，美德可比周文王。每次御史讨论罪行、尚书上奏案情时，都要是非对错仔细核查，有错即改；并且用断趾来代替死刑，陛下的宅心仁厚，天下皆知，就像大禹看到罪犯为之流泪一般。对于臣下的诚意进谏，无论雅俗尊卑，都能虚心采纳，像帝尧求谏一样。陛下奖励良善，推行教化，勉励求学之人，施行科举制度，提拔中举之人为政府官员，委任博学之士为朝廷重臣，像圣人一样对他们循循善诱。因为宫中夏天湿热，群臣建议您移居别处，另外营造一座宫殿，陛下以劳民伤财为理由，坚决不同意，仍旧安居简陋的旧宅。最近几年，国家频频遭灾，粮食歉收，百姓生活困苦；陛下怜悯百姓，几次赈灾抚慰百姓，竟然没有一个流离失所的；陛下自己却食用野菜，停止娱乐活动，以至于言语凄楚、面容憔悴。周公旦因为番邦不远万里前来朝贡而喜悦，大禹因为厘定水患、西戎前来归顺而感到欢欣；陛下每回见到外邦前来归附，就反复思量，担心自己为了远方的得失，而损害忽视我国百姓的利益，导致因小失大，只顾眼前一时的蝇头小利，而不管长远的利弊。因为忧心国事，陛下取消了所有的娱乐活动，每天按时上朝，耐心听取采纳臣下的建议，考虑事情非常周全，全天下都享受到您仁慈的恩泽。退朝后，陛下还召见大臣讨论政事，让他们畅所欲言地谈论国家大事，其他无用的事情，一律不谈。下午的时候，陛下和博学之士共享安逸，和他们一起讨论古代的典籍，吟诗作对，偶尔还谈论哲学，乐在其中，一直到深夜都无法睡去。在这些方面，陛下超过古代的圣君明主，确实称得上是前无古人。如果陛下能将这种风气广为弘扬，教化天下，那么不到一年，一定能使全天下的风气为之大变。目前国家的淳朴风气还没有得到足够的弘扬，虚浮狡诈的不良风俗还没

君车出行图（局部）　佚名
河北安平县东汉墓壁画
此图体现了汉唐时期贵族出行车队的盛况。

能彻底地根除。这些劣习积累的时间太长，很难一下子改正过来。等到淳朴代替虚浮狡诈、道德教化使刑法变得无用，陛下登上泰山封禅诏告天下以后，再决定是否施行分封制也不迟。《易经》上说：‘天地日月的盈亏变化，会随时间的推进而变化，更不用说人了。’这句话说得太好了。”

当时，中书舍人马周也上书说：

“我看到陛下下诏让宗室子弟和功勋大臣到外地做封疆大吏，并且子孙后代世袭继承他们的职位，除非犯下重大错误，否则不能罢免。我私下认为，陛下之所以这么决定，是因为疼爱他们、器重他们，想让他们的子孙后代和帝国一同万世维系，和他们的祖先一样荣华富贵。但是为什么要这么做呢？像尧、舜那样圣明的父亲，都还有像丹朱、商均那样的不肖之子，更不用说我们这些后来者了；如果想以祖上为依据来判断子孙，那误差恐怕就大了。如果让不明事理的孩童继承祖上的显要地位，一旦他们骄奢淫逸，亿万百姓就会为之受累，甚至导致国家为之衰败。到那个地步，如果政府想取消他们的职位和封地，那么楚王为令尹子文保留官职的先例历历在目；如果继续保留他们的显要地位，那么春秋时期晋国大夫栾黡累及祖上的恶行已经昭然若揭。与其这样毒害自己的百姓和国家，还不如对一个已经死去的功臣忍痛割爱，这其中的道理非常清楚。这么说来，分封世袭的出发点虽然是为了表示对他们的疼爱，但最终却变成是对他们的伤害！我以为，根据他们的封户，可以安排一部分土地给他们做征税之用，至于子孙后代，只有确实有真才实干的，才能安排合适的职位给他们，那些才能平庸的，也可以免除一些罪责。当年汉光武帝不给功臣安排具体的职位，使他们终生得以保全自我，这就是最好的办法了。希望陛下仔细思考其中的道理，谨慎决定，让这些宗室子弟和功勋之臣既能蒙受皇恩，而他们的子孙后代也能永保荣华富贵。”

唐太宗赞赏并接受了两人的劝谏。于是，停止了分封宗室子弟为王侯和功臣子弟世袭刺史的做法。

蛮夷执贡图　【唐】佚名

此画无作者款印，金章宗完颜璟题签：“周昉蛮夷执贡图”，不知何据。此图画一着异域装束的高鼻深目者向大唐献贡，贡品是牵着的一头长角怪羊。画家的笔法圆劲，古厚凝重，有着极强的写实性。

【第四卷】

子孙

【第九节】
诸侯定分

定好名分　使其安分

贞观七年时，唐太宗任命吴王李恪为齐州都督。唐太宗对身边的大臣说："从父子之间的感情来考虑，难道不希望经常见面吗？但是家事和国事要分得清楚。他必须离京驻守外地，作为国家的屏障。而且让他早有一个确定的名分，以此断绝非分的想法。等我百年之后，也能让他们兄弟之间没有争权的隐患。"

过度宠爱　反致其害

贞观十一年时，侍御史马周上奏说："自汉、晋以来，历代分封的诸侯王都因为受封的位置不太恰当，没有预先确定名分，最终导致国家灭亡。国君是很清楚这件事情的，但因为他们沉溺于私心之中，没有接受前车之鉴，往往重蹈覆辙。现在诸位王侯受到的宠爱，有的过于厚重，我担心他们不仅仅会恃宠为傲。以前曹操非常宠爱陈思王曹植，待魏文帝曹丕即位后，陈思王就如同囚犯一样被处处防范，毫无自由。这是因为先皇给他的宠爱太多，所以继位的君王也就对他过于猜忌。魏武帝过分宠爱陈思王，恰恰也是导致他受苦的原因。况且帝王的子弟不必担心不够富贵，他们享受的俸禄很丰厚，衣食华美，享用不尽，难道还缺少什么吗？而每年还另加丰厚的赏赐，从不曾有什么限制和要求。俗语说：'贫不学俭，富不学奢。'说的是他们会自然节俭、自然奢侈，无须强令学习。现在陛下以圣明的德行开创了帝王之业，难道仅仅安置好现在的子弟就算成功了？还应当制定长远的制度，让子孙后代都能遵照执行。"奏章呈上之后，唐太宗大加赞许，赏赐给他很多财物。

分清嫡庶　按例供给

贞观十三年时，因为每日供给魏王李泰府中的各种物品都超过了太子李承乾，谏议大夫褚遂良上书进谏说："古时候的圣人制定礼法，重视嫡子，轻视庶子。把嫡子看作是君王的副手，称为储君，地位之高仅次于天子，因此备受人们尊崇。嫡子所用的物品没有限制，财物可以和国君共享。庶子地位相对较低，不能与嫡子对比，用这样的方式来阻止非分之想，清除祸根。先王根据人之常情，制定礼法，知道国家必须先分清嫡庶，才能秩序安然。因此，庶子即便受宠，也不可以超过嫡子。嫡子的重要地位必须得到尊崇。如果不能确定名分，就会使本该亲近的人却被疏远，该尊重的人却被轻视，那么阿谀奉承的人就会伺机行动，使私宠损害公道，迷惑人心，扰乱国家。陛下功业超越了以往的帝王，德行盖过历代君王；发号施令，是后世君王学习的楷模。陛下日理万机，处理纷繁的政务，有时不免有所失误。我的职责就是谏诤，不能沉默不语。我看到供应太子的财物反倒比魏王的少，朝廷大臣和民间百姓知道的，都认为不妥。我见《左传》说：'宠爱子女要用行事的规矩去教育他。'忠、孝、恭、俭便是行事的规矩。从前，汉朝的窦太后和汉景帝都不懂得以做事的规矩教育子弟，放纵了梁孝王，封给他四十多座城池，苑囿方圆百里。梁孝王还大兴土木修建宫室，建造的复道随处可见，囤积的财物数以万计，进出的仪式都如同帝王。但是后来遇到一点不如意的事情，就生病死了。汉宣帝过于娇惯淮阳王，后来淮阳王犯上作乱，差点造成国家的灭亡，幸好有忠臣辅佐，才使得他幸免一死。最近魏王李泰既然已经受封为藩国，我希望陛下要常用礼仪美德教导他，妥善选择好的老师来教育他，用国家存亡兴盛的道理来启发他。既用勤俭节约来要求他，又用文学来勉励他。让他尽忠尽孝，用德行礼仪引导、要求自己，这样才能使他成为有用的贤才。这就叫做：圣人施行教化，无须严厉的态度就能使人成器。"唐太宗接纳了他的意见。

制定规矩　遵照执行

贞观十六年时，唐太宗对身边的大臣们说："当前国家什么事情最急迫？你们各自发表言论说给我听听。"尚书右仆射高士廉说："抚养百姓最急迫。"黄门侍郎刘洎说："安抚边境少数民族最要紧。"中书侍郎岑文本说："《左传》说：'拿德行引导他，拿礼仪要求他。'如此说来，施行礼仪最紧迫。"谏议大夫褚遂良说："目前四方瞻仰圣上的德行，不敢乱来，只是太子和诸王必须有一定名分。陛下最好制定行事规矩留给后世子孙遵照执行，这是当下最为紧迫的事情。”唐太宗说：“此言极是，我已经年近五十，逐渐感觉到身体的衰弱。现在已经立了长子为东宫太子，诸位兄弟及庶子共有四十余人，我心里时常担忧这件事情。不过自古以来嫡子庶子如果都不成才，国家何尝不会衰败！你们寻求贤德之人，来辅佐太子以及诸位王子，都要找正直的人。而且官员侍候诸王，不宜长久。时间久了，情义就会加重，这样容易产生非分的企图。王府的官吏，不能让他们任职超过四年。”

【第十节】

尊敬师长

尊敬师长　伦理纲常

贞观三年时，太子的老师李纲的脚染了疾病，无法穿鞋走路。唐太宗赐他一顶轿子，下令东宫卫士抬着他入宫，并让太子亲自搀扶他进殿，由唐太宗亲自接见，以表示尊敬。李纲向太子讲述君臣父子的纲常伦理以及问寝用膳的礼节，道理中肯，义正词严，听的人都入了神以致忘记了疲倦。太子曾和他商讨自古以来的君臣名分教化，以及尽忠尽节的事，李纲严正地说："受国君的委托，辅佐幼君，以前的人认为很难，我却觉得很容易。"李纲每次发言，言辞态度都十分慷慨激昂，使人感到一种不可侵犯的意志。太子对他肃然起敬。

设立三师　辅佐君王

贞观六年时，唐太宗下诏说："我最近研读经史典籍，从前的英明君王何尝没有师傅辅佐引导呢？我朝前些时候颁布的诏令，始终没有设置三师（太师、太傅、太保）的职位，我认为不能这样，为何这么说呢？这是因为，黄帝曾向大颠学习，颛顼曾向录图学习，尧曾向尹寿学习，舜曾向务成昭学习，禹曾向西王国学习，汤曾向威子伯学习，文王曾向子期学习，武王曾向虢叔学习。前代圣王如果没有遇到这些老师，那么功业就不会那么显著，名誉就不会记载在史册里。相比之下，我位居历代帝王之后，智慧不如前人，如果没有师傅，怎么能治理天下呢？《诗经》不是说过吗：'不要失误，不要忘记，完全按照老规矩。'如果不学习，就不懂得古人的治国之道，要使国家达到太平，那是不可能的事情！应当立即制定法令，设立三师的职位。"

善恶好坏　环境影响

贞观八年时，唐太宗对身边的大臣说：“智慧高明的圣人，自然不会沾染上恶习，但是智慧一般的人品德不是很稳定，会随着教育而改变。太子的师傅自古就很难选择。周成王年幼的时候，就以周公、召公为太傅太保，左右都是贤人，每天都能受到良好的教诲，足以培养他的仁义道德，使他成为圣贤之君。秦二世胡亥，用赵高做太师，赵高教给他严峻的刑法，等到他继位为帝，杀戮功臣，诛灭宗族，残暴到极点，紧接着国家就灭亡了。因此，人的善恶是受周围环境影响的。我如今为太子和诸王精心挑选师傅，让他们瞻仰前人、效法礼制，从中受到教育。你们可以寻访忠诚正直的人，各推荐两三个人来。”

师道尊严　不可懈怠

贞观十一年时，礼部尚书王珪兼任魏王李泰的师傅，唐太宗对尚书左仆射房玄龄说：“自古以来帝王的儿子，在深宫里成长，到他长大成人，没有不骄奢淫逸的，所以一个接着一个灭亡，少有能自立自保的。我今天要严格管教好自己的子弟，让他们都能安全自保。王珪为我长期任用，我十分了解他的刚直性格，有忠孝之心，所以才选他为儿子的师傅。你应该告诉李泰，每次面对王珪，应该像见到我一样表示尊敬，不可轻慢。”王珪也以为师之道严格要求自己，当时的舆论都称赞他。

师生礼节　制定尊奉

贞观十七年时，唐太宗对司徒长孙无忌、司空房玄龄说：“三师是用道德教育太子的人。如果三师身份低下，怎么能成为太子学习的榜样呢？”于是，诏令制定太子接待三师的礼节：太子出殿门迎接，先行礼节叩拜三师，三师行礼时太子答礼，每逢过大门，都要让三师先走；三师坐定后，太子才可以就座；给三师的信，开头要写“惶恐”二字，最后还要写“惶恐再拜”之字。

身系天下　谨慎教导

贞观十八年时，唐高宗李治刚被立为太子，尚未委任师傅给以教导，唐太宗又让太子在自己的寝殿旁侧居住，不让他前往东宫。这时候，散骑常侍刘洎上奏说：

“我听说广泛交友向四方宾客学习，才能成为有德之君王，虚心求教学习三让之礼，才能成为大家所尊崇的榜样。这些都是谦让的礼节，显示太子与臣民交往的仁义宽厚，这样才能听到百姓的愿望，了解民间的情况，虽然不出宫门，也能知道天下的动静。只有这样，才能永远固守帝王大业。如果在深宫中出生，在妇人掌心长大，不知道忧患畏惧，不懂得诗词文章，即使天资聪颖，天赋异禀，也有预测不到的事情，也要靠外来的力量和援助。如果不重视礼乐教化，学习歌谣诗词，怎么能分清世间万物，鉴定伦常？我发现，前代圣君都曾受过明师的教育和培养。周朝的储君虽然天资聪明，也得拜太公望和召公奭为师，才能增强他们的智慧；汉朝的储君生性仁义，也要东园公、绮里季等师傅的教诲，德行仁义才能得到扩展。太子是国家社稷的继承人，他的好坏善恶关系到国家的兴亡，如果一开始不勤于教导，将来追悔莫及。所以晁错上书，要求太子精通治国之道，贾谊献策，要求太子学会礼教。如今皇太子才能杰出，美名早就远播，有明智公允、笃厚诚实的美德，孝敬、友爱、仁义的品质，这都出自天生的资质，用不着详细教诲。天下的百姓本来就瞻仰他的德行，连飞鸟游鱼都向往他的风格节操。问寝视膳的礼节，已经表现在每天皇宫内外的生活细节上，但是谈论礼乐，研讨学术道德，还要提高诗、书、礼、乐四门学问。虽然年华正茂，修身有所进展，但是实在担心岁月容易流逝，一旦事业荒废，诘难必然四起。贪图安逸受到责备，正是从这里开始。我愚笨浅

商山四皓图（局部） 佚名

此图为东汉彩箧漆画，现藏于朝鲜平壤博物馆。于1931年在东汉朝鲜故地乐浪郡出土。商山四皓指秦末汉初四位修道洁己的智者：东园公、绮里季、夏黄公和角里先生。汉高祖在位时曾屡召此四隐士，却不被理睬。高祖当时有废立太子之心，不料，某日太子（惠帝）却领四皓赴高祖宴，高祖吃惊之余，打消了换太子的意思。

陋，有幸参与侍从这个行列，希望扩展太子的明智。我不敢歪曲陈述过去的事例，恳请以陛下的德行来说明。

“陛下英明大智，接受天命，登上帝位，经历了各种磨炼。多才多艺，挽救局势，深受天下人敬仰；能文能武，创立帝王基业。八方归顺，天下清平安宁。陛下功德如此之大，尚且能在享受安逸的时候也不过于纵情，反而更加地谨慎，仍旧如往常一样探求治国良策，竭尽思虑和才智兴盛现在的事业。苦读至深夜，效法汉光武帝；在马背上还要阅读，勤奋超过魏文帝。陛下如此自强不息，却让太子悠闲游乐，荒废岁月，不学习读书，这是我不明白的第一个方面。陛下在处理政务的闲暇，就吟诗作赋。文思神妙，可与天上的星河争辉；书法精美，就如晚霞一般璀璨，让历代文章为之黯然失色，前朝帝王感到羞愧难当。屈原、宋玉的文章哪敢与陛下一争高下，钟繇、张芝的书法难道能与陛下相提并论？陛下自己对文学书法如此钟爱，太子却对文章书法十分冷淡，这是我不理解的第二个地方。陛下兼备多种奇妙的本领，天下第一，却仍然虚怀若谷，倾听凡人的意见。听政的空闲时间接见文武百官，态度温和，向他们询问古今治国的良策。清楚地知道朝廷政令的正确与否，百姓心中的喜怒哀乐；凡事无论大小，都一定关心过问。陛下自己办事如此谦逊谨慎，如今太子却长久在宫中侍奉，不去接触贤德的人，这是我不理解的第三个地方。陛下如果认为没有益处，那么又何必自己劳神费心这些事情，如果认为有好处，那么就应该让子孙也这样做。不重视这件事情，不赶紧去做，这是不正确的。希望推广圣上的榜样，用来教导太子，传授他有益的书籍，让他和贤德的人来往。早上阅读经史典籍，领会前代的成败得失；晚上接见宾客，探讨当今朝政的得失。空闲时间，写写书信文章。每天听到从未听到的事，每天看到从未看到的东西。太子的德行会更加地广大，这是天下百姓的福气。

“太子嫔妃的选择，遍及全国。我以为圣上的旨意，目的是要选择好管理太子宫内事务的人，希望能防微杜渐，谨慎地进行长远考虑。这是臣下所理解的。但陛下为太子选择辅佐的人，就与选择嫔妃不同了；太子监国抚军两年，没有接近一个贤人。既然选择嫔妃那么重视，那么选拔人才更应当如此。否则恐怕会招来世人的议论，说陛下重视宫内事务却轻视国家政事。古时候的太子，上朝问安之后就退了下去，以此表示非常尊敬父王；居住在国君寝宫之外的宫殿，以此能够避免嫌疑。如今太子一进入陛下的寝宫侍奉，经常是十天乃至一个月，太师、太傅以下的人都无法接见。即使太子空闲的时间，暂时回到东宫，我去拜见的机会也很少，见面时间也是非常之匆忙，再加上一些琐碎之事，实在无法向太子规谏。陛下不能亲自去教导他，臣僚们也没有机会进言，虽然设有东宫官署，又有何用？

“我深切地希望太子能够遵循先辈的事迹，稍稍控制那些并不要紧的事情，弘扬远大的规划，发展和师友之间的情谊。那么太子的美德就能够更加伟大，国家也将更加昌盛。普天之下的百姓谁不庆幸自己将来有了依靠呢！太子温良谦恭，聪明通达，乃是人所共知的事情，我怎么会不知道呢？我的见识浅薄，但是仍然斗胆进谏，献出我的一片忠心，只希望天地更加丰润，日月更加光辉。”

唐太宗看完奏章之后，诏令刘洎与岑文本、马周轮流去东宫和皇太子谈论学习。

引路菩萨图　佚名

此画发现于敦煌藏经洞。本幅描绘菩萨为亡灵引路升极乐世界的场面。上有“引路菩（萨）”的题记。画面中的很多部分如香炉、菩萨之发饰等都描金敷色，全面彩绘艳丽，完整地保存了唐代绘画的面貌。

马球图　佚名

图中骏马昂首奋蹄，骑士群情激昂。左右二士穿白袍，伺机出击；中央二士着灰衣，抡臂抢球。马球在三国曹植《名都篇》中已见载，至唐代，宫廷竞尚马球运动。此图从画题、服饰、风格判断，颇类唐画，极有可能是据唐本所摹。

【第十一节】教戒王孙

克制自我　接纳谏言

贞观七年时，唐太宗对太子左庶子于志宁、右庶子杜正伦说：“你们辅导太子，应该经常给他讲点百姓生活中的困苦。我十八岁还在民间，百姓生活的艰难困苦，无不一清二楚。等我登上帝位，处理事情还会出现错误，需要别人的指导方才明白。如果没有忠直的人劝说，怎么能做出好的成绩来？何况太子在深宫中生长，一点都不了解百姓的艰难。而且国君是关系到国家安危的人，更不能骄淫放纵。只要下诏说‘进谏的人一律处死’，天下的百姓和读书人肯定就不会说真话了。所以要克制自己的私欲，励精图治，更要有容纳和接受谏言的涵养和气度，你们必须经常用这个道理和太子交谈。每当看到有不对的地方，应当及时恳切地直言劝谏，使他得到帮助。”

明白事理　接受规劝

贞观十八年时，唐太宗对身边的大臣说：“古代有周文王之母‘胎教世子’的传说。我没有时间顾及太子的教育。但近来册封太子之后，遇到事情必定教诲他要懂得道理。看到他准备用饭的时候，问他说：‘你知道碗中的饭是怎么来的吗？’他回答说：‘不知道。’我就告诉他：‘耕种田地，收获粮食是十分艰难的事情，要付出辛勤的劳动。国家政策要体恤百姓的困难，才能有饭吃。’看到骑马，又问他：‘你了解马吗？’回答说：‘不了解。’我告诉他：‘马能替人劳作。让它按时休息，不要耗尽它的体力，才能常有马可以使用。’看见他乘船，又问他：‘你了解船吗？’回答说：‘不了解。’我说：‘船好比是国君，水好比是百姓，水能载舟也能覆舟。你将来做上国君，这个道理能不感到警惕吗？’看见他靠在弯树下面，我又问他：‘你了解这弯树吗？’他回答说：‘不了解。’我说：‘这弯树虽然弯曲，用墨绳矫正，就可以加工成笔直的木材。作为国君，即使没有德行，能接受规劝就可以成为圣君。这是商朝贤相傅说曾经说过的话，你可以拿它作为自己的座右铭。’”

借鉴古人　行善止恶

贞观七年时，唐太宗对侍中魏征说：“自古以来诸侯君王能自我保全的人很少，都是因为他们打小生长在富贵之中，喜好骄奢淫逸，大多不懂得亲君子远小人的道理，所以落得如此下场。我想让所有的子弟都要看到自古以来帝王子弟的言行，并希望以此作为他们今后行为的规范。”因此命令魏征收录自古以来帝王子弟成败的事迹为一本书，取名为《自古诸侯王善恶录》。唐太宗将此书赐给诸王。此书的序言说：

“观察历代帝王，承受天命，掌管天下，登临帝位，大都分封皇室至亲及其子弟，来保障王室，这些资料都记载在典籍简册中。自从轩辕黄帝分封他的二十五个儿子，虞舜举荐了十六位贤臣开始，历经周、汉，一直到陈、隋的各个朝代，这其中裂土分封诸侯，以便拱卫王室的很多。有的诸侯能忠诚保卫王室，与国家一起兴衰存亡；而有的诸侯却失掉封国，被灭国灭族。仔细考察这些诸侯王昌盛和衰败的规律，我发现凡是成就功业的，大都是最初封的诸侯，而国丧身亡的，大都出现在后继袭封的子孙上。这是为什么呢？最初所封的诸侯，曾在国家创立时期经历了创业的艰难，懂得父兄的忧愁辛劳。所以他们虽然身处上位但却不骄奢，励精图治而毫不松懈。有的像汉代的楚元王一样设美酒访求贤才，有的像周公旦一样，为了接待宾客一饭三吐哺。他们能够采纳逆耳的忠言，深得百姓的欢心，他们生前建立高尚的功业，并将恩泽流传到去世之后。到了承袭封爵的子孙一代，大都赶上太平盛世，在深宫中出生，在妇人手中成长，不能体会身居高位的危险，哪里能知道耕种收获的艰难？亲小人，远君子，宠美色，轻美德。违背礼仪，贪恋酒色，毫无节制，不遵守法令制度，超越了本分。倚仗国君一时的宠爱，就产生夺取太子地位的企图，自以为有了一点功劳，便滋生出无穷的贪心。抛弃忠贞的正直之道，踏上违法作乱的邪恶之路。固执己见，不听规劝，迷途不返。即使有梁孝王、齐王冏那样的功绩，有淮南王、陈思王那样的才德，也不免一日失势，成为涸泽之鱼，抛弃了齐桓公、晋文公那样的功业，落得个梁冀、董卓那样被杀头示众的下场。成为后世的警示，难道不可惜吗？皇上英明神武，拯救倾危的国运。显耀七德，扫清六方；统一天下，驾驭万民；安抚四夷，亲善九族。咏《棠梨》乐章，顾及兄弟之情，分封子弟诸侯，以辅佐王室。陛下心中充满恩德，无日不在思念亲族之情谊，于是命令我考求史籍，收集历代经验，作为借鉴，传给后世子孙。我竭尽所能，总结历史教训。发现凡是拥有土地的诸侯王臣，他们的兴盛必然是通过积累善行，他们的灭亡都是因为恶行的积累。由此可见，不积累善行，就不能成就功名，不积聚恶行，就不会毁灭自身。祸福不定，吉凶在于自己，这句话很对！现在收录自古以来诸侯王行事得失的案例，分善恶两类各一篇，取名为《诸王善恶录》，希望太子诸王效法美德，能够养命不朽；知恶能改，能够避免大过。向好榜样学习就会得到赞美，能改过自新就没有灾祸。这关系到国家兴亡，能不自勉吗！”

唐太宗看过之后，大加赞赏，对诸王说：“这应当随时放在你们的书桌上，作为立身行事的根本。”

立身处世　贵在德行

贞观十年时，唐太宗对荆王李元景、吴王李恪、魏王李泰说：“从汉代以来，皇帝的兄弟和儿子，受封诸侯王，享受荣华富贵的很多，只有汉代的东平王和河间王名声最佳，能保持自己的爵禄地位。像晋朝楚王玮这类人，覆灭败亡的不止一个，都是因为生在富贵中，喜欢骄奢淫逸所造成的。你们必须以此作为警示，反复思考。我选择贤德之人做你们的老师，你们必须接受他们的直言规劝，不能独断专横。我听说用德行才能使百姓归顺，这并非虚妄的说法。我最近曾梦见一个人说是虞舜，让我不禁肃然起敬，难道不是因为瞻仰他的品德吗！如果梦见夏桀、商纣，一定要杀死他们。桀、纣虽然也是天子，如果称别人桀、纣，人家一定会大怒。颜回、闵子骞、郭林宗、黄叔度虽然是普通百姓，如果称赞别人像这四位贤人，人家一定会非常高兴。由此可以得知，立身处世，可贵的只在德行，而非荣华富贵。你们位列藩王，享受封赐的食邑，如果能够修养德行，岂不是更加完美吗？况且君子和小人本来就不是固定不变的，做好事就成为君子，做坏事就成为小人。应当克制自己的私欲，励精图治，天天做善事，不能放纵自己，使自己陷入刑杀之地。”

亲近贤人　减少犯错

同一年，唐太宗对房玄龄说：“我一一考察前代于乱世中创立帝业的国君，都是生长在民间，了解民情，很少会败亡；到了继位保守前人功业的国君，生来富贵，不了解民间疾苦，常常遭到失败。我从小就开始历经磨难，对天下的事情知道得很清楚，还担心很多注意不到的地方。荆王兄弟几个，自幼生长在安逸的环境中，见识少，怎么能考虑到这些事情啊？我每一次吃饭，就想到耕种农事的艰难；每一次穿衣，就想到纺线织布的辛苦，诸位兄弟怎么能做到像我这样？我选择好的师傅辅佐他们，希望他们能经常接近高尚之人，将来能减少犯错误的机会。”

肆意妄为 自引祸水

贞观十一年时，唐太宗对吴王李恪说：“父亲爱儿子，是人之常情，不用他人教诲就能懂得。儿子能够尽忠尽孝最好，如果不遵守教导，忘掉礼仪，抛弃礼法，一定会招致杀身之祸，即使父亲爱他，又能怎样？过去，汉武帝刘彻死了之后，其少子汉昭帝刘弗陵继位，而其三子燕王刘旦平时就骄横猖獗，不服朝廷法令，霍光送去一封诏令，燕王就被诛杀、封国被废除。身为臣子，在举止言行上不能不谨慎！”

王子年幼 教之以礼

贞观年间，皇子中年幼的多数都被授予都督、刺史的职位。谏议大夫褚遂良上奏章规劝说：“过去两汉设立州郡管理百姓，除了州郡外，还分封各位皇子，参照周朝的制度，划分地域疆界。大唐的郡县制度，大致依照秦代的法规。皇子还都年幼，就封他们做刺史，陛下岂不是在运用自己的骨肉，来镇守四方，并以此来证明陛下创建的制度高于古人吗？我发表愚见认为有不合适之处。为什么要这样做呢？刺史为一州之长，地方的人民仰仗他而得以安宁。让

伯牙鼓琴图 【元】王振鹏

一个不称职的人做刺史，全州的百姓都受到骚扰。所以，国君爱护百姓，总是选派贤良的人做刺史。历史上有的刺史被称赞施惠及远，犹如河流之浸润大地；有的刺史为百姓所传颂，生前就被人立祠纪念。汉宣帝说：‘与我共治天下的，只有贤良的太守啊！’依我看，陛下各位皇子中，年龄尚小还不能担任治理百姓的大任，请暂时留在京城，以典籍经书进行教育，一来可以使他们畏惧皇上的天威，不敢胡作非为；二来可以使他们观察朝廷的礼仪，自然会逐渐懂事。这样长期学习，慢慢懂得为人处世的道理，审查他们确实能胜任治理州郡，再派出去任职。我是借鉴汉代明帝、章帝、和帝三代对诸子采取的办法，这种办法能够使皇室子弟相互友爱。这种方法历代都作为准则来执行。分封设立诸王，虽然各自都有封土，但年龄还幼小的要留在京城，教以礼法，赐予他们恩惠道德。这三位皇帝在位期间，诸王人数多达百十人，其中只有两人稍微恶劣，其余的人都性格谦和，品德优良，希望陛下明察。”唐太宗褒奖了他，并采纳了他的建议。

【第十二节】

规谏太子

太子好猎　苦心劝谏

贞观五年时，李百药任太子右庶子，当时，太子李承乾爱好学习古代典籍，但是在闲暇时间却游玩过度。于是，李百药就写了一篇《赞道赋》劝谏太子。赋中说：

“我曾经听到先圣的格言，曾经阅览经籍上的训诫。自开天辟地以来，到帝王建立国家，这些格言和训诫，都是人伦纲常的根本原则，可以用来树立不朽的言论和盛大的功德。遵循它就能顺应天命，悖逆它就会奸邪作恶。国家的兴废由它来决定，个人吉凶与它紧密相关。帝王能否承受天命，统御天下，也跟它息息相关。如果能细心研究天地运行的规律，纵览古今的历史经验。不分昼夜地做善事，勤奋劳作，珍惜每一寸光阴，一定能够融化寒冰，让寒冷的山谷都温暖起来，使海内的百姓都高兴起来，让全国各地都传颂太子的美名。

“大唐神武显赫，天命所定，是历史新纪元的开始，当今圣上遇上了前代所没有的好运。皇太子天资聪颖，根基牢固，遵循事物的规则；志向远大，神采飞扬，容光焕发，身兼‘三善’和‘四德’的品德。每次上朝向皇上请安，总是虚心接受皇上的教诲。平时待人接物都是遵循圣人和父皇的教诲，用圣人的言行准则来要求自己。自从大道变革后，礼教才兴起，就是为了端正君臣的礼仪道义，加深父子之间的纯厚情义。君臣的礼节，父子的亲情，充满情义而相互交融。能否弘扬推广，完全在于个人。岂能说夏启、周诵跟丹朱、商均一样？因此要反复思考这个问题。最重要的只有忠、敬、孝、仁这四个字，只要做到这四个标准，那么美德一定可以四海远播，与日月同辉。

古时候的三王教育子弟，都按年龄顺序就学，而不是以太子为上。在各种教育中，以‘礼乐’最重要。乐，可以移风易俗；礼，可以安邦定国，教化百姓。学习乐，并不是为了喜好音乐，而是为了抒发心志，和悦心神。学礼也不是为了喜欢礼器，而是要用礼来节制自己，保全其身。太子长在深宫之中，位居诸王之上，没有深刻思考帝王之业，也没能认识到自己责任的重大，反而觉得荣华富贵是理所当然，倚仗高贵的地位而骄傲炫耀，放纵骄奢，行事违背礼节，轻视师傅，傲慢礼节，亲近奸佞，放纵淫逸，这样下去太子的光辉会很快消失，储君的德行会受到破坏。虽然太子以天下为家，但未来的安危困难却很难说。有的因为德才兼备而成为天子，有的被诬陷而遭受废黜。类似以上情况，完全可以从他们的成败得失中得出教训。请允许我简单地陈述一些历史事实，以备参考。

“周朝由于祖上积德，才得以承受天命，执掌政权；依托文王、武王的功德，成王做了太子，开启了周朝七百年的长久国运。到扶苏做秦皇太子，并非他的名望有欠缺，他以嫡长子的重要身份到边塞去监军。太子被派离到远方，最终导致灾难的发生，扶苏被杀身亡，秦二世以庶夺嫡。秦朝在处理储君问题时，没有遵循正道，江山社稷很快就崩溃灭亡。汉代之所以延续长久，固然是因为贤明的君主和太子相继不断。但一样也有问题。高祖宠爱戚夫人和她的孩子赵王，拿江山社稷当做儿戏；惠帝当时是太子，结交忠臣依靠贤良，树立了自己的地位，才保住了太子的位置。汉景帝为太子时，因邓通为文帝吮痈而发怒，继位后就将他免职，又虐杀饿死了功臣周亚夫；他曾在赌博时一怒之下打死了吴太子，所以终生对吴王刘濞感到担忧猜忌，终于引发了刘濞的叛变。汉武帝刘彻做太子时年龄还很小，当时他就意识到国君容易在晚年被大臣专政，并看出了周亚夫居功自傲，所以他能够发扬光大祖上的功业，继承高祖、文帝、景帝三代的传统。武帝为太子刘据建立博望苑，结交宾客，但刘据的名望并没有得到提高。刘据命运多舛，不幸遇到奸佞江充，虽然带兵诛杀了江充但却落下了谋反的罪名，没有得到善终。汉宣帝的嗣君元帝喜好儒术，于是大道得到阐述；他在德教方面出类拔萃，所说的话也都忠诚正直。最开始从大儒匡衡、韦玄成那里通晓道义，最后由于任用宦官弘恭、石显，而造成过错。汉成帝的本事虽然比不上定陶国的共王，但他当太子时奉召入宫不敢穿过御道，以表示对父皇的敬畏，这虽然只是小小的美德，却受到大家的赞赏，并且在史书中得以记载流传。汉光武帝继承帝业，中兴汉室，后继的明帝、章帝等勤勉治国，通达事理，明达时务，都通晓经学礼仪。对亲族能尽到至爱的感情；对兄弟也非常亲切友善。尤其对光武帝长子东海王刘强的子孙后代非常照顾，保持了西周的优良传统。魏文帝曹丕初为五官中郎将，没听说过有什么德行，他私自纳袁熙的妻子甄氏，被孔融杜撰周公娶妲己的故事讥讽。他又喜欢纵情狩猎，虽然才华颇高，学识渊博，但还是因为荒淫无度而连累国家。后来他的这个缺点还传给了明帝。明帝在芳林园筑假山长达三年之久。奢侈浪费可比秦始皇，才能本领赶不上汉武帝。驱使群臣去服役，却不去改变百姓民生凋敝的现状。晋武帝司马炎宽厚仁爱，长相奇特。晋王司马昭宠爱桃符而想立他为太子，后来接纳巨鹿公裴秀立司马炎为世子的正确建议。司马炎最终平定江南，控制远方而一统天下。谁知后来晋武帝想让晋惠帝当太子，朝野知道惠帝昏庸痴呆，但武帝不改初衷，坚持让他做嗣君，真如尚书令卫瓘说的是'御床可惜'呀！可怜愍怀太子被废黜，就好像风吹细沙般容易，他虽然尽心学习六艺，也还是因为作恶败坏了自己的名声，这样的人怎么能够继承社稷治理国家？

"当今圣上慈心爱人，用做人的正道训示诸位王子。如同汉高祖一样设立五经博士教授子弟，如同周公旦那样修纂各类典章制度辅佐年幼的成王，鄙视晋元帝赐《韩非子》一书给太子，而把儒术视为治国之正道。探讨朝政治理的善恶，研读诗赋辞藻以修养品德。既在普通人身上听到好的教诲，又虚心向历经世变的老臣请教。要使政务成功而天下安定，首要的大事就是任用人才。尧帝以知人善用留下典范，文王因人才济济为后世传颂。要任用正直之士，衡量他们的才干，检查他们的德行，必须根据他们的特点分别授以不同的职务，而不可违反制度，随便任用。如果被人迷惑，失去判断能力，就会造成有德才的人受委屈、无能的人受到重用。谄媚小人钻营讨好，游手好闲的人不请自来。那些直言正谏的人，因为忠诚获罪，而那些卖官鬻爵的人，却因贿赂得到亲近。最终损害国家的法制，扰乱人们的道德伦常。国家被奸人控制，百姓的利益遭受践踏。天地万物，以人命最为宝贵。如果案件得不到公正审理，就可能造成冤屈；冤屈不能昭雪，会影响天地阴阳的和谐。有才学的人仕途进退决定于制度的松紧；生命的延长或缩短，操纵在酷吏手中。所以尧帝画五刑的服像，表示怜悯的意思；夏禹对着囚犯哭泣，表现了天子的怜悯之情。至于夏桀和商纣建造瑶台和琼室，奢华壮丽，岂止是雕梁画栋可以形容的；魏文帝建造凌云台极目远望；或者像汉武帝修筑通天台承接甘露。他们为了一己之欲而劳役百姓，结果危害自身。所以汉文帝不想劳民伤财而停筑露台，提倡勤俭节约而留下美好的名声；虽然周文王的花园方圆不足百里，但是施行德政而使百姓前来归服，于是周朝昌盛起来。大禹在那欢乐的宴会上礼尚往来，尽情欢饮，但重视酒德，从不贪杯。他三过家门而不入，享受帝禄，办事公正贤明，对人态度温和谦逊，因而成为国君。如果因酗酒变得昏庸，因醉酒酿成大祸，那么会像殷纣王建造酒池肉林，灌夫借酒骂人一样，终于丧国亡命。所以伊尹明令禁止酣饮，周公也立下戒酒的规定。那些深闺里的窈窕淑女，确实是君子的理想配偶。班姬深明大义割舍宠爱，谢绝与汉成帝同车游园，因为她本就耻于作婢女误国；宣姜摘下簪珥请罪，使周宣王不沉湎于女色而勤理朝政。但是也有祸乱晋国的骊姬，丧亡周朝的褒姒。她们虽然妖艳美丽，却违背了纲常伦理。所以见到倾城倾国的美人，就得想到要留下好榜样给后代帝王；遇到妖艳美丽的女子，应该以前代史实做警示。还有狩猎的规矩，驰骋马场，如果不加以节制，必然导致荒废政事。不仅仅是身体会感到疲倦，而且还会使性情放荡骄纵。跋山涉水，驱鹰逐犬，本来是下人所做的事情。太子肩负宗庙社稷的重大责任，却与鹰犬一起驱驰，临近危险却不知道要拉紧缰绳。马也担心奔驰太快而有倾覆的危险，野兽也害怕丧命而发狂自保，所以还是应该为狩猎太多而感到惭愧，难道没有觉得自己无情地残害生命而感到内疚？

“我愚昧浅薄，有幸受到皇上的无限恩宠。把我从民间提拔与达官贵人并列。庆幸陛下圣道大行，天下太平；欣喜太子风华正茂，四海升平。太子在监国抚军的闲暇时间，经常研读礼仪，修养身性，硕果累累。瞻仰太子神思敏捷，赞叹太子的聪明智慧，礼贤下士，遵守礼仪。良辰美景，时和气清；华殿深邃，树木繁盛；花儿飘香，含苞欲放；娇莺婉转，相对鸣唱。在这万物美好的季节里，太子却放弃交游，埋头学习，让我这个庸人拿起笔来，作这篇《赞道赋》，呈献给陛下。这与汉元帝做太子时候命令王褒作《洞箫赋》的意义完全不同；与魏文帝做世子时让曹植赋《公宴诗》的意思也决然不同。我这篇赋文不足以表达太子的盛德，只希望用自己的生命来报答陛下的赏识。我自跪拜，愿终生为太子树立德行而奔走，愿太子将大唐国威，永远流传后世，建立胜过古人的显赫功业。”

唐太宗见到这篇赋之后，派使者对李百药说：“我在太子那里看到你的赋，陈述了自古以来各朝太子的事迹，用来规劝太子，内容简要而有法度。我提拔你来辅佐太子，正是要你这样做，你做得很好，但是必须善始善终啊。”于是，唐太宗赏赐李百药御马一匹，锦绸三百段。

不尊礼制　犯颜直谏

贞观年间，皇太子李承乾违反礼制，奢侈纵欲越来越厉害。太子左庶子于志宁撰写《谏苑》二十卷劝谏他。同时，太子右庶子孔颖达也常常犯颜直谏。太子的乳母安抚太子，对孔颖达说：“太子已经长大成人，为何屡次当面指责他的过错？”孔颖达回答说：“承蒙陛下的恩赐，我因劝谏而死，也不觉得遗憾！”此后，他更加急迫地谏言，太子令他撰写《孝经义疏》，他又借注释表达了自己的意见，扩大了劝谏的途径。唐太宗一并赞许他们，赏赐二人各丝绸五百匹，黄金一斤，以此来勉励他们对太子的劝谏。

荒废学业 不可不谏

贞观十三年时，太子右庶子张玄素因为太子常常狩猎，以致荒废学业，上书劝谏说：

“我听说上苍没有偏私，对人不分亲疏，只保佑有德行的人。如果违背天意，就会人神共愤。古代每年狩猎三次的礼制，并非是教人杀戮，而是要为百姓除害。所以商汤狩猎时网开三面，天下都归服于他的仁义。如今在御苑内打猎娱乐，虽然名义上不同于在野外游猎，但是如果打猎娱乐没有限度，终究有损儒雅的风度。况且傅说说过：‘在学习上不师法古代圣贤，我还不曾听说过。’弘扬大道在于学习古人，学习古人一定要依靠师傅的教训明示。既然孔颖达已经奉圣上的恩德，传授太子经术，希望太子能经常前去咨询，以弥补自己的不足。再广选有名望有德行的儒士，朝夕相处。可以多多学习圣人的教诲，经常用圣人的训诫来检查自己的言行，每天都能知道自己的不足之处，每个月才会有长进，这样就会尽善尽美。夏启、周成王的功业又有什么值得羡慕的呢？作为君王，没有不追求美德的，但是如果理性不能抑制情感，心志就会迷乱。心志迷乱，就听不进忠诚正直的进言了。这样一来，小人阿谀奉承，国君的品德就会受到损害。古人有言：‘不要因为过错很小就不改，不要因为善事很小就不做。’祸福都是从小事开始的。太子身居储君之位，应当广泛地树立美好的德行，一旦养成喜好打猎的恶习，如何主持国家政务？谨慎从事，坚持不懈，尚且担心有时会放松警惕，如果开始就没有谨慎，最终怎么能保持！”

太子不接纳劝谏，张玄素又上书规谏说：

“我听说皇子入学以年龄大小为次序，是希望太子知道君臣、父子、尊卑、长幼之间的礼节，并且在全国上下普遍施行。这些都要身体力行，让全天下的人都能知晓。太子虽然天资聪颖，仍然需要学习经书文章来检点自己的行为言语。我见过孔颖达、赵弘智等人，他们不仅是品德高尚、知识渊博的学者，同时也精通国家治理的要领。希望他们能够经常在你的身边传授经术，讲述事物的道理，研究讨论古今，增添圣德的光辉。至于像骑马射箭游猎，醉酒玩妓，表面上只是一时的愉悦，时间久了必定会改变性情，影响美德。古人说：‘心是万物的主宰，行事缺乏节制就会乱了常理。’恐怕太子德行的败坏就在这里了。”

太子看了奏书，更加恼怒，对张玄素说：“右庶子，你疯了吗？”

骄纵妄为　冒死进谏

贞观十四年时，唐太宗得知张玄素在太子东宫屡次直言进谏，于是提拔他为银青光禄大夫，担任太子左庶子的职位。

太子在宫中随意打鼓，鼓声远远地传到宫外，张玄素叩击旁门请求进见，竭力陈述，恳请规谏。太子不但没有听进去，而且让人拿出鼓来当着张玄素的面大肆破坏，又派遣家奴在张玄素上早朝的时候，暗中用马鞭袭击他，几乎让他丧命。太子还喜好建造亭台楼阁，极度地奢侈浪费，日用花销一天比一天多，于是张玄素又上书进谏说：

“我本愚昧无知，却兼任朝廷和东宫的职务，国家对我的恩德如江海一样深厚，我对国家却一点贡献都没有。因此我一定要竭尽忠孝，尽到做臣子的责任。太子担负的使命极为重大，如果不积累美德，怎么保持先王留下的功业？殿下乃是陛下的储君，一举一动都关系到皇族和国家的命运，所以按规定太子所用的财物没有限额。圣上的恩旨颁布还不到六十天，殿下的花费就超过了七万，挥霍浪费到了极点，还有谁能超过这种程度？太子东宫之内，只聚集着工匠，见不到贤良的大臣。要说孝敬，缺乏视膳问安的礼节；要讲恭顺，却违背君父慈爱的教诲；要说名声，殿下没有学习古人的行动；观察举措，殿下却有仰仗权势杀人的罪过。东宫中的贤良从来都没有带在身边，而奸邪作恶之人天天追随左右。殿下所爱好的都是些娼妓戏子，赏赐给人的东西都是图画雕刻之类的玩物。从表面上看，就已经有这么多过失，内中隐藏的不可告人之事，怎么能数得过来！宫廷就像市井店铺一样随意，任凭奸人们早晚出入，殿下的不良名声逐渐散布到四面八方。右庶子赵弘智学识渊博、品行端正，是当今的优秀人物，我多次请示殿下，希望经常召他进宫，和他讨论朝政，以期殿下的美德能够得到增长。殿下反而有所猜疑，认为我是妄自推荐引进，从善如流达不到至善的境界；殿下文过饰非，拒绝劝谏，一定会招来灾祸。古人说：‘良药苦口利于病，忠言逆耳利于行。’愿殿下能够居安思危，谨慎做事。”

谏书送了上去，李承乾看后大为发怒，派刺客前去杀害张玄素。此后不久，太子李承乾就被唐太宗废黜。

好色奢靡　诚心上谏

同一年，因为太子李承乾大肆建造宫殿，骄奢淫逸，偏离中庸之道，太子詹事于志宁上书规谏李承乾说：

“我听说勤俭节约是弘扬德行的基础；崇尚奢侈，放纵情欲是败坏道德的根源。因此，秦穆公夸耀宫殿高耸入云，能够遮天蔽日，西域人对此大为讥笑嘲讽；高大的房屋，雕饰的墙壁，《夏书》把这作为国家危亡的训诫。过去赵盾辅佐晋国，姜子牙做周太师，或者勉励节俭财物，或者规劝不要暴敛财物。竭尽所能辅佐国家，竭尽诚意侍奉君王，希望崇高的德行能够传播到远处，美好的名声在百姓中传扬。这些都载入了史册，成为美谈。再说现在居住的东宫，是隋朝建造的，见到的人都认为太过奢侈豪华，哪能在这里面再次加以修建呢？天天耗尽财物，大兴土木，用尽工匠的本领来增添装饰？而且近来工匠、官府的奴隶频繁进入东宫，又没有人监视他们。这些人中，有的人兄长犯过国法，或者弟弟被判过徒刑，他们在御苑里面来来往往，在禁宫内随意出入，铁器都背在身上、拿在手中。门卫在外无法保卫里面的安全，而工匠、官奴在内，作为东宫的主管官员怎么能安心？我怎么能不感到忧惧？

“另外，郑卫两国的音乐，古人已经说是淫乱的曲调。从前墨子到朝歌，因为朝歌的邑名不符合简朴的精神，就驾车回头了；孔子参加夹谷会盟，挥剑斩杀了在鲁定公面前表演乐舞的侏儒。从前的圣人认为淫乐不符合礼法，通达的贤士也认为嗜好靡靡之音是一种过失。近来还听到宫内常常领取太乐府的歌伎，入宫就不再放出去。听到此事的人都两腿发抖，说起此事的人都心惊胆战。圣上对此事一再嘱托，请殿下加以温习；圣上的旨意恳切，告诫明白。对于殿下，不可不考虑；对于我，不能不担心。

“我在宫中任职已经一年多了，即使是犬马都知道报答恩情，木石也知道感恩戴德；我心中所有的浅显见解，岂敢不全部说出来吗？如果殿下怜惜我的一片赤诚之心，那么我就有了生路；如果殿下认为我违背旨意，那么我就是罪人。但是顺从旨意，这是恶疾；犯颜直谏，《春秋》把它比作药石。希望殿下停止建造中的工程，释放久做劳役的人，杜绝骄奢淫逸的音乐，驱逐奸佞的小人。那么，善德就将齐备，天下就能统一太平了。”

李承乾读了奏书后，非常地不高兴。

滥用民力　再三规谏

贞观十五年时，农忙时节，李承乾召集车马役夫，还不允许他们轮流换班，人人叫苦不迭、心怀怨恨。他又私自召引了很多突厥出身的童仆进宫。于志宁上书规谏说：

“我听说上天崇高，日月照耀它的德行；国君圣贤，辅臣协助他的功业。所以，周太子姬诵做太子时，得到毛叔、郑毕公的辅助；汉惠帝刘盈当上皇帝，得到夏黄公、绮里季等四位贤人的支持。周公旦拿世子应守的法规惩罚伯禽，贾谊直言规劝汉文帝。他们都是品德端正的人。历代贤明的君主，没有哪一个不是再三告诫太子，这是因为太子是天子的继承人，地位极为重要。太子

善良，天下百姓就能得到他的恩惠；太子邪恶，百姓就会因此遭殃。近来听说仆寺、司驭、驾士、兽医等类人，从初春开始到现在夏末，长期在内宫服役，不让他们轮番休息。有的人家的老父母，得不到儿子的侍奉；有的人家里的弱小子女，得不到父亲的抚养。春天已经荒废他们耕种的天时，夏天又妨碍他们播种繁殖。违反了人间伦理，恐怕会引起百姓的怨恨。如果消息让陛下知道，殿下后悔还来得及吗？再说突厥达哥支等，都是人面兽心，接近他们会损害殿下的名声，亲近他们并不能增加殿下的美德。召集他们入宫，众人都感到惊讶愤怒，岂止是我独自感到不安呢？殿下必须与天子的圣德相称，与百姓的愿望相符合，不可轻视小的邪恶而不去改正，不能忽略小的善行而不去做。应当防微杜渐，采取防卫的措施。驱逐小人，亲近贤良，这样好的德行日益隆盛，美好的名声将传播到远方去。”

李承乾看到这份奏书后，不禁大怒，于是派刺客张师政、纥干承基去刺杀于志宁。当时于志宁正逢母亲去世，在家中守丧。二人潜入他的房间，看到他睡在草毡上、枕着土块辛苦守丧，终于不忍心下手。

后来李承乾事情败露，唐太宗知道了于志宁被刺之事，赞赏并勉励了他。

辋川图（部分）　【唐】王维

此图是画家晚年隐居辋川时所作。画面群山环抱，树林掩映，亭台楼榭，古朴端庄。别墅外，云水流肆，偶有舟楫过往，呈现出悠然超尘绝俗的意境。此卷为唐人摹本。

王维（701—761），字摩诘，唐代诗人、画家。玄宗开元五年（717）进士，后官至尚书右丞，世称“王右丞”。北宋苏轼称他“诗中有画，画中有诗”。

宾客图　【唐】佚名
李贤墓墓道东西壁各绘一幅礼宾图，这里是东壁的一幅。画中以鸿胪寺官员为前导，据袍服颜色推断为四或五品官，正引导三位宾官。

【第五卷】

德行

【第十三节】
教戒王孙

仁义治国　国运昌盛

贞观元年时，唐太宗说："我看到从前以仁义来治国的帝王，国运都能兴盛很久；过度运用刑法治理国家的帝王，虽然能解救一时的弊端，但也会很快衰亡。古代帝王兴衰成败的事例足以作为前车之鉴。现在，我打算治理国家要仁义、诚信并重，希望能转变浮夸的社会风气。"黄门侍郎王珪答说："天下长期处于混乱，陛下在满目疮痍的基础上治理国家，鼓励正道，改变不良风气，这是子孙万代的福气。不过，没有贤才也不能把国家治理好，最重要的是招揽贤才。"唐太宗说："我非常诚恳地招揽贤才，连睡觉都没有忘记！"给事中杜正伦进言说："每个朝代都有贤才，应该随时发现，随时任用。哪能等到睡梦中遇到傅说、半路上遇到姜子牙，然后才治理国家呢？"唐太宗对他的话表示非常地赞赏。

施以仁义　树立威信

贞观二年时，唐太宗对身边的大臣说："我原本以为，经过隋朝的大乱之后，社会风气很难在短时间内变好。但最近发现百姓已经逐渐懂得了礼义廉耻，官吏和平民都能遵纪守法，盗贼也日益减少。我感觉到，社会没有一成不变的风气，只是因为国家的治乱不同而已。治国之道在于施以仁义，安抚百姓，树立威信。应该顺应百姓的想法，废除严刑峻法，不要做不合常理的事情，天下自然就安静太平了。你们应当和我来共同完成这件事情。"

不施仁义　天下共反

贞观四年时，房玄龄上奏说："我今天查看武器库，发现朝廷的武器储备远胜过隋朝。"唐太宗说："修整兵器，预防贼寇，固然重要，但我仍然希望大家更多地留心治国之道。你们要竭尽忠心，让百姓安居乐业，这才是我的最终武器。隋炀帝哪里是因为武器不够多而招致灭亡啊？那是因为他不施仁义，天下共反的缘故。你们要懂得这个道理。"

仁义布施　天下太平

贞观十三年时，唐太宗对群臣说："树木茂密，鸟儿才会前来栖息；湖海广阔，鱼儿才能顺畅地游来游去。广施仁义，百姓才能归顺。人们都知道被动地躲避灾害，而不知道布施仁义能消灾免祸。仁义之道要谨记在心，时刻不忘。如果有片刻的懈怠，就会违背仁义的准则。这就好像肚子吃饱了，才能维持生命啊。"王珪说："陛下能深刻理解这个道理，真是天下百姓的大幸！"

【第十四节】

竭尽忠贞

忠诚义士　忠于旧主

高祖武德年间，冯立任职东宫率，很受前太子李建成的礼遇。李建成反叛被杀时，部下多数逃散。冯立叹息道：“太子生前受他恩宠，太子死后却各自逃走，怎么能这么做呢？”于是率领手下士兵猛攻玄武门，全力奋战，杀了唐太宗阵营的屯营将军敬君弘。之后，冯立对部下说：“这样，对太子总算有一丝报答了。”然后解散军队，逃遁于乡野之间。没过多久，冯立回来自首。唐太宗诘问他：“你先前率兵攻打我的军队，杀了我很多战士，有什么理由能让我免你一死呢？”冯立哭着回答说：“冯立侍奉主人，就要为主人效命，作战时自然什么都不顾及了。”说完号啕大哭，一时无法控制悲痛的情绪。唐太宗宽

唐大明宫玄武门复原图

慰他，并授予他左屯卫中郎将一职。冯立对手下说：“当朝天子对我恩重如山，免去我的死罪，我也要用自己的生命来报答他。”时隔不久，突厥人入侵到渭河便桥，冯立率领几百骑兵与突厥人在咸阳大战，所向披靡，杀敌无数，还俘虏了不少敌人。唐太宗听了这个情况之后，对他大加赞赏。

玄武门事变时，齐王李元吉府上的中车骑谢叔方率领齐王府士兵与冯立共同进攻秦王的军队。他们攻杀了屯营将军敬君弘、中郎将吕衡，使得秦王的队伍士气大为不振。后来秦王府护军尉尉迟敬德把李元吉的脑袋拿给他们看，谢叔方下马号啕大哭，跪拜后逃走。第二天，谢叔方前来谢罪。唐太宗夸他是个义士，放了他，并授予他右翊卫郎将之职。

忠烈之臣　不惧刀枪

贞观元年时，唐太宗在闲谈时提及隋朝灭亡的事情，感叹说：“姚思廉不怕刀枪，表达了忠贞的操守。就算和古人相比，他又能比谁差呢？”姚思廉当时在洛阳，于是唐太宗派人寄赠给他彩帛三百段，并附上一封书信说：“念及你的忠节之风，故有此赠送。”

隋朝大业末年时，姚思廉担任隋朝代王杨侑的侍读学士。义军攻克长安的时候，代王府的官员大多早已逃散，只有姚思廉一个人留了下来。义军士兵准备进殿时，姚思廉大声喝道：“唐国公率兵起义，是为了匡护王室，你们胆敢对代王无礼！”士兵们被他的话镇住了，于是稍稍退后，立在台阶下。过了不久，高祖赶来，听说这个情况，认为姚思廉是个义士，并让他扶着代王到顺阳阁。姚思廉哭泣跪拜而去。看到这个情景的人都感叹说：“真是一位忠诚的义士啊！所谓‘仁者有勇’，说的不就是姚思廉这样的人吗？”

旧主安葬　旧僚送别

贞观二年时，唐太宗准备重新安葬死去的息隐王李建成、海陵王李元吉。尚书右丞魏征与黄门侍郎王珪是二王的旧臣，因此请求随同送葬。他们上奏说：“我等以前受太上皇之命，在东宫任职，侍奉前太子将近十二年。前太子侵犯了宗庙，得罪了神灵。我等未能殉死，甘愿受罚，承担自己犯下的罪过。陛下既往不咎，反而赐官给我们，我等平庸，如何能回报大恩呢？陛下恩泽四海，义盖前王。如今陛下感念兄弟手足之情，既诏明了社稷大义，又表达了骨肉的深情。重新安葬二王的日期不远了，我们以前是二王的旧臣，旧君丧后侍奉新主，已经表达过我们的事君之礼，但旧君坟上的草已经长满了，还没能表达对他们的哀愁。远望二王的墓地，旧时的君臣情谊又浮现出来，希望下葬那天，陛下能允许我们到墓园送葬。”唐太宗认为他们很重君臣情义，十分赞赏，同意了他们的要求，并且，凡是二王原来的旧部属，都可以去送葬。

隋朝忠臣　受到表彰

贞观五年时，唐太宗对身边的大臣说：“每个朝代都有自己的忠诚烈士，你们看谁是隋朝的忠贞之臣呢？”王珪说：“我听说隋朝的太常丞元善达，在京城留守，看到盗贼横行中原，便策马赶到江都，想向隋炀帝进言。隋炀帝命他回京，一点也没有接受规劝。元善达无法接受现实，于是痛哭流涕，极力规谏。隋炀帝大怒，下令让他马上参加已经派发到边疆的军队，结果他死在南方的荒芜之地。还有，虎贲郎中独孤盛在江都护卫隋炀帝。宇文化及叛乱，只有独孤盛一人勇敢抵抗，最终战死。”唐太宗说：“屈突通是当时隋朝的将领，与大唐军队战于潼关。后来听说京城已经陷落，就率领部下向东逃跑。大军追到桃林，我让他的家仆去劝降，屈突通把那个家仆杀了。于是我再派他的儿子前去招降，他对儿子说：‘我为隋朝奔走一生，已经经历了两个皇帝，现在是我为他们尽忠的时候了。以前我们是父子，现在开始互为仇敌。’于是，拿箭射向自己的儿子，他儿子只好逃回来。后来他手下的士兵全部溃散，只剩下他一个人。屈突通面朝东南方恸哭道：‘我领受国家的恩惠，身为大将，谋略和力气都已经耗尽，才最终落败，不是我不想尽忠报国啊。’话刚说完，就被我们的追兵捉住了。太上皇想授他官职，但他屡屡装病不受。如此的忠贞，确实应该赞美和褒奖啊！”于是，唐太宗下令有关部门寻访隋末因直谏而被杀者的子孙，汇报给朝廷。

尚书叔达　为国进谏

贞观六年时，唐太宗授左光禄大夫陈叔达为礼部尚书，对他说：“武德年间，你曾向太上皇直言相谏，说我有平定天下的大功，不能废黜等。我品性刚烈，如果当时遭受挫折，很可能会愤而生病。今天让你升任这个官职，以表扬你的忠心。”陈叔达答道：“我看到隋文帝、炀帝父子自相残杀，导致隋朝灭亡，如何能再忍心看到陛下父子重蹈覆辙而不加劝谏？所以，我当时就尽心尽力直言进谏。”唐太宗说：“我知道你并不是只为我一个人，而是为了整个国家社稷着想。”

廉士后代　授以官职

贞观八年时，桂州都督李弘节以清明廉洁出名，他去世后，其家属被人发现变卖珍珠。唐太宗听说后，在朝廷宣布：“宰相们都说李弘节为人很清廉。现在既然发生这种事，当初推荐他的人怎么能没有罪过呢？一定要追查到底。”

侍中魏征私底下对唐太宗说："陛下说这个人有问题，但目前也没有发现他收受过谁的贿赂。现在只是听说他的家人变卖珍珠，就要问罪于举荐的人，我不知道陛下是什么目的。大唐开国以来，能清正廉明、始终如一的人，唯有屈突通、张道源两人。屈突通的三个儿子到京城长安参加考试，只带了一匹瘦马。张道源的儿子穷得连日常花销都难于应付。这些人没有听见陛下谈论过。李弘节为国立功，陛下曾多次赏赐，家中有些珠宝本属正常，目前也没有听说他有贪污受贿的可能。现在他的妻子变卖珍珠，怎么能算是罪过呢？对于大家公认清廉的人，陛下不去关心慰问，而对于怀疑贪污的人，不先调查事实，就要责罚当初举荐的人，虽然也可以说是疾恶如仇，但不能说是一心向善。我个人认为，这样做并不好，叫有见识的人知道后，一定会引起非议。"唐太宗拍掌说："都是我太急躁了，没有考虑清楚就妄下论断，以后说话一定要谨慎才行。你别再说了。屈突通、张道源的儿子，都授以官职。"

任命李靖　黜陟畿内

同一年，唐太宗准备派遣各道黜陟使，京畿附近的畿内道长时间没有合适的人选。唐太宗问房玄龄等人说："畿内道对国家来说最为重要，谁能担当这个重任呢？"右仆射李靖说："畿内道拱卫京师，非同小可，非魏征不能胜任。"唐太宗严肃地说道："我现在就打算让魏征陪我一起去九成宫，事情也不小，怎么可以派魏征出任黜陟使？我每次外出，都不希望魏征离开我半步，是因为他就像是我的镜子，能看出我的得失对错。你们能改正我的过失吗？你这句话真是胡说八道。"唐太宗于是任命李靖为畿内道黜陟使。

激励萧瑀　忠贞不阿

贞观九年时，萧瑀司职尚书左仆射。在一次宴会上，唐太宗对房玄龄说："武德六年之后，太上皇打算废黜建成，改立我为太子。兄弟们不接受我，我当时确实也有'功高不赏'的忧虑。萧瑀这个人，物质不能诱惑他，刑罚不能恐吓他，真是一位治国安邦的大臣啊！"于是，唐太宗在赐给萧瑀的诗中写道："疾风知劲草，板荡识诚臣。"后来又对萧瑀

萧瑀像

说：“你刚正不阿，坚守正道，古时候的贤人都不能和你相比；但是善恶太过分明，有时候又会造成过失。” 萧瑀向唐太宗拜谢说：“感谢陛下的训诫，给我忠贞的评价，我虽死犹生。”

祭奠杨震　勉励名节

贞观十一年时，唐太宗驾临东汉太尉杨震的墓地，赞叹他一心为国却不得好死，于是亲自撰文悼念他。房玄龄上奏说：“杨震当年死得很冤，几百年后才遇到陛下这位圣君为他停车驻足，撰文追悼。他在九泉之下一定会感到欣慰。我拜读了陛下的祭文，心中泛起一阵阵的感动。有这样的圣君，全天下的君子如何能不勉励忠贞，要知道行善终有善报。”

以何相待　以何报答

同一年，唐太宗对身边的大臣说：“狄人杀害了卫懿公，吃光了他全身的肉，只留下他的肝。卫懿公的臣子弘演哀伤地大哭，掏出自己的肝，把卫懿公的肝放到自己的肚子里。现在恐怕很难找到这样的人了吧？”特进魏征说：“豫让为主公智伯报仇，冒险行刺赵襄子。赵襄子逮住他，问他说：‘你不是也曾经侍奉过范氏、中行氏吗？智伯将他们两家都灭掉了，你不但不想为他们报仇，反倒追随了智伯。今天你却反过来要为智伯报仇，为什么？’豫让回答说：‘我侍奉范氏、中行氏时，他们都待我为寻常人，所以我也像寻常人一样报答他们。智伯待我为国宾，我也用国宾的方式来报答他。’想要臣子忠心，先要看国君怎么对待臣子。怎么能说现在没有这样的忠臣呢？”

君素忠贞　恪守气节

贞观十二年时，唐太宗临幸蒲州，下诏说：“隋朝的鹰击郎将尧君素，隋炀帝大业年间在河东担任官职。他恪守忠义，竭尽气节。虽然是‘桀犬吠尧’式的愚忠，但他如同疾风劲草和寒冬松柏，对隋朝忠贞不贰，也是值得表扬。今天我来到这里，恰好想起过去的事情，应该给他一些赏赐，以便表示我对忠臣义士的勉励。追封他为蒲州刺史，并寻访他的后代，向我汇报。”

袁氏一门　忠烈之士

同一年，唐太宗对中书侍郎岑文本说：“梁朝和陈朝的名臣中，哪个值得赞赏呢？他们还有贤良子弟可以举荐吗？”岑文本上奏说：“隋军攻进陈国时，百官各自散逃，没几个人留下来。只有尚书仆射袁宪留在陈后主身边。后来王世充将要受隋朝的禅让，隋朝群臣纷纷上奏劝进，只有袁宪的儿子国子司业袁承家装病不肯签名。他们父子都是忠烈之士。袁承家的弟弟叫袁承序，目前担任建昌县令，他为官公正廉洁，品德高尚，有他父亲当年的风采。”于是，唐太宗任命袁承序为晋王友，兼任晋王侍读，不久，又任命他为弘文馆学士。

忠臣义士　福荫子孙

贞观十五年时，唐太宗下诏说：“处理政事的空闲时间，我阅读了大量的前朝史籍，每次看到前朝贤才辅佐君王、忠贞之士为国献身时，我是多么地想和他们见上一面！我常常放下书本为这些人感叹不已。近代以来的史事，时间离现在并不太远，他们的后代很有可能还在人间。即使不能对他们大加褒奖，也不应该抛弃他们。北周、隋两朝名臣义士的后代，贞观以来如果有因犯罪而被流放的，应该让主管部门详细调查，汇报给我。”于是，这些忠臣的后代犯罪的大多得到宽大处理。

高（句）丽守将　坚守气节

贞观十九年时，唐太宗御驾亲征辽东的安市城，城里的高（句）丽人拼命抵抗。唐太宗令守城的耨萨延寿、惠真等人投降。大军驻扎在城下，召唤敌军投降。城中的人坚守不弃，每逢唐太宗的旗帜飘扬起来，还特意登城大喊大叫。唐太宗恼怒异常，命令江夏王李道宗在城边修筑土山，准备再次攻城，但最后还是没能攻克。唐太宗决定退兵，并赞赏安市的守将能坚守臣子的气节，特赏赐他们绢帛三百匹，以奖励他们对国君的耿耿忠心。

【第十五节】

孝悌友爱

玄龄奉母　察言观色

司空房玄龄侍奉他的继母，很善于察言观色，态度谨慎到异乎寻常。继母生病时，请来的医生到门前时他必定跪下迎接，双目含着泪水。继母死后，房玄龄十分悲伤，容颜为之憔悴。唐太宗派散骑常侍刘洎前去抚慰房玄龄，并赐予他寝床、粥饭和盐菜。

保护兄长　世南德高

虞世南当初在隋朝司职起居舍人。宇文化及造反杀隋炀帝时，虞世南的兄长虞世基是内史郎，将要被宇文化及处死，虞世南抱着哥哥痛哭流涕，并请求代兄长受死，宇文化及没有同意，仍然处死了虞世基。从此以后，虞世南一直沉浸在深度悲伤之中，身形为之枯槁。当时的人都很敬重他。

韩王元嘉　齐身善友

韩王李元嘉在贞观初年担任潞州刺史，当时他年仅十五岁。在潞州为官时，他听说太妃生病，便哭得连饭都咽不下去。等到他赶到京城发丧时，他的哀伤和悲痛都超过了丧礼的限度。唐太宗称赞他很有孝心，几次安慰他。李元嘉持家严谨，从不铺张浪费，家中贫瘠得和一般士大夫一样。李元嘉和他的弟弟鲁哀王李灵夔关系比较亲密，兄弟相见和平常百姓一般毫无烦琐的礼节。他修身齐家，表里如一，当时的诸位王侯里，没有人能比得上他。

霍王元轨　贤良王孙

霍王李元轨，高祖武德年间被封为吴王。贞观七年时担任寿州刺史，高祖去世时离职。丧礼期间因为哀伤过度，身形憔悴不堪，超过了常人。而且自此以后，他常常身着布衣，以表示终生的哀悼。唐太宗问身边的大臣说：“我的子弟里谁最贤良呢？”侍中魏征回答说：“我愚昧无知，并不太了解几位皇子的情况。只有吴王和我说过几次话，我每次都觉得自己惭愧不已。”唐太宗说：“你看他可以和古时候的哪个人相比？”魏征说：“他的博学和儒雅，可以和汉代的河间献王、东平献王相比较。至于他们的孝行，就和古代的曾参、闵子骞一样啊！”从此之后，吴王更加受唐太宗的恩宠，后来他娶了魏征的女儿为妻。

突厥孝子　舍肉侍母

贞观年间，有个叫史行昌的突厥人在玄武门做看守。吃饭时候，他总是偷偷地把肉留下。别人问他为什么，他回答说：“带回家侍奉母亲。”唐太宗听了之后感叹不已说：“仁孝这种天性，哪分什么汉人、夷人？”于是，赐给他一匹御马，并下诏供给他母亲肉食。

唐仪仗人物壁画

【第十六节】

公正无私

唯才是举　不论亲疏

唐太宗刚继位时，中书令房玄龄上奏说："原先在陛下王府中任职的旧幕僚中没有获得官职的都抱怨说，前太子府以及齐王府的人居然都比自己先得到职位。"唐太宗回答说："古往今来，号称为最公正的人，都是公平而没有私心的。丹朱、商均分别是圣人尧、舜的儿子，尧、舜却废黜了他们；管叔、蔡叔都是周公的兄弟，周公却把他们杀掉了。所以为人君王者，必须以天下为公，不能有丝毫的徇私之情。诸葛亮说过，他的心就像一杆秤，不能随意为谁倾斜，重视这个或轻视那个。诸葛孔明所治理的蜀国乃是小国，何况我治理泱泱大国呢？我与大臣们的衣食都来源于百姓，百姓已经尽力为国家作贡献，国家又如何更好地将恩泽广施予百姓呢？这就需要任用贤才，以便更好地让老百姓安居乐业。用人应该只考虑是否能够胜任职位，而不考虑是新人还是旧人。陌生人初次见面都可以开始相近相亲，何况是曾经朝夕相处的老部下，我怎么可能一下子都忘记了呢？但如果没有足够的贤才，我又岂能因为是旧人而优先录用呢？不先考虑秦王府的旧人是否能胜任职位，而只说他们的埋怨，这公道吗？"

天下为公　不可徇私

贞观元年时，有人密奏，请求将原属秦王府的旧部士兵都授以武职，补为宫内的侍卫。唐太宗回答说："我以天下为家，不能对一人或一物有所偏私，必须任人唯贤，怎能以新旧作为评判人能力的标准？况且古人说：'兵就像火一样，控制不了就将玩火自焚。’你的这个建议，对朝廷的政事没有益处。”

法律面前　人人平等

同一年，吏部尚书长孙无忌有一次被唐太宗传召入宫，当时他没有解下佩刀就直接进入东上阁门。出阁门后进入宫门时校尉才发现。尚书右仆射封德彝建议，监门校尉没有察觉长孙无忌佩刀，按罪当死，长孙无忌误将自己的佩刀带入阁门，判入狱两年，罚铜二十斤。唐太宗同意他的处理意见。大理少卿戴胄反驳说：“校尉没有察觉无忌带刀入宫门，两人一样都是疏忽。但臣子对于皇上，不能称为疏忽，按照法律的规定：‘供皇上汤药、饮食、舟船，发生失误而违反制度时，都应处死。’陛下若要将功折罪，那就不是法律所能管辖的领域；如果陛下要依据法律来判罚，那么罚铜就不合乎规矩。”唐太宗说：“法律不是我个人的法律，乃是天下人的法律，怎么能因为无忌是我的亲戚，便要徇私枉法呢？”于是下令重新拟订处理意见。封德彝坚持最初的建议，唐太宗打算采用他的建议。戴胄又反驳说：“校尉因为无忌而获罪，于法应当从轻处置。而且如果论其过失，两个人是一样的，但判决结果为什么却有生死的巨大差别呢？我坚持要求改变判决意见。”唐太宗于是免去监门校尉的死罪。

国家法律　天下大信

当时，朝廷广开科举考试，大规模选拔官吏，有一些人伪造资历级别。唐太宗让这些伪造之人自首，如果不自首，经查出后将定为死罪。时隔不久，有一个作弊者事情败露，戴胄根据大唐的法律判处他“流刑”，并将此事上奏唐太宗。唐太宗说：“当初我特下敕令，不自首者定死罪，现你依法断他为流刑，是向天下人告示我言而无信啊！”戴胄说：“陛下如果一定要杀他，那我也没有办法，但既然这件事情已经交由司法机关审理，我就不敢违背大唐的法律。”唐太宗说：“你自己要遵守法律，而让我失信于天下吗？”戴胄说：“法律，是国家向天下公布的大信；言语是一时喜怒所产生的。陛下当时是因为一时气愤而说要杀死作弊者，现在知道不能，而审之于法，让我以天下之法来处置，这是忍小怒而保存了大信，如果陛下忽视了这点，我定会为陛下感到惋惜。”唐太宗说：“我执法有失妥当，还好有你改正我的失误，我还有什么需要担忧的呢？”

效法先贤　无偏无私

贞观二年时，唐太宗对房玄龄等说：“我近来会见隋代遗老，他们都说高颎是一名良相。于是我查看了他的传记，他可以称得上是公平正直，尤其懂得治国之道。隋朝的安危，就决定在他的生死存亡上。隋炀帝无道，他无罪被杀。我何尝不想见到此人，可惜只能弃书感叹。汉魏以来，诸葛亮作为丞相，也甚是公平正直，他曾上表废黜廖立、李严，并将他们流放至南中。诸葛亮死后，廖立听到诸葛亮的死讯，痛哭道：‘我们要沦为蛮夷之奴了！’李严听到诸葛亮的死讯后，一时悲伤过度而病发身亡。所以陈寿说：‘诸葛亮之为政，开诚布公，凡是忠心为国者，是仇人也要奖赏；凡是犯法怠慢者，虽是亲人也必惩罚。’你们难道不企盼自己成为这样的贤相吗？我现在很羡慕前代的圣明君主，你们也可以仰慕前代宰相中的贤能之人。如果做到这样，那么就能长久保持荣华富贵了。”房玄龄回答说：“我听说治理国家的要道在于公平正直，所以《尚书》中说：‘无偏无党，王道荡荡。无党无偏，王道平平。’孔子也说：‘任用那些正直的人来代替那些奸邪的小人，则百姓安顺臣服。’现在陛下所推崇的，正是掌握教化的根本，推行至公的关键，一定可以囊括全宇宙，教化全天下。”唐太宗说：“这正是我心中所念想的，我怎么会只是随便和你们说说而不认真实行呢？”

情有亲疏　义无分别

长乐公主乃文德皇后所生，贞观六年时将要出嫁，唐太宗敕令其所有嫁妆规格比长公主多一倍。魏征启奏道：“昔日汉明帝打算分封他的儿子，他说：‘我的儿子怎么能与先帝的儿子享受一样的待遇？他的封国领地不能超过楚王、淮阳王的一半。’史书上将此事传为美谈。陛下的姐妹为长公主，而您的女儿为公主，既然多了个长字，就表明更加尊贵。虽然私人情感有所不同，但是从义理上看却是没有分别的。如果陛下让公主的陪嫁规格超过长公主，于义理上恐怕讲不通，希望陛下仔细考虑。”唐太宗赞同这个说法，并且将魏征的建议告诉皇后，皇后感叹说：“我曾听陛下说敬重魏征，就是不知道为什么，今天听到他的建议，能以义理节制主子的情感，真是社稷之臣啊！臣妾与陛下结发为夫妻，蒙陛下以礼相待，情意深重。但我每有话与你说时，必先察看陛下的脸色。我尚且不敢轻易触犯陛下的威严，何况臣下和皇上之间情义疏远，又有礼仪上的阻隔？所以韩非说向君王进谏很难，东方朔也认为不易，实在是有原因的。忠言逆耳利于行，国君一定要明白这个道理。采纳谏言则天下大治，反之，则政事混乱。陛下明白这个道理，真是天下之幸啊！”皇后向唐太宗请旨派宫中使者携五百匹帛，送往魏征府中，赏赐魏征。

办案定罪　证据第一

刑部尚书张亮因被控谋反而入狱，唐太宗诏令百官商议定罪。多数大臣认为张亮当杀，只有殿中少监李道裕提出张亮谋反的证据还不够充分，提出应判张亮无罪。但唐太宗在盛怒之下，还是把张亮杀了。后来刑部侍郎职位空缺，唐太宗让宰相挑选人才，但是宰相屡次上报人选都没有被批准。唐太宗说："这个位置我心里已经有人选了。当初李道裕提出张亮'反形未具'，可以说是公平的。虽然当时我没有听他的话，但现在一直心存悔意。"于是，唐太宗任命李道裕为刑部侍郎。

举荐贤才　不避亲友

贞观初年时，唐太宗对身边的大臣说："我现在孜孜不倦地寻访贤良之士，为的是要治理好朝政。只要是贤良之士，我就破格提用。但是，现在有人说什么这些被任用的人都是宰相大臣们的亲友。你们只要秉公办事就好，不要因为这些闲言闲语而不敢大胆做事。古人说'内举不避亲，外举不避仇'，就是为了举荐真正的贤德之才。只要是真正的人才，不管是子弟还是仇人，你们都不能不举荐。"

喜善厌恶　心存公道

贞观十一年时，唐太宗经常派遣宦官充当使节出使外地。这些宦官使节经常胡乱奏报外地的消息，后来事情败露，唐太宗大怒。魏征进言说："阉宦地位虽然低下，但是他们亲近天子，经常说东道西。天子如果轻信他们的话，时间长了，必定造成很大的祸害。陛下天赋圣明，没有这些忧虑，但为子孙后代考虑，不可不杜绝这种祸根。"唐太宗说："如果不是你，我怎么能听到这样真切的话呢？从今往后，停止由宦官充当使节出使外地。"魏征因此上书说：

"我听说为人君者，关键是要喜善厌恶，亲近君子而远离小人。喜欢善的态度明确，那么君子就会进用；讨厌恶的态度显著，那么小人就会退缩。亲近君子，则朝政不会出过失；远离小人，就不会误听私邪之言。小人不是没有一点长处，君子也不是没有丝毫缺点。君子的缺点，是白玉上的微小瑕疵；小人的长处，就好比是铅做成的刀，也可用于一割。铅刀割一次就不能用了，灵巧的工匠不会看重，因为小善是没有办法掩饰大恶的；白玉即便有一点点瑕疵，聪明的商人也不会丢弃，因为小小的瑕疵不会妨碍美好的本质。如果喜欢小人的小善，就称为喜善，讨厌君子的小过，就称为厌恶，这样就是将野草与香花的气味混为一谈，香臭不分；将美玉与石头一样看待，美丑不分。这就是为什么屈原会沉江而死、卞和会哭泣受刑的原因了。既能识别美玉与石头的优劣，又能闻出野草与香花的不同气味，但却喜善而不能进用善人，厌恶而不能摒弃恶人，这就是虢国为什么灭亡，史鱼为什么遗恨的原因了。

“陛下英明神武，天资聪睿，心存博爱，广纳人才，但是却喜欢贤才而不怎么会选择人才，憎恶恶人但未能远离佞人。而且言语太直，疾恶如仇，听说别人的优点未肯全信，听到别人的缺点就以为全是真的。虽然陛下有一些独到的见解，但是恐怕不能事事都对，为什么呢？君子能够扬人之善，小人才会专门针对别人的缺点，如果听到别人的缺点就必信，那么就助长了小人的气焰，如果听到别人的优点就心生怀疑，那么就会压抑君子的气势。以为是为国家社稷着想，致力于进用君子而斥退小人，却反而使君子之道消，而小人之道长，这样一来君臣之间的关系就失去了正常的秩序，上下无法通达，形成隔阂，结果只能导致国家的亡乱，当然不可能天下大治。况且世俗常人，目无远见，只喜欢揭发他人之短，指斥同心同德者为朋党。其实，‘同德’是互相促进善行，互相促成恶行才称为‘朋党’，但现在是清浊共流，善恶不分，以揭发他人短处为正直，以互相促进善行为朋党。把他们当做朋党，就会认为他们所做之事无一可信；以他们为正直，就以为他们所说之言都可采取。这就是为什么君主的恩赐不能下达臣下，而臣下的忠诚也无法上达君主的原因。大臣们不能分辨纠正，小臣们不敢随便议论，到处都养成了这种不良的风气，慢慢大家就养成苟且的习惯。这不是国家之福，更非治国之正道。长久这样下去，一定会助长奸邪，混淆视听，使国君不知道该相信谁，而臣下也不能相安无事。如果陛下不能深谋远虑，杜绝其根源，就会后患无穷啊。现之所以未败，是因为陛下您的远见卓识，所以虽然刚开始有些失误，但最终一定能够步入正轨。如果不幸碰上一个混乱的年代，那就很可能大势已去，悔之莫及了。如果不能执行这些准则，那陛下拿什么来成为后代的典范呢？而且，进贤而斥恶，是用于别人的；以历史为鉴，是用于自己的。照容貌，要用平静的水面，照自己，要借鉴对照前代的圣哲。用古代的圣君明主和自己的所作所为做比较，那么自己的善恶美丑就一清二楚了，无须史官评判和百姓议论，陛下的功绩必将日益显著，赫赫声名更加久远。为人君王求的不就是这些吗？

“我听说论道德的深厚，谁都比不上黄帝和唐尧，论仁义的高尚，谁都比不上虞舜和夏禹。要继承黄帝、唐尧的风格，追上虞舜、夏禹的事迹，必须以道德为根、高尚为本，任命有才能的人，听从有益的意见。如果不能挑选有才能的人来任命官员，而委派无能的人来做事，他们既然没有远见，就必然失去威信。只会硬性按照竹简上的法律来苛求人民。如此治国，想要达到端坐垂拱、无为而治的境地，是不可能的。所以有史以来有主见的君主，顺应形势，移风易俗，不片面依靠严酷的刑法，而侧重推行‘仁义’二字。除了推广仁义，再没有别的东西可以端正自身。用‘仁’来治国，用‘义’来律己，那么国政就可以不严而治了，人民风化就不肃而成了。因而，仁义是治国的根本，法律只是辅助手段。治国需要法律，好比驱车需要马鞭；如果马儿自己跑得飞快，那马鞭也就用不上了。同样，如果人人得到教化，那么法律就没有用处。由此可见，刑罚绝对不是治理国家的根本，这是很明显的道理。

“所以《潜夫论》里说：‘国君治理国家最重要的就是以德服人，百姓是有性情，有化俗的。性情是民心，是根本，化俗是行动，是枝叶。所以圣明的君主都是先治其根本，再扶其旁枝，顺应民心而教化百姓。民心都正了，奸诈就不会存在，邪恶就无从说起。凡是圣明的君主都是从治理民心开始，所以说：‘审理案件，我和大家的意见一致，都希望没有案件发生。’让百姓以礼相让，让他们性情温厚，心情开朗，百姓相互敬爱，就没有互相伤害的恶意了；用仁义指导行动，就没有奸险的心。这些都不是法律可以奏效的，而是教化的功效。古人淳朴，懂得尊重礼让，不看重刑法，所以舜帝才命令契推行五教，然后又任命咎繇实行五刑。之所以制定法律，不是为了故意找百姓的过失来加以惩罚，而是要防范奸恶和救治灾祸，检查淫邪，规范国家法纪。百姓受到了教育，就会有士人君子之心；被邪恶腐化，就会怀有奸恶之心。所以好的教化对于人民就像酿酒工匠手里的酵母一样，天下就如同造酒的屋子，百姓就好比酿酒的原料，怎么变化，都在工匠的手艺里了。碰到好官，百姓就会忠信而仁义；遇到恶官，百姓就会奸邪浅薄。忠良多了，国家就会太平；而浅薄之风如果蔓延，就会导致灾难。因此，圣明的帝王都是注重以道德来治国，而不强调刑罚。道德，是用来规范自己的，威严，是用来制裁百姓的。百姓的习性，就像炼金炉里的金子，方圆薄厚，先熔化，再铸造。世上的善恶、好坏，都在于君王的作为。好的君王可以让世上的百姓都淳朴善良而不卑鄙恶毒，都怀有公正之心而没有险恶的想法，那么，良好的风俗习性很快就能看见。’后代的君王即便未能像古代圣君一样专重仁义，但也要慎用刑罚。所以管子说：‘圣君要相信法度，不要相信奸智，采信公道而不能相信私心。’这样才能夺得天下，治好国家。

“贞观初年时，陛下崇尚公道正义，人若是犯法，一一惩罚。偶尔判处有轻有重的，经臣下指出，都欣然接受。百姓知道判决公正无私，所以没有抱怨；臣下知道言语不会触犯圣上，所以尽力效忠。近年来，陛下日渐苛刻，虽有网开一面的时候，但是视察过于细致苛刻，且受到自身喜怒好恶的影响。喜欢的人，罪虽重，也要为他开脱；讨厌的人，罪虽轻，却深加追究。法会失去标准，以个人情感定罪；人们有异议，便怀疑他是同伙。所以被判刑的人，没有地方控告，当官者也不敢说公道话。让人心里很不服气，但嘴上又不敢说。想强加罪行给别人，还怕找不到借口吗？五品以上的官员犯了罪，都令有关部门奏于皇上。本意是观察情况，有所怜悯，宽大处理，现在却本末倒置，一个个被追究细节，加重惩罚的力度；让人互相攻击、互相揭发，以便加大罪责。如果法律上没有明文规定，那陛下就特意法外加罪，这种情况已经非常多。所以近年来，罪犯都害怕让陛下知道，以能在司法部门直接受罚为大幸。下面告发的人多，事情只能不停处理。陛下上面干涉法律，官吏下面徇私枉法，等于是贪小利而背弃了法律的原则。处罚一人却引起更多的人违法乱纪，这明显违背了公正之道，违背了陛下怜悯百姓的初衷。想要国家安定、百姓团结，这样的做法是行不通的。

“所以《体论》上说：‘盗窃是百姓最痛恨的，我顺从民意，予以惩罚，就是惩罚过重，百姓也不觉得我很残暴，因为我出于公道。怨声载道，体寒衣破，是百姓所不愿的，有些人因为陷于困境而触犯法律，我顺从民意宽大处理，百姓不以为我是执法偏私。我所判重刑的，正是百姓憎恨的；我轻判的，也是百姓所同情的。这样一来，稍加奖励就能让百姓向善，少用法律也可以让人们不犯错。’总而言之，秉公执法，怎样都行，轻一点也可以；徇私枉法，怎样都不行，轻一点就会纵容罪犯，重一点就可能伤害忠良。圣人执行法律是公正的，但也不可能尽善尽美，所以要用教化的方法加以补救。以上是古人的做法。现在的执法者就不同了，还没审讯，就先入为主，审讯的时候，就要让他屈从己意，还把这叫做能力；不探明案件的缘由，就随着君主意旨，硬性断案，还把这叫做忠诚。这种人靠这种能力当官，靠这种忠诚事君，名利双收。如果事态越来越严重，那么道德教化的可能性就很小了。

“凡听审判案，都要根据父子亲情，君臣情意，来权衡罪行的轻重，再进行判刑。必须拿出自己的忠诚和博爱，遇到疑难就一起商讨，拿不准的就从轻审理，这样做是慎重的态度。所以舜帝命令咎繇说：‘你当法官，要有体恤之心。’再三审查，大家都同意了，再判刑。执法要参考人情。所以《左传》上说：‘大小的审判，虽然不可能一一查清，但必须符合人情事理。’而现实中那些愚蠢而苛刻的官员，以为参考人情是要人送礼，以个人爱憎断案，包庇亲戚，冤枉仇人。这种世俗小吏之‘人情’，和古代的圣人相比差太远了。有的上司以这种‘人情’来怀疑下属，君主又以这种‘人情’来怀疑主管的人员。如此上下互相猜疑，还想让臣子尽忠守节，难了。

“断案时，必须要以他所以犯罪行的事实为主，不能逼问，不能节外生枝，不是牵连得越多越显示法官的高明。所以必须对检举的法规进行修改，要实事求是，不要掩盖真相；多方取证，广泛采纳意见，不能让狱官陷害他人的想法得逞。孔子说：‘古人断案是为了给人生路，现在断案是为了置人于死地。’所以法官胡乱地解释法律，任何案子都要设法定罪，哪怕用旁门左道的办法来加重罪责。《淮南子》说：‘泮水水深十仞，水底的金铁看得一清二楚。水并非不深不清，但是鱼鳖都不知去向。’俗话说‘水至清则无鱼’，就是这个意思。官员视察过于苛刻，以功多为明智，以刻薄下属为忠心，以汗流多少来衡量功劳，就像一块大的皮革，虽然大，但是要制作用品，就要裁开才行。奖励应该多些，惩罚应该少些；君王以仁厚为本，才是王道。刑罚轻重，待遇薄厚，被人思念或是被人嫉恨，怎么能同日而语？法律，是衡量的标准，事实的准绳。衡量可以定夺轻重，准绳可以规范曲直。我们制定的法律，贵在宽容公平，而实际的判罚却很严酷，只凭个人的喜怒就进行判决。这就是舍弃准绳来正曲直，放弃权衡就定轻重，这怎么能让人不感到迷惑呢？诸葛亮只是一个小国家的丞相，他说：‘我的心就像秤，不以人的意志衡量轻重。’况且万人敬仰的帝王，怎么能自己背弃法律，而取怨百姓呢？

“有时候，陛下做一些小事不想让人知道，一有人问起，就大发脾气暴跳如雷，以便阻止别人了解。如果所做的事是对的，又何必担心传到外面？要是做得不对，掩盖起来又有什么好处呢？以前有一句谚语说：‘要想人不知，除非己莫为；要想人不闻，除非己不说。’做了又不想让人知道，说了又不想让人听见，这样就像想捉鸟而把眼睛蒙上，想盗钟而把耳朵掩住的人，除了被人取笑，还能有什么好处？我又听说，没有注定亡乱的国家，没有不可治理的百姓。君王的善恶取决于道德教化的薄厚，所以夏朝和商朝在禹和汤的治理下就大治，在桀和纣的暴虐下就大乱；周朝的文王和武王在位时，社会安稳，幽王和厉王时就出现危机。古代的圣君都严以律己，宽厚待人。禹和汤善于律己，

唐代飞天壁画

国家就兴盛，桀和纣放纵自己，所以国家很快消亡。如果只知责怪别人，不知道自己的过错，长此下去，就会失去恻隐之心，开启通往奸邪的大门。汉朝的王温舒有恶人杀不尽之恨，我对他很是惋惜。我听说尧有敢谏之鼓，舜有诽谤之木，汤有记过之书，武王有慎戒之铭。这些先王都防患于未然，虚心对待臣子，希望真实的情况可以得到传达，朝廷里没有私心，君王和臣属上下一心。魏武帝曹操也说过：'有德操的君王，喜欢听取忠言，喜欢稍有冒犯的直言，亲近忠良，抵斥小人。他们全心保护国家，以避免灾难。'凡是有威望的君王，哪怕做不到上下无私，君臣同德，难道自己就不想保全国家，远离灾难？自古以来的圣明君王，能成就事业的，没有不靠君臣上下同心，改正过失的。

"贞观初年时，陛下严格规范自己的行为，虚心接纳意见。偶尔有小的过失，只要听到批评一定改正，而且听到谏言总是喜形于色。所以忠臣烈士都敢于进谏。近年来，天下太平，国力强大，万邦来朝，陛下开始沾沾自喜，处事方法偏离了当初的方向。虽然高谈阔论，满口仁义道德，其实心里更喜欢溜须拍马的话；空谈忠义，而不喜欢听取忠言。私心和贪欲慢慢滋长，公正和道义慢慢退化，往来的路人都议论纷纷。国家兴亡就是这么转化的。当君王的怎么能不谨慎呢？这些年来，陛下的多次圣旨，都说生怕大家不敢说真话。但是，我反复思考，觉得最近上书的人，虽然不可避免总有些不当之处，但陛下只是指责其中的错误，而不说其中的优点。另外，陛下居高临下，没人敢于触犯龙鳞，臣子在慌乱之时不敢当场冒昧直言，就算偶尔提出意见，也不敢把话说透。回过头再想谏言，就没有机会了。而且所说的就算全是明理，也未必会受到信任，而只要稍有差池，就会遭受耻辱。臣下之所以没有办法尽忠，真实情况就是这样的。陛下身边的侍从天天陪伴，有事情想触犯龙颜，都要再三思量会有什么后果，那些关系疏远的人，又怎么能向您提出宝贵意见呢？另外，陛下常对我们讲：'你们碰到什么事情，尽管说出来。'但为何我们说出来，您又不加以重视？您这是拒谏之托词，而不是诚心采纳的实话。我为何这样说呢？冒犯陛下的威严，是为了改进君主的过失，成全君主的美德。如果陛下听了臣下的谏言感到怀疑，而不予采纳，那么又何来担心臣下不敢谏言呢？如果陛下确实是只从表面鼓励，而实际是摒弃进谏，那我等又该如何进退抉择？要想让臣下大胆进谏，只在于陛下是否喜欢如此。以前的齐桓公喜欢紫色衣服，于是全国人都穿紫色的衣服；楚王喜爱细腰的美女，导致后宫的宫女不少因为减肥而饿死。君主的一般娱乐和爱好，人们都会死命地追随，更不用说如果圣上要寻求忠臣义士，随便下个命令，肯定会有很多人响应。如果陛下只是虚话，而实际并非如此，那期望忠义之臣前来，是不可能的。"

唐太宗看了魏征的奏折后，下诏书说："看了你对我的意见，很切合我的想法，这正是我希望你做的。我出身草莽，从小没受过名师的教诲，很少听见先贤的格言。后来遇上隋皇驾崩，国家生灵涂炭，百姓居无定所。我十八岁的时候，就怀有报国救亡的志气，于是发奋从军，手拿武器，征战沙场，长时间一直忙于征伐杀戮，没有过几天安宁的日子。幸好上苍保佑，依靠先皇的大略，大唐义旗所向无敌。戈壁大沙漠的蛮荒之地也有国家的使者前往；远方的蛮夷部族，也都穿上汉人的服饰。国家颁行的历法，通行各地。后来我继承了帝位，大展宏图，天下太平，已有十多年。这都靠你们这些左右臂膀帮我出谋划策，同心同德，才能有今天的成就。我自感才华浅薄，愧对上苍。每次想到国家社稷，深感责任重大，因为害怕延误国家大事，我终日谨慎小心，如坐针毡。于是普遍求教公卿大臣，甚至平民奴仆，以诚相待，希望能得到好的建议，让丰功伟业永传后世，被后人赞赏。我才智浅薄，不能和以前的圣君相比，要是没有你们的船和桨，我怎能渡过大川河流？如果不是你们的盐和梅，我怎能调出五味来？特赐你绢帛三百匹。”

【第十七节】
诚信为本

上级清明　下属正直

贞观初年时，有人上奏请求唐太宗摒弃奸佞之臣。唐太宗说："我所任命的官员，当然都以为他们是贤人，你倒说说哪个是奸人啊？"那个人回答说："我身处草莽，确实难于知道谁是奸佞。您可以假装生气来考验群臣。能不畏圣怒，直言进谏的，一定就是正直之人，反过来，只知道顺承圣意的必然就是奸佞之人。"唐太宗对封德彝说："水流的清浊，主要在于它的源头。国君好比国家政事的源头，百姓臣属好比水流。如果国君为人狡诈，却想要臣下行事正直，这就像是源头污浊却希望水流清澈一样，根本就是不可能的事情。我经常觉得魏武帝曹操为人诡诈，非常鄙视他的为人，既然这样，又怎么可以施行类似的方法呢？"于是唐太宗对上奏的人说："我希望用诚信来教化天下，不想以狡诈来破坏民风。你的想法虽然不错，但是我无法采用。"

君王立国　诚信为本

贞观十年时，魏征上奏说：

"我听说立国之本，在于德行礼仪，国君想要保全天下，主要就在于诚信为人。诚信为人，则臣属恭顺，德行礼仪齐备，则外族臣服。德、礼、诚、信，这些国家的根本，都隐含在君臣父子的伦理纲常之中，时刻都不能废止。所以孔子说：'国君以礼来对待臣下，臣下以忠来侍奉国君。'又说：'是人都有一死。为人不讲信用，就不能安身立命。'文子也说：'说话要有信用，信用是说话的前提；执行政令要有诚意，诚意是政令的基础。'话说出来却没有结果，是没有信用；政令颁布了却不执行，是没有诚意。这种情况，在上败坏道德，在下危害百姓。君子即便是在危急之时，也不会这么做的。

“陛下施行王道已经有十几年。大唐声威远及海外，很多国家慕名来朝，国库日渐充实，土地日益扩大，但是陛下的道德和仁义却没有同步提升，这是为什么？这是因为陛下对待臣下还不够诚信，虽然开始时非常勤勉，但不能坚持到最后的原因。贞观初年时，陛下听到一句善言就由衷地感叹，一直到贞观八九年，都还能采纳臣下的劝谏。但到了后来，却渐渐厌恶直言的劝谏，或者虽然勉强接受劝谏，却已经离当初的谦虚从容相差甚远。导致正直敢言的人沉默不语、苟且保命；而那些贪利奸佞的人花言巧语、欺下瞒上。说同心同德的人是独擅大权，说忠诚正直的人是诽谤他人。说人是结党营私，使本来忠诚可信的人也被怀疑；说人是公正美善，导致虚情假意的人也被信任。这么一来，正直忠厚的臣子就会担心被指责为擅权误国、肆意诽谤。于是，正臣无法畅所欲言，重臣不敢尽忠职守。这些佞臣就这样影响君王的观察判断，扰乱天地阴阳，损害君王的美德。所以孔子说‘我讨厌巧舌如簧导致国灭家亡的人’，就是因为这个。

“君子和小人，表面上看来没有什么差别，其实内在大有不同。君子掩饰别人的缺点，宣扬他人的美德，遇到危难就会杀身成仁，而不是苟且偷生。小人不知羞耻，不讲仁义，只要是对他有利的地方，就会损人利己。这种人一心想害人，哪还有什么事情做不出来？现在陛下如果想要使天下大治，一定要委政给正人君子；发现事情有不利之处，则可以察访是否存在奸佞小人。

“如果崇敬君子却疏远他们，鄙夷小人而亲近他们。亲近就会无话不说，疏远就会无法沟通。这样任由小人毁誉褒贬，将使君子遭受不当的责罚。这是国家兴衰的关键之所在，怎么能不谨慎呢？荀卿说：‘和明智的人谋划，让愚笨的人讨论，请正直的人执行，让卑贱的人质疑，成功之路，不就在这里吗？’

“那些智力中等的人，当然也有一些自己的优点。但是才能不到经国济世的层次，目光短浅，就算竭尽全力，也不免使国家倾覆；一旦再加上内怀私心，阿谀奉承，所造成的祸害，难道会小吗？打个比喻，树立一根笔直的木材，却还一直怀疑它的影子是歪的，这样费思劳神，实在是不得要领。

“国君恪守礼仪，臣属竭尽忠诚，就在于上下内外秉公办事，互相信任。君上不诚信，就无法影响臣下，臣下不诚信，就不能侍奉君上，诚信乃是至高的原则。

“当年齐桓公问管仲说：‘如果我放纵奢侈，让酒败坏于酒器之中，让肉腐化于砧板之上，这会影响我的霸业吗？’管仲说：‘这不是什么美德，但是也无损霸业。’齐桓公说：‘如何才会影响到我的霸业呢？’管仲说：‘不了解人才，影响霸业；了解人才却又不任用他们，影响霸业；任用人才却又让小人弹劾他们，影响霸业。’晋国的中行穆伯攻打鼓国，历时一年还没有打下，馈间伦说：‘间伦认识鼓国的啬夫，请不必让士大夫们受累，由间伦来处理，鼓国可从容拿下。’中行穆伯没有答应馈间伦。旁边的人说：‘不损一枪、不伤一兵而得到鼓国，阁下为什么不做呢？’穆伯说：‘馈间伦为人不讲仁义，是一个奸佞小人。如果让他攻下鼓国，我能不奖赏他吗？如果奖赏他，那就小人得志，将会让晋国的士人纷纷抛弃仁义而效仿奸佞。这样一来，就算我们得到了鼓国，又有什么用？’中行穆伯是列国的一个大夫，管仲是一代霸主的辅政大臣，他们都能这样摒弃奸佞、看重诚信；富甲天下、德闻千古的帝王天子，又怎么能让高山仰止的圣德有所缺失呢？

“如果想让君子小人是非分明，一定要用德行来勉励他们，用诚信来对待他们，用仁义来要求他们，用礼仪来节制他们，还要好善厌恶，赏善罚恶。这样，小人就会停止营私作恶，君子就会自强不息，无为而治的治国境界也就不远了。如果好善而不能任用良善，厌恶而不能摒弃小人，有罪不加以刑罚，有功不加以奖赏，那么国家必然败亡，不可保全，更不用谈什么国运恒昌了！”

唐太宗读完奏疏后感叹道：“如果不是遇到你，我怎么能听到这么好的建议呢？”

止武兴文　布德施恩

唐太宗曾经对长孙无忌等人说：“我即位不久时，上书说事的人不少，有的说为人君主，必须独揽大权，不得将权力委托给臣下；有的说要耀武扬威，震慑四方的蛮夷。唯独只有魏征劝我要‘止武兴文，布德施恩，中国既安，远人自服’。我听从魏征的建议，果然天下太平，万邦君王，都来朝贡，驿道上各国译官众多，前后相望。这都是魏征的功劳。我任用他难道有什么不对吗？”魏征拜谢说：“陛下天赋圣明，勤于政务。我只是一个凡人，无法承受陛下的赞美，怎么可能对陛下的圣明有丝毫的增补呢？”

施行五常　取信于民

贞观十七年时，唐太宗对身边的大臣说：“《论语》上说‘不食言，讲诚信’，孔子说‘取信于民最重要’。当年项羽打进咸阳，已经控制了整个天下，如果他当时能力行仁义和诚信，试问谁能夺去他的江山？”房玄龄回答说：“仁、义、礼、智、信，号称‘五常’，实在是缺一不可。如果帝王能够勤勉地施行五常，一定很有好处。商纣王轻视五常，于是天下被周武王夺去；项羽言而无信，天下终被刘邦夺得，真的和陛下说的一样。”

【第六卷】

节制

【第十八节】勤俭节约

节制私欲　崇尚简朴

贞观元年时，唐太宗对身边的大臣说：“自古以来，帝王营造工程，都是贵在顺应外物的需要。以前大禹开凿大山，疏通江河，所用的民力非常多，但是没有人心存怨言，因为这些工程是时局的需要，是为了天下百姓的需要而营建的。秦始皇营建宫殿，百姓怨恨纷纷，因为这是为了满足个人的私欲，不是百姓需要的。我最近想营造一座宫殿，材料都已经准备好了，后来想起秦始皇的教训，决定放弃这个计划。古人说：‘不做无益之举，不损害有益之事。’‘不谋求私欲，才能使民心安定。’国君一旦谋求私欲，百姓民心就会出现混乱。如果任由国君挥霍雕刻精美的玩物、珠宝华服等东西，那么国家的败亡就指日可待了。从现在开始，王公以下的所有臣属，宅第、车马、服饰、婚嫁、丧葬的规格和做法，一律照规定严格执行，不符合要求的，一律严格禁止。”这以后的二十年间，朝野上下都开始崇尚简朴，穿着服饰没有用锦缎做的，国家财政相当宽裕，天下没有发生因为饥寒而引起的问题。

勤俭节约　君王美德

贞观二年时，大臣们上奏说：“按照《礼记》的规定，夏末时因为天气炎热，可以住在亭台之内。今年这个夏天的暑气还没有退，秋天的淫雨刚刚开始，陛下所居宫殿地势低下，潮湿不堪，请陛下重新营造一座楼阁以便安居。”唐太宗说：“我有呼吸系统的疾病，当然不适合居住在潮湿的地方。但如果同意了你们的请求，又要耗费很多财物。以前汉文帝想营造一座露台，还舍不得十户普通家庭家财的支出，我的德行比不过汉文帝，但花费却比他还高，这怎么是为人父母的国君做事的道理呢？”大臣们几番请求，唐太宗居然都不予答应。

己所不欲　勿施于人

贞观四年时，唐太宗对身边的大臣说：“营造装饰宫殿楼宇，游览观赏池塘台榭，这是帝王个人所喜好的，而不是百姓所希望的。帝王所想的无非就是奢侈放纵，百姓所担忧的无非就是疲惫困顿。孔子说：‘如果哪个词可以作为人生的准则的话，那恐怕就是宽恕！己所不欲，勿施于人。’让百姓疲惫困顿的事情，实在不应该施加在他们身上。我贵为天子，富甲四海，所有事情都要由我来决定。如果能做到自我克制，那么百姓不想做的事情，我一定可以顺应民心。”魏征说：“陛下本着爱护百姓的想法，常常牺牲自己，顺应民心。臣听说‘克制自己的欲望顺应民意的就会昌盛，劳顿百姓来满足自己欲望的就会败亡’。隋炀帝贪得无厌，奢侈放纵，经常要求臣下供奉、营造，以满足自己的贪欲，而且稍微有不如意的地方，就严刑责罚相关人等。国君有这种不良的嗜好，臣属自然纷纷效仿，终于祸害无穷，导致国家败亡。这件事不仅仅是书上记载的，也是陛下亲眼目睹的。正是因为隋炀帝的暴虐无道，上天才让陛下您取而代之。如果陛下能够知足，那么现在就已经足够了；如果陛下还不满足，那么再超过现在一万倍，也不可能得到满足。”唐太宗说：“你说得非常好。如果没有你，我怎么能听到这么好的建议？”

唐大明宫含元殿复原图

节省民力　少事营造

贞观十六年时，唐太宗对身边的大臣说："我最近读前赵刘聪的传记，当时刘聪想为刘丽华刘皇后建造凰仪殿，廷尉陈元达大人恳切地劝阻，刘聪大怒，下令将陈元达推出去砍头。刘皇后知道后亲手写了一份奏疏，情真意切，非常感人，刘聪才平息怒意，而内心感到愧疚。人们读书就是为了扩大见识，提高自己，我看到这件事情，觉得非常值得引以为戒。最近本来想要在旧殿的基础上营造一座新的楼阁，并且材料都已经准备好了，但想到刘聪这件事情，就决定放弃了。"

丧葬风俗　不宜奢靡

贞观十一年时，唐太宗下诏说："我听别人说：死亡乃是人生的结局，好比物质回归自然；葬，就是藏，就是让别人看不到。上古时代遗留下来的丧葬风俗，并没有垒土作坟，植树装饰的做法；后来人新立的规矩，才有内棺外椁这一做法。那些讽刺批评丧葬过于奢侈的人，并不是舍不得巨额的花费；之所以赞美简单朴素的人，其实是因为看到这样做才不会招致灾祸。唐尧是一代圣君，历史上却有葬在谷林并在上面种树做标记的说法；秦穆公也是一位英明的君主，死后葬在橐泉，连坟堆都没有立；孔子是一个孝子，把双亲葬在防这个地方，也没有坟堆；延陵是一位慈父，在远离家乡的嬴、博安葬儿子。这些人都是胸怀远志，果断坚决的贤明之士，他们随意葬身在九泉之下，并不想在后世博得什么名声。吴王阖闾违背礼法，在墓中装饰珠玉雕刻成的凫雁；秦始皇不守礼制，在墓中用灌注水银以代表江河湖海；鲁国的季平子专权政事，收集美玉装饰墓室；宋国的桓魋独揽大权，用雕刻精美的石椁来下葬。这几个人都是因为收集财宝而最终招来祸害，因为有利可图而招来侮辱。一旦坟丘被挖开，墓室被焚烧，和其他墓葬没有什么不同；等到棺椁再被打开，就和荒野上的曝尸一模一样。仔细思考这些以前发生的事情，难道不觉得很悲哀吗？这么来看的话，奢侈的人应该引以为戒，节俭的人同样应该有所感悟。

"我处于天下最尊贵的位置，承接百代君王遗留下来的弊病，却没能够教化好百姓，经常因为心存畏惧而一直到半夜都睡不着。虽然法典里丧葬的礼仪记载得很清楚，刑律里也明文规定不能违背礼制，但是现在权贵之家多数都采用不良的风俗，民间的丧葬习俗奢靡成风，将高坟厚葬奉为送终守孝的模范，导致寿衣棺椁一个比一个豪华，随葬物品一个比一个金贵。富贵人家以超越法度作为炫耀，贫困人家也搞到倾家荡产还不知道停止。这种做法伤风败俗，阻碍教化，对死去的人毫无帮助，却严重损害国家的利益，应该严加惩罚和革除。从现在开始，王公以下到黎民百姓，丧葬做法还有不遵守制度规定的，各级官员必须仔细核查，依法定罪，给予适当的惩罚。五品以上京官和权贵家族违规涉案的，还要向朝廷汇报奏明。”

简朴生活　名臣奉行

中书令岑文本的住宅地势低下，阴暗潮湿，也没有装饰帷帐。有人劝他为自己置办一些产业，岑文本叹息说道：“我本来是汉水南边的一个普通老百姓，没能为国家出生入死，凭着自己的一些文墨知识而位居中书令的职位，已经是莫大的荣耀了。况且领取朝廷这么多的俸禄已经让我感到不安，哪能再说要置办什么别的产业呢？”劝他的人只好叹息着走了。

户部尚书戴胄去世后，唐太宗觉得他的住宅过于简陋破旧，担心没有地方祭祀供奉他，让有关部门特意为他造了一座家庙。

温彦博官居尚书右仆射，他家里贫困，没有正堂，所以他死的时候，灵柩只能停在偏房。唐太宗听说后不住叹息，于是让有关部门为他家里建造正堂，并给予他的后人丰厚的赏赐，以便办理丧事。

魏征家的宅第先前也没有正堂。后来他生病的时候，正好唐太宗想造一个小宫殿，就把已经准备的材料帮魏征盖了正堂，五天就盖好了。后来唐太宗又派使臣赐予魏征简朴的被褥，以成全他崇尚节俭的美德。

【第十九节】

礼让谦恭

谦逊待人　心怀畏惧

贞观二年时，唐太宗对身边的大臣说：“有人说帝王天子应该自我尊崇，无所畏惧，我以为刚好相反，应该谦逊待人，心怀畏惧。以前舜帝对大禹说：‘你只要不骄傲自满，就没有人可以和你比贤能；你只要不穷兵黩武，就没有人可以和你争功劳。’《易经》上说：‘君子之道在于拒绝骄傲自满而崇尚谦逊礼让。’作为国君，如果妄自尊大，不能保持谦恭的作风，一旦自己有做得不对的地方，哪个臣子敢违抗君上的意愿直面谏言呢？我时常想到每说一句话、做一件事，都要心怀畏惧。苍天高高在上，倾听人世的善恶对错，怎么能不心怀敬畏呢？臣属百姓都在下面观察天子的一举一动，怎么能不感到害怕呢？正因为想到这一层，所以我虽然常常保持谦逊敬畏的心态，还仍然担心不能符合上天的旨意和百姓的心意。”魏征说：“古人有句话说：‘开始都做得很好，但很少能坚持到最后。’希望陛下能始终保持谦逊敬畏的心态，一天比一天谨慎小心，那么国家社稷就会永远稳固，不会倾覆。尧舜之所以能使国家太平，实际上也是采用这个办法。”

不耻下问　虚怀若谷

贞观三年时，唐太宗问给事中孔颖达说：“《论语》上说：‘有能力的人请教没有能力的人，有才学的人请教没有才学的人；虽然有但就像没有一样，虽然很充实但是就像很空虚一样。’这句话说的是什么意思？”孔颖达回答说：“圣人之所以推行教化，乃是想让人们养成谦逊的作风。虽然自己有能力，但不要妄自尊大，还要向没有能力的普通人请教；虽然自己才学非凡，但要保持虚心，还要向没有才学的人请教。虽然自己有能力，但是外表一定要让人觉得非常谦卑，虽然自己很充实，但还要谦虚好学。这不仅仅是指普通百姓，以帝王拥有的美德，也应该这样做。帝王的身体里蕴藏着无穷的智力，但外表一定要沉默低调，让人感到深不可测。所以《易经》上说：‘用幼稚来修养正道’；‘只有经历过艰难的贤人才能指教众人。’如果自恃地位尊崇，炫耀自己的聪明，凭借自己的才智凌驾于他人之上，掩饰自己的过失，拒绝他人的劝谏，那么就会造成上下隔阂，君臣上下之间的关系失常。自古以来国家的败亡，都是这样开始的。”唐太宗说：“《易经》说：‘君子勤奋谦恭，有始有终，大吉大利。’确实就像你说的这个道理。”唐太宗于是下诏奖励孔颖达二百段锦帛。

李孝恭像

居功不傲　礼贤下士

河间王李孝恭在唐高祖武德初年被封为赵郡王，后来慢慢做到东南道行台尚书左仆射。李孝恭平定萧铣、辅公祏后，统辖管理江淮和岭南岭北一带的广大地方。他独掌一方，威名声望都非常突出，后来升为礼部尚书。李孝恭的品性谦虚礼让，丝毫没有居功自傲、自我炫耀的表现。当时还有被封为特进的江夏王李道宗，同样军功卓著，勤奋好学，性格谦让，行为符合礼仪。唐太宗对这两个人都特别亲近，待遇优厚。在众多皇室成员中，没有人能和他们两个相比，他们可以说是皇族中的一代杰出之人。

【第二十节】

仁慈怜悯

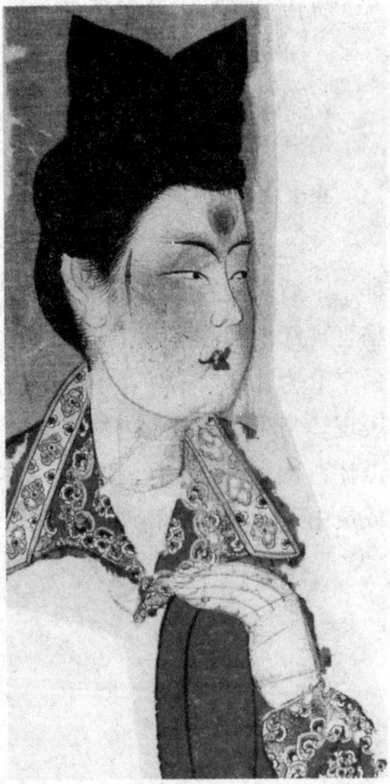

胡服美人图（残片）　佚名

此系残存的绢画。新中国建立前由日本人在阿斯塔那墓中发掘盗走。此残片上的人物为舞伎像，反映了当时社会对女性形象的审美标准及妇女服装的流行时尚。

平息怨恨　随其所好

贞观初年时，唐太宗对身边的大臣说：“妇人们被幽禁在深宫之中，实在很值得同情。隋朝末年的时候，隋炀帝无休止地搜求美女，以至于那些炀帝根本不去住的离宫别苑，也都聚集了很多宫女。这是竭尽百姓的人力财力的做法，我是绝对不会做的。再说这些人除了做做扫地浇水之类的杂事之外，还能有什么用处？现在我准备放她们离去，随便她们自己寻找配偶，这不单单是为了节省费用，也是想要平息她们的怨恨，让她们都能随自己的性情喜好自由地生活。”于是，从宫里放出三千多名多余的宫女。

君上失德　百姓无辜

贞观二年时，关中地区遭遇旱灾，出现了大面积的饥荒。唐太宗对身边的大臣说："水旱不调和，都是因为国君没有修养美德。我犯下的过失，上天应该责罚我，百姓是无辜的，却遭遇如此的磨难！听说有些人被迫卖掉自己的儿女，我实在是于心不忍。"于是派御史大夫杜淹去各地视察，并用皇室私库的钱财赎回那些被卖掉的孩子，把他们送回到各自父母的身边。

真情流露　不避流俗

贞观七年时，襄州都督张公谨去世。唐太宗听说后十分地悲痛，并到郊外为他举行哀悼仪式。有关部门上奏说："按照阴阳书上说的：'辰日时不得哭泣。'这也是常见习俗所禁止的。"唐太宗说："君臣之间的道义，就像父子亲情一样，内心感情的一时流露，哪里还能注意避讳这个禁忌？"于是便哭泣起来。

爱护将士　鼓励士气

贞观十九年时，唐太宗御驾亲征高（句）丽，暂时驻扎在定州，只要有部队来到，唐太宗就亲自上北门城楼慰问他们。有一个随从的士兵生病不能进见。唐太宗亲自来到这名士兵的床前，仔细询问他的病情，并命令州县的大夫为他治疗。所以将士们都心甘情愿为唐太宗出生入死。等到大军回到柳城驻扎时，唐太宗下令收集阵亡战士的残骸，设置太牢礼仪亲自为他们隆重献祭，哭得非常哀伤，全军将士无不感动得当场落泪。看到这一幕的士兵回家后把这件事情告诉家人，父老们都说："我的儿子即便死了，但有皇上为他哭泣，他一定会死而无憾的。"唐太宗征伐辽东，攻打白岩城时，右卫大将军李思摩被流箭射中，唐太宗亲自为他吮吸伤口，将士们深受感动和激励。

【第二十一节】
谨慎爱好

上行下效　上歪下斜

贞观二年时，唐太宗对身边的大臣说："古人说：'君王好比是容器，人民好比是水，水的形状是方是圆，取决于容器，而不是水本身。'尧、舜用仁慈来治理天下，所以民风跟着就比较淳朴；桀、纣用暴政来统治百姓，百姓风气也就凶悍顽劣。上行下效，百姓的行为都是从君王身上学来的。梁武帝父子性格浮华，喜欢佛、道。梁武帝晚年时经常驾临同泰寺，亲自讲解佛经，朝廷官员大多数都身着华丽的服饰，乘坐马车随梁武帝一起，一天到晚空谈佛道，军机、国政、制度都不当一回事。到了叛贼侯景率军攻打京城的时候，各部官员居然大多不会骑马，只能狼狈地徒步逃跑，结果一个接一个死在逃跑的路上。梁武帝和他的儿子简文帝都被侯景关押禁闭而死。梁孝元帝驻军在江陵，江陵城被西魏的万纽于谨大军围困，危在旦夕，孝元帝还在给官员们讲解《老子》，满朝文武只好都穿着军装听。很快江陵城失陷，孝元帝君臣都成为阶下之囚。庾信感叹他们的作为，在《哀江南赋》中写道：'宰相把军事当成无关的儿戏，百官以清谈作为基本的国策。'这件事情也是一个经验教训。我现在所倾心的，只有尧、舜的治国之道，周公、孔子的教化方法，感觉它们对我来说就好比是鸟的翅膀、鱼的水，一刻都不能没有，一旦失去就会导致灭亡。"

寻仙访道　本为虚妄

同一年，唐太宗对身边的大臣说："神仙本来就是虚无缥缈、有名无实的事情，秦始皇过分沉迷于神仙的传说之中，被方士徐福所骗，于是派遣几千个童男童女，随徐福出海寻仙访药。徐福为了逃避秦始皇的苛政，滞留在海外不回来，秦始皇还着急地在海边等待，结果回来的路上走到沙丘就死了。汉武帝为了找到神仙，将自己的女儿嫁给道士，后来见到神仙的事情没有应验，便将道士杀死。从这两件事情我们就可以看出，对神仙之事实在没必要心存妄想，多花心思。”

歪门邪道　不足挂齿

贞观四年时，唐太宗说：“隋炀帝天生喜欢猜疑别人，迷信邪门歪道，他特别忌讳胡人，以至于把胡床改名叫交床，把胡瓜改名叫黄瓜，还修筑长城以防备胡人的入侵。最终还是被胡人宇文化及派遣的令狐行达给杀死。隋炀帝当时还听信谣传说将有姓李的要取代杨氏统治天下，于是就诛杀李金才，但就算最后把李氏家族的人全部杀完，又有什么用呢？统治天下的君王，只要修正自身的品德就好了，这之外的所有事情都是不足挂齿的小事。”

奇巧淫技　宜加劝诫

贞观七年时，工部尚书段纶举荐的工匠杨思齐到了。唐太宗让他试一下手艺，段纶于是命他制造木偶戏的用具。唐太宗对段纶说：“你举荐的能工巧匠，应该想着用在对国家有用的大事上，你让他试做这个小玩意，这怎么是劝诫他们不要将聪明才智用于奇巧淫技呢？”唐太宗于是降低段纶的官阶级别，并下令禁演木偶戏。

【第二十二节】
克制言语

一举一动　影响深远

贞观二年时，唐太宗对身边的大臣说："我每天在朝廷的时候，要说一句话之前，就先想到这句话对老百姓有没有利益，所以不敢随便乱说话。"给事中兼知起居事杜正伦进奏说："君王的一举一动，都要由史官专门记录保存。我的职位兼修起居注，不敢不尽忠直言。陛下如果说错什么话，那么对陛下的圣德会有千百年的影响，不只是损害老百姓的利益而已，希望陛下谨慎小心。"唐太宗听完杜正伦的话非常高兴，赏赐他一百段彩色的绸子。

天子之言　一言九鼎

贞观八年时，唐太宗对身边的大臣说："话语是君子德行的重要部分，不是随随便便的事情。普通老百姓，一句话没说好，就被别人记住，成为一生的耻辱和祸害，九五之尊的帝王，就更不能在言语上有一丝的疏忽。否则造成的损失和危害之大，远远不是一个普通老百姓说错话可以比拟的。我常常以此为戒。隋炀帝第一次驾临甘泉宫时，对泉水、石头都还算满意，偏偏怪没有萤火虫，于是下诏令说：'捉一些萤火虫放在宫中照明。'相关部门主管赶紧派遣几千人去捕扑萤火虫，送了五百车放在宫殿旁边备用。小事情都这样，更何况别的大事情呢？"魏征回答说："君王处于四海之内的至尊之位，一旦有所过失，古代人比做日月的盈亏，所有人都会看到。确实要像陛下一样谨慎克制啊。"

摒弃争辩　修养正气

贞观十六年时，唐太宗每次和大臣谈论古人治国之道，都是和他们当面多次反复辩论。散骑常侍刘洎上书谏言说：“帝王和臣属、圣哲和庸人相比，上下相差太多，相互之间的观点很难一样。所以，如果让最愚笨的人和最圣明的人相比，让最卑微的人和最尊贵的人相比，就算他们自己有自强上进之心，也是不可能超过对方的。陛下施恩纳谏，都还担心臣下不敢当面诚心回答，更何况陛下启发神思、运用辩才、修饰词汇、引经据典，这样一来，这些庸常凡俗的臣下如何还敢应声回答？我听说上天和圣人都把不说话当成是尊贵的美德，老子《道德经》里说：‘最懂得辩论的人看起来就和言语木讷的人一样’，庄子也说：‘真理都是朴实无华的’，他们都主张少说话。所以齐桓公读书，轮扁私下怀疑，汉武帝仰慕古风、独尊儒术，被汲黯讽刺，他们都觉得这是徒劳无功的事情。记忆的东西太多，就会费心思，话说得太多，就会伤元气，对内损害心思和元气，对外损害形体和精神，一开始可能没有什么感觉，但时间长了肯定会被拖累。陛下要为国家社稷爱惜自己的身体，怎能让个人的嗜好损害自己呢？我认为现在天下太平、国家强盛，都是陛下身体力行、励精图治的结果。如果想要长治久安，不能指望雄辩，一定要忘掉个人感情的爱憎，谨慎取舍，一心为公，踏踏实实地做好每件事情，就像贞观初年的时候一样就可以了。秦始皇擅长辩论，却因为不够谦虚而失去人心；魏文帝也博学能辩，臣下都觉得他浮夸不实。雄辩口才带来的拖累，清楚可见。希望陛下少与人争辩，修养自身的浩然正气，少读典籍，保持心情恬淡愉悦，让自己像南山一样长寿，让百姓像在上古东户时代一样太平地生活，那就是全天下的福气了，陛下的恩德也就遍及天下了。”唐太宗亲笔下诏书回复说：“不思考就无法治理天下，不说话就无法表达自己的观点。近来和大臣们的辩论太多，我恐怕会因此而骄傲自满、产生轻视他人的想法，身体精神的劳累倒没什么。今天听到你的正直谏言，我一定会虚心改正。”

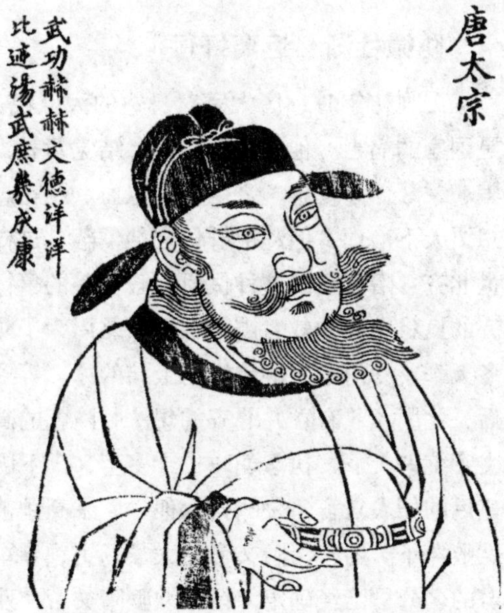

唐太宗像

【第二十三节】
杜绝谗言

防微杜渐　远离奸佞

贞观初年时，唐太宗对身边的大臣说："我观察以前的朝代，奸佞之徒都是国家的祸害。他们花言巧语、结党营私，如果君上昏庸无能，就会被他们欺骗、蒙蔽，导致忠孝之臣蒙冤泣血。兰花想要枝叶茂盛，却被秋风摧残；君王想要天下治理，但却被奸佞之徒蒙蔽。这样的事情在史书里记载得非常多。近世北齐、隋朝之间这种佞臣蒙蔽君王的事情，我更是耳闻目睹。斛律明月是北齐的良将，他的威名震惊敌国。北周为了防备斛律明月率北齐军队渡河，每年冬天都要专门派人砸碎汾河上结的冰。等到斛律明月因为被祖孝征诬陷而被杀后，北周才敢有吞并北齐的想法。隋朝的高颎是一位经世济国的人才，协助隋文帝统一天下，执掌朝政二十多年，天下因为他才得到治理。隋文帝听信独孤皇后的妇人之言，一味排斥他。后来高颎被隋炀帝杀害，隋朝的政令制度因此就败坏了。还有，隋文帝的太子杨勇领导军队、代理朝政达二十多年，本来储君的名分早已经确定。杨素欺骗隋文帝，残害忠良，使得隋文帝父子丧失天伦人性，隋朝亡乱的祸根就从这里开始了。隋文帝混淆嫡传和庶出的名分界限，最后竟给自己引来杀身之祸，国家社稷也因此败亡。古人说'天下无道，奸佞得利'，确实不是乱说的。我经常注意要防微杜渐，避免奸人用谗言诬陷忠良，但担心自己不能处处照顾到，或者头脑不够清醒。前代的史书上记载：'猛兽盘踞在山林里，没有人敢上山采摘藜藿这类的野菜；忠贞正直的臣子执掌朝政，奸佞小人就会因此停止祸害。'这就是我内心对你们的期望。"魏征接着说："《礼记》上说：'没有看见的事情要谨慎对待，没有听到的事情同样要小心警惕。'《诗经》上说：'快乐平和的国君，不要听那些奸臣的胡言。谗言不讲原则，会把四方邻国的关系搞坏。'孔夫子也说：'讨厌那些巧舌如簧、颠倒黑白最终葬送了国家的人。'说的都是这个道理。我观察自古以来统治天下的君王，如果胡乱听信谗言、排斥忠良，最终必然导致宗庙变成废墟、闹市变成荒郊。希望陛下能非常谨慎地对待这个问题。"

欺下媚上　亡国之风

贞观七年时，唐太宗视察蒲州。蒲州刺史赵元楷为了讨好唐太宗，强迫地方父老乡亲于寒风中穿单衣，在路边列队欢迎，还花大力气装饰城中的官署城墙、楼宇房舍，又暗中准备了几百头肥羊，几千条鱼，以便款待随行的众多达官贵人。唐太宗知道后，把赵元楷召过来训斥他说："我巡视黄河、洛水之间，路过好几个州郡，中间需要的所有花销，都要由公家支出。你饲羊养鱼，装饰楼宇，这都是隋朝灭亡时候的坏习惯，现在绝对不能再这么做了。你难道不懂我的心意正是要改变过去的做法吗？"因为赵元楷在隋朝的时候就做过不少奸佞之事，唐太宗这么说是要告诫他。赵元楷听了之后，心里既羞愧又害怕，几天吃不下饭，竟死掉了。

近朱者赤　近墨者黑

贞观十年时，唐太宗对身边的大臣说："太子的老师，自古就难于挑选。周成王年幼的时候，周公、召公做他的老师，身边都是贤良之士。周成王因此每天都能够得到良好的教诲，不断增加自身的仁义道德，因此后来才能使天下大治，成为一代圣贤之君。秦朝二世胡亥就不是这样了，秦始皇溺爱他，让奸佞赵高做他的老师，每天都教他严苛的刑法。导致后来胡亥篡位之后，诛杀有功之臣和皇亲国戚的手段，可谓残暴至极，秦朝因此很快灭亡。由此说来，一个人品性的善恶确实受到周围亲近的人的很大影响。我年少时交游的人，也就是柴绍、窦诞等几个人，他们也谈不上古人所谓'友直、友谅、友多闻'的'三益'良友，但我继任大位、统御天下以来，虽然比不上尧舜的圣明，也能避免像孙皓、高纬那样的暴虐。这么说来，好像身边亲近的人对一个人的品性又没有什么影响，这是为什么？"魏征说："中等智慧的人，可以行善，也可以作恶，容易受人影响，但是上等智慧的人就不容易受人影响，沾染不良的习气。陛下受命于天，平定天下的祸乱，拯救万民于水火之中，使天下大治，国家升平，哪里是柴绍、窦诞这些人可以随便影响的？不过经书上也说：'抛弃淫靡之声，远离奸佞小人。'身边亲近的人和事，确实需要特别的小心。"唐太宗说："说得没错。"

反弹琵琶图　佚名
敦煌莫高窟壁画《西方净土变》的一部分。人物造型丰腴饱满，写实明快，流畅明快，流畅飞动，一气呵成，天衣飘飘，有『吴带当风』的韵致，体现了唐代佛教绘画民族化的特色。

杜绝诽谤　任用贤能

尚书左仆射杜如晦上奏说："监察御史陈师合上呈《拔士论》，说人的心力是有限的，不能一个人身兼数职，用来议论我们这些大臣。"唐太宗对戴胄说："我以最公正的原则来治理天下，现在任用房玄龄、杜如晦，并不是因为他们以前有功劳或者说是我的老部下，而是因为他们的才能和德行。这个人乱加诽谤，想要离间我们君臣的密切关系。当年三国的蜀后主昏庸怯弱，北齐的文宣帝暴虐悖乱，但是国家还算是治理得不错，这是因为大胆任用诸葛亮、杨遵彦而不加猜忌的原因。我现在任用杜如晦他们几个，也是效法这个方法。"唐太宗于是就把陈师合流放到岭南地区去了。

君臣猜忌　不利国家

贞观年间，唐太宗对房玄龄、杜如晦说："我听说自古以来能顺天承运，使天下得到太平的帝王，都是因为得到贤能大臣的得力辅佐。我最近之所以广开言路的原因，就是想要知道民间的疾苦，希望听到正直的谏言。但是所有上书密奏的人，都是告发各级官员的，没有什么有用的东西。我考察历代的君王，发现只要国君对臣子有所怀疑，就会造成下情不能上达，这样子想要臣子尽忠职守，怎么可能呢？而没有见识的人，恶意诋毁构陷，使君臣之间互相猜忌，对国家一点好处都没有。从现在开始，再发现有上奏揭发别人小缺点的，就直接以诬陷的罪名来查办。”

诬陷忠良　罪该处死

魏征任秘书监一职时，有人告发说魏征要谋反。唐太宗说：“魏征，过去是我的仇人，但因为他一贯忠于职守，我才特意选拔他，让他担当大任，怎么可以胡乱构陷他要谋反呢？”唐太宗竟然没有问魏征有没有谋反，而是直接将告发他的人处斩。

洁身自爱　留名青史

贞观十六年时，唐太宗对谏议大夫褚遂良说：“你主管起居注，负责记录我的一举一动，近来记录我做的事是好是坏啊？”褚遂良说：“之所以设置史官这一职位，就是要记录君王的一言一行。对的事情要记录，错的事情也不能避讳。”唐太宗说：“我现在努力做到三件事情，也是希望自己不要有什么过失让史官记录下来。一是借鉴前朝成功和失败的历史事实，作为警戒；二是提拔任用贤能之人，一起完成国家的治理；三是斥退奸佞小人，不听信谗言。我要坚持这么做，始终不变。”

【第二十四节】

有过必改

检讨过去 反省自己

贞观二年时，唐太宗对房玄龄说："做人非常需要学习与求问。我以前因为各处叛贼有待平定，所以亲自主持军务，一直四处征讨，没有空闲时间读书。现在天下太平了，我人在宫殿，即便不能亲自阅读，也常常叫人读给自己听。君臣父子的伦理纲常，执政教化的普遍道理，在书里写着呢。古人说：'不学习，什么也不懂，碰到问题就是一堆烦恼。'我不是随便说说而已，我现在回想起年轻时候的处世方式，觉得有很多不对的地方。"

坚守本分 内心安定

贞观年间，太子李承乾常常不遵守法令制度，而魏王李泰却因为才能突出而受到唐太宗的器重，于是唐太宗特别诏令李泰搬到武德殿来居住。魏征上奏说："魏王既然是陛下的爱子，理应让他懂得自己的名分，想要让他保持长久的安全，切记要让他遇事不能骄奢跋扈，千万不要把他安置在受人猜疑的地方。现在他移居到武德殿，等于是在太子东宫的西邻，海陵王李元吉住在这里的时候，当时的人就已经觉得不太合适。虽然现在的情况和当时不完全一样，但可能还是会招致别人的非议。这样一来，魏王的内心恐怕也不得安宁。既然魏王知道守本分，能把陛下的宠爱化作敬畏的心态，希望陛下成全他。"唐太宗说："我差点因为没有考虑清楚，造成大的过错。"于是让魏王李泰重新迁回原来的宅第。

丧礼习俗　宜从古制

贞观十七年时，唐太宗对身边的大臣说："人之常情中，最痛苦的莫过于失去至亲的父母。所以孔子说：'为父母服丧三年，是全天下的通则，从天子到普通百姓都应该这样。'孔子又说：'不一定只有殷高宗才这么做，古人都是这样的。'近世的帝王实行汉文帝开始的以日当月的丧期制度，严重违背古代的礼制。我昨天读到徐干的《中论·复三年丧》，其中讲的道理非常精辟，真可惜没有早日看到这本书。我当年实行的丧礼太过于随便和简略了，现在只能责备自己，追悔莫及！"唐太宗因此而悲痛哭泣了很久。

当面责备　阻断谏言

贞观十八年时，唐太宗对身边的大臣说："臣子对待君上，往往都是顺承旨意，用好听的话来取悦君王。我今天想听听自己所犯的过失，你们可以直言不讳。"散骑常侍刘洎回答说："陛下每次和大臣们讨论问题，或者臣下有事上奏时，因为意见和陛下不同，陛下有时会当面责难他们，使得他们难堪地退下，这恐怕不是鼓励臣子直言上谏的方法。"唐太宗说："我也后悔这样责难他们，我现在当即就改正过来。"

【第二十五节】
骄奢必败

广施恩德　泽被后世

贞观十一年时，侍御史马周上奏折讲述当时的政事说：

“我总结观察以前的朝代，发现从夏商周三代到汉朝，皇位国祚的传承，时间长的能有八百多年，短的也有四五百年，都是几世积累高远的德行和功业，恩惠的施予深入百姓内心。难道他们中间没有出现过昏庸残暴的君主吗？不是的，只是因为前代圣哲的恩德泽被后世，他们才免于亡乱而已！汉朝之后，从曹魏、两晋开始，一直到北周、隋朝，皇位传承时间长的不过才五六十年，短的甚至只经过二三十年就走向灭亡了。都是因为当时创业的君主没能广布恩泽，当时也只是让自己保住帝位而已，谈不上对后世有什么遗留的恩德。一旦继位的君主政务处理稍有偏差，随便一个人出来造反，国家马上就分崩离析。现在陛下虽然用不世的武功平定天下，但恩德的积累还很浅薄，应该尊崇夏禹、商汤、周文王、周武王的治世方法，广施恩德教化，让百姓对陛下心怀感激，才能为子孙后代建立长久的根基。不能只想着政务教化没有过失，保持住自己的帝位就好！何况自古以来的圣君明主虽然根据当时的不同情况，设定不同的教化方法，政令制度的宽厚严厉也根据实际情况随时变化，但基本原则还是节制自身、广施恩泽这两条。所以百姓才能像爱戴父母一样爱戴君王，像仰慕日月一样仰慕君王，像尊敬神明一样尊敬君王，像畏惧雷电一样畏惧君王。这就是圣君明主的帝位传承之所以如此长久，而国家不容易出现祸乱的原因。

“我们现在刚刚经过一场乱世，人口只剩下隋朝时候的十分之一，但官府的徭役没有休止，道路上前去服役的人一个接一个，弟弟才刚刚回来，兄长又马上要去服役。路途遥远的往返达到五六千里，一年四季，从来没有休息过。陛下虽然常常下诏施恩，让相关部门缩减徭役的征发，但只要相关部门需要做的工程不减少，自然就还要征发百姓来做，光下诏施恩没有用处，徭役还是像原来一样多。我经常走访民间，发现百姓近来对朝廷颇有怨言，觉得陛下不给他们活命的机会。上古时候，尧帝用茅草来盖屋顶、用土块来砌台阶，大禹也特意穿粗劣的衣服、吃简单的饮食。这样的事情，如果放在今天来做当然是不太可行。汉文帝性好节俭，为了节约百两黄金的花销，他停掉建筑露台的徭役，收集包裹文书的布袋来做成宫殿的幕帷，连他宠幸的后妃的衣衫也短小得不能曳地。继位的汉景帝觉得纺织锦绣衣裳的机组伤害女工的身体，因此下诏去掉，所以百姓才能安居乐业。到了汉武帝的时候，生活作风极为奢侈，只是因为文景两位先帝遗留的恩德，所以民心没有很快散掉。如果汉高祖之后继位的是汉武帝，那么汉家的天下恐怕就不能保全了。汉朝这些事情离现在年代较近，事情都还很清楚。最近京城和益州几个地方制造供奉朝廷的器物，以及几位王妃的服饰，有点想法的人都觉得违背了俭朴的宗旨。我听说圣君明主天还没有亮的时候，就务求修明德政，而子孙后代仍有懒惰的；即使事先制定了完备的政令制度，时间一长，也还是会弊端丛生。陛下从小生长于民间，知道百姓的疾苦，前朝的成败也都是亲眼目睹，都会犯这种错误，何况太子从小生活在深宫里，丝毫不懂宫外民间的事情，也不知道创业的艰辛，这是陛下离去后将会发生的事情，是陛下需要担忧的。

“我私下里研究前代成败的原因，发现一旦百姓离心离德，背叛国家、聚众为盗，那么国家一定会很快灭亡，国君就算想要改正，也不可能让国家起

凌烟阁功臣图 宋代石刻摹本

死回生。想要改变错误的政令教化，就要在还能改的时候，如果等到国家出现变故，才后悔当初，想要改正，那就没有什么用了。为人主的君王每次看到前朝败亡之事，都很容易知道前朝之所以败亡的原因，却往往不知道自己也有同样的过失。商纣王耻笑夏桀的败亡，而周幽王、周厉王也同样耻笑商纣王的败亡。隋朝统一天下之初，也耻笑北周、北齐的亡国，我们现在看待隋炀帝，就好比是隋炀帝当年看待北周、北齐一样。所以汉朝的博士京房对汉元帝说：‘我恐怕后人看待我们，也像我们现在看待古人一样。’这句话不能不作为警戒啊。

“贞观初年时，国家刚从废墟中走出来，物资匮乏，一匹绢只能换得一斗米，但天下百姓都安守本分。因为老百姓知道陛下关心怜惜他们，所以他们不敢有一丝的怨言。贞观五六年来，粮食年年丰收，一匹绢可以换得十几石米，但天下百姓却觉得陛下不关心他们，心有怨言。因为最近兴办的事情，都不是他们所必需的。自古以来，国家的兴亡不在于国库积蓄的多少，而在于百姓的苦乐。我们不妨用近世的事情来验证这个观点，隋朝在洛口仓存放粮食，结果被李密抢掠；在东京存放布匹绢丝，结果被王世充夺取；隋朝在西京府的国库则为我大唐所用，直到现在都还没有用完。如果当时洛口、东京没有存放粮食、布绢，王世充、李密这些人或许就无法纠集那么多人造反。当然，囤积物资乃是国家必须的事情，只是要在人民有富余之后才能征收。如果人民困苦不堪却强行征收，最终反而会被贼人利用，这样囤积物资显然是有害无益的。崇尚节俭，让百姓休养生息，这一点陛下在贞观初年就已经做到了，所以今天继续施行并没有什么大的困难。只要崇尚节俭一天，天下百姓就一定会载歌载舞来表达对陛下的崇敬之心。如果人民生活艰难困苦，而国家的征发取用没有止境，一旦遭遇水旱之灾，再加上外敌入侵，狂妄之徒趁机反叛，那么恐怕就会发生什么不测的事情，不仅仅是让陛下寝食难安那么简单了。以陛下的圣明，想要励精图治，根本不用费劲去寻求古人的治国之术，只要做到像贞观初年那样，就是天下百姓的最大福分了。”

唐太宗说：“最近我下令制造一些随身的小玩物，没想到却引起百姓的怨言，这都是我的过错。”于是，唐太宗马上下令停止这些物件的制造。

【第二十六节】

贪心引祸

珍惜自己　爱惜百姓

贞观初年时，唐太宗对身边的大臣说：“一个人拥有一颗明亮的珍珠，那他一定会把它当成贵重的物品而特别珍惜。如果只是拿来当做打鸟雀的弹珠，那岂不是非常可惜？人的性命远比珍珠要宝贵，如果见钱眼开而不顾法律制度，那就是不珍惜宝贵的生命。珍珠是身外之物，都不能拿去弹打鸟雀，更何况这样宝贵的生命呢？但有些人却要用生命来换取额外的财物。诸位大臣如果可以恪尽职守，利国利民，那么高官厚禄就会唾手可得。求取荣华富贵的门道就这么简单，他们不去追求，却胡乱接受他人的财物，等到非法行为暴露出来，就会连性命都保不住，实在是太可笑了。帝王国君也是一样。肆意妄为，骄奢淫逸，不顾百姓的承受能力不断征发劳役，信任奸佞小人，疏远忠直的臣子，这么胡作非为，国家怎么可能不败亡呢？隋炀帝作风极为奢侈，还自以为是圣贤之人，最终落得个命丧普通人之手，也同样是可笑至极。”

贪财受贿　不懂爱财

贞观二年时，唐太宗对身边的大臣说：“我曾经说过，贪财的人其实不懂得如何爱财。五品以上的官员，俸禄优厚，一年的总收入数目不少。如果收受贿赂，也不过几万两。一旦暴露出来，俸禄就会被剥夺，这怎么算是真正懂得爱财的道理呢？这是只看见小的好处，却丢掉更大的利益。当年公仪休特别喜欢吃鱼，但从来不敢收受别人送来的鱼，所以才能长久地吃到鱼。身为国君的人如果贪财，就会导致国家败亡；身为臣属的人如果贪财，就会导致性命不保。《诗经》上说：‘大风生成有来历，贪官败坏一群人。’这句话说得确实不错。战国时候的秦惠王想征讨蜀国，但不知道道路怎么走。秦惠王于是让人雕刻了五头石牛，放了一些金子在石牛的后面，蜀国人看到后，以为这石牛能变出金子。蜀王于是派了五个大力士把石牛拖回蜀国。这么一来，进入蜀国的道路就出现了。秦国军队顺着拖牛的道路攻入蜀国，蜀国于是就灭亡了。汉朝的大司农田延年贪赃受贿达三千万两，事发后就自杀而死。类似这样的事情，多得数不胜数！我今天以蜀王的事迹告诫自己，你们也要以田延年作为自己的前车之鉴。”

唐代越窑青瓷莲花碗

奉公守法　保全自己

贞观四年时，唐太宗对公卿大臣们说：“我整天不敢有一丝的懈怠，不但担忧爱惜百姓，也是想让你们能长守富贵。天不是不高，地不是不厚，所以我长久以来一直兢兢业业，敬畏天地。你们如果能奉公守法，像我一样敬畏天地，不但百姓能得以安居乐业，你们自己也才能长久地得到欢乐。古人说：‘贤明的人如果钱财太多，就会损害他的意志；愚笨的人如果钱财太多，就会给他造成祸害。’这句话值得大家引以为戒。徇私枉法、贪污受贿破坏国法，损害百姓的利益，即便是没人知道，难道内心就不会时常感到害怕？搞不好也会因为天天担惊受怕而丢掉性命。大丈夫怎么可以因为贪财，伤害自己的身体与性命，让子孙后代引以为耻呢？你们应该深刻地思考我说的这些话。”

违规取物　自取其辱

贞观六年时，右卫将军陈万福从九成宫前往京城，违反规定在驿站取走几石麦麸。唐太宗知道后，下令将这些麦麸赏赐给陈万福，并让他亲自把这些麦麸背出去，以便羞辱他。

贪利忘义　昏君所为

贞观十年时，治书侍御史权万纪上奏说：“宣州、饶州附近的山上有很多银矿，一旦开采将能带来很大的利益，每年可以为朝廷增加几百万贯的收入。”唐太宗说：“我是天下最尊贵的天子，这些财物一点都不缺乏。我需要的是多听取采纳有用的建议，多施行对百姓有用的善事。再说了，国家多几百万贯收入，能比得上多发现一个贤能的人才吗？没见你举荐贤能的人才，建议兴办有利于百姓的善事，也不能检举非法的行为，让权贵豪族心生敬畏，只知道出租银矿、增加收益。从前尧舜将美玉扔进山林，把珍珠投入深渊，因此而得到崇尚俭朴的美誉，名垂千古。东汉桓帝、灵帝贪利忘义，成为近世昏君的代表。你是想把我比作桓、灵二帝吗？”当天，唐太宗就决定让权万纪停职回家休息。

以身试法　咎由自取

贞观十六年时，唐太宗对身边的大臣说：“古人说：‘飞鸟栖息于树上，担忧树木的高度不够，所以把巢穴修筑在树木的顶端；游鱼藏匿在水中，担忧水深不够，所以把洞穴修建在水底的石窟里。然而，它们之所以被人类俘获，都是因为贪恋诱饵的缘故。’现在你们这些大臣接受君王的任命，可谓高官厚禄，就应该忠诚正直，清廉无私，这样才能避免灾祸的降临，长守富贵。古人说：‘福祸难定，由人自取。’那些以身试法的人，都是贪财好利之辈，与游鱼飞鸟有什么差别呢？你们应该想想这些话里包含的道理，并引以为戒。”

兰陵王 【唐】佚名

唐代歌舞戏极其兴盛，此为著名《兰陵王》舞图，表现了对英雄的赞美。

【第七卷】

教化

【第二十七节】

崇尚儒学

设弘文馆　广招儒士

唐太宗刚登上皇位，就在正殿的左边设置弘文馆，招揽天下通晓儒学的人才，让他们以现在担任的官职兼任学士，给予他们上等的饮食待遇，轮流住在弘文馆里面值班。处理朝政的空隙时间，唐太宗让这些人进入内殿，讨论古代的典籍和国家的政事，有时直到晚上才停止。唐太宗又颁诏，让三品以上的功臣贤良子孙当弘文馆的学生。

尊奉先师　发扬儒学

贞观二年时，唐太宗下令停止尊崇周公为先圣，开始在国学中建立孔庙。按过去典籍的法则，尊孔子为先圣，颜回为先师。后世庙堂的两侧陈设俎豆、干戚等礼器和乐舞工具的规矩，从这个时候就确定下来了。这一年，国家大力招揽天下的儒士，赐给布帛，供给驿马饮食便利，让他们来到京师，给予他们重要的职位，很多人都被提拔分布在朝廷的各个部门里。学生中通晓一门经典以上的，都可以得到政府的职位。

京城的国学增建学舍四百多间，国子监、太学、四门、俊士等学馆都增加了不少学生和教员，过去没有的书法、算术等科目也开始设置教师，并招收学生，使各种学科俱备。自玄武门起，驻守宫廷的兵士也配备博士，教他们读经书，其中通晓经学的，向皇帝推荐。唐太宗又多次到国学去，听博士、祭酒等学官讲论，完了各赐给他们布匹奖励。学生中能通晓经书的，立即提升，得到重任。不久，吐蕃等民族的首领，都派遣自己的贵族子弟来请求进入国学学习，差不多有几百人。在国学之内，读书和讲学的，差不多达万人。儒学的兴旺，是自古以来都没有过的。

奖励先儒　配享孔庙

贞观十四年时，唐太宗下诏说："梁朝的皇侃、褚仲都，北周的熊安生、沈重，陈朝的沈文阿、周弘正、张讥，隋朝的何妥、刘炫，都是前代的名儒，他们的学术都可以作为法度，又加上现在的学者，很多都在用他们的讲义，应该对他们加以重赏，以鼓励后来的学者。可以寻访这些人的子孙后代，写下姓名呈报上来。"贞观二十一年时又颁诏说："左丘明、卜子夏、公羊高、谷梁赤、伏胜、高堂生、戴圣、毛苌、孔安国、刘向、郑众、杜子春、马融、卢植、郑玄、服虔、何休、王肃、王弼、杜预、范宁这二十一个人，要把他们的著述传给皇室大臣的子孙。既然奉行他们的学说，按理应该进行褒奖尊崇。从现在开始，如果太学有什么祭祀的事，可以一同在孔庙随受拜祭。"唐太宗尊敬儒学、重视道统到这样的地步啊！

朝廷大臣　博学通经

贞观二年时，唐太宗对身边的大臣说："管理国家的关键，主要在于得到人才，不按照人的才能而随便任用，一定难以达到治理的目的，现在所要任用的人，必须要以德行和学识为根本去考核。"谏议大夫王珪说："臣子如果没有学问，就不能认识过去的历史，哪里能堪担大任。汉昭帝的时候，有人骗称自己是卫太子，围观的人有数万人之多，都被迷惑了。京兆尹隽不疑凭借《春秋》上记载的卫国太子蒯聩违法出逃后回国，新国君不接受这件事的春秋大义进行判断（不管是不是真太子都是罪人）。汉昭帝说：'公卿大臣，应该用通晓儒术而又明白古今大义的人，这本来就不是一般舞文弄墨的俗吏可以比拟的。'"唐太宗说："确实就像你说的这样。"

考订经典　撰写注释

贞观四年时，唐太宗因为那些经典书籍都已经通行很久了，有很多文字错误，于是命令中书侍郎颜师古在秘书省考核订定五经。到这件事情完成，又命令尚书左仆射房玄龄集合众多儒生重新加以详细讨论。那时儒生们都是传承学习各自老师的学说，错误很多，很多人都认为颜师古订正得不对，异端邪说就像群蜂乱飞，争执不休。颜师古就引证晋朝和南朝宋的古本，随各个人的疑问进行清楚的答辩，援引论据详细明白，全部出人意料，那些儒生没有不赞叹佩服的。唐太宗由衷地称赞他做得很好，赐给他五百段锦帛，增授通直散骑常侍

明皇幸蜀图 【唐】李昭道

描绘唐玄宗李隆基为避安史之乱，行于蜀中的情景。

职位给他，把他刊定的经书颁布于天下，命令读书人学习。唐太宗又认为儒家流派很多，文章句子烦琐复杂，命令颜师古和国子监主管孔颖达等儒士，撰定五经的正确解释，一共一百八十卷，命名为《五经正义》，交给国学作为教科书使用。

勤奋治学 完善自己

唐太宗曾经对中书令岑文本说："人虽然秉承自己天生的本性，但是必须通过博学才能有所成就，就好像大蛤这种动物本性是含水的，但是要有月光照射才会喷水，并形成美丽的图案；木材的本性包含有易燃的因素，但要等到火种引燃才会有火焰发出；人的本性虽然具有灵性，要等到学业完成才能显出美好的才能。所以苏秦用针刺自己的大腿认真苦读；董仲舒把窗帘放下，三年不看园子的景色。不在道德和技能上勤奋努力，功名就建立不起来。"岑文本回答说："人的本性相近，性格却各有不同，必须用学习来矫正性格的缺陷，成就完美的品性。《礼记》上说：'玉石不琢磨就不能成为有价值的玉器，人如果不学习就不知道做人的道理。'所以古人勤奋学习，并认为这种行为是一种美德。"

【第二十八节】

文史记录

鼓励直言　摒弃浮夸

贞观初年，唐太宗对监修国史房玄龄说：“我最近读前、后《汉书》记载扬雄的《甘泉》《羽猎》，司马相如的《子虚》《上林》，班固的《两都》等赋。这些文章文体浮华，对劝诫没有帮助，怎么还会书写在史书上呢？臣子们上书论事，只要文辞直率，道理诚恳，对治理国家有所帮助的，不管我采纳与否，都应该全部地记载下来。”

治国立身　唯重德行

贞观十一年时，著作佐郎邓隆上表请求依序编辑唐太宗的文章为文集。唐太宗说：“我处理事情发出命令，如果有益于百姓，史书就会记下来，就足以不朽了。如果处理事情没有师法古人，搞乱政务损害人民，就算文章写得很好，还是会让后代笑话，这并不是我想要的，就好像梁武帝父子还有陈后主、隋炀帝也有很多文集遗世，但是他们的作为多不符合常理，国家也都很快地灭亡了。君王的关键是在德行，何必要在意那些文章诗集呢？”最终还是不采纳邓隆的建议。

君王过失　史官必载

贞观十三年时，褚遂良作为谏议大夫兼任起居注。唐太宗问他：“你主管记载皇帝的起居生活，都写了一些什么事啊？君王对这些东西可以观看吗？我想要看看这些记下来的东西，想看看自己的得失对错，以引起自己的警戒。”褚遂良说：“现在的起居注即是古代的左史、右史，用来记录君主的言行，好的坏的全部记录下来，是希望君主不要做违反法度的事情，但是没有听说过帝王自己亲自观看这些记录的。”唐太宗说：“我有不对的地方，你一定记录下来？”褚遂良说：“我听说遵守道义不如遵守法规，我的职务是进行记录，怎么会不记下来呢！”黄门侍郎刘洎进言说：“君主有过失，就好像日食月食一样，每个人都看得见。即使褚遂良没有记录下来，天下人也都会记得啊！”

删减浮词　直书史实

贞观十四年时，唐太宗对房玄龄说：“我观看前代的史书，发现书里都表扬善行，斥责恶行，足够作为将来的警戒。不知道自古以来的当代国史，为什

唐沙州张议潮统军出行图

么不让帝王亲自观看？”房玄龄上奏回答说：“国家的史书之所以好的坏的都要记下，是希望君主不做不合法度的事情。只是这样做害怕会触怒当时的帝王，所以不让皇帝本人看。”唐太宗说：“我的本意与古人不一样，现在想看国家的历史记录，如果有好的事迹，当然不必说了，如果有不好的事迹，就可以引以为警戒，使自己可以修正改进。你可以撰写记录进献上来。”

房玄龄等人就把国册删减，按年代次序编写高祖、太宗实录各二十卷，呈献给唐太宗。唐太宗看见六月四日玄武门事变的记录，文章行文用语有很多隐晦不敢直书的地方，于是对房玄龄说：“过去周公杀了管叔、蔡叔而使周朝安定，季友毒死叔牙而使鲁国安定。我所做的事情，就跟这些事情一样，这样做才可以安定社稷，造福人民啊。史官执笔书写，哪有必要隐隐约约的呢？应该立刻改正删除那些虚浮的辞藻，直接书写那件事。”侍中魏征上奏回答说：“我听说君王处在至高无上的位置，不会有所忌惮。国家的史书，是用来惩戒恶行，劝人行善的，书写不真实，后代的人怎么观看呢？陛下您现在让史官更正那些文辞，很符合以天下为重的道理啊。”

【第二十九节】

修订礼乐

简约从政　不避讳名

唐太宗刚即位，就对身边的臣子说："按照古代的《礼》，帝王之名，死了才要避讳，之前古代的那些帝王，没有在生前就讳他的名的，所以周文王叫昌，周诗说：'克昌厥后。'春秋时期鲁庄公名同，庄公十六年《春秋经》上写着：'齐侯、宋公同盟于幽。'只是近代的这些皇帝，胡乱禁止，特意命令生前就避讳他的名字，这样的道理并不通允，应该改掉。"因此下诏说：按照《礼记》，人名是两个字的，只要不是两个字连着出现，不用特意避讳。孔子这个通情达理的圣人，在以前并不是没有特别指示过这种事。近代以来，乱加禁止，名字的两个字都要避讳，废除和空缺的字已经很多，随便这样做，就是违背经典的训示。现在应该依据礼典，特别从简，效法先哲，让法规垂范将来。每个人的官号人名，以及公私的文件书籍，如有"世"和"民"但并不连在一起的，并不需避讳。

王亲相见　行家族礼

贞观二年时，中书舍人高季辅上奏说："我看到，密王李元晓等人都是皇室至亲，陛下您友爱的胸怀，义盖古人，分给他们车马服饰，授给国家重要的职位，使他们的官职与身份相称。不久前我看见您的儿子拜见诸位叔叔，诸位叔叔也都回拜，同是王的爵位，就应该遵守家族的礼节，怎能这样颠倒家族中的辈分？我只是希望您指示训诫一下，让他们永远遵循正确的规则。"唐太宗于是下诏给李元晓等人，对吴王恪、魏王泰兄弟的致礼，不必答拜。

道德教化　孝敬父母

贞观四年时，唐太宗对身边的大臣说："我曾经听说，京城有些人在父母丧期内，相信巫书的话，辰日那天不哭，且谢绝吊唁。拘于禁忌停止悲哀，伤风败俗，很违反做人的道理。应该命令州县进行教导，让他们的做法跟丧礼的规定一样。"

贞观五年时，唐太宗对身边的大臣说："佛教、道教教化百姓，本来是在做善事，难道能让和尚、尼姑、道士等人妄自尊大，坐着接受父母的跪拜？这样伤风败俗，违背礼法，应立即禁止，仍然要他们向自己的父母下拜。"

姓氏等级　重新界定

贞观六年时，唐太宗对尚书左仆射房玄龄说："最近有山东崔、卢、李、郑四姓，虽然家世衰弱，却还倚仗过去的威望，喜欢夸耀自大，自称为士大夫。每当女儿出嫁，都要大肆索取聘礼，以要得多为尊贵，按价论婚约，几乎和市场上的商人一样，既败坏了风俗，又扰乱了礼法。既然他们的门望已经与实际不相符合，按理应当加以改革。"于是，诏令吏部尚书高士廉、御史大夫韦挺、中书侍郎岑文本、礼部侍郎令狐德棻等人，修正姓氏，普查全国的世族家谱，同时根据史书、经传，除去虚假，修正真伪，忠贤的褒奖，奸逆的废黜，撰写成《氏族志》。高士廉等人呈上的《氏族志》，以崔干为第一等。唐太宗看后对他们说："我和山东崔、卢、李、郑四姓，过去没有恩怨，只因为他

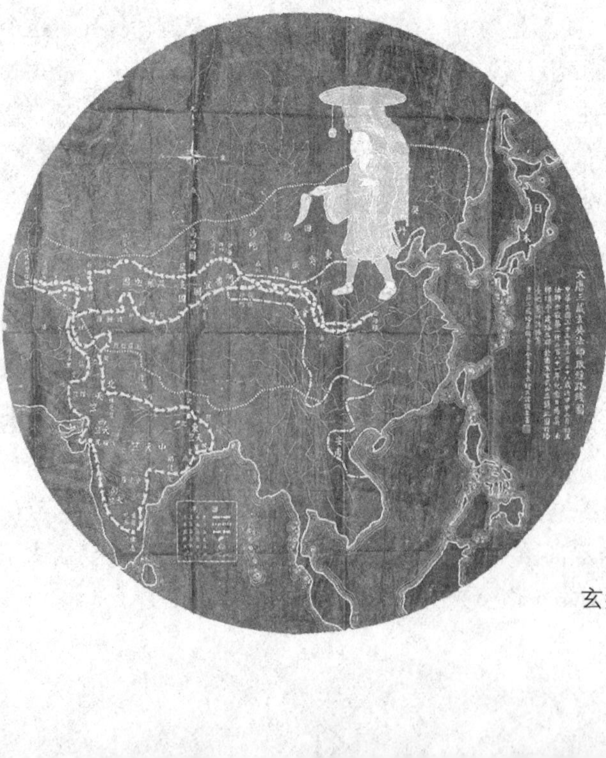

玄奘取经路线图

们家族衰落，又没有人做官，居然还自称是士大夫，婚嫁的时候，又索取别人很多财物。有的才能低下，自以为门第高贵而自命清高，贩卖祖宗的名望，依靠这个发财，我不理解世间的百姓为何还要买他们的账呢？再说士大夫有才能的建立功业，爵位崇高，善于侍奉君主和父母，忠孝确实值得赞美；或者道德高尚，学问广博，这些也足以成为高尚门第。现在崔、卢这些人，只能夸耀自己家远代的尊贵，怎么能比得上朝廷重臣的尊贵？公卿以下的官吏，凭什么送他们那么多财物，助长他们的气势，图虚名不顾实际，以结交他们为荣。我现在重定氏族等级，实际上是想树立我朝官宦的地位，为什么还列崔干为第一等，说明是你们不尊贵我的官爵啊！不要看几代以前如何，只按今天的官职、人才作为等级，应该统一衡量裁定，用作永久的原则。”于是崔干列为第三等。到贞观十二年，全书完成，共一百卷，诏令天下。唐太宗又下诏说：“世族的荣耀，实际上是依附于官爵；婚姻的法则，首先是仁义。自从北魏失国，北齐灭亡，市井、宫廷已经历经变迁，风俗已经衰落，先前燕赵的大姓，很多已经没有做官的了；齐韩的旧族，又违背仁义之风。他们在家乡贫贱无名，自吹自己是高贵门第之后，不遵守平民百姓择偶的礼仪，问名只知道勒索财物，嫁女一定要挑富贵人家。偏偏有新做官的人和一些有钱人家，羡慕这些人的祖宗，抢着和他们联姻，送了很多金玉布帛，如同商贾买卖。有的自己贬低门第，在姻亲上感到受了屈辱；有的夸耀过去的门第，对公婆缺乏礼貌。这些恶俗已经积累成风，至今没有改良。不仅乱了人伦，也损害了名教。我考虑治国之道，不好的地方都加以革除，只有这种坏风气，还没能完全改变。从今往后，一定要明白告示，让大家明白嫁娶的规矩，一定要合乎礼法。”

公主出嫁　需守常礼

礼部尚书王珪的儿子叫敬直，娶了唐太宗的女儿南平公主，王珪说：“《礼记》上有媳妇见公婆的礼仪，近代民风不佳，公主出嫁，这些礼仪都废止掉了。陛下圣明，每个举动都遵循礼法，我受公主的拜谒，并不是为了提升自身的荣耀，而是希望成就陛下的美德啊。” 王珪就这样和他的妻子在位子上坐下来，让公主亲自拿着毛巾，行洗礼进食的礼节，礼仪完成才退下来。唐太宗知道这件事，很是赞赏。从这以后公主下嫁的，只要公婆还在，都要求正式行这些礼仪。

地方来使　特建房舍

贞观十二年时，唐太宗对身边的大臣说：“古时候诸侯入朝觐见，专门设有休息和洗澡的地方，并备有草料和粮食一百多车，用对待客人的礼仪对待他们。白天在正殿上谈论政事，晚上在庭里点火炬接见他们，表示慰问。汉朝的时候，京城也为每一个州郡设立招待所。不久前，我听说各地派到京城的使者都租房子住，和商人杂居，这样对待他们的礼仪不够好，一定会使很多人心生怨叹，哪里还肯竭尽心力协同办事啊？”于是命令在京城比较空闲的地方，为每个州的使者营造住房。到了完成的时候，唐太宗亲自去观看。

王卿之礼　遵照法令

贞观十三年时，礼部尚书王珪上奏章说：“按照法令，三品以上的官员路遇亲王，不应该下马，现在都违背法令下马以示尊敬，这违背了朝廷的法规。”唐太宗说：“你们想抬高自己，贬低我的儿子吗？”魏征回答说：“汉、魏以来，亲王排列等级都在三公之下。现在三品官员和六部尚书、九卿，给亲王下马，亲王不应当接受。查找先例，没有依据，现在施行，又违反国法，于理于情都不合适。”唐太宗说：“国家立太子，是用做储君。一个人身份的贵贱，不在年龄的大小。假如没有孩子，同母弟当立为太子。如此说来，怎么能轻视我的儿子呢？”魏征说：“殷人崇尚俭朴的品质，有兄死传弟的规矩。自周朝以来，必须是嫡系长子才能继位，以便杜绝庶子的非分之想，堵塞祸乱的源头。君王对此要十分谨慎。”唐太宗于是采纳了王珪的意见。

亲疏有别　重定丧礼

贞观十四年时，唐太宗对礼官说：“同住的继父死了还有服丧的亲情，而小叔与嫂子之间却没有丧服；另外，舅父和姨母的亲疏程度差不多，但丧礼却不一样，不太符合情理，应该召集学者详细研究。如果还有其他亲缘关系，而丧服的礼仪却很轻的，也一同报上来。”同一个月，尚书八座同礼官讨论确定说：

“我听说，礼的作用是判断未明的事理，裁定迟疑的行为，辨别同异，明白正误。它不是从天上掉下来的，也不是从地下冒出来的，而是源自人的情感。人伦关系首先在于亲族和睦相处，亲族有亲疏差别，丧事的礼数就应该按照恩情的多少顺序排列，都应一一衡量亲情来制定丧礼的规格。舅舅和姨母虽然是同辈分的，但从母族角度来看，亲疏就差远了。为什么呢？因为舅舅是母亲的本族，而姨母只是外姓亲戚。姨母是不在母族当中的。从经典上的记载来看，舅舅实在比姨母更亲。所以周王想念齐国，将齐称为舅甥之国；秦康公思念晋文公重耳，确实很切合《渭阳》那首诗。现在的规定为舅舅只服丧三个月，为姨母服丧五个月，实在是迁就了虚名，而违背了实情，舍本逐末。这大概是古人制丧礼时对人的感情没有考虑周全。或许可以改良的地方就在这里吧。

“《礼记》上说：‘兄弟的儿子就好比是自己的儿子，这主要是为了拉近关系；嫂嫂和小叔之间没有丧服，是为了将关系扯远。’礼法说，继父如果和自己一起住，就得为他服丧一年，没有住在一起，就不用服丧。姨母的丈夫，舅舅的妻子，要相同的丧服。有人说：‘与继父住在一起的服缌麻。’然而继父并不是血缘关系，丧服重是因为住在一起，不住一起所以情义远。因此，制定丧服虽然取决于亲属关系的远近，也要根据情义的厚薄。有些年长的嫂嫂抚养年幼的小叔子长大成人，就像养育自己的亲生儿子。相比住在一起的继父及其他人，情义的深浅怎么可以相提并论！嫂嫂还在世的时候，像骨肉一样亲近，当嫂嫂死去时，却推向疏远，这种做法实在让人费解。如果推向疏远是对的，那么生前就不应该住在一起；如果生前住在一起是对的，那么就不该死后像看待路人一样疏远。生前的恩情重而死后礼仪轻，开始厚待而最终薄情，如果用恩情厚薄来衡量，这有什么道理呢？况且侍奉嫂嫂而被称赞的人，有记载的不止一个人。东汉郑仲虞侍奉寡嫂，情义礼节诚恳厚重；西晋颜弘都侍奉失明的嫂嫂，诚心感动了上天；东汉的马援要见嫂嫂时，一定整理好衣冠；孔子之孙孔伋痛哭着为嫂嫂立牌位。这都是亲自实践礼仪教化、仁德孝敬的例子。这些行为难道不是我们的先知先觉吗？只是那时并没有英明的国君，礼制又不是轻易能改的事，因此让这样深厚的情义长久埋没，这种事情本来就已经有了，怎么能不让人惋惜呢！

“现在，陛下认为尊卑的顺序虽然已经做到清楚完备了，而丧事的制度有的还不合适，于是命令礼官详细审查核定。我们遵照陛下圣旨，找出以前的案例，引经据典，探讨各类传记，舍去不合适的，补充不足的。让过去没有条文的礼节都成为法规，让亲密和睦的情感都能释放出来，把过去浅薄的风俗改掉，留给后世有情有义的榜样，这些都是六经上没有谈到的，而陛下超越前朝帝王的地方。

“我们郑重建议：曾祖父母，旧的丧服为齐衰三个月，请求增加为齐衰五个月；嫡子媳妇，旧丧服为公婆服丧大功九个月，请求增加为齐衰一年；其他儿媳妇，旧丧服为公婆服丧小功五个月，现在请求和兄弟一样服丧大功九个月；嫂子和小叔，过去没有丧服，现在请求服丧小功五个月。给弟弟的妻子和丈夫的哥哥也服丧小功五个月。舅父，以前的丧服为缌麻，请求增加到和姨母一样，服丧小功五个月。”

唐太宗采纳了这些建议，这些建议都是魏征亲自撰写的。

生日诞辰　感恩之时

贞观十七年十二月癸丑日，唐太宗对身边的大臣说：“今天是我的生日，民间以为诞辰应该高高兴兴地庆祝一番，我的心情反而是更加地思念父母。我统治天下，掌握四海，想要侍奉父母，但却做不到。子路常心怀不能为父母背米的遗恨，我现在是感同身受。况且《诗经》上说：‘可哀呀可哀，我的父母啊，生儿养女太辛劳。’怎么能在父母劳苦的日子里搞庆祝呢？这严重违背了礼法的原则。”在这个特殊的日子里，唐太宗独自流泪了很久。

乐随人心　不由音调

太常少卿祖孝孙向唐太宗上奏，请求唐太宗听听他制作的新雅乐。唐太宗说：“礼乐，本来是圣人取法天象而施教于人的情感的，政事的好坏怎么能跟它有关呢？”御史大夫杜淹回答说：“前朝的兴盛与灭亡大多由于音乐。隋朝灭亡前创作《玉树后庭花》，南齐亡国前创作《伴侣曲》，路过的人，听了无不哀伤流泪，这就是亡国的乐曲。从这来看，的确是由于音乐。”唐太宗说：“并不是那样，声音怎么能影响人心呢？愉快的人听到什么都会高兴，忧愁的人听到什么都会悲哀。愉快和忧愁自在人心，与音乐无关。即将亡国的国家，百姓心中痛苦，受到痛苦心理的影响，所以听到音乐就悲伤。本来就哀伤的音乐怎能抑制住百姓本来就痛苦的心情呢？现在《玉树后庭花》《伴侣曲》的乐谱都还在，我为你们演奏它们，你们一定不会哀伤的。”尚书右丞相魏征回答说：“乐呀，乐呀，难道仅仅是指钟鼓乐器吗？快乐在于人心的安宁，与音调无关。”唐太宗认为他说得很对。

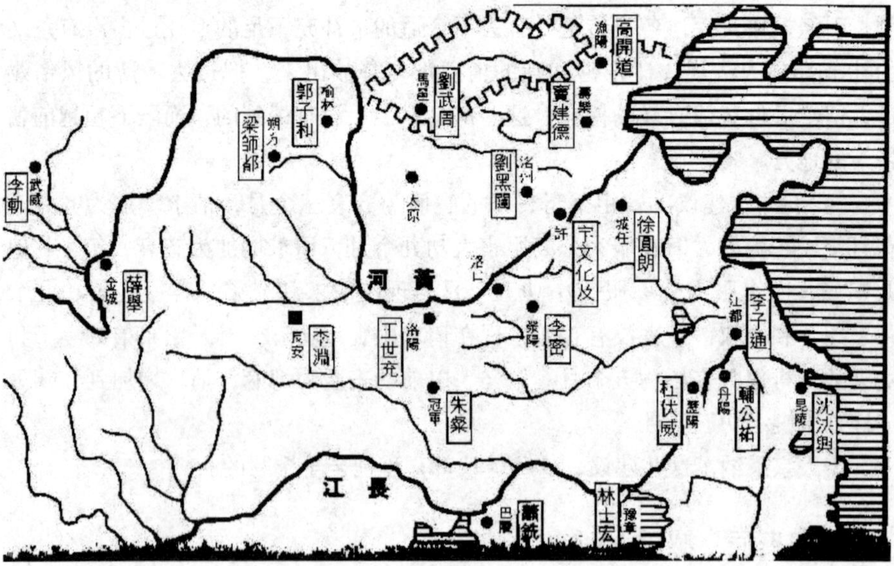

隋末唐初群雄割据图

破阵乐舞　不可赅全

贞观七年时，太常卿萧瑀上奏说：“现在《破阵乐舞》已经在全天下广泛流传，但是对陛下盛德的描述却还有不够详尽的地方。陛下前后打败了刘武周、薛举、窦建德、王世充等人，我想把他们的相貌形状画下来，以表现打胜仗时的情景。”太宗回答说：“我在天下未安定的时候，为了救百姓于水火，不得已采取攻战讨伐的方式，才有了这个舞蹈，朝廷制作了这个曲子、人间才会有这个《破阵乐舞》的流行。国家因此也制定了乐曲。但是，雅乐只能表现一个大概，如果把全部的曲折都写出来，那么形状就容易辨认。现在的文臣武将有很多曾经是那些人的部下，既然曾经做过一天的君臣，现在如果又看到他们被擒获的样子，一定会有所不忍，我因为想到这里，所以才不能这样做啊。”萧瑀谢罪说：“在这件事情上，我确实没有考虑得那么深远。”

【第八卷】

内政

【第三十节】致力生产

百姓安定　国家之本

贞观二年时，唐太宗对身边的大臣说："办事必须着眼于根本。国家以百姓为根本，百姓以衣食为根本，而要想得到衣食，就要以不失时节为根本。要想做到不失时节，只有君王不折腾百姓才能达到。如果战事连绵，或者大兴土木，却想不占用百姓的时间，这怎么可能做到呢？"王珪说："以前的秦始皇、汉武帝对外大肆攻伐，对内则大兴土木，人力一旦耗尽，灾祸立即降临。他们难道不想使百姓安居吗？但再也找不到可以安定百姓的办法。隋朝亡国的教训，一定得引以为戒，陛下亲身经历过隋朝的弊端，知道如何才是美善的做法。然而开始容易，长期坚持下去就很难。但愿陛下能从头到尾都小心谨慎，只有这样才能达到最美好的治国境界。"唐太宗说："你说得对，要想国泰民安，只在于国君一人。国君让百姓休养生息，百姓就能安定；国君欲望过多，百姓必然遭罪。这就是我节制欲望，尽力勉励自己的原因。"

京城大旱　食虫消灾

同一年，京城附近遭遇旱灾，虫灾四起。唐太宗到皇家御苑视察庄稼，看到蝗虫，双手捧起几只蝗虫祷告说："粮食是百姓的命根子，你吃了粮食，就是要了百姓的命。百姓有过错，责任在我一人身上，你如果有灵性，只应该吃我的心，不要伤害百姓。"祷告完毕就要吞下蝗虫，身边的人急忙劝说："不能吃，吃下去容易生病。"唐太宗说："我希望灾祸转移到我身上，还担心什么病？"于是，就把蝗虫吞了下去，这以后，虫灾就消失了。

太子仪礼　不夺农时

贞观五年时，有官员上奏章说：“皇太子将举行成年的冠礼仪式，应在二月里举行比较吉利，请准备好礼器和人员，以便准备举行仪式。”唐太宗说：“最近春耕刚刚开始，恐怕会妨碍农事活动，改在十月里举行吧。”太子少保萧瑀上奏说：“按照阴阳家推算，在二月举办最好。”唐太宗说：“我不信奉那些阴阳五行的禁忌，如果人的行为举止不考虑道德仁义，而只依照阴阳禁忌，想得到上天赐福，这可能吗？如若所作所为都能符合正道，自然能够得到上天的保佑。再说事情吉凶都在个人，怎么能靠阴阳禁忌呢？农忙时节最重要，万万不可耽误时机。”

轻徭薄赋　与民同乐

贞观十六年时，天下的粮食价格大约每斗五枚钱，有些地方贱到三枚钱。唐太宗得知后，对身边的大臣说：“国家以百姓为根本，百姓以吃饭为生命，如果粮食歉收，那么百姓恐怕就不是国家所有了。既然粮食丰足，而我是百姓的父母，我只想以身作则，厉行节约，不随意浪费粮食。我经常想赏赐天下的所有人，让他们都富贵。如今国家富足了，还要敦促他们简朴谦让，邻里乡亲之间，年轻人要尊敬年长的人，妻子要尊敬丈夫，这样百姓就富贵了。只要能使天下人都这样，我不娱乐，不狩猎，也能乐在其中！”

【第三十一节】
定刑制法

量刑执法　宽大为怀

贞观元年时，唐太宗对身边的大臣说："人死不能复生，执法一定要宽大为怀。古人说：卖棺材的人，希望瘟疫越多越好，并不是他们多么仇恨别人，只是因为这样对他比较有利而已。现在办案的官员审理案件，总想判人重罪，用这种手段来应付主管的考核，以便得到升迁的机会。你们说用什么办法，才能使案件的处理更加得当呢？"谏议大夫王珪说："只要遴选正直善良、断案公允的人士，提高他们的俸禄，并给予大量的奖赏，奸诈恶行自然会得到遏制。"唐太宗同意了这个办法。

唐太宗又说："古时候的官员审理案件，要咨询'三槐''九棘'，现在的三公九卿就相当于以前这些职位。我命令，从现在起，凡判死刑的案子，都要经过中书省、门下省四品以上官员，以及尚书九卿的讨论才能定案。我希望这样能尽量避免冤假错案的发生。"根据这个办法，一直到贞观四年，全国被判死刑的罪犯，总共只有二十九人，国家的刑法几乎因此而闲置无用。

奴仆告主　严加惩处

贞观二年时，唐太宗对身边的大臣说："最近有奴仆告发主子谋反叛逆，这是最破坏社会和谐的事情，一定要特别加以查禁和严肃处理。如果有人谋反，一定不可能是独自一人，必定要和别人合谋；众人谋划的事情，一定会有人口风不严、透露风声，怎么能仅仅依靠奴仆一人的告发就随便定刑呢？从今以后，凡有奴仆告发主人的，不需要受理，直接将奴仆全部斩首。"

死刑定案　反复回奏

贞观五年时，张蕴古任职大理寺丞。相州人李好德一直就有疯病，说了些荒谬不堪的话。唐太宗下令审问这个案子。张蕴古向唐太宗说："李好德确实患疯病，不应治罪。"唐太宗允诺宽大赦免他。张蕴古秘密地将唐太宗的旨意告诉给李好德，并招来李好德与他一起下棋。治书侍御史权万纪弹劾张蕴古，唐太宗大怒，下令将张蕴古斩杀于长安东市。不久之后便感到后悔，对房玄龄说："你们接受国君的俸禄，必须以君主的忧虑作为自己的忧虑，事情不论大小，都得留意小心。现在我不向你们发问，你们就不开口，看到不合理的地方也不加以劝阻，那对我还有什么帮助呢？张蕴古身为法官，却和囚犯勾结，泄露我的旨令，这样的罪行是严重的，但依照律法，不至于判死刑。我当时大怒，就下令处斩，你们竟然没有说一句话，主管官员又不再回奏，难道这就是治国之道？"唐太宗因此下诏说："凡判处死刑的，即使下令处斩，都要五次回奏。"这种方案是从张蕴古开始的。又说："遵守条文定罪，还可能有冤屈。从今以后，门下省复审，如果有按照律法应该判死刑但却情有可原的，应该上奏。"

张蕴古，贞观二年为幽州总管府记室，并兼中书省的职务。他向唐太宗呈奏的《大宝箴》，文辞内容十分完美，可以作为对君王的告诫，其中说道：

"古往今来，帝王专擅赏罚，想当好国君实在是一件极难的事情。国君身居至高之位，治理国家，统御王公；臣属进贡满足国君的需求，群臣也惯于附和国君的旨意，所以国君谨慎畏惧之心日渐松弛，邪恶不正的情欲却得到放纵。哪知道事情会在潜移默化中发生改变，灾难往往在意外的时候发生。本来上天让帝王受命，就是要拯救落水之人，使处境困难的人得到救赎；承担责任，施恩于百姓。这样日月

舞乐图　佚名

1972年出土于新疆吐鲁番阿斯塔那张礼臣（665—702）墓。随葬屏风画。

这是目前我国最早有确切年代、在绢上描绘妇女生活的作品。

的光辉就不会偏照，大公无私的人就不会偏袒；所以上天的真正意图是让一个人治理天下，而不是让天下人服侍一个人。上天用礼制来节制他的欲望，用音乐来阻止他的放荡。左史记下帝王的言论，右史记下帝王的行为；外出就清除道路，入内就加强警卫。春夏秋冬与帝王的忧虑和舒畅相应，日月星辰的明暗与帝王的成败得失相映照。所以帝王的行为要符合律法，言语要符合节奏。不要说自己不清楚，身处高位要主动了解下情；不要说没有问题，小毛病累积到后面就会酿成灾难。快乐不能过度，乐极就会生悲；欲望不得放纵，纵欲就会成灾。不管宫殿多壮阔华丽，帝王所居住的地方不过是很小的一部分；昏庸暴虐的国君不明此理，竟然用美玉修筑亭台楼阁。饭桌上陈列无数珍贵食品，帝王所吃下的不过是适合口味的那一点点；而一味放纵的暴君却开凿水池来盛酒。在内不能沉迷于女色，在外不要沉溺于游猎；不要看重稀世珍宝，不要欣赏靡靡之音。沉迷美色会损害健康，沉迷狩猎会放纵欲望；贪图稀世珍宝是奢侈；迷恋靡靡之音是淫逸。不要以为自己身份尊贵就傲慢待人，轻视贤才；不要自以为脑袋聪明就拒受规谏，抬高自己。听说夏禹在政务繁忙的时候，用餐时都在接见宾客；还有魏文帝，谋臣规谏他时，竟然扯着他的衣袖不放手。招抚那些不顺从的人，一定要像春天的阳光、秋天的露水那样温暖、柔和，胸怀宽广，随时保持像汉高祖刘邦一样的大度。处理朝政要如履薄冰、如临深渊那样极为小心，像周文王那样谨慎才行。

“《诗经》上说：‘不识不知。’《尚书》上说：‘无偏无党。’国君要平等对待下属，要抛弃个人的喜好厌恶。众人唾弃而后判刑，众人喜爱的就要奖赏。强悍的应该削弱，混乱的需要治理；委屈的要得以伸张，弯曲的要得以伸直。所以说：就像用秤称量，悬挂上去的东西轻重自然显示出来；就像水面和镜子，照到的东西美丑自然显露出来。不要昏庸浑噩，也不要过于严苛细察。虽然冕冠上的珠玉遮住了眼睛，但仍能够看出没有暴露的事情；虽然冕冠旁的黈纩挡住了耳朵，但仍能够听到没有发出的声音。思想在清明的境界里奔驰，精神在大道的精华中遨游。敲击乐器，不论大小都会有回响；盛酒的器皿，不论深浅都能够装满。所以说：天有道政治就清明，地有道国家就安宁，国君有道天下就有公理。春夏秋冬按时更替，世间万物自然生长。不用刻意去感觉帝王的威力，天下就已经太平安宁。陛下靠个人的才智平定了隋朝的战乱，老百姓只害怕你的威严，还没有感念你的恩德。陛下掌控了国家的命运，倡导淳朴敦厚的民风，百姓已经感到了好的开端，但还不知道能否保持到最终。因此，陛下要用诚心待百姓，用行动回答这个问题。让天下变为公有，让皇帝远扬德行。要像商汤网开一面那样祷告禽兽赶快逃生，像舜帝弹琴那样教化天下百姓，天天念念不忘。祸福在于个人自己，人善上天方会保佑。我履行自己的职责，斗胆奏告前面的疑惑。”

唐太宗赞赏他的意见，特赏赐他绢帛三百段，并委任他为大理寺丞。

死守条文　恐致冤屈

贞观五年时，唐太宗下诏说："在京的司法部门，近来上奏决议死囚，虽然说是反复三次，但往往一天内便都结束了，完全没有下功夫审查，三奏还有什么用？即使有所反悔，也来不及。从今以后，在京诸官决议死囚，应当在两天内五次反复决议，其他各州要反复三次回奏。"又下诏说："近来司法部门断案，墨守条文定罪，恐怕有时候会造成冤案。从今以后，再有根据法令条文判处死刑者，可以视情况而定，应抄录罪状奏闻朝廷。"

功过分清　一视同仁

贞观九年时，盐泽道行军总督、岷州都督高甄生违背李靖的调度犯了罪，被减免死罪流放到边地。当时有人上奏皇帝说："甄生是秦府旧日的功臣，请宽大处理。"唐太宗说："秦府功臣，当然不能忘记，但是治理国家、遵守法令，所有人都要一视同仁，今天如果赦免了他，就会给别人开辟了侥幸之路。况且本朝从太原起兵以来，一开始就跟随并在战争中立下功劳的人很多，如果甄生获得赦免，又有哪个不存侥幸的想法呢？这样稍有功劳的人，都要犯法了。我绝不赦免的原因，正是考虑到这个情况。"

明德慎罚　体恤用刑

贞观十一年时，特进魏征上奏章说：

"我听说《尚书》上说'明德之君判罚要谨慎。''用刑罚要体恤！'《礼记》上说：'国君有诚信，就容易侍奉，臣子有诚信，就容易了解，那么刑罚就不会太繁复。国君犹豫不决，百姓就会疑惑，臣子难以理解，国君就会疲惫不堪。'国君容易侍奉，臣子容易了解，那么国君就不会操劳。所以君主有诚信的美德，臣下侍奉君主就没有二心，君主广施忠厚的诚意，臣下就会竭尽全力辅佐君主，国家的根基才不会崩溃，《康哉》的歌咏就会兴起。陛下的恩泽覆盖天下，功勋高过万物，没有哪个人不归服，哪个地方不朝拜的。但口头上崇尚美好的文辞，内心却关注于小事，赏罚的使用还有不周到的地方。刑罚赏赐的根本，在于勉励善而惩罚恶。帝王赏罚的标准天下一致，是不按照亲疏贵贱来决定轻重的。今天的赏罚，却不都是这样。有时以好恶来决定屈伸，有时以喜怒来决定轻重。碰到高兴往往量刑过轻，碰到发怒往往量刑过重。自己喜好的就像翻开皮肉找羽毛；自己厌恶的，就像洗净污垢找伤疤。疤块一旦找出来，那么惩罚就过度了；羽毛一旦钻出来，那么赏赐就荒谬了。惩罚过度，小人的胡作非为就愈加猖獗；

赏赐荒谬，君子的正确主张就受到损害。小人的罪恶不惩罚，君子的美善不奖励，却希望国家安宁，刑罚停止，我还没有听到过呢。

“闲谈时，陛下一直表示崇尚孔子和老子的学说，推崇仁爱和无为；但发怒的时候，就向申不害和韩非学习，实行严厉苛责的刑法。正直的人往往被反复撤职不用，损人利己的人因此就心安理得了。所以美德的旨意没有得到弘扬，刻薄的风气却嚣张起来。刻薄的风气既然嚣张起来，下面就会弊端百出，人人竞相追求流俗，典章制度于是破碎不堪，用古代帝王的德行标准来衡量，实在有损做国君的道德。过去伯州犁玩弄欺骗的手段，楚国的法令就混乱了；张汤凭自己的想法决定量刑的轻重，汉朝的刑法因此产生弊端。臣子的邪恶不正，尚且不能揭露他的罪行，何况国君的过错，那还有什么办法呢！陛下天资聪颖，没有什么事情能逃得过您的法眼，难道还有考虑不到，认识不到的吗？安于太平，不再考虑刑罚的轻重；乐于欢乐之中，就忘记了命运的吉凶变化。祸福互相转化，吉凶是连在一起的，它的转化全在于个人的所作所为，怎么可以不考虑呢？近来您的责罚比较多，发怒逞威也逐渐厉害，有时候是因为陈设的东西不够多，有时候是因为皇宫建造不如意，有时候是所用物品不够称心，有时候是臣子不听命，但都没有国家治理最急需的事情，恐怕骄奢淫逸已经滋生了。由此可知，‘尊贵不以骄为戒，而骄傲自然来到；富裕不以奢为戒，而奢侈自然来到’，此话不假啊！

“况且大唐取代的是隋朝，隋朝灭亡的根源，陛下您肯定是一清二楚。拿隋朝的物资储备和我们今天的相比，拿隋朝的兵力和我们今天的相比，拿隋朝的户口和我们今天的相比，衡量强弱大小，我们怎么能比得过呢？然而，隋朝因富强而导致败亡，因为隋炀帝横征暴敛、不停征发徭役，使百姓无法安居乐业；现在国家贫穷，百姓反而得到安宁，那是因为陛下的圣明，施行清净无为，让百姓休养生息的政策。百姓安宁，国家就稳定；百姓动荡，国家就败亡，人人都能明白这个道理，这并不是多么隐秘的玄机。但很少有人会走平坦的道路，大多反而是重蹈覆辙，这是为什么？就在于不能居安思危，天下安宁的时候不考虑危险，天下太平的时候不考虑混乱，存在的时候不考虑败亡的危险所致。过去隋朝没有混乱的时候，自以为一定不会混乱；在没有灭亡的时候，自以为一定不会灭亡。所以对外肆意发动战争，对内徭役无休无止。到了快要灭亡的时候，竟然不知道自己灭亡的原因，这不是很可悲吗！

“想看到外形的美丑，要走到静止的水边；借鉴国家的安危，要以灭亡的国家作教训。所以《诗经》上说：‘殷鉴不远，就在夏朝末世之时。’又说：‘砍木头啊做斧柄，斧柄模子就在我手边。’我希望陛下现在的一举一动都要以隋朝的灭亡作为借鉴，那么国家的存亡治乱，就不用担心了。如果能不忘隋朝危险的原因，那国家就平安了；想到隋朝混乱的原因，那国家就得治了；想到隋朝灭亡的原因，国家就能长存了。知道国家存亡的缘起，控制自己的欲望来成全百姓的需要，减少外出的娱乐和游猎，停建不必要的工程，小心因偏信而恼怒，亲近忠厚善良的人，疏远虚伪奸邪的人，摒弃悦耳的淫声浪乐，接受苦劝的忠言。远离喜欢奉承的人，贱视无用少见的珍宝，学习尧舜树立‘诽谤之木’，效法禹汤自己承担罪责。爱惜百姓的财产，顺从百姓的心意。从身边之物做起，宽恕地对待周边的事物，时刻牢记‘谦受益，满招损’的格言。这样，国君只要有所举动，百姓都会齐声拥护；不管说什么话，都会应者云集；高尚的道德超越古人，卓绝的名声泽被后世。这乃是圣哲之人的宏伟规划。现代的帝王执政要做到这样，其实也就在于一定要谨慎守住古代圣哲传下来的道理。

“守业较易，创业甚难。既然能够完成最困难的事情，为什么不能谨守容易的呢？如果守得不稳固，那一定是奢侈淫纵使它逐渐动摇。要想始终如一，怎么能不尽力去坚持呢？《易经》上说：‘圣君安逸时不忘危险，太平时不忘混乱，存在时不忘灭亡，所以能够保全自己、安定国家。’这句话说得非常好，值得我们好好思考。希望陛下治理天下的愿望，始终如一；知错就改的作风，一如既往。如果在现在的太平之世，也能严格地执行当年的谦恭节俭原则，那么就能做到尽善尽美，古往今来无人可以和陛下相比了。”

唐太宗非常赞赏魏征的意见，于是采纳了。

下属犯罪　不及上司

贞观十四年时，因为部下有人犯了不可饶恕的罪行，戴州刺史贾崇被御史弹劾。唐太宗对身边的大臣说：“古时候尧是圣人，柳下惠是贤人，但尧的儿子丹朱很不成器，柳下惠的弟弟盗拓是江洋大盗。以圣贤的教诲，父兄的情谊，尚且不能感化恶人。想让一名刺史去感化一个州的所有百姓，这怎么可能呢？如果因为所管的地方有人犯罪就罢免州官，恐怕反而会将真相掩盖了，那么真正的罪人就得不到应有的惩罚。各州如有十恶不赦大罪的人，不必连及刺史，只要命令州官仔细查访，就应该可以肃清奸邪。”

执法判案　宽大公平

贞观十六年时，唐太宗对大理卿孙伏伽说：“制造铠甲的担心自己人受伤，希望铠甲坚固；制作弓箭的担心伤不了敌人，希望箭头越尖锐越好。为什么呢？这是因为他们都各司其职，都想胜任自己的本职工作。我询问法官判刑的轻重，大多数都说刑罚比过去的朝代宽大。我仍然担心办案的法官，把杀人当做本职，用伤害他人来抬高自己。如今我所担忧的正是这个问题！必须严厉禁止这种情况的发生，执法判案必须秉承宽大公平的原则。”

【第三十二节】

不赦罪犯

停止大赦　禁绝侥幸

贞观七年时，唐太宗对身边的大臣说："天下愚蠢的人比聪明的人多，聪明的人奉公守法，愚笨的人却违规犯禁。宽恕赦免的恩典都是便宜了这些不法分子。古人说：'小人的幸运就是君子的不幸。''如果一年有两次赦免，那好人就一定沉默不语了。''留下杂草就伤害禾苗，施恩给坏人就伤害好人。'古时候，'文王创制刑法，严加惩治有罪的人，轻易不赦免他们'。还有，三国蜀汉刘备曾经对诸葛亮说：'我仔细研究了陈元方和郑康成二人所写的书，他们完整地阐述了治国的方法，却从来没有说到赦免。'所以诸葛亮治理蜀汉，十年没有大赦而国泰民安。相反，梁武帝每年都大赦好几次，最终却使国家败亡。随便施舍小恩小惠就会伤害天地的大德。因此，我自从治理天下以来，坚决不发布赦免令。现在天下太平，教化遍地，施舍的恩典到处不可计数，就是没有大赦天下这一条。这是因为我担心无知小人心存侥幸，只知道触犯国家的法令，不知道改正过失。"

法令简明　不使含混

贞观十年时，唐太宗对身边的大臣说："国家法规务必简明扼要，不能一种罪行有多种条文并行。一旦内容解释不清，执法的官员记不下来，就一定会有人投机取巧：想开脱罪责就引用刑轻的条文，想构陷罪行就引用刑重的条文。反复改变法规，对国家的治理没有一点好处。对每一条法规都要仔细审读，不要出现重复相近的条文。不能让法律条文产生歧义，甚至自相矛盾。"

法规政令　轻易不改

贞观十一年时，唐太宗对身边的大臣说："国家发布的法令，如果缺乏稳定的格式，那么就会使人产生疑惑，使犯罪之人会变得更加猖獗。《周易》上称：'涣汗其大号'，就是说发号施令，好比人身体发汗，一旦发出就不可收回。《尚书》中讲：'法令颁布要谨慎，一旦出去就要履行，不能出尔反尔。'过去汉高祖刘邦勤于政务，丞相萧何又是小吏出身，他们制定的法规还算整齐。我们现在应该仔细想想这其中的道理，千万不能轻易制定法规。一定要严格审定每一个新的法令，一经确定就要成为长久的制度标准。"

皇后病重　不赦罪犯

长孙皇后生了病，而且日渐加重。太子李承乾启禀皇后说："各种办法都尝试过了，可是您的身体依然没有恢复健康。我要请求父皇大赦罪犯，并准许百姓出家念佛，以便为您祈祷神灵的保佑。"长孙皇后说："生死由命，不是人的力量所能干预的。如果做善事可以延绵寿命，我这辈子从来都不做恶事；如果我做了一辈子善事都没用，那又怎么能强求呢？赦免罪犯是国家大事，而信佛本身，皇上经常表示，这只不过是保留一种从国外传来的宗教而已，还时常担心它成为施政治国的障碍。怎么能因为我一个妇人而乱了国家大法？不能按照你说的那样去做。"

【第三十三节】
贡赋有度

外求贡赋　不良作风

贞观二年时，唐太宗对各地护送贡品入京的使臣说：“根据当地的产出来确定贡赋，只以本州出产的东西来充实朝廷的府库，这是古籍中记载的。最近听说有一些都督、刺史为了媚上表功，嫌本土的贡品不好，到外地求访；地方官员相互效仿，蔚然成风，严重扰乱了老百姓的生活。应该摒弃这种不良作风，以后不能再出现这种现象。”

鹦鹉惧冷　放归山林

贞观年间，南方的林邑国进献给朝廷一只白鹦鹉，会讲话，很聪明，善于应答。这只鹦鹉屡次说出自己怕冷的话。唐太宗怜悯它，把它交还给林邑的使臣，嘱咐他把鹦鹉带回国放归树林。

外使朝贡　帝悟危亡

贞观十二年时，疏勒、朱俱波、甘棠等国派遣特使前来进贡土特产。唐太宗对群臣说：“假使我们不安定，日南、西域这些地方的朝贡使臣怎么可能来呢？我有什么德行担当得起这种盛况啊！看到这种盛况，我反而心生畏惧。近代以来，能够一统天下、开疆拓土的，只有秦始皇和汉武帝。秦始皇残暴无比，传到儿子就灭亡了。汉武帝奢侈骄纵，帝王之业也差点灭绝。我亲自平定天下，远方的外族都相继归顺，百姓平安无事，自认为功业不比秦皇汉武差多少。可是，我一想到这两位皇帝都不能善终，就因此而感到畏惧，一点也不敢懈怠。我只能依靠你们忠诚正直的规谏，来治理好国家。如果只知道说好话，隐瞒坏事的真相，那么国家很快就会灭亡。”

贼人之礼　不可接受

贞观十八年时，唐太宗准备讨伐高（句）丽。高（句）丽的莫离支盖苏文派人前来进贡白金。黄门侍郎褚遂良规谏说：“莫离支残酷地杀害了他的国君，是当地人民所不能接受的，陛下因此要兴兵，去抚慰那里的苦难百姓，讨伐罪人，为那里的人民血洗国君被杀的耻辱。古时候讨伐杀君的罪人，绝不接受他的行贿。过去宋督杀害了宋殇公，把郜国的大鼎送给鲁桓公当礼物，桓公收下并放在太庙里。臧哀伯劝阻说：‘身为人君，要发扬美德，禁绝邪恶。现在您不顾道德，树立邪恶的形象，把人家贿赂的器物放在太庙里，百官一旦群起效仿，那你该惩罚谁呢？周武王打败了商纣王，把九鼎迁到了洛邑，伯夷这样的义士认为很不妥当，更何况把代表邪恶叛乱的器物放在太庙里，这样的后果会怎样呢？’《春秋》上的记载，是后世所有国君效法的不二准则。如果您收下背叛者所送的东西，接受杀君之人的礼物，那还拿什么理由去讨伐高（句）丽呢？我认为莫离支贡献的白金，不应当接受。”唐太宗听从了这个意见。

不因喜爱　反致伤害

贞观十九年时，高（句）丽国王高藏和莫离支盖苏文，派使臣来贡献了两个美女，唐太宗对高（句）丽使臣说：“我可怜这两个女人离开自己的家人，如果因为喜爱她们的美丽而伤了她们的心，我的内心将无法接受。”于是，唐太宗拒不接受这两个美女，将她们退还给高（句）丽。

【第三十四节】

兴亡可畏

帝业兴亡　要在仁义

贞观初年时，唐太宗在闲暇时候对身边的大臣说："周武王平定了商纣王时候国家的混乱，而拥有了天下，秦始皇乘周朝的衰弱吞并了六国。他们得到天下的过程没有什么不同，但他们帝业的长短为什么差异如此悬殊呢？"尚书右仆射萧瑀回答说："商纣王暴虐无道，天下百姓都痛恨他，所以八百诸侯才会不约而同来与周武王会师，一起讨伐纣王。周朝虽然衰落，但六国并没有罪过，秦始皇凭借智谋和武力，逐渐蚕食吞并各国的土地。平定天下的过程虽然相同，但是百姓的心态却不一样。"唐太宗说："不对，周取代殷以后，广施仁义；而秦统一天下后，残酷暴虐，他们不但取得天下的过程不同，保守江山的手段也有天壤之别。帝业长短的不同，道理就在其中吧。"

不怜百姓　亡国之源

贞观二年时，唐太宗对黄门侍郎王珪说："隋朝开皇十四年时，关中地区大旱，百姓多数饥饿困乏。当时粮仓囤积的粮食堆积得快要溢出来，竟然不允许给百姓赈济粮食，使得百姓为了填饱肚子而到处奔走。隋文帝居然不怜悯百姓，而吝惜仓库里的粮食。等到隋文帝晚年，当时国家积蓄的粮食能供全国百姓使用五六十年。隋炀帝依靠这笔巨大的财富，一味奢侈骄纵，做了很多无道的事，最后招致灭亡。隋炀帝之所以失去自己的国家，也可以说是源自他的父亲。大凡治理国家，讲求的是藏富于民，并不在乎国库是否盈满。古人说：'百姓不富足，国家怎么能富足呢？'国家粮库所存只要可以防备饥荒之年就可以了，此外为什么还要劳烦百姓进行不必要的储备呢？继承之人如果贤德，自然能保全天下；如果不贤德，国库积累再多，也只能助长奢侈，并成为国家灭亡的祸根。”

忘恩负义　下场不堪

贞观五年时，唐太宗对身边的大臣说：“上天之道，善人得福，恶人遭殃，诸事都要有所回报。过去突厥启民可汗因亡国而来投奔，当时隋文帝不惜大量的粮食布匹，动用军队为他们安置居所，所以启民可汗和他的部属才得以保全，建立国家。后来突厥逐渐富裕强大了，但后代子孙却不知恩图报，翅膀一硬便恩将仇报，启民可汗的儿子始毕可汗起兵在雁门关包围了隋炀帝。到隋朝混乱的时候，又凭借强大的兵力侵入内地，那些过去帮助他们立国安邦的人和他们的后代都被颉利可汗杀害。今天颉利灭亡，难道不正是忘恩负义者的下场吗？”众臣说：“陛下说得太对了。”

穷兵黩武　焉能不灭

贞观九年时，从北方回朝廷的人上奏说：“突厥一带突降暴雪，百姓饥馑，羊、马牲畜多被冻死。陛下在那里的百姓，都开始进山做贼，民风甚是败坏。”唐太宗对身边的大臣们说：“学习历代君王，实行仁义之道，任用贤良之士，才能得以治国；实行暴乱淫虐，任用小人，则必然灭亡。突厥所信任的人，诸位都见识过了，基本上没有什么值得依靠的人。颉利可汗更不为百姓考虑，纵情放肆、胡作非为。根据常理来观察判断，他怎么可能长久统治呢？”魏征进谏说：“过去战国时魏文侯问他的臣子李克说：‘诸侯中谁要先亡？’李克说：‘吴国先亡。’文侯又问：‘什么原因呢？’李克回答说：‘吴国历次战争都得胜。屡屡获胜，国君必然骄傲；接连打仗，百姓肯定疲惫。怎么能不败亡呢？’颉利乘着隋朝末年战乱的时机，携重兵侵略中原，至今未曾罢休，这就是他必定灭亡的原因。”唐太宗觉得魏征说得很对。

懦弱失国　暴虐亦亡

贞观九年时，唐太宗对魏征说：“近来读北周、北齐的史籍，末代亡国之君的作恶方式大多相同。齐后主非常奢侈，国库里的东西基本都被他耗尽，以至于各地的关口、市场没有不横征暴敛的。我经常把这比作饥肠辘辘的人自食其肉，肉尽而人亡。国君不停征收赋税，百姓生活必然困顿，最终国君就要灭亡，齐后主就是一个典型的案例。然而，周宣帝、齐后主，哪个较好、哪个更坏呢？”魏征回答说：“两位皇帝虽然都一样灭亡，但行为有所区别。齐后主懦弱无能，朝廷之事常常依赖别人去处理；国家没有纲领法纪，因此灭亡。周宣帝性情凶狠残暴，权势国运都操控在他的手里，灭亡的结局，完全在于他自身。以此来说，齐后主应该更差。”

【第九卷】

外交

【第三十五节】征战讨伐

出其不意　乱其计划

高祖武德九年冬天，突厥的颉利、突利两可汗，亲率二十万大军直逼渭水桥北、威胁京城，并且派酋师执矢思力到京城探听情况。执矢思力虚张声势地说："两位可汗已率领百万雄师，现已直逼你军。"并要求给予回复。唐太宗对他说："我曾与突厥定下和亲，你们为何言而无信。我问心无愧，你们反倒如此放肆进驻我京郊重地，还胆敢妄言。我应当先把你就地处死才对！"执矢思力惶恐不堪，当众求饶。萧瑀、封德彝等人请求按照礼节释放执矢思力，唐太宗说："不行。如果放他走，突厥人必定认为我害怕他。"于是，囚禁了执矢思力。唐太宗说："颉利听说最近我朝内比较混乱，又听说我刚刚登基，所以领兵来犯，他以为我不敢反抗呢。我如果关闭城门，突厥人必定越发猖狂，士兵大肆掠夺。战事的强弱变化，就在今天的这一决策。我要独自一人迎战突厥大军，以此显示对他们的轻蔑，壮我军威，让他们明白我们取胜的决心。这个举动出其不意，定能扰乱敌人的计划。制伏胡人，关键在此。"于是，唐太宗单枪匹马，隔着渭河与颉利对话，颉利揣摩不出唐太宗的用意。没过多久，各地大军陆续抵达，颉利看到阵势雄伟，士气高昂的唐朝军队，又得知执矢思力被扣押，因此进退两难，请求议和，签订盟约后仓皇撤兵。

施恩招抚　不战而胜

贞观初年时，岭南地区各州启奏高州酋师冯盎、谈殿试图叛变。于是，唐太宗命令将军蔺镒集中江南道、岭南道几十个州的部队前往讨伐。秘书监魏征进谏说："国家刚刚初步安定，元气还未复原，岭南一带乌烟瘴气，河流湍急山势高险，行兵运粮很不快捷，瘟疫流行，如果有疾病传播导致传染，稍有不慎，后悔莫及。况且冯盎的叛乱，必然会借国势不稳的时机，勾结关外的人，分兵在险要的关卡，而且要攻破州县，设置官员。为什么都告发好几年了，也没见他的军队越境？估计是他的军队还未形成，不需要动用太多人力。陛下并没有派遣使者前往调查，即便让他们来朝廷拜见陛下，也未必能说出心里话。不如现在派使者前去，把我们的意思告诉他们，就能不动用大军，他们自己就会前来归顺朝廷。"唐太宗采纳了这个谏言，于是，岭南地区全部平定下来。身边的大臣上奏说："冯盎、谈殿以前经常互相讨伐，陛下只派出了一个使者，岭南的百姓就得以安宁了。"唐太宗说："当初，岭南道各州都说冯盎反叛朝廷，我已下令征讨他，魏征多次进谏，认为只需用皇恩抚慰他们，不需要兴兵讨伐，冯盎就会归顺。我采纳了魏征的计策，岭南果然得以平安，毫不费力就安定了岭南，胜过十万雄师。"唐太宗于是赏赐魏征绢帛五百匹。

穷兵黩武　国家败亡

贞观四年时，有官员启奏说："林邑国的野蛮小人奏章言辞不恭，请陛下下令征讨。"唐太宗说："军队是凶器，不得已的时候才用它。所以汉光帝说：'每动用一次武力，都觉得头发胡须都白了，自身都变得衰老。'自古以来，崇尚武力的国君，没有一个不灭亡的。前秦苻坚仗恃自己兵力强盛，想强攻东晋，出动百万大军，然而，淝水之战惨败，导致国家即刻灭亡。隋炀帝也非要拿下高（句）丽，频繁地劳役百姓，没人受得了，最终被一个普通人杀害。至于突厥颉利这样的，历年来多次侵略我朝，他的部落被频繁的征战搞得疲惫不堪，最终遭到灭亡。我现在看到这些教训，哪里还敢随意发动战争呢？何况要翻越险峻的山川，那些地方瘴气弥漫，瘟疫流行，一旦士兵染上恶疾，即使吞并了这个小国，又有什么益处呢？几句不恭的言辞，不值追究！"唐太宗竟不讨伐林邑国。

虚名无用　百姓徒劳

贞观五年时，康国自己请求归附大唐。唐太宗对大臣们说："以前的帝王，很多致力于扩大疆土，以求得身后的虚名，这么做不但对自己不好，百姓也身受其害。即使对自己有益，但损害百姓的事，我也一定不会做，更何况是为了虚名而损害百姓的利益？如果接受康国的归顺，一旦康国有难不能不救。但要解救康国的危难，我的兵士要行军万里，岂不是劳累百姓？劳累百姓只是为了获得个人的虚名，这不是我所追求的。所以康国归附之事，不必答应他们的请求。”

兴兵问罪　不违道义

贞观十四年时，兵部尚书侯君集率兵讨伐高昌。部队在柳谷驻扎的时候，侦察兵报告说：“高昌王麹文泰刚死，并确定了下葬的日子，到时候高昌国人会集中参加葬礼。如果用两千骑兵突袭他们，就可以大获全胜。”副将薛万均、姜行本都认为这个策略可行。侯君集说：“天子因为高昌蛮横无理，所以才命我们前来讨伐他们。如果在举行葬礼时袭击他们，不符合武士的精神，这也不是问罪之师做的事情。”于是，侯君集让军队按兵不动，等葬礼结束后，才出击消灭了高昌国。

能和则和　天下之幸

贞观十六年时，唐太宗对亲近的大臣说：“北方的胡人世代与我们为敌，现在强盛的薛延陀部又桀骜不驯，必须尽快想出应对的办法。我经过仔细的思考，认为只有下面两个办法。一是派出十万精兵，击退他们，清除祸根，百年之内再无隐患。二是答应他们通婚的要求，与他们联姻。我是天下百姓的父母，如果能利于百姓，难道还舍不得我的一个女儿！北狄的风俗，政事经常受王后的影响，而且将来生下的孩子就是我的外孙，肯定不会侵犯我朝边境。这个方案能使大唐和薛延陀部至少三十年内相安无事。以上两个办法，哪个更好呢？”司空房玄龄回答说：“遭受隋末大乱之后，中原百姓的元气大半还没有恢复过来。战争的险恶是每个君主都要慎重考虑的，实施和亲的政策，实在是天下莫大的福气。”

止战平暴　终极目标

贞观十七年时，唐太宗对身边的大臣说：“莫支离盖苏文杀害了他的国君，篡夺了国家的政权，是绝对不可饶恕的。以国家现在的兵力收复他们，并不是件困难的事。但我目前还不想动用大军，暂且让契丹、靺鞨骚扰一下他们，你们看怎么样？”房玄龄回答说：“我听说古时候的国家，都是恃强凌弱，以众欺寡。现在陛下抚养天下百姓，将士骁勇不可挡，兵力强大而不攻击别人。平息战争、平定暴乱，这就是古人所说的真正的武功啊。汉武帝曾经多次攻打匈奴，隋炀帝三次征伐高（句）丽，百姓困苦潦倒，都是因为这个，请陛下考虑清楚。”唐太宗说：“说得好！”

明妃出塞图 【金】宫素然
图中绘西汉元帝时王昭君远嫁匈奴，与随从出塞外的情形

首战不胜 再战难测

贞观十八年时，唐太宗因为高（句）丽国的盖苏文杀害本国国王，祸害百姓，所以想要行兵讨伐他。谏议大夫褚遂良进谏说：“陛下兵法如神，没有人可以猜到。隋末征战连连，朝纲混乱，陛下战胜敌人，平息祸乱万般艰难；后来北狄侵犯边境，西戎违背礼节，陛下打算命令将士们前去征讨，群臣都苦苦劝谏，只有陛下英明神武，独自决断，终于举兵平定了这些异族。现在听说陛下要讨伐高（句）丽，大臣们都感到不理解。陛下神武英明，北周和隋朝的君主都比不上您。大军一旦渡过辽河，就只许胜不许败，没有退路，万一无法获胜，就不能以军威震慑四方，陛下必然更加生气，再次大举进兵。如果战争到了这种地步，安危就难以预测了。”唐太宗认同他的分析。

御驾远征 恐生突变

贞观十九年时，唐太宗将要带兵亲征高（句）丽。开府仪同三司尉迟敬德上奏说："陛下御驾亲征辽东，皇太子又刚好在外地的定州监国，洛阳、长安两都是国库所在地，虽然有军队守卫，终归还是太过薄弱。辽东路程甚远，我担心会发生隋朝杨玄感叛变作乱之类的变故。此事不值得陛下御驾亲征——即便胜利了，也算不上是大的功业；但一旦失败，恐怕就会被人耻笑。请陛下委任军中才俊来负责征讨高（句）丽的事情，定能很快征服高（句）丽。"唐太宗虽然没有听从他的建议，但这个意见还是被有见识的人所认可。

尉迟敬德像

前锋扫敌　勿待君上

吏部尚书江夏王李道宗随同唐太宗征战高（句）丽，唐太宗命李道宗和李勣为前锋。前锋渡过辽河攻克盖牟城时，遭遇大量敌军，大唐军队里的人都建议先挖壕沟，保住险要地带，等唐太宗主力大军的到来。李道宗说："不能这样。敌军远道而来是为了救急，士兵已经疲惫不堪，只是倚仗人多势众就轻视我军，只要一次战斗就能挫败他们。当年，耿弇不把敌人留给国君。我们既然身为前锋，就应当清理道路等待皇上的到来。"李勣非常认同他的想法。于是李道宗亲率骁勇骑兵数百人，直冲敌营，左右穿插出入。李勣在后面趁机率兵夹击，大败敌军。唐太宗到后，对他们大为赞赏。李道宗战斗时脚受了伤，唐太宗亲自为他针灸治疗，并赐他御膳。

好战害民　忘战亡国

唐太宗在《帝范》中说："兵器乃是国家的凶器。国土虽然广阔，频繁发动战争百姓就会困苦；国内虽然安宁，一旦忘记了战备，百姓就会懈怠。百姓困苦就不能保全国家，百姓懈怠就不能杀敌打仗，兵器既不能废除，也不能频繁使用。所以农闲时要讲习武艺，学习军事制度；每三年集合演练一次，才能了解作战的序列。因此，勾践向发怒的青蛙行礼，以示谦虚，激励士气，终于成就一番霸业；徐偃王不事战备，终于使国家灭亡了。为什么呢？因为越国人经常演习，而徐偃王却忘记了战争的准备。孔子说：'让没有受过训练的人去作战，就是白白送死。'所以掌握弓箭的威力，是为了利用它来平定天下，这就是用兵的职责。"

扬威拓土　适可而止

贞观二十二年时，唐太宗将要再次征讨高（句）丽。这时候，司空房玄龄病重卧床，他对儿子说："现在国家安定，各个领域都发展不错，唯独这次陛下再次征讨高（句）丽，将会危害国本。皇上在盛怒之下武断决定，大臣们心里害怕，没有一个敢犯颜劝阻。我非常明白这件事情的危害，如果再不说出来，我将死不瞑目。"于是，上奏劝谏说：

"我听说战争最忌讳的是无休无止，武功最可贵在于不战而胜。现在皇上的宣德与教化，无处不在。从古至今，不愿臣服中原的部族，陛下都能使他们心服口服；自古以来，不能控制的番邦，陛下都能掌控他们。考察历史，会发现对我朝造成最大祸害的，莫过于突厥，但是陛下运筹帷幄，端坐殿堂，大小突厥可汗，一个个自动臣服于你，充当宫禁的宿卫，或拿着刀戟投身军队。之后，薛延陀部嚣张跋扈，迅速被我制伏。铁勒诸部仰慕礼仪，请求大唐在他们境内设置州县以举国归顺。大漠以北，方圆数百里太平安定。至于像高昌国在沙漠专横霸道，吐谷浑人在积石关进退骚扰，陛下随便派一支小部队前往讨伐，也就平定了。高（句）丽是历代帝王都想讨伐的地方，但是都没能如愿。陛下指责他们弑主叛乱，残害百姓，亲率大军，到辽水、谒石山地区兴师问罪。十天不到，就占领辽东，大获全胜，前后俘虏几十万人，作为奴隶分配到各州，用都用不完。洗刷了几代人的耻辱，掩埋了阵亡将士的遗骨。比较功绩，考察德行，陛下远远超过前王。陛下圣明，这些功绩，我无法一一说明，陛下自己明白。

"而且陛下仁德遍及天下，德行可与比天高。看到邻族即将灭亡，就能估算出具体的时间；指挥部队行军打仗，能运筹帷幄，决胜于千里之外。观察局势的演变，看着日影的移动，等候战报，准确灵验如同神明，计谋决策从未失误。在普通士兵中提拔将领，在平凡百姓中选拔官吏。远方小国的使节，见了一次面就过目不忘；从来不会第二次问使节的名字。可以射穿七层厚的铠甲，可以拉满六钧重的硬弓。加上喜好典籍，文采斐然，陛下的书法技艺超过钟繇、张芝，辞赋赶超贾谊、司马相如。文采不时闪现，如同音乐那样和谐动听；毛笔一挥，墨迹犹如鲜花般竞相开放。陛下用仁慈对待天下百姓，用礼节对待臣属。奖励微小的善事，宽松严峻的刑法。不顺耳的忠告一定要听取，好听的谗言一定要杜绝。因为爱护生灵的好生之德，所以禁止在江湖中设置捕鱼的渔具；因为讨厌杀戮的仁慈，禁止直接在肉铺中宰杀动物。苑中的鸭、鹤受到稻谷的喂养，猎场的犬马得到帐篷的栖息。陛下不顾尊贵的帝王身份，帮李思摩吸吮箭伤，到灵堂守护魏征的灵柩。陛下为阵亡的士兵痛哭，悲情感动六军；亲自背负填路的柴草，真情感天动地。陛下重视百姓的安危，对百姓的官司尤为尽心尽力。我见识浅薄，没有资格议论皇上功业的深远、谈论皇上品德的高大啊！陛下身兼众多优秀品质，在下深切地为陛下珍惜它、重视它、爱护它。

“《周易》上说：‘知进而不知退，知生而不知死，知得而不知失。’又说：‘通晓进退生存的法则，而又不失正道的人，一定是圣人吧！’由此可知，前进有后退的含义，生存有灭亡的危机，取得有丧失的道理。老朽替陛下惋惜的就是这点。《老子》说：‘知足不受辱，知止无危险。’我认为陛下的威望功德都该知足了，疆土的拓展也该停止了。古往今来，畜养鱼鳖必须适当宽缓。如果要灭绝这个族群，那么恐怕他们会困兽犹斗，拼个鱼死网破。陛下每判决一名死刑犯，都要经多次复审，吃素食、不听音乐，就是因为人命关天，使陛下心生怜悯。何况士兵们没犯一点过错，却无故把他们驱逐到战场上，让他们在刀口上承担生命的危险，使他们肝脑涂地，魂飞魄散，使他们的家人看着从战场运回的尸体掩面而泣，怀抱亲人的枯骨悲恸欲绝。这样的哀伤是天大的冤屈和痛苦，会改变天地之间的阴阳和谐！再说，兵器乃是凶器；战争更是危险的事情，不得已不要施行。如果高（句）丽违背了做臣子的礼制，那么陛下可以发兵讨伐他们；如果它侵扰百姓，那么陛下可以消灭它；如果它长期成为国家的祸患，陛下可以彻底根除它。三条中如有一条，陛下即便每天因此诛杀一万人，也无须惭愧。今天，高（句）丽并没有犯这三条罪行，陛下却要扰动天下百姓大动干戈，对内为高（句）丽属国的旧君雪耻，对外为新罗小国报仇，这么一个勉强的用兵理由，难道不会因小失大？

“希望陛下能恪守大唐皇族远祖老子‘知足不受辱，知止无危险’的格言，以便保存陛下万代千秋的英名。施恩天下，顺应春光、广施恩泽，允许高（句）丽小国悔过自新。烧掉能越过巨浪的战船，解散招募来的士兵，这样百姓就会庆幸，外邦恭敬，国家安宁。我是个位在三公、年老多病的废人，我所遗憾的是，不能再如露水增补大海和山川的光辉一样为陛下效忠。我竭尽仅有的气力，提前奉上死后结草报恩的一片赤诚之心。如果陛下能采纳我临终说的这几句话，即便我死去也将会不朽。”

唐太宗看到他的奏章，叹息说：“他已经重病到这种地步，居然还能替国家分忧。”虽然他的进谏没有被采纳，但确实是善意的良策。

推功让德　慎始慎终

贞观二十二年时，国家屡次对外征战，并四处兴修宫殿，百姓很受劳役之苦。宫中女官充容徐氏上书进谏道：

“贞观以来，二十多年一直都是风调雨顺，粮食丰收，农田没有水灾旱灾的困扰，国家也没有发生饥荒。当年，汉武帝只是一个继承祖上皇位的一般帝王，还用玉刻之符举行封禅仪式；齐桓公只是一个小国的普通君主，也还会想到联合诸侯共同举行封禅大礼。希望陛下谦虚对待自己创下的功业，不独占功劳。天下百姓都倾慕拥戴陛下，但陛下还是没有举行封禅告成大礼；上古帝王有在云山祭天、在亭山封禅的先例，而陛下还没有举行诏告天地的礼仪。陛下这样的功业和德行，已经超过了前朝的诸多圣君明主了。但是古人也说过：‘休息的时候，也不能彻底松懈。’这句话很有哲理。能坚持始终如一的，就算是圣哲也很难啊。由此我们可以知道，功大的人容易骄纵，希望陛下难于骄纵；善始的人难于善终，希望陛下可以善终。

“我看到最近几年，陛下劳役兵役同时征发，并且日渐增加。东边有讨伐辽东的战争，西边还有高昌的战役需要平定，兵士战马沙场奔波，舟楫车马往来疲惫。陛下还征召了大量百姓，他们忍痛告别家人，仿佛面临生离死别。肆虐的风浪让士兵和粮草都有被吞噬的危险。一个农民尽力耕作，一年也只有十几石的收获；而一艘船遇难，就损失几百石的粮食。这就好比是用有限的粮食，去填补无穷的大海；还没有得到利益，战士就先损失一大半。虽然除暴安良是一个国家的本职，但是穷兵黩武却是圣人所反对的。当年，秦始皇虽然武力强大到可以吞并六国，但却加

唐太宗昭陵六骏雕像

速了秦国的衰亡；晋武帝占有了魏蜀吴三国，最终却让国家陷于祸乱。这难道不是妄自尊大、穷兵黩武、见利忘义而导致的结果吗？因为种下祸根，所以就算国家再广阔，也无法挽救国家的衰亡；百姓长时间饥困不堪，必将会奋起造反。国土再广大也不能保证国运的长久，百姓的困苦才是祸乱的根本原因。希望陛下施舍恩义，同情周济那些困顿的百姓，减免繁重的劳役，增加对百姓的抚恤。

“我又听说治国的根本，在于无为而治。我以为那些大型的土木工程，不宜多处同时进行。北边的皇宫刚刚修成，南边的翠微宫又马上动工，随后，玉华宫又开始营造。虽然说是尽量凭借山水的形势，但是仍然有很多劳民的艰辛之处；工程建筑再少，总还是要有人力的使用。最根本的问题，是为了显示节俭的作风而居住茅屋，还是为了满足君王的私欲而使百姓困顿。就算是政府出钱雇人，也还是有不少令人烦恼的弊端。因此，居住卑微，饮食粗糙，是圣明君主安身的方式；金屋瑶台，是奢侈君主纵欲的舞台。有德行的君主，让百姓安宁；无德行的君主，图自己享乐。希望陛下征发民力，用之有度，给他们一定的休息时间，那么民力就取之不尽、用之不竭了；征用民力，又能让人民得以休养生息，那么百姓就会心悦诚服。

“奇巧淫技，是亡国的斧子；珍珠宝贝，是迷惑心性的毒药。我看到陛下最近的服饰、玩物都新鲜华丽，巧夺天工；各地的贡品奇特珍贵，如同神仙所造。表面上是在庸俗中凸显格调，其实是败坏淳朴的社会风气。漆器哪里是祸乱的原因，夏桀制造漆器，却引起诸侯的背叛；玉杯也并非亡国的象征，商纣王使用玉杯，却引起国家的灭亡。知道奢侈是祸乱的源头，才知道应该有所节制。以节俭作为生活的准则，还担心不小心奢侈；如果统治者竞相奢侈，那又怎么指望后人保持节俭呢？希望陛下能有先见之明，研究出周全之策。至于前王祸乱的缘由，百代安危的教训，历朝兴亡的规律，得失成败的关键，这些本来陛下就很有体悟，我就无须多说了。只是‘知易行难’，人们往往在成功时骄纵，在太平时懈怠。我希望陛下能节制自己的欲望，始终谨慎行事，改正过失，增添德行，那么，陛下的英名将与日月同辉，功业将与天地并存！”

唐太宗非常赞赏她的进谏，特别给予她丰厚的赏赐。

【第三十六节】
安定边疆

存亡续绝　怀柔安边

贞观四年，李靖击败了突厥的颉利可汗，有不少突厥人投降大唐。唐太宗令群臣讨论安定边境的策略。

中书令温彦博进谏道："请在河套以南安置他们。效仿东汉光武帝的做法，在五原塞下安置投降的胡人，保全他们的族群，让他们成为中原的要塞屏障；不使他们远离自己的土地，同时保留他们的风俗习惯，因此使胡人得以安抚。这样做，一来填充了空虚之地，二来表示了我大唐对他们毫无疑虑，这是一条收容和养育之道。"唐太宗同意温彦博的建议。

温彦博说："天子对待天下万物，就像阳光普照大地一样，不管谁来归附，陛下必然要尽心养护。现在突厥被我们打败，残余部落前来归附，陛下如果不报以同情，反而排斥他们，辜负了外族的诚意，我认为不妥。应该在黄河以南的地方安置他们。这就是所谓的'存亡续绝'，这样一来，突厥人必将感激我大唐的恩德，永世不会背叛。"

魏征说："晋代处理三国时代遗留下来的异族部落，把他们分散安置在首都附近的州郡，郭钦、江统建议把他们驱赶到塞外，晋武帝没有采纳这个建议。几年后，这些异族部落就攻陷了洛阳、长安。前代覆车之鉴离现在并不太远。如果陛下听取温彦博的建议，把他们遣送到黄河以南，恐怕会养虎为患。"

温彦博又说："我听说圣人之道，到处都可以通行。突厥的残余部落，把性命都交给我们了。我们收容他们居住在内地，用礼仪教化他们，帮他们选出首领，派遣他们在宫禁中值宿警卫，他们畏惧大唐的国威，感念陛下恩德，怎么可能还有什么祸患呢？光武帝让河套单于的部众居住在内地州郡，作为东汉的附属藩国，终光武帝一代，并没有叛逆。”温彦博又说：“隋炀帝兴师动众，劳民伤财，帮突厥人树立可汗，让他们恢复自己的国家。后来突厥人背信弃义，在雁门围困隋炀帝。现在陛下以仁义为重，同意他们的意愿，黄河河套南北之地随便他们居住，他们各个部落都有自己的酋长，相互之间互不统属，实力分散，怎么能成为祸害呢？”

给事中杜楚客说：“北方的部族难以用恩德安抚，只能用武力降服。现在把他们安置在黄河之南，太靠近中原核心地区，日久天长必然成为祸患。至于隋炀帝雁门战役，虽然是突厥人背信弃义，但也由于隋炀帝昏庸残暴，怎么能说是替突厥复国而招来的祸乱呢？我担心做事如果违背古人的遗训，恐怕就难于长久。”

唐太宗褒奖了杜楚客的建议。不过因为当时正在致力于施行仁义的政策，没有听从他的建议，最终采用了温彦博的方案，东自幽州，西至灵州，设置顺、佑、化、长四州都督府来安置突厥部落，其中居住在长安的突厥人接近一万户。

必先安内　然后抚外

自从颉利可汗被大唐军队打败之后，突厥各部落首领前来投降的，都授封将军、中郎将的职位，安置在朝廷中，五品以上的将近有一百人之多，大约占朝中官员的一半。只有拓跋赤辞不来归附，唐太宗又不断派遣使者招抚他。凉州都督李大亮认为这样对国家无益，只是白白浪费财物，于是上奏说：“我听说安抚远邦必先安定国内，损害根本以求得枝叶的繁茂，这是不可能的事情。自古以来的贤君，都是用仁义教化百姓，用权术驾驭外族民众，自陛下登基以来，巩固国家根基，国富兵强，人民安乐，外族自然就会归顺。现在招抚突厥，扩大了版图，但是我渐渐觉得破费过

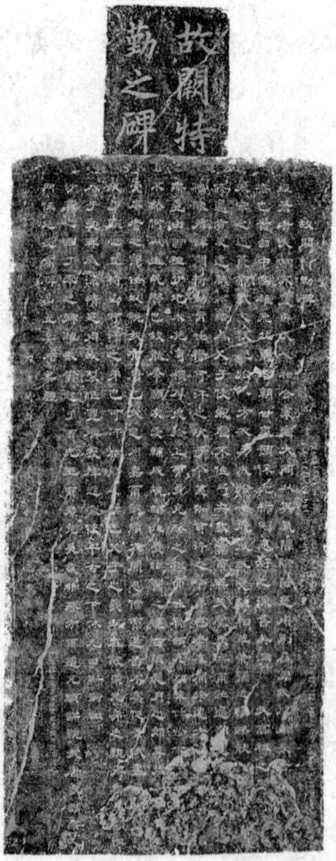

突厥阙特勤碑拓本
原碑在蒙古国。突厥毗伽可汗为纪念其亡弟阙特勤的功勋而立，分汉文和突厥文两部分。汉文为唐玄宗御书。该碑是唐与突厥友好关系的历史见证。

多，国家没有从中得到什么好处。河西地区的百姓，一向为国家防御外邦，各州县都因此而凋敝不堪，户口稀少，特别是隋末战乱，人口损耗实在是太多了。突厥没有被讨平之前，民众都不能安心生产；胡人后来势弱归顺我国，百姓才得以开始恢复生产。如果因为招抚外族，而导致征发劳役，恐怕要造成更大的损害。依我之见，应该马上停止招抚。周王室爱护百姓排斥外族，延续了八百年的国运。秦始皇轻率发动战争，讨伐北地的匈奴，四十年国家就灭亡。汉文帝静养军队谨慎防守，于是天下安定富足；汉武帝穷兵黩武、经略远方，致使国内很快空虚损耗，虽然晚年时在《轮台罪己诏书》中有所追悔，但已经是铸成大错。隋朝很早就夺取了伊吾，后来又兼并了鄯善。取得了这些地方之后，劳民伤财一天比一天厉害，虚耗国内财物运往外地，终究有害无益。远的比较秦汉时代，近的对照隋朝，动静安危的情况，可谓一目了然。伊吾虽然已经臣服，但远在沙漠之外，土地多为盐碱沙漠。那些自愿归顺我朝的部族，就请多加笼络他们，让他们永远居住在塞外，这样一来，他们就会畏惧中央王朝的威力而感恩戴德，永远做藩属国。给他们恩赐虚名，而国家得到实惠。近年来，突厥人口大量移民我国。既然不能把他们移到江淮地区，以尽快同化他们，就随意在离京城不远的地方安置他们，这虽然表现了宽大仁慈的胸怀，但却不是长治久安的好办法。我常常见到随便一个人初次来归降，陛下就赏赐他五百匹帛和一件袍子，酋长们都被授予大官，俸禄丰厚而且地位尊贵，这必然造成大量的浪费。”唐太宗没有采纳。

非我族类　其心必异

贞观十三年时，唐太宗驾临九成宫。突利可汗的弟弟中郎将阿史那结社率暗中勾结旧部，帮助突利的儿子贺罗鹘夜袭唐太宗的住所，事情败露，被捕处死。唐太宗从此不让突厥人宿卫值班，后悔在内地安置他们的部众，于是将他们的旧部遣送到黄河以北地区，让他们在原来的定襄城建立官署，立李思摩为乙弥泥熟俟利谟可汗，统率突厥人。之后，唐太宗对身边的大臣说：“我朝的百姓确实是天下的根本，外族民众如同枝叶一样，损害根本却希望枝叶繁茂，伤害本族百姓的利益而祈求国家平安，哪能有这样的事情。当初，朕没能采纳魏征的建议，导致后来一天比一天劳民伤财，几乎偏离了国家长治久安之道。”

伐罪抚难　以为屏障

贞观十四年时，在侯君集平定高昌后，唐太宗想在原高昌境内设置州县。魏征进谏说：“陛下登基初始，高昌国王第一个来朝拜访，自那之后，几次有胡商来禀报说高昌国阻止西域来唐朝进贡的人，加上高昌王对我国使节蛮横无理，所以陛下屡次讨伐他们。陛下只要追究国王麹文泰一人就好了。现在已经打下高昌，不如乘机册立高昌王的后代为王，安抚高昌国的百姓。讨伐罪人，抚慰百姓，恩威遍及偏远的地区，这是治国的良策。如果贪图他们的国土而在那里设置州县，就必须派遣部队镇守那里，并且几年轮换驻防，恐怕死亡的会有十分之三四。士兵们自备衣物钱财，告别亲人，艰难来到蛮荒之地，长此以往，恐怕十年以后陇右地区的人口就会空虚，而陛下也没办法得到高昌的钱粮布匹。这是浪费有限的财物去治理无用的地方，我看不出它有一点可行性。”唐太宗没有采纳，还是在高昌境内设置西州，并在西州设置安西都护府，每年调派一千多名将士守卫这个地方。

黄门侍郎褚遂良也觉得这样不妥，于是上奏说：

“我听说古代明君统治天下，必定以自己为重而以外族为次，广施恩德教化，抚慰而不去治理遥远的荒夷之地。所以，周宣王讨伐獫狁，追到边境就收兵了；秦始皇远筑长城设立关防，结果国家崩坏。陛下征服了高昌国，震慑西域，收编了他们的土地，设立州县。然而大军出发的时间，就是陇右河西地区供给赋役的年份。由于紧急运送军用物资，导致当地人民流离失所，十户九空，好几个州县都变得非常萧条，恐怕五年之内都不能恢复生机。

“陛下每年派遣一千多名将士在遥远的边疆驻扎防守，这些士兵长年远离亲人，在异乡思念故土。派去的人路费行李都要自己筹备，要卖掉家中的粮食和布匹。途中死人的悲伤，就更不用说了。加上又流放罪犯去增强那里的防守兵力，有些囚犯在途中逃跑，政府还要费心捉拿，横生事端。高昌行程万里，一路上沙漠千里，冬天巨冷，夏天酷热，行人如果不慎遇到恶劣天气，走到哪里都是死路一条。

“《易经》上说：‘安宁不忘危急，太平不忘祸乱。’高昌路途艰险，供需困难，一旦张掖、酒泉发生战事，陛下难道能指望高昌可以提供一点军粮吗？终归得调动陇右的部队，才能西出进攻敌人。这么说来，河西以西乃是我朝的心腹要害，而高昌就像是别人的臂膀，怎么能浪费我朝的财物，去管理无用的土地呢？陛下在大漠平定颉利，在西海灭掉吐谷浑，为突厥剩余的部落树立可汗，为吐谷浑的遗民树立君长。现在再为高昌树立新君，并非没有先例。陛下已经惩罚了高昌的罪行，既然惩罚了就让它生存下去。应该召集高昌国中的志士，让他们回到本国担当领袖。高昌承受大唐的恩德，就能长久地为我朝镇守西疆。这样一来，我朝不受侵扰，国富民强，强盛的国运可以代代传承。”

褚遂良的奏章呈献上去，但唐太宗仍没有采纳。

到了贞观十六年时，西突厥侵犯西州。唐太宗对身边的大臣说：“西州情况紧急，虽然还不至于造成多大的危害，但是我怎么能不担忧呢？前年侯君集

新疆吐鲁番西州回鹘时代高昌城佛塔遗址

初平高昌时，魏征和褚遂良都劝我立高昌旧君麴文泰的子弟为国君，使高昌保持国家的完整，我竟然没有采纳，现在非常地后悔。以前，汉高祖在平城受困后封赏娄敬，而袁绍却在官渡战败后诛杀田丰。我经常以这两件事提醒自己，怎么能够忘记劝谏过我的人呢？”

【第十卷】

立身

【第三十七节】
巡幸游览

滥用民力　逼民造反

贞观初年时，唐太宗对身边的大臣说：“隋炀帝在全国各地大造宫殿楼宇，以便自己随时巡游四方。从西京到东都，一路上离宫、别苑一栋接一栋，甚至一直往东到并州、涿郡也有很多。主要的官道宽达数百步，两边整齐地种着装饰用的树木。国家征用劳力的强度远远超过所能承受的地步，人民只好纷纷聚众造反。到隋朝末年时，却留不住一寸土地、一个人民。这样说，广造宫殿，四处巡幸能有什么用处？这些都是我亲眼所见，一直让我深刻地引以为戒。所以我向来不敢随便征用民力，心里只是想着让百姓安居乐业，以免他们心生怨恨和背叛。”

营造无度　人死国灭

贞观十一年时，唐太宗游览洛阳宫，在积翠池上划船。唐太宗对身边的大臣说：“这个宫殿连带亭台水池都是当年隋炀帝营造的，驱使奴役百姓，追求奢侈华丽，却不能守住都城，为天下万民着想。光想着不停地到处巡幸游览，不想想人民能否承受得住。以前有诗人说：‘哪种草儿不枯黄，哪些日子不奔忙。’又说：‘边患没有休止，连丝麻都被征收了，织机全都派不上用场。’说的就是这种情形。最终全天下人都怨恨背叛，隋炀帝人死国灭，现在他营造的辉煌建筑全部都归我所有。隋朝的灭亡，不只是国君无道，也是因为辅国大臣德行缺失。像宇文述、虞世基、裴蕴这些人，可谓高官厚禄，受国君的重托，却只会干逢迎君上、构陷同僚的事情，国君的耳目都被他们遮蔽，无从知道民间的现实，这种情况下，想要国家不乱是不可能的。”司空长孙无忌上奏说：“隋朝的灭亡，上面的国君堵塞忠直之臣的谏言，下面的大臣只想保全自己，同僚有过失，不敢检举，等到后来国内叛贼横行时，也不将实际情况告诉国君。这充分说明，事情不只是天命运转的问题，实在是由于他们君臣之间不能相互匡正辅助。”唐太宗说：“我和你们几个亲身经历隋朝的弊病，必须充分弘扬美德，改变旧俗，才能建立万世传承的基业。”

福祸善恶　由人引起

贞观十三年时，唐太宗对魏征等人说：“隋炀帝继承文帝创下的帝业，当时可谓民富国强，如果他能老老实实地待在关中，国家怎么会衰败呢？他不顾百姓的需要，不停地到处出游，不听取董纯、崔象等人的劝告，强行去江都巡游，终于导致人死国灭，被天下人所耻笑。虽然说天命国祚是由上天决定的，但福祸善恶，还不都是由人引起的。我每每想到这里，总觉得如果想要长久地维持君臣的福分，使国家不至于危亡，那么国君有什么不对的地方，臣子一定要毫不避讳地劝谏，国君就算当时不能马上改正，经过深思熟虑后，也必然会做出合适的选择。”

知足常乐　自我节制

贞观十二年时，唐太宗到东部打猎，快要进入洛州时，住在显仁宫，管理宫殿花园的官员多次被唐太宗责罚。侍中魏征进言说：“陛下现在临幸洛州，因为这里是以前征战时落过脚的地方，看到现在这里的人民都安居乐业，所以想要赏赐以前的老相识。城里的百姓还没来得及享受陛下的恩德，看守宫殿花园的官员就开始受到责罚。他们被罚的原因也不外是侍奉得不够周到，没有及时献上美味的食物。这是不知道节制自己，追求奢靡作风的表现，不仅不符合陛下巡幸洛州的本意，而且恐怕还违背了洛州百姓的期望。隋朝时皇帝命令臣属多贡献美食，贡献少的就加以惩罚。国君有什么爱好，下面的臣属必定会变本加厉地推行，如此一来，就演变成没有止境的奢靡风气，最终导致国家灭亡。这个事情不是典籍上记载的故事，而是陛下亲眼所见。正是因为隋皇的暴虐无道，上天才让陛下您取而代之。当时陛下处理事情都是倍加谨慎小心，凡事都以俭朴为美，借鉴前代的经验，给子孙留下深刻的教训，怎么现在却想要效仿隋朝人的作风呢？如果陛下觉得知足，那么今天又有什么不满足的呢；如果陛下觉得不知足，那么即使是比今天再多万倍的供奉，恐怕也不够啊？”唐太宗听后说：“如果不是你，我不可能听到这些中肯的话！从今往后，再也不会出现类似的事情。”

【第三十八节】外出游猎

防备第一　适可而止

因为唐太宗过于喜欢外出打猎，秘书监虞世南特别上奏劝谏说："我听说君王秋冬两季定时狩猎，是自古以来的传统；射杀野兽猛禽，前人也记载得很清楚。希望陛下在处理政务的闲暇之余，顺应天时进行捕猎，亲自射杀所有凶猛的兽禽，铲除伤害百姓生计的祸害。但是陛下的尊贵之身，乃是全国百姓和天下各国所关心的事情，应该先清理道路，做好安全防备再驱车出行。为了国家社稷的安危，必须小心行事，不能出现丝毫的意外。所以以前才有司马相如劝谏汉武帝，张昭劝谏孙权的举动。我虽然微不足道，但是怎么敢忘了这个道理？况且现在弓箭网罗众多，祸害百姓的禽兽已经死了不少，陛下给臣属赏赐的猎物也已经多了。希望陛下适时停止外出游猎，采纳我的小小建议，将徒手搏击野兽猛禽的事情，委派给合适的臣子去做，这样陛下就能够成为千秋万代的君主典范。"唐太宗很赞赏他说的这些话。

伺机进言　语义双关

谏议大夫谷那律曾经随唐太宗一起外出打猎，中途遇上下雨，唐太宗问他说："哎呀，这油布雨衣要怎么样才能不漏水呢？"谷那律回答说："用瓦片来做，就肯定不会漏水。"他这句话的意思是要劝唐太宗少外出游猎。唐太宗觉得他这句话说得非常好，赏赐他五十段布匹，并特别用金带捆扎这些布匹。

臣下上奏　讲究策略

贞观十一年时，唐太宗对身边的大臣说："我昨天去怀州，有人上奏章说：'为什么总是征发山东地区的民力修建工程？现在压在老百姓身上的徭役，几乎和隋朝时一样多。害得怀州、洛州以东的人民都活不下去了，但陛下却依然常常到处游猎，真是一个骄奢淫逸的君主啊。现在您又到怀州来游猎，今后忠诚正直的谏言恐怕再也不能传到洛阳了。'一年四季，适时游猎，本来就是帝王世家常见的习俗，况且我今天在怀州，对百姓可是秋毫无犯。上奏建议君王改正过失，也有一定的标准，臣下上奏重在有理有据，君王贵在知错能改。像这样的奏章，完全就是诬蔑诋毁，就像恶意的诅咒一样。"侍中魏征上奏说："陛下开辟臣下直言进谏的途径，所以上奏说事的人才会这么多。陛下亲自批阅奏折，当然是希望臣下的谏言能有可取之处，所以一些心存侥幸的人才能有机会胡说八道。臣属给君王上谏，应该态度平和，讲究策略方法。汉元帝曾经用醇酒祭祀宗庙，出了皇宫便门后，便准备要乘坐楼船过河。御史大夫薛广德在皇帝的御轿前摘掉帽子说：'应该从桥上走！陛下如果不采纳我的意见，我就当场自杀，让脖子上的血污了陛下的车轮，这样陛下今天就进不了宗庙了。'汉元帝听到薛广德这么强硬的谏言，感到很不痛快。旁边的光禄卿张猛说：'我听说国君圣明，臣子正直，乘船相对危险，走桥就安全得多了。圣明的君主应该避免危险的发生，薛广德的话还是应该听取的。'汉元帝说：'跟别人讲道理不应该这个样子嘛！'最后还是从桥上走了。相比较来说，张猛可以称得上是知道怎么向君上谏言的正直臣子了。"唐太宗听后心里十分高兴。

以身犯险　君王不为

贞观十四年时，唐太宗驾临同州的沙苑打猎，亲自格杀猛兽，而且清早出去到晚上才回来。特进魏征上奏说："我听说《尚书》赞美周文王不敢长时间游猎，《左传》转述《虞箴》上记载，让后人将后羿喜好游猎的故事引以为戒。以前汉文帝来到一个壮观的斜坡，想要策马一冲而下，袁盎拽住马车的缰绳说：'圣明的君主不会让自己处于危险之中，更不敢有丝毫侥幸的心理，现在陛下驾着狂奔的骏马，飞驰在不可预测的山坡上，一旦出现意外，连车带马都不能保全，就算陛下轻视自己的性命，但又怎么对得起列位祖宗呢？'汉武帝喜欢亲自格杀猛兽，司马相如上谏说：'力气大得像秦国的大力士乌获，动作敏捷得像吴国的勇士庆忌，总有这种才能杰出的人，野兽也一样有凶猛异常的。如果突然碰到凶猛异常的野兽，一时惊慌匆忙之下，恐怕即使有乌获、逄蒙的本领也都无法施展出来，连地上的枯木烂枝也都处处为难。

即便侥幸万无一失，这本来也不是天子帝王应该做的事情。’汉元帝到郊外祭祀天地，完后趁机留在那里游猎，薛广德说：‘我看关东地区情况很是不妙，百姓因为受灾而四下离散。今天陛下却敲响秦国亡国的警钟，奏起郑国、卫国衰落的靡靡之音。士兵们衣不蔽体，底层的官员也是劳累不堪，如果想要安定国家社稷，为什么还去河边打虎，丝毫不知道保持警惕之心呢？’我私下思考后，觉得这几个帝王，内心并不是像木石一样冷漠无情，怎么会不喜欢游猎与纵马的乐趣呢？之所以委屈自己的个人喜好，采纳臣下的谏言，那是因为他们一心为国，而情愿牺牲自己。我听说陛下最近御驾外出、早起晚归，亲自格杀猛兽。以陛下的尊贵之身，在荒郊野外黑暗前行，穿越不可预知的森林草地，真的不是明智的选择。希望陛下舍弃个人的喜好，不再以格杀野兽为乐，这样上既对得起祖宗国家，下也能抚慰臣属和亿万百姓。”唐太宗说：“昨天的事情纯属头脑发热，没有考虑清楚事情的后果，并不是有意这样做，以后一定要深刻地引以为戒。”

秋收季节　游猎扰民

贞观十四年十月的时候，唐太宗想去栎阳县游猎，县丞刘仁轨觉得现在正是收获季节，粮食还未收割完毕，不是国君驾临的最佳时候，所以特别到唐太宗的住所去劝谏。唐太宗于是就取消打猎的计划，还提拔刘仁轨为新安县县令。

【第三十九节】
福祸吉凶

百姓富足　即为瑞兆

贞观六年时，唐太宗对身边的大臣说："我在这里看见大家都为出现吉祥的瑞兆而感到高兴，频繁上表以示庆贺。依照我的本意，只要天下太平，百姓能够丰衣足食，就算没有什么吉祥天象，德行也可以和尧舜相比。如果百姓衣食匮乏，外敌入侵，就算满大街长满灵芝仙草，凤凰神鸟都跑来花园里结巢，我和夏桀、商纣王又有什么差别呢？我听说六朝后赵石勒时，有些地方官把连理木当柴烧，把白鸡煮了吃，难道石勒算得上是圣君明主吗？隋文帝特别喜欢吉祥的瑞兆，派秘书监王劭穿礼服，在朝廷大堂上焚烧香料，还一边朗读《皇隋感瑞经》。以前听别人说起这事的时候，我就觉得实在可笑。作为国君，应当想着用公理大义治理天下，以便博得百姓的喜好。尧舜统治天下时，老百姓像敬畏天地一样敬畏国君，像爱戴父母一样爱戴国君，不管什么言论决策，都得到人民的赞许，发布政令制度，也都得到人民的支持，这就是最大的瑞兆。从现在开始，以后各地不管发现什么吉祥的瑞兆，都不用再上表奏明。"

修养美德　灾祸自消

贞观八年时，陇右地区山体崩塌，多次出现大蛇的踪迹，山东地区和江淮地区也是频频发生水灾。唐太宗问身边的大臣是怎么回事。秘书监虞世南回答说："春秋的时候，梁山崩塌，晋侯召见大夫伯宗问话，伯宗回答说：'山川为国家所尊崇，乃是国家的命脉。大山崩塌，河水枯竭，国君应该因此而不奏乐，不穿盛装，乘无彩饰的马车，给神灵敬献礼物。'梁山是晋国作为国家命脉来献祭的名山。晋侯听从伯宗的建议，施行仁政，才免除祸害。汉文帝元年时，齐楚二地的二十九座山脉同时崩塌，暴发洪灾，导致当地的郡国无法向朝廷进贡。汉文帝因此向天下遍施恩惠，结果国家虽然遭受自然灾害，但远近人民都安居乐业，也就算不上是多大的灾难了。东汉灵帝时，皇帝宝座曾经惊现青蛇；晋惠帝时，齐地出现一条长达三百步的大蛇，经过闹市游向宫殿。按理蛇应该在草丛里，但却出现在市集和朝廷之上，所以说是奇怪的现象。现在陇右的山上出现大蛇，高山深水一定会有各种奇异的龙蛇，也不算太奇怪。不过山东地区下雨，虽然也算正常，但持续降雨时间太长，恐怕是因为有冤案的缘故。我以为应该重新审理重大案件，以便符合上天的旨意。况且邪不胜正，修养美德就可以消除过失。”唐太宗也是这么觉得，所以就派遣使者赈灾救急，重新审理冤案，赦免了很多被押的囚犯。

唐代服饰图

骄傲自满　即为凶兆

贞观八年时，南方出现彗星，大概有六丈长，经过一百多天才熄灭。唐太宗对身边的大臣说：“天上出现彗星，是因为我的德行有不足，政令有过失，你们说到底是什么问题呢？”虞世南回答说：“以前齐景公当政时出现彗星，齐景公问晏子是什么原因。晏子说：‘您挖池塘总嫌还不够深，盖亭台总嫌还不够高，判处罪犯总嫌还不够重，所以上天降下彗星，作为对你的告诫。’齐景公听了晏子的话心生畏惧，于是就修养自己的德行，十六天后，彗星就消失了。陛下如果不修养德行，即便是麒麟凤凰再怎么出现，终归没有用处。只要朝廷施政没有过失，百姓安居乐业，就算有异常的自然灾害，对陛下的德行又能有什么损害。希望陛下不要觉得自己功业超过古人而骄傲自满，不要因为天下太平久了而心生懈怠，如果能够始终如一地修养美德，那么这次出现的彗星没有什么可担忧的。”唐太宗说：“我治理国家，没有类似齐景公的过失。但是我十八岁开始逐鹿天下，几年内扫灭刘武周、薛举、窦建德、王世充的叛乱，二十四岁平定天下，二十九岁就登上皇帝的宝位，蛮夷归顺，国家安定。自以为从古至今的拨乱反正的英雄帝王，没有一个能超过自己的，因此有些骄傲自满，这或许就是我的过失。上天降下异常的现象，难道就是为了警示我的过失吗？秦始皇统一六国，隋炀帝富甲天下，但是因为骄奢淫逸，终于败亡。我和他们相比，又有什么可以骄傲的呢？想到这里，我内心感到非常的恐惧。”魏征进奏说：“我听说自古以来的帝王没有一个不经历过异常灾变的，只要能修养美德，灾变自然就会消失。陛下因为有灾变，而反复思考自己的行为，责备自己所犯的过失，做到这样，虽然有自然灾变，必定不会引起多大的后果。”

爱惜万物　检讨自己

贞观十一年时，国内连降大雨，洪水泛滥，冲进洛阳的城门，涌入洛阳宫，水深达到五尺，十九座宫殿被大水冲毁，七百多户人家被水淹没。唐太宗对身边的大臣说：“因为我的失德，导致上天降灾表示惩罚。由于我不能明察事理，刑罚的执行泛滥无度，以至于天下阴阳失去原有的秩序，连雨水都变得反常。爱惜万物，检讨自己。我的内心满是忧虑和警惕，怎么有心思享受这些美食？让主管御膳的尚食局停止供奉肉食，做些简单的素食。文武百官都要上呈奏章，赶紧指明我的对错与得失。”

中书侍郎岑文本上奏说：

“我听说开创拨乱反正的大业，过程非常的艰难，继承守卫祖宗的功业，同样也相当不易。所以说居安思危，才能守住良好的局面；有始有终，才能发扬祖宗的基业。现在虽然百姓安定，国家太平，但还是处在隋末大乱之后，国家凋敝不堪，人口急剧减少，耕地开辟的数量仍然不够。皇恩已经覆盖所有角落，但人民受到的创伤还没有完全恢复；教化的施行已经遍及天下百姓，但人民普遍还没有什么积蓄。古人用种树来比拟，生养的时间长久，才能枝叶繁茂；如果种的时间短，根基还不稳固，就算是勤加培土施肥，用春天的阳光普加照耀，只要有人摇动树干，必然导致树木的枯萎。现在的百姓，就像新种的树苗。长久地爱护，生命力才能越来越强；如果不时征发徭役，就会使百姓的生计越来越凋敝；时间一长恶性循环，造成民不聊生；最终招致百姓的怨恨与离心，背叛和变乱也就是必然的了。所以舜帝说：‘值得敬爱的无非是圣明的君主，值得畏惧的也无非就是百姓的苦乐。’孔安国说：‘百姓知道国君关乎自己的命运，所以觉得应该心存敬爱。如果国君无道，人民就会背弃他，所以说百姓值得畏惧。’孔子说：‘国君好比是船，百姓好比是水。水可以承载船只，也可以倾覆船只。’所以古代的圣明君主即使在休息的时候也不敢过于松懈，对待事情总是一天比一天更加谨慎，就是这个道理。

“希望陛下能够明鉴古今，看清国家安危的关键所在，把国家社稷和百姓苦乐放在最重要的地位上。公开选拔官员，谨慎地赏功罚过，任用贤能的人才，斥退奸佞的小人，采纳谏言，知错能改。做好事情最重要的是不要怀疑别人，政令一旦发出就想着不能更改。修身养性，减少外出游猎活动；排斥奢侈作风，崇尚节俭美德，裁减不必要的徭役征发。清净无为，端正自我，不盲目妄求开疆拓土，但充实武备随时准备战斗。这几条都是永恒的治国道理，也是陛下一贯的方针政策。我愚昧无知，只希望陛下能够勤于思考、永不松懈，这样陛下治理天下的至高真理就可以和三皇五帝相媲美，帝位的万世传承就能像天地一样绵长久远。达到这种境界，就算庄稼成精，龙蛇作怪，野鸡自己飞到锅里，石头突然开口说话，那一样也可以把灾祸变成吉祥的幸事，再说了，降雨过量会带来水灾，这本来就是宇宙运行的原理，怎么可以说这是上天的责罚而让陛下内生牵挂呢？我听说古人说过这么一句话：‘农夫辛苦劳作，国君要关怀他们；愚昧的人表达意见，聪明的人要择善而从。’我斗胆发表自己的狂妄看法，愿您对我加以惩罚。”

唐太宗深感赞同，就采纳了岑文本的谏言。

【第四十节】
善始善终

居安思危　始终如一

贞观五年时，唐太宗对身边的大臣说："从古到今的所有君王都很难使国家长治久安，常常就算国内安定，也会有外敌侵扰。现在周边归顺，粮食丰收，盗贼也比较少见，内外形势都很好。这不是我一个人的功劳，实在是你们几个共同辅佐的结果。但居安思危，现在虽然没事，也要想着怎么坚持原来的作风。内心常常存有这样的想法，才是难能可贵的事情。"魏征回答说："自古以来，优秀的国君和辅臣很难同时出现，或者国君号称圣明，但却没有贤良的臣子辅佐他；或者臣子贤良，但国君却昏庸无道。现在因为陛下圣明，所以国家才能够得到治理。如果臣子贤良，而国君不思进取，那也做不成什么事情。天下虽然太平，臣等同僚都不敢沾沾自喜，只希望陛下能够居安思危，孜孜不倦，始终如一！"

心存畏惧　保持警惕

贞观六年时，唐太宗对身边的大臣说："自古以来，弘扬美德的国君，多数不能善始善终。汉高祖刘邦，原来只是泗水边的一个小亭长而已，开始时能够除暴安良，拯救国家于危急之中，成就帝王的基业，但是在位十几年后，还是不可避免犯下放纵懈怠的过失。汉惠帝是嫡传长子，高祖帝位的法定继承人，他性格温良恭谦，为人仁义忠孝，但汉高祖偏偏喜欢宠妃的儿子，因此想要重新废立太子而犹豫不决；萧何、韩信是汉高祖平定天下的功臣，但萧何无故被抓，韩信随意被罢免，其他功臣如黥布等人也都跟着恐惧不安，以至于后来反叛朝廷。君臣父子之间的关系违背天理到这种程度，这难道不是正好说明坚持到底实在太难吗？我之所以不敢因为天下安定而无所畏惧，就是因为每次都用国家危亡的可能性来警惕自己，希望自己能够善始善终。”

旷世功业　推功臣下

贞观九年时，唐太宗对公卿大臣说：“我以清静无为治理天下，四方都前来归顺。这不是我一个人能做到的，其实是有赖于你们几个人的功劳。你们应该想着善始善终，子子孙孙永远辅佐大唐，让大唐的基业永远稳固，让我朝建立的功业惠及后世，让几百年后的人们读我朝的朝史时，感到像星空一样光辉灿烂，不单单只有兴盛的周朝、光辉的汉朝和汉光武帝、汉明帝的不朽故事！”房玄龄顺着唐太宗的话说：“陛下谦逊，把功劳推给臣下。只有陛下的圣德才是天下大治的根本，我等哪里有什么功劳？但愿陛下有始有终，那就是全天下人最大的福分了。”唐太宗又说：“我观察以前拨乱反正的君主，年纪都超过四十岁，只有汉光武帝是三十三岁。但是我十八岁就带兵打仗，二十四岁就平定天下，二十九岁登上帝王宝座，武德方面应该说是超过古人了。年轻时四处征战，没有时间读书，到了贞观年间，勤于读书，可以说是书本不离手，才知道教化和执政的根本道理。把这些道理施行了几年，天下得到大治，百姓也因此移风易俗，做儿子的知道孝敬父母，做臣子的懂得忠于国君，这样文德也就超过了古人。以前从周朝、秦朝开始，外面就不停地入侵，现在异族纷纷前来朝拜归顺，都成为我的臣属，这样在招抚远方的外族方面也算是超过古人。这三条超过古人的旷世功业，我有何德何能敢独自承受它呢？然而，既然有这样的功业，我们当然就更要谨小慎微，尽量做到善始善终！”

天下安定　不可懈怠

贞观十二年时，唐太宗对身边的大臣说：“我读书的时候发现，以前的君王治理天下，也都身体力行，孜孜不倦，所选聘任用的辅政大臣，也都可以说是贤良之人。然而天下的治理总是比不上三皇五帝的时代，为什么？”魏征回答说：“现在国家安定无事，四方外族也都纷纷归顺，这确实是前所未有的事情。以前的帝王君主，刚刚登上大位时，都想要励精图治，以达到尧舜治理天下的程度为自己的目标；等到天下安定的时候，就开始骄奢放纵，不能始终如一。臣子刚被委以重任时，都想辅佐君主，成就一代功业，希望能成为像稷、契一样的一代明臣；等到俸禄和官阶都拿到手了，就开始想着要保全自己的富贵，不能恪尽职守。如果能让国君和臣子都能保持毫不松懈，相互都能始终如一，那么就不需要担忧天下治理不好，当然也就可以超越古人了。”唐太宗说：

"确实就是你说的这个样子。"

言行一致　不违承诺

贞观十三年时，魏征看到唐太宗近几年开始有奢侈放纵的作风，担心他不能保持节制的美德，所以特别上奏谏言说：

"我看到自古以来的所有受天命统治天下的帝王，都希望自己的帝位子子孙孙传承万代，为子孙的将来做好安排。所以他垂手在朝廷上统治国家、发布政令施教天下时，只要说到治国之道，必然会说推崇质朴简约、抑制轻浮奢华的作风；说到选拔大臣，也必然会说尊崇忠正贤良的人才、排斥奸邪谄媚的小人；说到政令制度的建设，也要摒弃奢靡，崇尚俭约；说到物资生产，肯定是重视粮食布匹而轻视不实用的珍珠宝贝。在即位之初，都能够遵守上面的准则来治理国家；等到国家稍微安定一点后，多数却反而破坏当初自己给下的承诺。这是为什么？难道不知道以帝王的尊贵和富有，说出去的话就不能后悔，不管做什么事情都会成为他人效仿的对象？这是因为个人的喜好超越了国家公义，个人的欲望侵夺了礼仪制度。《论语》上说：'知道不难，做到较难；做到也不难，难的是始终坚持做到。'这句话说得很对。

"陛下二十几岁就削平天下，开创帝业。贞观初年时，陛下正值青壮年，牺牲自己的个人喜好，勤俭节约，遇事亲力亲为，国家才能内外安康，天下太平。论功业，商汤君、周武王都比不上，论德行，和尧、舜相比也没差多少。我服侍陛下已经有十几年了，陛下决策和下诏时我常常都在左右侍奉。陛下经常承诺要采用仁义之道治理天下，而且始终坚持不懈；崇尚清净俭朴的想法，从来都没有改变。一句话可以使国家兴盛，说的就是这个道理。陛下说过的话在我耳边萦绕，我怎么敢忘掉呢？但是最近几年，陛下开始有点偏离当年的诺言，俭朴淳厚的美德渐渐不能保持。我将我所了解到的一些事情列举如下：

"陛下在贞观初年时，以清净无为治理国家，教化天下，不求享受物质，不乱侵扰百姓。但我观察现在的情况，以前的良好作风逐渐消失，光听陛下的言论，那是远远超过古代的圣君明主；说到做事，却连中等的君主都还不如。为什么这么说？汉文帝和晋武帝都谈不上是什么圣君明主，但他们还知道拒绝别人进贡的骏马，当街烧掉用野鸡毛装饰的华服。现在陛下派人到遥远的地方寻求骏马，到国外购买奇珍异宝，导致被沿途的百姓所责怪，被外族所轻视，这是陛下不能坚持到底的第一条表现。

"以前子贡向孔子讨教管理百姓的方法，孔子说：'心怀畏惧，就好像驾驭一辆缰绳已经腐朽的六匹马的马车。'子贡说：'老百姓有什么值得畏惧的地方？'孔子说：'不用正确的方法教化他们，他们就会与我们为敌，怎么说不值得畏惧呢？’所以《尚书》上说：‘百姓是国家的根基，根基稳固国家才能安宁。’身居高位的人怎么可以不心存畏惧呢？陛下贞观时期早年治理天下，对待百姓好像对待伤员，要怜悯他们的辛勤劳动，像对待自己孩子一样爱护他们，时常以简约作为处世的方针，尽量减少铺张的建设。而最近几年来，却一味骄奢放纵，忘掉了本来的谦虚俭朴准则，动不动就征用民力，还说：‘百姓没事做就会渐渐骄纵，而劳役可以使他们学会顺从。’自古以来，从来没有因为百姓骄纵安逸而导致国家败亡的，怎么可以因为担心他们过于安逸、故意征发劳役呢？这恐怕不是振兴国家的好话，更不是安定人心的长远策略啊。这是陛下不能坚持到底的第二条表现。

“陛下在贞观初年，牺牲自己的喜好来成全外物的需要，现在却放纵自己的欲望，不断驱使民力，谦虚节俭的风格一年一年消失，骄奢放纵的作风却一天一天厉害。陛下虽然嘴边忧国忧民的话没见少过，但实际上心里头想的是享乐。有时候想要做什么事情，怕臣下反对，还特别说：‘不这么做，我不方便啊。’君臣之间总得讲究一些情面，陛下都这么说了，大臣们还怎么好继续争辩呢？这么做是要杜绝臣子的谏言，难道能说是要采纳有用的建议吗？这是陛下不能坚持到底的第三条表现。

“为人处世的成败关键，在于平常都接触什么东西，兰花鲍鱼，都会互相同化，对待自己平常做的事情，不能不谨慎考虑。贞观初年时，陛下能够克制自己，亲近君子，疏远小人。现在不一样了，看轻小人，礼敬君子。礼节上敬重君子，实际上是敬而远之；看轻小人，实际上是不当回事，肆意地亲近他们。亲近小人，就无法看见他们的缺点，远离君子，就无法知道他们的优点。不知道君子的优点，就会不自觉疏远他们；看不见小人的缺点，就不可能和他们保持距离。亲近小人，疏远君子，这怎么能是治国兴邦的道理呢？这是陛下不能坚持到底的第四条表现。

“《尚书》上说：‘不做无益之举，不损害有益之事，就能成功；不看重稀奇的宝物，不看轻日常的事物，才会富足。犬马不是本地产的不要畜养，更不要在京城中养育珍禽异兽。’陛下在贞观初年时，能够遵从尧舜的治国之道，勤俭节约，励精图治。最近几年来，却喜欢奇异珍贵的事物，收纳远方献上来的珍宝，无休止地制造享乐所需的玩物。上面的君王奢侈浪费却想要下面的臣子保持俭朴作风，大量征用民力却希望粮食丰收，很明显这是不可能的。这是陛下不能坚持到底的第五条表现。

“贞观初年时，陛下求贤若渴，凡是贤明人士推荐的人才，陛下就会信任他，让他尽量发挥自己的特长。最近几年，却任凭自己的好恶喜怒来任用臣子，经过众多贤良人士推荐的人才，只要有人说他的坏话，就被弃而不用；连已经任用多年的正直臣子，只要受到一点点怀疑，就被随便斥退。走过路就会留下脚印，想要知道一个人的品性，看他平时的作为就行了。别人说坏话不能随便就听信，一个人多年的作风不会一天之内突然发生变化。君子的诉求是要实践仁义、弘扬美德；小人的企图是要谄媚逢迎、谋取利益。陛下没有考察事情的本源，轻率武断地作出决定，将会让坚守道义的人日渐被疏远，而使奸佞之徒小人得志。最终连原本忠诚贤良的臣子都会想着怎么保全自己，不能全心全意地为国效力。这是陛下不能坚持到底的第六条表现。

“陛下刚登上帝位时，居高位处深宫，高瞻远瞩，清心寡欲，潜心治国，杜绝华丽的装饰之物，丢掉打猎的工具，摒弃外出游猎的个人爱好。几年之后，渐渐不能保持当年的作风，虽然不至于一百日游猎不归，但一年打猎恐怕远远超过三次的天子礼制。四方进贡猎鹰猎犬，而百姓私底下讽刺陛下放纵享乐。陛下外出到远处打猎，经常早出晚归，一心享受快马驰骋的欢乐。可是一旦发生什么意外，怎么来得及解救呢？这是陛下不能坚持到底的第七条表现。

“孔子说：‘国君礼敬臣子，臣子才能对国君忠贞不贰。’是说国君对待臣子，仁义礼节上一定不能亏欠。陛下刚继位时，礼敬臣子，臣子能将下面的情况及时反馈到上面来，君臣都想着尽心尽力治理好国家。可是最近几年来，陛下在这方面开始松懈了。地方上的官员上朝汇报事情，常常见不到陛下的面；想要陈述自己的见解，一开口陛下的脸色不对，有什么请求陛下又不恩准，有时候因为他们有略微的缺点过失，陛下就抓住不放，他们就算头脑灵活、善于辩论，终究也没办法将自己的忠心拿出来献给陛下。这种情况下，想要上下齐心，君臣和睦，怎么能不困难呢？这是陛下不能坚持到底的第八条表现。

“‘不能滋长骄傲，不能放纵欲望，不能贪图享乐，不能松懈自满。’这四句格言，是以前的明君和贤臣引以为戒的治国方略。陛下贞观初年时，孜孜不倦，舍己为人地追寻治国的道理，常常觉得自己做得不够。现在却开始懈怠，倚仗自己创下的功业而藐视古代的圣哲，自以为明智过人而看轻他人，这些都是骄傲自满的表现。想要做什么事情，都是随自己的性情而定；就算是克制自己勉强听取大臣的谏言，也是耿耿于怀，这是放纵自己的表现。一心享乐，虽然没有完全放弃了对政事的处理，但确实不再是专心治国，这是贪图个人享乐的表现。国家安定，四方归顺，陛下却无故兴兵，进攻外族，这是松懈自满的表现。四句格言全都违背，导致亲近的人逢迎顺从陛下的意见，疏远的人敬畏威严而不敢谏言，长此以往，将会损害陛下的圣德。这是陛下不能坚持到底的第九条表现。

“以前唐尧、商汤时，国家不是没有灾害，之所以被后人认为是圣明大德，

是因为他们有始有终，节制自我，以无为为治国的基本原则，遇到灾害就怜悯百姓，勤加抚慰，国家安定时就克制自我，不骄纵懈怠。贞观初年时，国家连年遭遇霜灾、旱灾，京城附近的百姓都往关外迁徙，以寻找活命的机会，扶老携幼，来去几年，没有一户逃亡，也没有人心存抱怨，这是因为陛下怜悯、爱惜他们，所以他们就算饿死也没有二心。可是，最近几年，百姓因为频繁的劳役征发而疲惫不堪，关中地区的百姓尤其受害更深。工匠的服役期限到后，往往又被强行留下；服兵役的士兵，常常被随意征调去做别的杂役。官府外出采购的人络绎不绝，道路上运送物资的差役一个接一个。因为生活疲惫艰难，百姓变得容易受到外界的侵扰，一旦碰上水灾、旱灾，庄稼歉收，那么恐怕百姓的民心向背就会出现问题了。这是陛下不能坚持到底的第十条表现。

“古人说：‘祸福本来没有定数，都是人自己招来的。’‘人没有过失，就不会有不祥的征兆。’陛下统御天下十三年来，国家安定，外族臣服，百姓一直安居乐业，家家都知道礼仪道德，粮食就像水火一样很容易获取。但今年以来，频频发生天灾。尤其旱灾已经席卷全国；陛下身边的奸佞小人也是蠢蠢欲动。这正是上天向陛下发出的警告。上天表示警告，这正是陛下提高警惕，反省自我的好时候。如果能够看到上天的警示而感到畏惧，从而采纳有益的谏言，学习前人小心谨慎和自我反省的精神，勤于实现以前圣明君主治理天下的方法，努力改正现在所有败坏道德的事情。跟着时代一起进步，改变人们对事物的错误看法，那么国家一定可以长治久安，怎么会有败亡的可能呢？然而国家的安危治乱，全依靠陛下一个人来决定。现在国家太平的根基已经非常深厚了，就差最后再坚持一下了。这是千年不遇的大好机会，错过了就没有了。像陛下这样圣明的君主，本来可以有所作为却不去做，这怎么能不让我等叹息不已呢！

“我实在是愚昧无知，不明事理，大概列举上面十个方面问题，呈献给陛下。希望陛下参考百姓的言论，采纳我的狂妄建议。希望这其中能有一点有用的建议，可以弥补陛下的过失，这样的话，我就是死也没有什么遗憾。愿陛下惩罚我。”

奏折送上去后，唐太宗对魏征说：“臣属侍奉国君，顺从旨意很容易，但抗拒国君的情面很难。你作为我的辅政大臣，常常呈献上你的思考和建议。我今天知错就改，就把善事坚持做到底。如果违背这句话，我还有什么脸再来见你？又还有什么办法来治理天下呢？拿到你的这份奏疏后，我反复研究琢磨，觉得写得真是义正词严，于是就把它刻到屏风上，每天早晚反复阅读。又把它转抄给史官记录下来，让千年之后的人们，也能够懂得君臣之间应该遵守的道义。”唐太宗于是送给魏征十斤黄金、两匹骏马，以作为奖赏。

保持作风　君臣互保

贞观十四年时，唐太宗对身边的大臣说："我虽然做到了平定天下，但如果没有找到治理的方法，恐怕这份功业终究也是保不住。秦始皇当年也扫平六国，称霸四海，到了晚年不能很好地守住自己的功业，实在是一个很好的教训。你们应该克己奉公，这样荣华富贵才能够保持到最后。"魏征回答说："我听说得到胜利容易，保持胜利的果实很难。陛下深谋远虑，居安不忘思危，统一天下的功业已经很显著，德行教化又融洽和谐，长期保持这样的执政作风，宗庙社稷就不可能倾覆了。"

自我克制　善始善终

贞观十六年时，唐太宗问魏征说："我观察古代的帝王天子，传位有长达十代的，也有只有一两代的，还有自己得到天下又失去天下的。我因此而常常心怀忧虑，担心爱护百姓的方法不对，又担心自己骄傲自满、喜怒无常。但是我无法察觉自己到底做得如何，你可以为我指出来，我将当做做事的准则。"魏征回答说："喜怒哀乐的情感，是贤良和愚笨的人都一样有的。差别在于贤良的人能自我节制情感，使它适当而不至于失控；而愚笨的人过度放纵自己的情感，往往失去正常的限度。陛下圣明远虑，居安思危，希望陛下能保持自我克制，将善始善终坚持到底，那么一定可以成就千秋万代的帝王基业。"

贞观政要原文

明宪宗原序

朕惟三代而后，治功莫盛于唐，而唐三百年间，尤莫若贞观之盛。诚以太宗克己励精图治于其上，而群臣如魏征辈，感其知遇之隆，相与献可替否以辅治天下，君明臣良，其独盛也宜矣。厥后史臣吴兢采其故实，编类为十卷，名曰《贞观政要》。有元儒士临川戈直，复加考订注释，附载诸儒论说以畅其义。而当时大儒吴澄又为之题辞，以为世不可无，其信然也。朕万几之暇，锐情经史，偶及是编，喜其君有任贤纳谏之美，臣有辅君进谏之忠，其论治乱兴亡，利害得失，明白切要，可以鉴戒，朕甚嘉尚焉。顾传刻岁久，字多讹谬，因命儒臣重订正之，刻梓以永其传。於戏！太宗在唐为一代英明之君，其济世康民，伟有成烈，卓乎不可及已，所可惜者，正心修身有愧于二帝三王之道，而治未纯也。朕将远师往圣，允迪大猷，以宏至治，固不专于是编，然而嘉尚之者，以其可为行远登高之助也。序于篇端，读者鉴焉。

成化元年八月初一日

作者原序

有唐良相，曰侍中安阳公、中书令河东公，以时逢圣明，位居宰辅，寅亮帝道，弼谐王政，恐一物之乖所，虑四维之不张，每克己励精，缅怀故实，未尝有乏。太宗时政化，良足可观，振古而来，未之有也。至于垂世立教之美，典谟谏奏之词，可以弘阐大猷，增崇至道者，爰命不才，备加甄录，体制大略，咸发成规。于是缀集所闻，参详旧史，撮其旨要，举其宏纲，词兼质文，义在惩劝，人伦之纪备矣，军国之政存焉，凡一帙一十卷，合四十篇，名曰《贞观政要》。庶乎有国有家者克遵前轨，择善而从，则可久之业益彰矣，可大之功尤著矣，岂必祖述尧、舜，宪章文、武而已哉！其篇目次第列之于下。

唐卫尉少卿兼修国史修文馆学士吴兢撰

第一卷

君道第一

贞观初，太宗谓侍臣曰："为君之道，必须先存百姓。若损百姓以奉其身，犹割股以啖腹，腹饱而身毙。若安天下，必须先正其身，未有身正而影曲，上理而下乱者。朕每思伤其身者不在外物，皆由嗜欲以成其祸。若耽嗜滋味，玩悦声色，所欲既多，所损亦大，既妨政事，又扰生民。且复出一非理之言，万姓为之解体，怨讟既作，离叛亦兴。朕每思此，不敢纵逸。"谏议大夫魏征对曰："古者圣哲之主，皆亦近取诸身，故能远体诸物。昔楚聘詹何，问其治国之要，詹何对以修身之术。楚王又问治国何如，詹何曰：'未闻身治而国乱者。'陛下所明，实同古义。"

贞观二年，太宗问魏征曰："何谓为明君暗君？"征曰："君之所以明者，兼听也；其所以暗者，偏信也。《诗》云：'先人有言，询于刍荛。'昔唐、虞之理，辟四门，明四目，达四聪。是以圣无不照，故共、鲧之徒，不能塞也；靖言庸回，不能惑也。秦二世则隐藏其身，捐隔疏贱而偏信赵高，及天下溃叛，不得闻也。梁武帝偏信朱异，而侯景举兵向阙，竟不得知也。隋炀帝偏信虞世基，而诸贼攻城剽邑，亦不得知也。是故人君兼听纳下，则贵臣不得壅蔽，而下情必得上通也。"太宗甚善其言。

贞观十年，太宗谓侍臣曰："帝王之业，草创与守成孰难？"尚书左仆射房玄龄对曰：“天地草昧，群雄竞起，攻破乃降，战胜乃克。由此言之，草创为难。”魏征对曰：“帝王之起，必承衰乱，覆彼昏狡，百姓乐推，四海归命，天授人与，乃不为难。然既得之后，志趣骄逸，百姓欲静而徭役不休，百姓凋残而侈务不息，国之衰弊，恒由此起。以斯而言，守成则难。”太宗曰：“玄龄昔从我定天下，备尝艰苦，出万死而遇一生，所以见草创之难也。魏征与我安天下，虑生骄逸之端，必践危亡之地，所以见守成之难也。今草创之难既已往矣，守成之难者，当思与公等慎之。”

贞观十一年，特进魏征上疏曰：

臣观自古受图膺运，继体守文，控御英雄，南面临下，皆欲配厚德于天地，齐高明于日月，本支百世，传祚无穷。然而克终者鲜，败亡相继，其故何哉？所以求之，失其道也。殷鉴不远，可得而言。

昔在有隋，统一寰宇，甲兵强锐，三十余年，风行万里，威动殊俗，一旦举而弃之，尽为他人之有。彼炀帝岂恶天下之治安，不欲社稷之长久，故行桀虐，以就灭亡哉？恃其富强，不虞后患。驱天下以从欲，罄万物而自奉，采域中之子女，求远方之奇异。宫苑是饰，台榭是崇，徭役无时，干戈不戢。外示严重，内多险忌，谗邪者必受其福，忠正者莫保其生。上下相蒙，君臣道隔，民不堪命，率土分崩。遂以四海之尊，殒于匹夫之手，子孙殄绝，为天下笑，可不痛哉！

圣哲乘机，拯其危溺，八柱倾而复正，四维弛而更张。远肃迩安，不逾于期月；胜残去杀，无待于百年。今宫观台榭尽居之矣，奇珍异物尽收之矣，姬姜淑媛尽侍于侧矣，四海九州尽为臣妾矣。若能鉴彼之所以失，念我之所以得，日慎一日，虽休勿休，焚鹿台之宝衣，毁阿房之广殿，惧危亡于峻宇，思安处于卑宫，则神化潜通，无为而治，德之上也。若成功不毁，即仍其旧，除其不急，损之又损，杂茅茨于桂栋，参玉砌以土阶，悦以使人，不竭其力，常念居之者逸，作之者劳，亿兆悦以子来，群生仰而遂性，德之次也。若惟圣罔念，不慎厥终，忘缔构之艰难，谓天命之可恃，忽采椽之恭俭，追雕墙之靡丽，因其基以广之，增其旧而饰之，触类而长，不知止足，人不见德，而劳役是闻，斯为下矣。譬之负薪救火，扬汤止沸，以暴易乱，与乱同道，莫可测也，后嗣何观！夫事无可观则人怨，人怨则神怒，神怒则灾害必生，灾害既生，则祸乱必作，祸乱既作，而能以身名全者鲜矣。顺天革命之后，将隆七百之祚，贻厥子孙，传之万叶，难得易失，可不念哉！

是月，征又上疏曰：

臣闻求木之长者，必固其根本；欲流之远者，必浚其泉源；思国之安者，必积其德义。源不深而望流之远，根不固而求木之长，德不厚而思国之安，臣虽下愚，知其不可，而况于明哲乎！人君当神器之重，居域中之大，将崇极天之峻，永保无疆之休。不念居安思危，戒奢以俭，德不处其厚，情不胜其欲，斯亦伐根以求木茂，塞源而欲流长者也。

凡百元首，承天景命，莫不殷忧而道著，功成而德衰。有善始者实繁，能克终者盖寡，岂取之易而守之难乎？昔取之而有余，今守之而不足，何也？夫在殷忧，必竭诚以待下；既得志，则纵情以傲物。竭诚则胡越为一体，傲物则骨肉为行路。虽董之以严刑，震之以威怒，终苟免而不怀仁，貌恭而不心服。怨不在大，可畏惟人，载舟覆舟，所宜深慎，奔车朽索，其可忽乎！

君人者，诚能见可欲则思知足以自戒，将有作则思知止以安人，念高危则思谦冲而自牧，惧满溢则思江海下百川，乐盘游则思三驱以为度，忧懈怠则思慎始而敬终，虑壅蔽则思虚心以纳下，想谗邪则思正身以黜恶，恩所加则思无因喜以谬赏，罚所及则思无因怒而滥刑。总此十思，弘兹九德，简能而任之，择善而从之，则智者尽其谋，勇者竭其力，仁者播其惠，信者效其忠。文武争驰，君臣无事，可以尽豫游之乐，可以养松、乔之寿，鸣琴垂拱，不言而化。何必劳神苦思，代下司职，役聪明之耳目，亏无为之大道哉！

太宗手诏答曰：

省频抗表，诚极忠款，言穷切至，披览忘倦，每达宵分。非公体国情深，启沃义重，岂能示以良图，匡其不及！朕闻晋武帝自平吴已后，务在骄奢，不复留心治政。何曾退朝谓其子劭曰："吾每见主上不论经国远图，但说平生常语，此非贻厥子孙者，尔身犹可以免，"指诸孙曰："此等必遇乱死。"及孙绥，果为淫刑所戮。前史美之，以为明于先见。朕意不然，谓曾之不忠，其罪大矣。夫为人臣，当进思尽忠，退思补过，将顺其美，匡救其恶，所以共为理也。曾位极台司，名器崇重，当直辞正谏，论道佐时。今乃退有后言，进无廷诤，以为明智，不亦谬乎！危而不持，焉用彼相？公之所陈，朕闻过矣。当置之几案，事等弦、韦。必望收彼桑榆，期之岁暮，不使康哉良哉，独美于往日，若鱼若水，遂爽于当今。迟复嘉谋，犯而无隐。朕将虚襟静志，敬伫德音。

贞观十五年，太宗谓侍臣曰："守天下难易？"侍中魏征对曰："甚难。"太宗曰："任贤能，受谏诤，即可。何谓为难？"征曰："观自古帝王，在于忧危之间，则任贤受谏。及至安乐，必怀宽怠，言事者惟令兢惧，日陵月替，以至危亡。圣人所以居安思危，正为此也。安而能惧，岂不为难？"

政体第二

贞观初，太宗谓萧瑀曰："朕少好弓矢，自谓能尽其妙。近得良弓十数，以示弓工。乃曰：'皆非良材也。'朕问其故，工曰：'木心不正，则脉理皆邪，弓虽刚劲而遣箭不直，非良弓也。'朕始悟焉。朕以弧矢定四方，用弓多矣，而犹不得其理。况朕有天下之日浅，得为理之意，固未及于弓，弓犹失之，而况于理乎？"自是诏京官五品以上更宿中书内省，每召见，皆赐坐与语，询访外事，务知百姓利害、政教得失焉。

贞观元年，太宗谓黄门侍郎王珪曰："中书所出诏敕，颇有意见不同，或兼错失而相正以否。元置中书、门下，本拟相防过误。人之意见，每或不同，有所是非，本为公事。或有护己之短，忌闻其失，有是有非，衔以为怨。或有苟避私隙，相惜颜面，知非政事，遂即施行。难违一官之小情，顿为万人之大弊。此实亡国之政，卿辈特须在意防也。隋日内外庶官，政以依违，而致祸乱，人多不能深思此理。当时皆谓祸不及身，面从背言，不以为患。后至大乱一起，家国俱丧，虽有脱身之人，纵不遭刑戮，皆辛苦仅免，甚为时论所贬黜。卿等特须灭私徇公，坚守直道，庶事相启沃，勿上下雷同也。"

贞观二年，太宗问黄门侍郎王珪曰："近代君臣治国，多劣于前古，何也？"对曰："古之帝王为政，皆志尚清静，以百姓之心为心。近代则唯损百姓以适其欲，所任用大臣，复非经术之士。汉家宰相，无不精通一经，朝廷若有疑事，皆引经决定，由是人识礼教，治致太平。近代重武轻儒，或参以法律，儒行既亏，淳风大坏。"太宗深然其言。自此百官中有学业优长，兼识政体者，多进其阶品，累加迁擢焉。

贞观三年，太宗谓侍臣曰："中书、门下，机要之司，擢才而居，委任实重。诏敕如有不稳便，皆须执论。比来惟觉阿旨顺情，唯唯苟过，遂无一言谏诤者，岂是道理？若惟署诏敕、行文书而已，人谁不堪？何烦简择，以相委付？自今诏敕疑有不稳便，必须执言，无得妄有畏惧，知而寝默。"

贞观四年，太宗问萧瑀曰："隋文帝何如主也？"对曰："克己复礼，勤劳思政，每一坐朝，或至日昃，五品已上，引坐论事，宿卫之士，传飧而食，虽性非仁明，亦是励精之主。"太宗曰："公知其一，未知其二。此人性至察而心不明。夫心暗则照有不通，至察则多疑于物。又欺孤儿寡妇以得天下，恒恐群臣内怀不服，不肯信任百司，每事皆自决断，虽则劳神苦形，未能尽合于理。朝臣既知其意，亦不敢直言，宰相以下，惟即承顺而已。朕意则不然，以天下之广，四海之众，千端万绪，须合变通，皆委百司商量，宰相筹画，于事稳便，方可奏行。岂得以一日万机，独断一人之虑也。且日断十事，五条不中，中者信善，其如不中者何？以日继月，乃至累年，乖谬既多，不亡何待？岂如广任贤良，高居深视，法令严肃，谁敢为非？”因令诸司若诏敕颁下有未稳便者，必须执奏，不得顺旨便即施行，务尽臣下之意。

贞观五年，太宗谓侍臣曰：“治国与养病无异也。病人觉愈，弥须将护，若有触犯，必至殒命。治国亦然。天下稍安，尤须兢慎，若便骄逸，必至丧败。今天下安危，系之于朕，故日慎一日，虽休勿休。然耳目股肱，寄于卿辈，既义均一体。宜协力同心，事有不安，可极言无隐。傥君臣相疑，不能备尽肝膈，实为国之大害也。”

贞观六年，太宗谓侍臣曰：“看古之帝王，有兴有衰，犹朝之有暮，皆为蔽其耳目，不知时政得失，忠正者不言，邪谄者日进，既不见过，所以至于灭亡。朕既在九重，不能尽见天下事，故布之卿等，以为朕之耳目。莫以天下无事，四海安宁，便不存意。可爱非君，可畏非民。天子者，有道则人推而为主，无道则人弃而不用，诚可畏也。”魏征对曰：“自古失国之主，皆为居安忘危，处治忘乱，所以不能长久。今陛下富有四海，内外清晏，能留心治道，常临深履薄，国家历数，自然灵长。臣又闻古语云：‘君，舟也；人，水也。水能载舟，亦能覆舟。’陛下以为可畏，诚如圣旨。”

贞观六年，太宗谓侍臣曰：“古人云：‘危而不持，颠而不扶，焉用彼相？’君臣之义，得不尽忠匡救乎？朕尝读书，见桀杀关龙逄，汉诛晁错，未尝不废书叹息。公等但能正词直谏，裨益政教，终不以犯颜忤旨，妄有诛责。朕比来临朝断决，亦有乖于律令者。公等以为小事，遂不执言。凡大事皆起于小事，小事不论，大事又将不可救。社稷倾危，莫不由此。隋主残暴，身死匹夫之手，率土苍生，罕闻嗟痛。公等为朕思隋氏灭亡之事，朕为公等思龙逄、晁错之诛，君臣保全，岂不美哉！”

贞观七年，太宗与秘书监魏征从容论自古理政得失，因曰：“当今大乱之后，造次不可致理。”征曰：“不然，凡人在危困，则忧死亡；忧死亡，则思理；思理，则易教。然则乱后易教，犹饥人易食也。”太宗曰：“善人为邦百年，然后胜残去杀。大乱之后，将求致理，宁可造次而望乎？”征曰：“此据常人，不在圣哲。若圣哲施化，上下同心，人应如响，不疾而速，期月而可，信不为难，三年成功，犹谓其晚。”太宗以为然。封德彝等对曰：“三代以后，人渐浇讹，故秦任法律，汉杂霸道，皆欲理而不能，岂能理而不欲？若信魏征所说，恐败乱国家。”征曰：“五帝、三王，不易人而理。行帝道则帝，行王道则王，在于当时所理，化之而已。考之载籍，可得而知。昔黄帝与蚩尤七十余战，其乱甚矣，既胜之后，便致太平。九黎乱德，颛顼征之，既克之后，不失其理。桀为乱虐，而汤放之，在汤之代，即致太平。纣为无道，武王伐之，成王之代，亦致太平。若言人渐浇讹，不及纯朴，至今应悉为鬼魅，宁可复得而教化耶？”德彝等无以难之，然咸以为不可。太宗每力行不倦，数年间，海内康宁，突厥破灭，因谓群臣曰：“贞观初，人皆异论，云当今必不可行帝道、王道，惟魏征劝我。既从其言，不过数载，遂得华夏安宁，远戎宾服。突厥自古以来常为中国勍敌，今酋长并带刀宿卫，部落皆袭衣冠。使我遂至于此，皆魏征之力也。”顾谓征曰：“玉虽有美质，在于石间，不值良工琢磨，与瓦砾不别。若遇良工，即为万代之宝。朕虽无美质，为公所切磋，劳公约朕以仁义，弘朕以道德，使朕功业至此，公亦足为良工尔。”

贞观八年，太宗谓侍臣曰：“隋时百姓纵有财物，岂得保此？自朕有天下已来，存心抚养，无有所科差，人人皆得营生，守其资财，即朕所赐。向使朕科唤不已，虽数资赏赐，亦不如不得。”魏征对曰：“尧、舜在上，百姓亦云‘耕田而食，凿井而饮’，含哺鼓腹，而云‘帝何力’于其间矣。今陛下如此含养，百姓可谓日用而不知。”又奏称：“晋文公出田，逐兽于砀，入大泽，迷不知所出。其中有渔者，文公谓曰：‘我，若君也，道将安出？我且厚赐若。’渔者曰：‘臣愿有献。’文公曰：‘出泽而受之。’于是送出泽。文公曰：‘今子之所欲教寡人者，何也？愿受之。’渔者曰：‘鸿鹄保河海，厌而徙之小泽，则有矰丸之忧。鼋鼍保深渊，厌而出之浅渚，必有钓射之忧。今君逐兽砀，入至此，何行之太远也？’文公曰：‘善哉！’谓从者记渔者名。渔者曰：‘君何以名？君尊天事地，敬社稷，保四国，慈爱万民，薄赋敛，轻租税，臣亦与焉。君不尊天，不事地，不敬社稷，不固四海，外失礼于诸侯，内逆民心，一国流亡，渔者虽有厚赐，不得保也。’遂辞不受。”太宗曰：“卿言是也。”

贞观九年，太宗谓侍臣曰：“往昔初平京师，宫中美女珍玩无院不满。炀帝意犹不足，征求无已，兼东西征讨，穷兵黩武，百姓不堪，遂致亡灭。此皆朕所目见，故夙夜孜孜，惟欲清净，使天下无事。遂得徭役不兴，年谷丰稔，百姓安乐。夫治国犹如栽树，本根不摇，则枝叶茂荣。君能清净，百姓何得不安乐乎？”

贞观十六年，太宗谓侍臣曰：“或君乱于上，臣理于下；或臣乱于下，君理于上。二者苟逢，何者为甚？”特进魏征对曰：“君心理，则照见下非。诛一劝百，谁敢不畏威尽力？若昏暴于上，忠谏不从，虽百里奚、伍子胥之在虞、吴，不救其祸，败亡亦继。”太宗曰：“必如此，齐文宣昏暴，杨遵彦以正道扶之得治，何也？”征曰：“遵彦弥缝暴主，救理苍生，才得免乱，亦甚危苦。与人主严明，臣下畏法，直言正谏，皆见信用，不可同年而语也。”

贞观十九年，太宗谓侍臣曰：“朕观古来帝王，骄矜而取败者，不可胜数。不能远述古昔，至如晋武平吴、隋文伐陈已后，心逾骄奢，自矜诸己，臣下不复敢言，政道因兹弛紊。朕自平定突厥、破高（句）丽已后，兼并铁勒，席卷沙漠，以为州县，夷狄远服，声教益广。朕恐怀骄矜，恒自抑折，日旰而食，坐以待晨。每思臣下有谠言直谏，可以施于政教者，当拭目以师友待之。如此，庶几于时康道泰尔。”

太宗自即位之始，霜旱为灾，米谷踊贵，突厥侵扰，州县骚然。帝志在忧人，锐精为政，崇尚节俭，大布恩德。是时，自京师及河东、河南、陇右，饥馑尤甚，一匹绢才得一斗米。百姓虽东西逐食，未尝嗟怨，莫不自安。至贞观三年，关中丰熟，咸自归乡，竟无一人逃散。其得人心如此。加以从谏如流，雅好儒术，孜孜求士，务在择官，改革旧弊，兴复制度，每因一事，触类为善。初，息隐、海陵之党，同谋害太宗者数百千人，事宁，复引居左右近侍，心术豁然，不有疑阻。时论以为能断决大事，得帝王之体。深恶官吏贪浊，有枉法受财者，必无赦免。在京流外有犯赃者，皆遣执奏，随其所犯，置以重法。由是官吏多自清谨。制驭王公、妃主之家，大姓豪猾之伍，皆畏威屏迹，无敢侵欺细人。商旅野次，无复盗贼，囹圄常空，马牛布野，外户不闭。又频致丰稔，米斗三四钱，行旅自京师至于岭表，自山东至于沧海，皆不赍粮，取给于路。入山东村落，行客经过者，必厚加供待，或发时有赠遗。此皆古昔未有也。

第二卷

任贤第三

房玄龄，齐州临淄人也。初仕隋，为隰城尉。坐事除名，徙上郡。太宗徇地渭北，玄龄杖策谒于军门。太宗一见，便如旧识，署渭北道行军记室参军。玄龄既遇知己，遂罄竭心力。是时，贼寇每平，众人竞求金宝，玄龄独先收人物，致之幕府，及有谋臣猛将，与之潜相申结，各致死力。累授秦王府记室，兼陕东道大行台考功郎中。玄龄在秦府十余年，恒典管记。隐太子、巢剌王以玄龄及杜如晦为太宗所亲礼，甚恶之，谮之高祖，由是与如晦并遭驱斥。及隐太子将有变也，太宗召玄龄、如晦，令衣道士服，潜引入阁谋议。及事平，太宗入春宫，擢拜太子左庶子。贞观元年，迁中书令。三年，拜尚书左仆射，监修国史，封梁国公，实封一千三百户。既总任百司，虔恭夙夜，尽心竭节，不欲一物失所。闻人有善，若已有之。明达吏事，饰以文学，审定法令，意在宽平。不以求备取人，不以己长格物，随能收叙，无隔疏贱。论者称为良相焉。十三年，加太子少师。玄龄自以一居端揆十有五年，频抗表辞位，优诏不许。十六年，进拜司空，仍总朝政，依旧监修国史。玄龄复以年老请致仕，太宗遣使谓曰："国家久相任使，一朝忽无良相，如失两手。公若筋力不衰，无烦此让。自知衰谢，当更奏闻。"玄龄遂止。太宗又尝追思王业之艰难，佐命之匡弼，乃作《威凤赋》以自喻，因赐玄龄，其见称类如此。

杜如晦，京兆万年人也。武德初，为秦王府兵曹参军，俄迁陕州总管府长史。时府中多英俊，被外迁者众，太宗患之。记室房玄龄曰："府僚去者虽多，

盖不足惜。杜如晦聪明识达，王佐才也。若大王守藩端拱，无所用之；必欲经营四方，非此人莫可。”太宗自此弥加礼重，寄以心腹，遂奏为府属，常参谋帷幄。时军国多事，剖断如流，深为时辈所服。累除天策府从事中郎，兼文学馆学士。隐太子之败，如晦与玄龄功第一，迁拜太子右庶子。俄迁兵部尚书，进封蔡国公，实封一千三百户。贞观二年，以本官检校侍中。三年，拜尚书右仆射，兼知吏部选事。仍与房玄龄共掌朝政。至于台阁规模，典章文物，皆二人所定，甚获当时之誉，时称房、杜焉。

魏征，巨鹿人也。近徙家相州之内黄。武德末，为太子洗马。见太宗与隐太子阴相倾夺，每劝建成早为之谋。太宗既诛隐太子，召征责之曰：“汝离间我兄弟，何也？”众皆为之危惧。征慷慨自若，从容对曰：“皇太子若从臣言，必无今日之祸。”太宗为之敛容，厚加礼异，擢拜谏议大夫。数引之卧内，访以政术。征雅有经国之才，性又抗直，无所屈挠。太宗每与之言，未尝不悦。征亦喜逢知己之主，竭其力用。又劳之曰：“卿所谏前后二百余事，皆称朕意。非卿忠诚奉国，何能若是！”三年，累迁秘书监，参预朝政，深谋远算，多所弘益。太宗尝谓曰：“卿罪重于中钩，我任卿逾于管仲，近代君臣相得，宁有似我于卿者乎？”六年，太宗幸九成宫，宴近臣，长孙无忌曰：“王珪、魏征，往事息隐，臣见之若仇，不谓今者又同此宴。”太宗曰：“魏征往者实我所仇，但其尽心所事，有足嘉者。朕能擢而用之，何惭古烈？征每犯颜切谏，不许我为非，我所以重之也。”征再拜曰：“陛下导臣使言，臣所以敢言。若陛下不受臣言，臣亦何敢犯龙鳞，触忌讳也！”太宗大悦，各赐钱十五万。七年，代王珪为侍中，累封郑国公。寻以疾乞辞所职，请为散官。太宗曰：“朕拔卿于仇虏之中，任卿以枢要之职，见朕之非，未尝不谏。公独不见金之在矿，何足贵哉？良冶锻而为器，便为人所宝。朕方自比于金，以卿为良工。虽有疾，未为衰老，岂得便尔耶？”征乃止。后复固辞，听解侍中，授以特进，仍知门下省事。十二年，太宗以诞皇孙，诏宴公卿。帝极欢，谓侍臣曰：“贞观以前，从我平定天下，周旋艰险，玄龄之功无所与让。贞观之后，尽心于我，献纳忠谠，安国利人，成我今日功业，为天下所称者，惟魏征而已。古之名臣，何以加也。”于是亲解佩刀以赐二人。庶人承乾在春宫，不修德业；魏王泰宠爱日隆，内外庶僚咸有疑议。太宗闻而恶之，谓侍臣曰：“当今朝臣，忠謇无如魏征，我遣傅皇太子，用绝天下之望。”十七年，遂授太子太师，知门下事如故。征自陈有疾，太宗谓曰：“太子宗社之本，须有师傅，故选中正，以为辅弼。知公疹病，可卧护之。”征乃就职。寻遇疾。征宅内先无正堂，太宗时欲营小殿，乃辍其材为造，五日而就。遣中使赐以布被素褥，遂其所尚。后数日，薨。太宗亲临恸哭，赠司空，谥曰文贞。太宗亲为制碑文，复自书于石。特赐其家食实封九百户。太宗后尝谓侍臣曰："夫以铜为镜，可以正衣冠；以古为镜，可以知兴替；以人为镜，可以明得失。朕常保此三镜，以防己过。今魏征殂逝，遂亡一镜矣！"因泣下久之。乃诏曰："昔惟魏征，每显予过。自其逝也，虽过莫彰。朕岂独有非于往时，而皆是于兹日？故亦庶僚苟顺，难触龙鳞者欤！所以虚己外求，披迷内省。言而不用，朕所甘心；用而不言，谁之责也？自斯已后，各悉乃诚。若有是非，直言无隐。"

王珪，太原祁县人也。武德中，为隐太子中允，甚为建成所礼。后以连其阴谋事，流于嶲州。建成诛后，太宗即位，召拜谏议大夫。每推诚尽节，多所献纳。珪尝上封事切谏，太宗谓曰："卿所论皆中朕之失，自古人君莫不欲社稷永安，然而不得者，只为不闻己过，或闻而不能改故也。今朕有所失，卿能直言，朕复闻过能改，何虑社稷之不安乎？"太宗又尝谓珪曰："卿若常居谏官，朕必永无过失。"顾待益厚。贞观元年，迁黄门侍郎，参预政事，兼太子右庶子。二年，进拜侍中。时房玄龄、魏征、李靖、温彦博、戴胄与珪同知国政，尝因侍宴，太宗谓珪曰："卿识鉴精通，尤善谈论，自玄龄等，咸宜品藻。又可自量孰与诸子贤。"对曰："孜孜奉国，知无不为，臣不如玄龄。每以谏诤为心，耻君不及尧、舜，臣不如魏征。才兼文武，出将入相，臣不如李靖。敷奏详明，出纳惟允，臣不如温彦博。处繁理剧，众务必举，臣不如戴胄。至于激浊扬清，嫉恶好善，臣于数子，亦有一日之长。"太宗深然其言，群公亦各以为尽己所怀，谓之确论。

李靖，京兆三原人也。大业末，为马邑郡丞。会高祖为太原留守，靖观察高祖，知有四方之志，因自锁上变，诣江都。至长安，道塞不能而止。高祖克京城，执靖，将斩之，靖大呼曰："公起义兵除暴乱，不欲就大事，而以私怨斩壮士乎？"太宗亦加救靖，高祖遂舍之。武德中，以平萧铣、辅公祏功，历迁扬州大都督府长史。太宗嗣位，召拜刑部尚书。贞观二年，以本官检校中书令。三年，转兵部尚书，为代州行军总管，进击突厥定襄城，破之。突厥诸部落俱走碛北，北擒隋齐王暕之子杨道政，及炀帝萧后，送于长安。突利可汗来降，颉利可汗仅以身遁。太宗谓曰："昔李陵提步卒五千，不免身降匈奴，尚得名书竹帛。卿以三千轻骑，深入虏庭，克复定襄，威振北狄，实古今未有，足报往年渭水之役矣。"以功进封代国公。此后，颉利可汗大惧，四年，退保铁山，遣使入朝谢罪，请举国内附。又以靖为定襄道行军总管，往迎颉利。颉利虽外请降，而心怀疑贰。诏遣鸿胪卿唐俭、摄户部尚书将军安修仁慰谕之，靖谓副将张公谨曰："诏使到彼，虏必自宽，乃选精骑赍二十日粮，引兵自白道袭之。"公谨曰："既许其降，诏使在彼，未宜讨击。"靖曰："此兵机也，时不可失。"遂督军疾进。行至阴山，遇其斥候千余帐，皆俘以随军。颉利见使者甚悦，不虞官兵至也。靖前锋乘雾而行，去其牙帐七里，颉利始觉，列兵未及成阵，单马轻走，虏众因而溃散。斩万余级，杀其妻隋义成公主，俘男女十余万，斥土界自阴山至于大漠，遂灭其国。寻获颉利可汗于别部落，余众悉降。太宗大悦，顾谓侍臣曰："朕闻主忧臣辱，主辱臣死。往者国家草创，突厥强梁，太上皇以百姓之故，称臣于颉利，朕未尝不痛心疾首，志灭匈奴，坐不安席，食不甘味。今者暂动偏师，无往不捷，单于稽颡，耻其雪乎！"群臣皆称万岁。寻拜靖光禄大夫、尚书右仆射，赐实封五百户。又为西海道行军大总管，征吐谷浑，大破其国。改封卫国公。及靖身亡，有诏许坟茔制度依汉卫、霍故事，筑阙象突厥内燕然山、吐谷浑内碛石二山，以旌殊绩。

虞世南，会稽余姚人也。贞观初，太宗引为上客，因开文馆，馆中号为多士，咸推世南为文学之宗。授以记室，与房玄龄对掌文翰。尝命写《列女传》以装屏风，于时无本，世南暗书之，一无遗失。贞观七年，累迁秘书监。太宗每机务之隙，引之谈论，共观经史。世南虽容貌懦弱，如不胜衣，而志情抗烈，每论及古先帝王为政得失，必存规讽，多所补益。及高祖晏驾，太宗执丧过礼，哀容毁悴，久替万机，文武百僚计无所出，世南每入进谏，太宗甚嘉纳之，益所亲礼。尝谓侍臣曰："朕因暇日，每与虞世南商榷古今。朕有一言之善，世南未尝不悦；有一言之失，未尝不怅恨。其恳诚若此，朕用嘉焉。群臣皆若世南，天下何忧不治？"太宗尝称世南有五绝：一曰德行，二曰忠直，三曰博学，四曰词藻，五曰书翰。及卒，太宗举哀于别次，哭之甚恸。丧事官给，仍赐以东园秘器，赠礼部尚书，谥曰文懿。太宗手敕魏王泰曰："虞世南于我，犹一体也。拾遗补阙，无日暂忘，实当代名臣，人伦准的。吾有小善，必将顺而成之；吾有小失，必犯颜而谏之。今其云亡，石渠、东观之中，无复人矣，痛惜岂可言耶！"未几，太宗为诗一篇，追思往古理乱之道，既而叹曰："钟子期死，伯牙不复鼓琴。朕之此篇，将何所示？"因令起居褚遂良诣其灵帐读讫焚之，其悲悼也若此。又令与房玄龄、长孙无忌、杜如晦、李靖等二十四人，图形于凌烟阁。

李勣，曹州离狐人也。本姓徐，初仕李密，为左武侯大将军。密后为王世充所破，拥众归国，勣犹据密旧境十郡之地。武德二年，谓长史郭孝恪曰："魏公既归大唐，今此人众土地，魏公所有也。吾若上表献之，则是利主之败，自为己功，以邀富贵，是吾所耻。今宜具录州县及军人户口，总启魏公，听公自献，此则魏公之功也，不亦可乎！”乃遣使启密。使人初至，高祖闻无表，惟有启与密，甚怪之。使者以勣意闻奏，高祖方大喜曰：“徐勣感德推功，实纯臣也。”拜黎州总管，赐姓李氏，附属籍于宗正。封其父盖为济阴王，固辞王爵，乃封舒国公，授散骑常侍。寻加勣右武侯大将军。及李密反叛伏诛，勣发丧行服，备君臣之礼，表请收葬。高祖遂归其尸。于是大具威仪，三军缟素，葬于黎阳山。礼成，释服而散，朝野义之。寻为窦建德所攻，陷于建德，又自拔归京师。从太宗征王世充、窦建德，平之。贞观元年，拜并州都督，令行禁止，号为称职，突厥甚加畏惮。太宗谓侍臣曰：“隋炀帝不解精选贤良，镇抚边境，惟远筑长城，广屯将士，以备突厥，而情识之惑，一至于此。朕今委任李勣于并州，遂得突厥畏威远遁，塞垣安静，岂不胜数千里长城耶？”其后并州改置大都督府，又以勣为长史，累封英国公。在并州凡十六年，召拜兵部尚书，兼知政事。勣时遇暴疾，验方云须灰可以疗之，太宗自剪须为其和药。勣顿首见血，泣以陈谢。太宗曰：“吾为社稷计耳，不烦深谢。”十七年，高宗居春宫，转太子詹事，加特进，仍知政事。太宗又尝宴，顾勣曰：“朕将属以孤幼，思之无越卿者。公往不遗于李密，今岂负于朕哉！”勣雪涕致辞，因啮指流血。俄沉醉，御服覆之，其见委信如此。勣每行军，用师筹算，临敌应变，动合事机。自贞观以来，讨击突厥、颉利及薛延陀、高（句）丽等，并大破之。太宗尝曰：“李靖、李勣二人，古之韩、白、卫、霍岂能及也！”

马周，博州茌平人也。贞观五年，至京师，舍于中郎将常何之家。时太宗令百官上书言得失，周为何陈便宜二十余事，令奏之，事皆合旨。太宗怪其能，问何，何对曰：“此非臣所发意，乃臣家客马周也。”太宗即日召之，未至间，凡四度遣使催促。及谒见，与语甚悦。令直门下省，授监察御史，累除中书舍人。周有机辩，能敷奏，深识事端，故动无不中。太宗尝曰：“我于马周，暂时不见，则便思之。”十八年，历迁中书令，兼太子左庶子，周既职兼两宫，处事平允，甚获当时之誉。又以本官摄吏部尚书。太宗尝谓侍臣曰：“周见事敏速，性甚慎至。至于论量人物，直道而言，朕比任使之，多称朕意。既写忠诚，亲附于朕，实藉此人，共康时政也。”

求谏第四

太宗威容俨肃，百僚进见者，皆失其举措。太宗知其若此，每见人奏事，必假颜色，冀闻谏诤，知政教得失。贞观初，尝谓公卿曰：“人欲自照，必须明镜；主欲知过，必藉忠臣。主若自贤，臣不匡正，欲不危败，岂可得乎？故

君失其国，臣亦不能独全其家。至于隋炀帝暴虐，臣下钳口，卒令不闻其过，遂至灭亡，虞世基等，寻亦诛死。前事不远，公等每看事有不利于人，必须极言规谏。”

贞观元年，太宗谓侍臣曰：“正主任邪臣，不能致理；正臣事邪主，亦不能致理。惟君臣相遇，有同鱼水，则海内可安。朕虽不明，幸诸公数相匡救，冀凭直言鲠议，致天下太平。”谏议大夫王珪对曰：“臣闻木从绳则正，后从谏则圣。是故古者圣主必有诤臣七人，言而不用，则相继以死。陛下开圣虑，纳刍荛，愚臣处不讳之朝，实愿罄其狂瞽。”太宗称善，诏令自是宰相入内平章国计，必使谏官随入，预闻政事。有所开说，必虚己纳之。

贞观二年，太宗谓侍臣曰：“明主思短而益善，暗主护短而永愚。隋炀帝好自矜夸，护短拒谏，诚亦实难犯忤。虞世基不敢直言，或恐未为深罪。昔箕子佯狂自全，孔子亦称其仁。及炀帝被杀，世基合同死否？”杜如晦对曰：“天子有诤臣，虽无道，不失其天下。仲尼称：‘直哉史鱼，邦有道如矢，邦无道如矢。’世基岂得以炀帝无道，不纳谏诤，遂杜口无言？偷安重位，又不能辞职请退，则与箕子佯狂而去，事理不同。昔晋惠帝贾后将废愍怀太子，司空张华竟不能苦争，阿意苟免。及赵王伦举兵废后，遣使收华，华曰：‘将废太子日，非是无言，当时不被纳用。’其使曰：‘公为三公，太子无罪被废，言既不从，何不引身而退？’华无辞以答，遂斩之，夷其三族。古人有云：‘危而不持，颠而不扶，则将焉用彼相？’故‘君子临大节而不可夺也。’张华既抗直不能成节，逊言不足全身，王臣之节固已坠矣。虞世基位居宰辅，在得言之地，竟无一言谏诤，诚亦合死。”太宗曰：“公言是也。人君必须忠良辅弼，乃得身安国宁。炀帝岂不以下无忠臣，身不闻过，恶积祸盈，灭亡斯及！若人主所行不当，臣下又无匡谏，苟在阿顺，事皆称美，则君为暗主，臣为谀臣，君暗臣谀，危亡不远。朕今志在君臣上下，各尽至公，共相切磋，以成治道。公等各宜务尽忠谠，匡救朕恶，终不以直言忤意辄相责怒。”

贞观三年，太宗谓司空裴寂曰：“比有上书奏事，条数甚多，朕总粘之屋壁，出入观省。所以孜孜不倦者，欲尽臣下之情。每一思政理，或三更方寝。亦望公辈用心不倦，以副朕怀也。”

贞观五年，太宗谓房玄龄等曰：“自古帝王多任情喜怒，喜则滥赏无功，怒则滥杀无罪。是以天下丧乱，莫不由此。朕今夙夜未尝不以此为心，恒欲公等尽情极谏。公等亦须受人谏语，岂得以人言不同己意，便即护短不纳？若不能受谏，安能谏人？”

贞观六年，太宗以御史大夫韦挺、中书侍郎杜正伦、秘书少监虞世南、著作郎姚思廉等上封事称旨，召而谓曰：“朕历观自古人臣立忠之事，若值明主便宜尽诚规谏，至如龙逄、比干，不免孥戮。为君不易，为臣极难。朕又闻龙可扰而驯，然喉下有逆鳞。卿等遂不避犯触，各进封事。常能如此，朕岂虑宗社之倾败！每思卿等此意，不能暂忘，故设宴为乐。”仍赐绢有差。

太常卿韦挺尝上疏陈得失，太宗赐书曰：“所上意见，极是谠言，辞理可观，甚以为慰。昔齐境之难，夷吾有射钩之罪，蒲城之役，勃鞮为斩袂之仇，而小白不以为疑，重耳待之若旧。岂非各吠非主，志在无二。卿之深诚，见于斯矣。若能克全此节，则永保令名。如其怠之，可不惜也。勉励终始，垂范将来，当使后之视今，亦犹今之视古，不亦美乎？朕比不闻其过，未睹其阙，赖竭忠恳，数进嘉言，用沃朕怀，一何可道！”

贞观八年，太宗谓侍臣曰：“朕每闲居静坐，则自内省，恒恐上不称天心，下为百姓所怨。但思正人匡谏，欲令耳目外通，下无怨滞。又比见人来奏事者，多有怖慑，言语致失次第。寻常奏事，情犹如此，况欲谏诤，必当畏犯逆鳞。所以每有谏者，纵不合朕心，朕亦不以为忤。若即嗔责，深恐人怀战惧，岂肯更言！”

贞观十五年，太宗问魏征曰：“比来朝臣都不论事，何也？”征对曰：“陛下虚心采纳，诚宜有言者。然古人云：‘未信而谏，则以为谤己；信而不谏，则谓之尸禄。’但人之才器各有不同，懦弱之人怀忠直而不能言，疏远之人恐不信而不得言，怀禄之人虑不便身而不敢言。所以相与缄默，俯仰过日。”太宗曰：“诚如卿言。朕每思之，人臣欲谏，辄惧死亡之祸，与夫赴鼎镬、冒白刃，亦何异哉？故忠贞之臣，非不欲竭诚。竭诚者，乃是极难。所以禹拜昌言，岂不为此也！朕今开怀抱，纳谏诤。卿等无劳怖惧，遂不极言。”

贞观十六年，太宗谓房玄龄等曰：“自知者明，信为难矣。如属文之士，伎巧之徒，皆自谓己长，他人不及。若名工文匠，商略诋诃，芜词拙迹，于是乃见。由是言之，人君须得匡谏之臣，举其愆过。一日万机，一人听断，虽复忧劳，安能尽善？常念魏征随事谏正，多中朕失，如明镜鉴形，美恶必见。”因举觞赐玄龄等数人勖之。

贞观十七年，太宗问谏议大夫褚遂良曰："昔舜造漆器，禹雕其俎，当时谏者十有余人。食器之间，何须苦谏？"遂良对曰："雕琢害农事，纂组伤女工。首创奢淫，危亡之渐。漆器不已，必金为之；金器不已，必玉为之。所以诤臣必谏其渐，及其满盈，无所复谏。"太宗曰："卿言是矣。朕所为事，若有不当，或在其渐，或已将终，皆宜进谏。比见前史，或有人臣谏事，遂答云'业已为之'，或道'业已许之'，竟不为停改。此则危亡之祸，可反手而待也。"

纳谏第五

贞观初，太宗与黄门侍郎王珪宴语，时有美人侍侧，本庐江王瑗之姬也，瑗败，籍没入宫。太宗指示珪曰："庐江不道，贼杀其夫而纳其室，暴虐之甚，何有不亡者乎！"珪避席曰："陛下以庐江取之为是邪，为非邪？"太宗曰："安有杀人而取其妻，卿乃问朕是非，何也？"珪对曰："臣闻于《管子》曰：齐桓公之郭国，问其父老曰：'郭何故亡？'父老曰：'以其善善而恶恶也。'桓公曰：'若子之言，乃贤君也，何至于亡？'父老曰：'不然。郭君善善而不能用，恶恶而不能去，所以亡也。'今此妇人尚在左右，臣窃以为圣心是之。陛下若以为非，所谓知恶而不去也。"太宗大悦，称为至善，遽令以美人还其亲族。

贞观四年，诏发卒修洛阳之乾元殿以备巡狩。给事中张玄素上书谏曰：

陛下智周万物，囊括四海，令之所行，何往不应？志之所欲，何事不从？微臣窃思秦始皇之为君也，借周室之余，因六国之盛，将贻之万叶。及其子而亡，谅由逞嗜奔欲，逆天害人者也。是知天下不可以力胜，神祇不可以亲恃。惟当弘俭约，薄赋敛，慎终始，可以永固。

方今承百王之末，属凋弊之余，必欲节之以礼制，陛下宜以身为先。东都未有幸期，即令补葺；诸王今并出藩，又须营构。兴发数多，岂疲人之所望？其不可一也。陛下初平东都之始，层楼广殿，皆令撤毁，天下翕然，同心倾仰。岂有初则恶其侈靡，今乃袭其雕丽？其不可二也。每承音旨，未即巡幸，此乃事不急之务，成虚费之劳。国无兼年之积，何用两都之好？劳役过度，怨讟将起。其不可三也。百姓承乱离之后，财力凋尽，天恩含育，粗见存立，饥寒犹切，生计未安，三五年间，未能复旧。奈何营未幸之都，而夺疲人之力？其不可四也。昔汉高祖将都洛阳，娄敬一言，即日西驾。岂不知地惟土中，贡赋所均，但以形胜不如关内也。伏惟陛下化凋弊之人，革浇漓之俗，为日尚浅，未甚淳和，斟酌事宜，讵可东幸？其不可五也。

臣尝见隋室初造此殿，楹栋宏壮，大木非近道所有，多自豫章采来，二千人拽一柱，其下施毂，皆以生铁为之，中间若用木轮，动即火出。略计一柱，已用数十万，则余费又过倍于此。臣闻阿房成，秦人散；章华就，楚众离；乾元毕工，隋人解体。且以陛下今时功力，何如隋日？承凋残之后，役疮痍之人，费亿万之功，袭百王之弊，以此言之，恐甚于炀帝远矣。深愿陛下思之，无为由余所笑，则天下幸甚矣。

太宗谓玄素曰："卿以我不如炀帝，何如桀、纣？"对曰："若此殿卒兴，所谓同归于乱。"太宗叹曰："我不思量，遂至于此。"顾谓房玄龄曰："今玄素上表，洛阳实亦未宜修造，后必事理须行，露坐亦复何苦？所有作役，宜即停之。然以卑干尊，古来不易，非其忠直，安能如此？且众人之唯唯，不如一士之谔谔。可赐绢五百匹。"魏征叹曰："张公遂有回天之力，可谓仁人之言，其利溥哉！"

太宗有一骏马，特爱之，恒于宫中养饲，无病而暴死。太宗怒养马宫人，将杀之。皇后谏曰："昔齐景公以马死杀人，晏子请数其罪云：'尔养马而死，尔罪一也。使公以马杀人，百姓闻之，必怨吾君，尔罪二也。诸侯闻之，必轻吾国，尔罪三也。'公乃释罪。陛下尝读书见此事，岂忘之邪？"太宗意乃解。又谓房玄龄曰："皇后庶事相启沃，极有利益尔。"

贞观七年，太宗将幸九成宫，散骑常侍姚思廉进谏曰："陛下高居紫极，宁济苍生，应须以欲从人，不可以人从欲。然则离宫游幸，此秦皇、汉武之事，故非尧、舜、禹、汤之所为也。"言甚切至。太宗谕之曰："朕有气疾，热便顿剧，故非情好游幸，甚嘉卿意。"因赐帛五十段。

贞观三年，李大亮为凉州都督，尝有台使至州境，见有名鹰，讽大亮献之。大亮密表曰："陛下久绝畋猎，而使者求鹰。若是陛下之意，深乖昔旨；如其自擅，便是使非其人。"太宗下书曰："以卿兼资文武，志怀贞确，故委藩牧，当兹重寄。比在州镇，声绩远彰，念此忠勤，岂忘寤寐？使遣献鹰，遂不曲顺，论今引古，远献直言。披露腹心，非常恳到。览用嘉叹，不能已已，有臣若此，朕复何忧！宜守此诚，终始若一。《诗》云：'靖恭尔位，好是正直。神之听之，介尔景福。'古人称一言之重，侔于千金，卿之所言，深足贵矣。今赐卿金壶瓶、金碗各一枚，虽无千镒之重，是朕自用之物。卿立志方直，竭节至公，处职当官，每副所委，方大任使，以申重寄。公事之闲，宜观典籍。兼赐卿荀悦《汉纪》一部，此书叙致简要，论议深博，极为政之体，尽君臣之义，今以赐卿，宜加寻阅。"

贞观八年，陕县丞皇甫德参上书忤旨，太宗以为讪谤。侍中魏征进言曰："昔贾谊当汉文帝上书云云'可为痛哭者一，可为长叹息者六。'自古上书，率多激切。若不激切，则不能起人主之心。激切即似讪谤，惟陛下详其可否。"太宗曰："非公无能道此者。"令赐德参帛二十段。

贞观十五年，遣使诣西域立叶护可汗，未还，又令人多赍金帛，历诸国市马。魏征谏曰："今发使以立可汗为名，可汗未定立，即诣诸国市马，彼必以为意在市马，不为专立可汗。可汗得立，则不甚怀恩，不得立，则生深怨。诸蕃闻之，且不重中国。但使彼国安宁，则诸国之马，不求自至。昔汉文帝有献千里马者，曰：'吾吉行日三十，凶行日五十，鸾舆在前，属车在后，吾独乘千里马，将安之乎？'乃偿其道里所费而返之。又光武有献千里马及宝剑者，马以驾鼓车，剑以赐骑士。今陛下凡所施为，皆邈过三王之上，奈何至此欲为孝文、光武之下乎？又魏文帝求市西域大珠，苏则曰：'若陛下惠及四海，则不求自至，求而得之，不足贵也。'陛下纵不能慕汉文之高行，可不畏苏则之正言耶？"太宗遽令止之。

贞观十七年，太子右庶子高季辅上疏陈得失。特赐钟乳一剂，谓曰："卿进药石之言，故以药石相报。"

贞观十八年，太宗谓长孙无忌等曰："夫人臣之对帝王，多顺从而不逆，甘言以取容。朕今发问，不得有隐，宜以次言朕过失。"长孙无忌、唐俭等皆曰："陛下圣化道致太平，以臣观之，不见其失。"黄门侍郎刘洎对曰："陛下拨乱创业，实功高万古，诚如无忌等言。然顷有人上书，辞理不称者，或对面穷诘，无不惭退。恐非奖进言者。"太宗曰："此言是也，当为卿改之。"

太宗尝怒苑西监穆裕，命于朝堂斩之。时高宗为皇太子，遽犯颜进谏，太宗意乃解。司徒长孙无忌曰："自古太子之谏，或乘间从容而言。今陛下发天威之怒，太子申犯颜之谏，诚古今未有。"太宗曰："夫人久相与处，自然染习。自朕御天下，虚心正直，即有魏征朝夕进谏。自征云亡，刘洎、岑文本、马周、褚遂良等继之。皇太子幼在朕膝前，每见朕心说谏者，因染以成性，故有今日之谏。"

直谏附

贞观二年，隋通事舍人郑仁基女年十六七，容色绝姝，当时莫及，文德皇后访求得之，请备嫔御。太宗乃聘为充华。诏书已出，策使未发。魏征闻其已许嫁陆氏，方遽进而言曰："陛下为人父母，抚爱百姓，当忧其所忧，乐其所乐。自古有道之主，以百姓之心为心，故君处台榭，则欲民有栋宇之安；食膏粱，则欲民无饥寒之患；顾嫔御，则欲民有室家之欢。此人主之常道也。今郑氏之女，久已许人，陛下取之不疑，无所顾问，播之四海，岂为民父母之道乎？臣传闻虽或未的，然恐亏损圣德，情不敢隐。君举必书，所愿特留神虑。"太宗闻之大惊，手诏答之，深自克责，遂停策使，乃令女还旧夫。左仆射房玄龄、中书令温彦博、礼部尚书王珪、御史大夫韦挺等云："女适陆氏，无显然之状，大礼既行，不可中止。"又陆氏抗表云："某父康在日，与郑家往还，时相赠遗资财，初无婚姻交涉亲戚。"并云："外人不知，妄有此说。"大臣又劝进。太宗于是颇以为疑，问征曰："群臣或顺旨，陆氏何为过尔分疏？"征曰："以臣度之，其意可识，将以陛下同于太上皇。"太宗曰："何也？"征曰："太上皇初平京城，得辛处俭妇，稍蒙宠遇。处俭时为太子舍人，太上皇闻之不悦，遂令出东宫为万年县，每怀战惧，常恐不全首领。陆爽以为陛下今虽容之，恐后阴加谴谪，所以反复自陈，意在于此，不足为怪。"太宗笑曰："外人意见，或当如此。然朕之所言，未能使人必信。"乃出敕曰："今闻郑氏之女，先已受人礼聘，前出文书之日，事不详审，此乃朕之不是，亦为有司之过。授充华者宜停。"时莫不称叹。

贞观三年，诏关中免二年租税，关东给复一年。寻有敕："已役已纳，并遣输纳，明年总为准折。"给事中魏征上书曰："伏见八月九日诏书，率土皆给复一年，老幼相欢，或歌且舞。又闻有敕，丁已配役，即令役满折造，余物亦遣输了，待明年总为准折。道路之人，咸失所望。此诚平分百姓，均同七子。但下民难与图始，日用不足，皆以国家追悔前言，二三其德。臣窃闻之，天之所辅者仁，人之所助者信。今陛下初膺大宝，亿兆观德。始发大号，便有二言，生八表之疑心，失四时之大信。纵国家有倒悬之急，犹必不可，况以泰山之安，而辄行此事！为陛下为此计者，于财利小益，于德义大损。臣诚智识浅短，窃为陛下惜之。伏愿少览臣言，详择利益。冒昧之罪，臣所甘心。"

简点使右仆射封德彝等，并欲中男十八已上，简点入军。敕三四出，征执奏以为不可。德彝重奏："今见简点者云，次男内大有壮者。"太宗怒，乃出敕："中男已上，虽未十八，身形壮大，亦取。"征又不从，不肯署敕。太宗召征及王珪，作色而待之，曰："中男若实小，自不点入军；若实大，亦可简取。于君何嫌？过作如此固执，朕不解公意！"征正色曰："臣闻竭泽取鱼，非不得鱼，明年无鱼；焚林而畋，非不获兽，明年无兽。若次男已上，尽点入军，租赋杂徭，将何取给？且比年国家卫士，不堪攻战。岂为其少？但为礼遇失所，遂使人无斗心。若多点取人，还充杂使，其数虽众，终是无用。若精简壮健，遇之以礼，人百其勇，何必在多？陛下每云，我之为君，以诚信待物，欲使官人百姓并无矫伪之心。自登极已来，大事三数件，皆是不信，复何以取信于人？”太宗愕然曰：“所云不信，是何等也？”征曰：“陛下初即位，诏书曰：‘逋私宿债，欠负官物，并悉原免。’即令所司，列为事条，秦府国司，亦非官物。陛下自秦王为天子，国司不为官物，其余物复何所有？又关中免二年租调，关外给复一年。百姓蒙恩，无不欢悦。更有敕旨：‘今年白丁多已役讫，若从此放免，并是虚荷国恩，若已折已辅，令总纳取了，所免者皆以来年为始。’散还之后，方更征收，百姓之心，不能无怪。已征得物，便点入军，来年为始，何以取信？又共理所寄，在于刺史、县令，常年貌税，并悉委之。至于简点，即疑其诈伪。望下诚信，不亦难乎？”太宗曰：“我见君固执不已，疑君蔽此事。今论国家不信，乃人情不通。我不寻思，过亦深矣。行事往往如此错失，若为致理？”乃停中男，赐金瓮一口，赐珪绢五十匹。

贞观五年，持书侍御史权万纪、侍御史李仁发，俱以告讦谮毁，数蒙引见，任心弹射，肆其欺罔，令在上震怒，臣下无以自安。内外知其不可，而莫能论诤。给事中魏征正色而奏之曰：“权万纪、李仁发并是小人，不识大体，以谮毁为是，告讦为直，凡所弹射，皆非有罪。陛下掩其所短，收其一切，乃骋其奸计，附下罔上，多行无礼，以取强直之名。诬房玄龄，斥退张亮，无所肃厉，徒损圣明。道路之人，皆兴谤议。臣伏度圣心，必不以为谋虑深长，可委以栋梁之任，将以其无所避忌，欲以警厉群臣。若信狎回邪，犹不可以小谋大，群臣素无矫伪，空使臣下离心。以玄龄、亮之徒，犹不可得伸其枉直，其余疏贱，孰能免其欺罔？伏愿陛下留意再思。自驱使二人以来，有一弘益，臣即甘心斧钺，受不忠之罪。陛下纵未能举善以崇德，岂可进奸而自损乎？”太宗欣然纳之，赐征绢五百匹。其万纪又奸状渐露，仁发亦解黜，万纪贬连州司马。朝廷咸相庆贺焉。

贞观六年，有人告尚书右丞魏征，言其阿党亲戚。太宗使御史大夫温彦博案验其事，乃言者不直。彦博奏称，征既为人所道，虽在无私，亦有可责。遂令彦博谓征曰：“尔谏正我数百条，岂以此小事，便损众美。自今已后，不得不存形迹。”居数日，太宗问征曰：“昨来在外，闻有何不是事？”征曰：“前日令彦博宣敕语臣云：‘因何不存形迹？’此言大不是。臣闻君臣同气，义均一体。未闻不存公道，惟事形迹。若君臣上下同遵此路，则邦国之兴丧，或未可知！”太宗瞿然改容曰：“前发此语，寻已悔之，实大不是，公亦不得遂怀隐避。”征乃拜而言曰：“臣以身许国，直道而行，必不敢有所欺负。但愿陛下使臣为良臣，勿使臣为忠臣。”太宗曰：“忠良有异乎？”征曰：“良臣使身获美名，君受显号，子孙传世，福禄无疆。忠臣身受诛夷，君陷大恶，家国并丧，独有其名。以此而言，相去远矣。”太宗曰：“君但莫违此言，我必不忘社稷之计。”乃赐绢二百匹。

贞观六年，匈奴克平，远夷入贡，符瑞日至，年谷频登。岳牧等屡请封禅，群臣等又称述功德，以为“时不可失，天不可违，今行之，臣等犹谓其晚”。惟魏征以为不可。太宗曰：“朕欲得卿直言之，勿有所隐。朕功不高耶？”曰：“高矣。”“德未厚耶？”曰：“厚矣。”“华夏未安耶？”曰：“安矣。”“远夷未慕耶？”曰：“慕矣。”“符端未至耶？”曰：“至矣。”“年谷未登耶？”曰：“登矣。”“然则何为不可？”对曰：“陛下功高矣，民未怀惠。德厚矣，泽未旁流。华夏安矣，未足以供事。远夷慕矣，无以供其求。符端虽臻，而罻罗犹密。积岁丰稔，而仓廪尚虚。此臣所以切谓未可。臣未能远譬，且借近喻于人。有人长患疼痛，不能任持，疗理且愈，皮骨仅存，便欲负一石米，日行百里，必不可得。隋氏之乱，非止十年。陛下为之良医，除其疾苦，虽已乂安，未甚充实，告成天地，臣窃有疑。且陛下东封，万国咸萃，要荒之外，莫不奔驰。今自伊、洛之东，暨乎海、岱，萑莽巨泽，茫茫千里，人烟断绝，鸡犬不闻，道路萧条，进退艰阻。宁可引彼戎狄，示以虚弱？竭财以赏，未厌远人之望；加年给复，不偿百姓之劳。或遇水旱之灾，风雨之变，庸夫邪议，悔不可追。岂独臣之诚恳，亦有舆人之论。”太宗称善，于是乃止。

贞观七年，蜀王妃父杨誉，在省竞婢，都官郎中薛仁方留身勘问，未及予夺。其子为千牛，于殿庭陈诉云：“五品以上非反逆不合留身，以是国亲，故生节目，不肯决断，淹留岁月。”太宗闻之，怒曰：“知是我亲戚，故作如此艰难。”即令杖仁方一百，解所任官。魏征进曰：“城狐社鼠皆微物，为其有所凭恃，故除之犹不易。况世家贵戚，旧号难理，汉、晋以来，不能禁御，武德之中，以多骄纵，陛下登极，方始萧条。仁方既是职司，能为国家守法，岂可枉加刑罚，以成外戚之私乎！此源一开，万端争起，后必悔之，将无所及。自古能禁断此事，惟陛下一人。备豫不虞，为国常道，岂可以水未横流，便欲自毁堤防？臣窃思度，未见其可。”太宗曰：“诚如公言，向者不思。然仁方辄禁不言，颇是专权，虽不合重罪，宜少加惩肃。”乃令杖二十而赦之。

贞观八年，左仆射房玄龄、右仆射高士廉于路逢少府监窦德素，问北门近来更何营造。德素以闻。太宗乃谓玄龄曰："君但知南衙事，我北门少有营造，何预君事？"玄龄等拜谢。魏征进曰："臣不解陛下责，亦不解玄龄、士廉拜谢。玄龄既任大臣，即陛下股肱耳目，有所营造，何容不知？责其访问官司，臣所不解。且所为有利害，役工有多少，陛下所为善，当助陛下成之，所为不是，虽营造，当奏陛下罢之。此乃君使臣、臣事君之道。玄龄等问既无罪，而陛下责之，臣所不解；玄龄等不识所守，但知拜谢，臣亦不解。"太宗深愧之。

贞观十年，越王，长孙皇后所生，太子介弟，聪敏绝伦，太宗特所宠异。或言三品以上皆轻蔑王者，意在谮侍中魏征等，以激上怒。上御齐政殿，引三品已上入坐定，大怒作色而言曰："我有一言，向公等道。往前天子，即是天子，今时天子，非天子耶？往年天子儿，是天子儿，今日天子儿，非天子儿耶？我见隋家诸王，达官已下，皆不免被其踬顿。我之儿子，自不许其纵横，公等所容易过，得相共轻蔑。我若纵之，岂不能踬顿公等！"玄龄等战栗，皆拜谢。征正色而谏曰："当今群臣，必无轻蔑越王者。然在礼，臣、子一例，《传》称，王人虽微，列入诸侯之上。诸侯用之为公，即是公；用之为卿，即是卿。若不为公卿，即下士于诸侯也。今三品以上，列为公卿，并天子大臣，陛下所加敬异。纵其小有不是，越王何得辄加折辱？若国家纪纲废坏，臣所不知。以当今圣明之时，越王岂得如此。且隋高祖不知礼义，宠树诸王，使行无礼，寻以罪黜，不可为法，亦何足道？"太宗闻其言，喜形于色，谓群臣曰："凡人言语理到，不可不伏。朕之所言，当身私爱；魏征所论，国家大法。朕向者忿怒，自谓理在不疑，及见魏征所论，始觉大非道理。为人君言，何可容易！"召玄龄等而切责之，赐征绢一千匹。

贞观十一年，所司奏凌敬乞贫之状，太宗责侍中魏征等滥进人。征曰："臣等每蒙顾问，常具言其长短。有学识，强谏诤，是其所长；爱生活，好经营，是其所短。今凌敬为人作碑文，教人读《汉书》，因兹附托，回易求利，与臣等所说不同。陛下未用其长，惟见其短，以为臣等欺罔，实不敢心伏。"太宗纳之。

贞观十二年，太宗谓魏征曰："比来所行得失政化，何如往前？"对曰："若恩威所加，远夷朝贡，比于贞观之始，不可等级而言。若德义潜通，民心悦服，比于贞观之初，相去又甚远。"太宗曰："远夷来服，应由德义所加。往前功业，何因益大？”征曰：“昔者四方未定，常以德义为心。旋以海内无虞，渐加骄奢自溢。所以功业虽盛，终不如往初。”太宗又曰：“所行比往前何为异？”征曰：“贞观之初，恐人不言，导之使谏。三年已后，见人谏，悦而从之。一二年来，不悦人谏，虽黾强听受，而意终不平，谅有难色。”太宗曰：“于何事如此？”对曰：“即位之初，处元律师死罪，孙伏伽谏曰：‘法不至死，无容滥加酷罚。’遂赐以兰陵公主园，直钱百万。人或曰：‘所言乃常事，而所赏太厚。’答曰：‘我即位来，未有谏者，所以赏之。’此导之使言也。徐州司户柳雄于隋资妄加阶级。人有告之者，陛下令其自首，不首与罪。遂固言是实，竟不肯首。大理推得其伪，将处雄死罪，少卿戴胄奏法止合徒。陛下曰：‘我已与其断当讫，但当与死罪。’胄曰：‘陛下既不然，即付臣法司。罪不合死，不可酷滥。’陛下作色遣杀，胄执之不已，至于四五，然后赦之。乃谓法司曰：‘但能为我如此守法，岂畏滥有诛夷。’此则悦以从谏也。往年陕县丞皇甫德参上书，大忤圣旨，陛下以为讪谤。臣奏称上书不激切，不能起人主意，激切即似讪谤。于时虽从臣言，赏物二十段，意甚不平，难于受谏也。”太宗曰：“诚如公言，非公无能道此者。人皆苦不自觉，公向未道时，都自谓所行不变。及见公论说，过失堪惊。公但存此心，朕终不违公语。”

第三卷

君臣鉴戒第六

贞观三年，太宗谓侍臣曰："君臣本同治乱，共安危，若主纳忠谏，臣进直言，斯故君臣合契，古来所重。若君自贤，臣不匡正，欲不危亡，不可得也。君失其国，臣亦不能独全其家。至如隋炀帝暴虐，臣下钳口，卒令不闻其过，遂至灭亡，虞世基等寻亦诛死。前事不远，朕与卿等可得不慎，无为后所嗤！"

贞观四年，太宗论隋日。魏征对曰："臣往在隋朝，曾闻有盗发，炀帝令於士澄捕逐。但有疑似，苦加拷掠，枉承贼者二千余人，并令同日斩决。大理丞张元济怪之，试寻其状。乃有六七人，盗发之日，先禁他所，被放才出，亦遭推勘，不胜苦痛，自诬行盗。元济因此更事究寻，二千人内惟九人逗遛不明。官人有谙识者，就九人内四人非贼。有司以炀帝已令斩决，遂不执奏，并杀之。"太宗曰："非是炀帝无道，臣下亦不尽心。须相匡谏，不避诛戮，岂得惟行谄佞，苟求悦誉？君臣如此，何得不败？朕赖公等共相辅佐，遂令囹圄空虚。愿公等善始克终，恒如今日！"

贞观六年，太宗谓侍臣曰："朕闻周、秦初得天下，其事不异。然周则惟善是务，积功累德，所以能保八百之基。秦乃恣其奢淫，好行刑罚，不过二世而灭。岂非为善者福祚延长，为恶者降年不永？朕又闻桀、纣帝王也，以匹夫比之，则以为辱；颜、闵匹夫也，以帝王比之，则以为荣。此亦帝王深耻也。朕每将此事以为鉴戒，常恐不逮，为人所笑。”魏征对曰：“臣闻鲁哀公谓孔子曰：‘有人好忘者，移宅乃忘其妻。’孔子曰：‘又有好忘甚于此者，丘见桀、纣之君乃忘其身。’愿陛下每以此为虑，庶免后人笑尔。”

贞观十四年，太宗以高昌平，召侍臣赐宴于两仪殿，谓房玄龄曰：“高昌若不失臣礼，岂至灭亡？朕平此一国，甚怀危惧，惟当戒骄逸以自防，纳忠謇以自正。黜邪佞，用贤良，不以小人之言而议君子，以此慎守，庶几于获安也。”魏征进曰：“臣观古来帝王拨乱创业，必自戒慎，采刍荛之议，从忠谠之言。天下既安，则恣情肆欲，甘乐谄谀，恶闻正谏。张子房，汉王计画之臣，及高祖为天子，将废嫡立庶，子房曰：‘今日之事，非口舌所能争也。’终不敢复有开说。况陛下功德之盛，以汉祖方之，彼不足准。即位十有五年，圣德光被，今又平殄高昌。屡以安危系意，方欲纳用忠良，开直言之路，天下幸甚。昔齐桓公与管仲、鲍叔牙、宁戚四人饮，桓公谓叔牙曰：‘盍起为寡人寿乎？’叔牙奉觞而起曰：‘愿公无忘出在莒时，使管仲无忘束缚于鲁时，使宁戚无忘饭牛车下时。’桓公避席而谢曰：‘寡人与二大夫能无忘夫子之言，则社稷不危矣！’”太宗谓征曰：“朕必不敢忘布衣时，公不得忘叔牙之为人也。”

贞观十四年，特进魏征上疏曰：

臣闻君为元首，臣作股肱，齐契同心，合而成体，体或不备，未有成人。然则首虽尊高，必资手足以成体；君虽明哲，必借股肱以致治。《礼》云：“民以君为心，君以民为体，心庄则体舒，心肃则容敬。”《书》云：“元首明哉！股肱良哉！庶士康哉！”“元首丛脞哉！股肱惰哉！万事堕哉！”然则委弃股肱，独任胸臆，具体成理，非所闻也。

夫君臣相遇，自古为难。以石投水，千载一合，以水投石，无时不有。其能开至公之道，申天下之用，内尽心膂，外竭股肱，和若盐梅，固同金石者，非惟高位厚秩，在于礼之而已。昔周文王游于凤凰之墟，袜系解，顾左右莫可使者，乃自结之。岂周文之朝尽为俊乂，圣明之代独无君子者哉？但知与不知，礼与不礼耳！是以伊尹，有莘之媵臣，韩信，项氏之亡命，殷汤致礼，定王业于南巢，汉祖登坛，成帝功于垓下。若夏桀不弃于伊尹，项羽垂恩于韩信，宁肯败已成之国为灭亡之虏乎？又微子，骨肉也，受茅土于宋，箕子，良臣也，陈《洪范》于周，仲尼称其仁，莫有非之者。《礼记》称：“鲁穆公问于子思曰：‘为旧君反服，古欤？’子思曰：‘古之君子，进人以礼，退人以礼，故有旧君反服之礼也。今之君子，进人若将加诸膝，退人若将队诸泉。毋为戎首，不亦善乎，又何反服之礼之有？’”齐景公问于晏子曰：“忠臣之事君

如之何？”晏子对曰：“有难不死，出亡不送。”公曰：“裂地以封之，疏爵而待之，有难不死，出亡不送，何也？”晏子曰：“言而见用，终身无难，臣何死焉？谏而见纳，终身不亡，臣何送焉？若言不见用，有难而死，是妄死也；谏不见纳，出亡而送，是诈忠也。”《春秋左氏传》曰：“崔杼弑齐庄公，晏子立于崔氏之门外，其人曰：‘死乎？’曰：‘独吾君也乎哉！吾死也。’曰：‘行乎？’曰：‘吾罪也乎哉？吾亡也。故君为社稷死则死之，为社稷亡则亡之。若为己死，为己亡，非其亲昵，谁敢任之？’门启而入，枕尸股而哭，兴，三踊而出。”孟子曰：“君视臣如手足，臣视君如腹心；君视臣如犬马，臣视君如国人；君视臣如粪土，臣视君如寇仇。”虽臣之事君无二志，至于去就之节，当缘恩之厚薄，然则为人主者，安可以无礼于下哉？

窃观在朝群臣，当主枢机之寄者，或地邻秦、晋，或业与经纶，并立事立功，皆一时之选，处之衡轴，为任重矣。任之虽重，信之未笃，则人或自疑。人或自疑，则心怀苟且。心怀苟且，则节义不立。节义不立，则名教不兴。名教不兴，而可与固太平之基，保七百之祚，未之有也。又闻国家重惜功臣，不念旧恶，方之前圣，一无所间。然但宽于大事，急于小罪，临时责怒，未免爱憎之心，不可以为政。君严其禁，臣或犯之，况上启其源，下必有甚，川壅而溃，其伤必多，欲使凡百黎元，何所措其手足？此则君开一源，下生百端之变，无不乱者也。《礼记》曰：“爱而知其恶，憎而知其善。”若憎而不知其善，则为善者必惧；爱而不知其恶，则为恶者实繁。《诗》曰：“君子如怒，乱庶遄沮。”然则古人之震怒，将以惩恶，当今之威罚，所以长奸，此非唐、虞之心也，非禹、汤之事也。《书》曰：“抚我则后，虐我则仇。”荀卿子曰：“君，舟也；民，水也。水所以载舟，亦所以覆舟。”故孔子曰：“鱼失水则死，水失鱼犹为水也。”故唐、虞战战栗栗，日慎一日。安可不深思之乎？安可不熟虑之乎？

夫委大臣以大体，责小臣以小事，为国之常也，为理之道也。今委之以职，则重大臣而轻小臣；至于有事，则信小臣而疑大臣。信其所轻，疑其所重，将求至理，岂可得乎？又政贵有恒，不求屡易。今或责小臣以大体，或责大臣以小事，小臣乘非所据，大臣失其所守，大臣或以小过获罪，小臣或以大体受罚。职非其位，罚非其辜，欲其无私，求其尽力，不亦难乎？小臣不可委以大事，大臣不可责以小罪。任以大官，求其细过，刀笔之吏，顺旨承风，舞文弄法，曲成其罪。自陈也，则以为心不伏辜；不言也，则以为所犯皆实。进退惟咎，莫能自明，则苟求免祸。大臣苟免，则谲诈萌生。谲诈萌生，则矫伪成俗。矫伪成俗，则不可以臻至理矣。

又委任大臣，欲其尽力，每官有所避忌不言，则为不尽。若举得其人，何嫌于故旧。若举非其任，何贵于疏远。待之不尽诚信，何以责其忠恕哉！臣虽或有失之，君亦未为得也。夫上之不信于下，必以为下无可信矣，若必下无可信，则上亦有可疑矣。《礼》曰："上人疑，则百姓惑。下难知，则君长劳。"上下相疑，则不可以言至理矣。当今群臣之内，远在一方，流言三至而不投杼者，臣窃思度，未见其人。夫以四海之广，士庶之众，岂无一二可信之人哉？盖信之则无不可，疑之则无可信者，岂独臣之过乎？夫以一介庸夫结为交友，以身相许，死且不渝，况君臣契合，寄同鱼水。若君为尧、舜，臣为稷、契，岂有遇小事则变志，见小利则易心哉！此虽下之立忠未有明著，亦由上怀不信，待之过薄之所致也。岂君使臣以礼，臣事君以忠乎！以陛下之圣明，以当今之功业，诚能博求时俊，上下同心，则三皇可追而四，五帝可俯而六矣。夏、殷、周、汉，夫何足数！"

太宗深嘉纳之。

贞观十六年，太宗问特进魏征曰："朕克己为政，仰企前烈。至于积德、累仁、丰功、厚利，四者常以为称首，朕皆庶几自勉。人苦不能自见，不知朕之所行，何等优劣？"征对曰："德、仁、功、利，陛下兼而行之。然则内平祸乱，外除戎狄，是陛下之功。安诸黎元，各有生业，是陛下之利。由此言之，功利居多，惟德与仁，愿陛下自强不息，必可致也。"

贞观十七年，太宗谓侍臣曰："自古草创之主，至于子孙多乱，何也？"司空房玄龄曰："此为幼主生长深宫，少居富贵，未尝识人间情伪，治国安危，所以为政多乱。"太宗曰："公意推过于主，朕则归咎于臣。夫功臣子弟多无才行，借祖父资荫遂处大官，德义不修，奢纵是好。主既幼弱，臣又不才，颠而不扶，岂能无乱？隋炀帝录宇文述在藩之功，擢化及于高位，不思报效，翻行弑逆。此非臣下之过欤？朕发此言，欲公等戒勖子弟，使无愆过，即家国之庆也。"太宗又曰："化及与玄感，即隋大臣受恩深者子孙，皆反，其故何也？"岑文本对曰："君子乃能怀德荷恩，玄感、化及之徒，并小人也。古人所以贵君子而贱小人。"太宗曰："然。"

择官第七

贞观元年，太宗谓房玄龄等曰："致治之本，惟在于审。量才授职，务省官员。故《书》称：'任官惟贤才。'又云：'官不必备，惟其人。'若得其善者，虽少亦足矣；其不善者，纵多亦奚为？古人亦以官不得其才，比于画地作饼，不可食也。《诗》曰：'谋夫孔多，是用不就。'又孔子曰：'官事不摄，焉

得俭？'且'千羊之皮，不如一狐之腋'。此皆载在经典，不能具道。当须更并省官员，使得各当所任，则无为而治矣。卿宜详思此理，量定庶官员位。"玄龄等由是所置文武总六百四十员。太宗从之，因谓玄龄曰："自此傥有乐工杂类，假使术逾侪辈者，只可特赐钱帛以赏其能，必不可超授官爵，与夫朝贤君子比肩而立，同坐而食，遗诸衣冠以为耻累。"

贞观二年，太宗谓房玄龄、杜如晦曰："公为仆射，当助朕忧劳，广开耳目，求访贤哲。比闻公等听受辞讼，日有数百。此则读符牒不暇，安能助朕求贤哉？"因敕尚书省，细碎务皆付左右丞，惟冤滞大事合闻奏者，关于仆射。

贞观二年，太宗谓侍臣曰："朕每夜恒思百姓间事，或至夜半不寐。惟恐都督、刺史堪养百姓以否。故于屏风上录其姓名，坐卧恒看，在官如有善事，亦具列于名下。朕居深宫之中，视听不能及远，所委者惟都督、刺史，此辈实治乱所系，尤须得人。"

贞观二年，太宗谓右仆射封德彝曰："致安之本，惟在得人。比来命卿举贤，未尝有所推荐。天下事重，卿宜分朕忧劳，卿既不言，朕将安寄？"对曰："臣愚岂敢不尽情，但今未见有奇才异能。"太宗曰："前代明王使人如器，皆取士于当时，不借才于异代。岂得待梦傅说，逢吕尚，然后为政乎？且何代无贤，但患遗而不知耳！"德彝惭赧而退。

贞观三年，太宗谓吏部尚书杜如晦曰："比见吏部择人，惟取其言词刀笔，不悉其景行。数年之后，恶迹始彰，虽加刑戮，而百姓已受其弊。如何可获善人？"如晦对曰："两汉取人，皆行著乡闾，州郡贡之，然后入用，故当时号为多士。今每年选集，向数千人，厚貌饰词，不可知悉，选司但配其阶品而已。铨简之理，实所未精，所以不能得才。"太宗乃将依汉时法令，本州辟召，会功臣等将行世封事，遂止。

贞观六年，太宗谓魏征曰："古人云，王者须为官择人，不可造次即用。朕今行一事，则为天下所观；出一言，则为天下所听。用得正人，为善者皆劝；误用恶人，不善者竞进。赏当其劳，无功者自退；罚当其罪，为恶者戒惧。故知赏罚不可轻行，用人弥须慎择。"征对曰："知人之事，自古为难，故考绩黜陟，察其善恶。今欲求人，必须审访其行。若知其善，然后用之，设令此人不能济事，只是才力不及，不为大害。误用恶人，假令强干，为害极多。

但乱世惟求其才，不顾其行。太平之时，必须才行俱兼，始可任用。”

贞观十一年，侍御史马周上疏曰：“治天下者以人为本，欲令百姓安乐，惟在刺史、县令。县令既众，不可皆贤，若每州得良刺史，则合境苏息。天下刺史悉称圣意，则陛下可端拱岩廊之上，百姓不虑不安。自古郡守、县令，皆妙选贤德，欲有迁擢为将相，必先试以临人，或从二千石入为丞相及司徒、太尉者。朝廷必不可独重内臣，外刺史、县令，遂轻其选。所以百姓未安，殆由于此。”太宗因谓侍臣曰：“刺史朕当自简择；县令诏京官五品已上，各举一人。”

贞观十一年，治书侍御史刘洎以为左右丞宜特加精简，上疏曰：“臣闻尚书万机，实为政本，伏寻此选，授任诚难。是以八座比于文昌，二丞方于管辖，爰至曹郎，上应列宿，苟非称职，窃位兴讥。伏见比来尚书省诏敕稽停，文案壅滞，臣诚庸劣，请述其源。贞观之初，未有令、仆，于时省务繁杂，倍多于今。而左丞戴胄、右丞魏征并晓达吏方，质性平直，事应弹举，无所回避，陛下又假以恩慈，自然肃物。百司匪懈，抑此之由。及杜正伦续任右丞，颇亦厉下。比者纲维不举，并为勋亲在位，器非其任，功势相倾。凡在官僚，未循公道，虽欲自强，先惧嚣谤。所以郎中予夺，惟事咨禀；尚书依违，不能断决。或纠弹闻奏，故事稽延，案虽理穷，仍更盘下。去无程限，来不责迟，一经出手，便涉年载。或希旨失情，或避嫌抑理。勾司以案成为事了，不究是非；尚书用便僻为奉公，莫论当否。互相姑息，惟事弥缝。且选众授能，非才莫举，天工人代，焉可妄加？至于懿戚元勋，但宜优其礼秩，或年高及耄，或积病智昏，既无益于时宜，当置之以闲逸。久妨贤路，殊为不可。将救兹弊，且宜精简尚书左右丞及左右郎中。如并得人，自然纲维备举，亦当矫正趋竞，岂惟息其稽滞哉！”疏奏，寻以洎为尚书左丞。

贞观十三年，太宗谓侍臣曰：“朕闻太平后必有大乱，大乱后必有太平。大乱之后，即是太平之运也。能安天下者，惟在用得贤才。公等既不知贤，朕又不可遍识，日复一日，无得人之理。今欲令人自举，于事何如？”魏征对曰：“知人者智，自知者明。知人既以为难，自知诚亦不易。且愚暗之人，皆矜能伐善，恐长浇竞之风，不可令其自举。”

贞观十四年，特进魏征上疏曰：

臣闻知臣莫若君，知子莫若父。父不能知其子，则无以睦一家；君不能知

其臣，则无以齐万国。万国咸宁，一人有庆，必借忠良作弼，俊乂在官，则庶绩其凝，无为而化矣。故尧、舜、文、武见称前载，咸以知人则哲，多士盈朝，元、凯翼巍巍之功，周、召光焕乎之美。然则四岳、九官、五臣、十乱，岂惟生之于曩代，而独无于当今者哉？在乎求与不求，好与不好耳！何以言之？夫美玉明珠，孔翠犀象，大宛之马，西旅之獒，或无足也，或无情也，生于八荒之表，途遥万里之外，重译入贡，道路不绝者，何哉？盖由乎中国之所好也。况从仕者怀君之荣，食君之禄，率之以义，将何往而不至哉？臣以为与之为孝，则可使同乎曾参、子骞矣；与之为忠，则可使同乎龙逄、比干矣；与之为信，则可使同乎尾生、展禽矣；与之为廉，则可使同乎伯夷、叔齐矣。

然而今之群臣，罕能贞白卓异者，盖求之不切，励之未精故也。若勖之以公忠，期之以远大，各有职分，得行其道；贵则观其所举，富则观其所养，居则观其所好，习则观其所言，穷则观其所不受，贱则观其所不为；因其材以取之，审其能以任之，用其所长，掩其所短；进之以六正，戒之以六邪，则不严而自励，不劝而自勉矣。故《说苑》曰："人臣之行，有六正六邪。行六正则荣，犯六邪则辱。何谓六正？一曰萌芽未动，形兆未见，昭然独见存亡之机，得失之要，预禁乎未然之前，使主超然立乎显荣之处，如此者，圣臣也。二曰虚心尽意，日进善道，勉主以礼义，谕主以长策，将顺其美，匡救其恶，如此者，良臣也。三曰夙兴夜寐，进贤不懈，数称往古之行事，以厉主意，如此者，忠臣也。四曰明察成败，早防而救之，塞其间，绝其源，转祸以为福，使君终以无忧，如此者，智臣也。五曰守文奉法，任官职事，不受赠遗，辞禄让赐，饮食节俭，如此者，贞臣也。六曰家国昏乱，所为不谀，敢犯主之严颜，面言主之过失，如此者，直臣也。是谓六正。何谓六邪？一曰安官贪禄，不务公事，与世浮沉，左右观望，如此者，具臣也。二曰主所言皆曰善，主所为皆曰可，隐而求主之所好而进之，以快主之耳目，偷合苟容，与主为乐，不顾其后害，如此者，谀臣也。三曰内实险诐，外貌小谨，巧言令色，妒善嫉贤，所欲进，则明其美、隐其恶，所欲退，则明其过、匿其美，使主赏罚不当，号令不行，如此者，奸臣也。四曰智足以饰非，辩足以行说，内离骨肉之亲，外构朝廷之乱，如此者，谗臣也。五曰专权擅势，以轻为重，私门成党，以富其家，擅矫主命，以自贵显，如此者，贼臣也。六曰谄主以佞邪，陷主于不义，朋党比周，以蔽主明，使白黑无别，是非无间，使主恶布于境内，闻于四邻，如此者，亡国之臣也。是谓六邪。贤臣处六正之道，不行六邪之术，故上安而下治。生则见乐，死则见思，此人臣之术也。"《礼记》曰："权衡诚悬，不可欺以轻重。绳墨诚陈，不可欺以曲直。规矩诚设，不可欺以方圆。君子审礼，不可诬以奸诈。"然则臣之情伪，知之不难矣。又设礼以待之，执法以御之，为善者蒙赏，为恶者受罚，安敢不企及乎？安敢不尽力乎？

国家思欲进忠良，退不肖，十有余载矣，徒闻其语，不见其人，何哉？盖言之是也，行之非也。言之是，则出乎公道，行之非，则涉乎邪径。是非相乱，好恶相攻。所爱虽有罪，不及于刑；所恶虽无辜，不免于罚。此所谓爱之欲其生，恶之欲其死者也。或以小恶弃大善，或以小过忘大功。此所谓君之赏不可以无功求，君之罚不可以有罪免者也。赏不以劝善，罚不以惩恶，而望邪正不惑，其可得乎？若赏不遗疏远，罚不阿亲贵，以公平为规矩，以仁义为准绳，考事以正其名，循名以求其实，则邪正莫隐，善恶自分。然后取其实，不尚其华，处其厚，不居其薄，则不言而化，期月而可知矣。若徒爱美锦，而不为民择官，有至公之言，无至公之实，爱而不知其恶，憎而遂忘其善，徇私情以近邪佞，背公道而远忠良，则虽夙夜不怠，劳神苦思，将求至理，不可得也。

书奏，甚嘉纳之。

贞观二十一年，太宗在翠微宫，授司农卿李纬户部尚书。房玄龄是时留守京城。会有自京师来者，太宗问曰："玄龄闻李纬拜尚书，如何？"对曰："但云'李纬大好髭须'，更无他语。"于是改授洛州刺史。

封建第八

贞观元年，封中书令房玄龄为邗国公，兵部尚书杜如晦为蔡国公，吏部尚书长孙无忌为齐国公，并为第一等，食邑实封一千三百户。皇从父淮安王神通上言："义旗初起，臣率兵先至，今玄龄等刀笔之人，功居第一，臣窃不服。"太宗曰："国家大事，惟赏与罚。赏当其劳，无功者自退；罚当其罪，为恶者咸惧。则知赏罚不可轻行也。今计勋行赏，玄龄等有筹谋帷幄、画定社稷之功，所以汉之萧何，虽无汗马，指踪推毂，故得功居第一。叔父于国至亲，诚无爱惜，但以不可缘私滥与勋臣同赏矣。"由是诸功臣自相谓曰："陛下以至公，赏不私其亲，吾属何可妄诉。"初，高祖举宗正籍，弟侄、再从、三从孩童已上封王者数十人。至是，太宗谓群臣曰："自两汉已降，惟封子及兄弟，其疏远者，非有大功，如汉之贾、泽，并不得受封。若一切封王，多给力役，乃至劳苦万姓，以养己之亲属。"于是宗室先封郡王其间无功者，皆降为县公。

贞观十一年，太宗以周封子弟，八百余年，秦罢诸侯，二世而灭，吕后欲危刘氏，终赖宗室获安，封建亲贤，当是子孙长久之道。乃定制，以子弟荆州都督荆王元景、安州都督吴王恪等二十一人，又以功臣司空赵州刺史长孙无忌、尚书左仆射宋州刺史房玄龄等一十四人，并为世袭刺史。礼部侍郎李百药奏论驳世封事曰：

臣闻经国庇民，王者之常制；尊主安上，人情之大方。思闻治定之规，以弘长世之业，万古不易，百虑同归。然命历有赊促之殊，邦家有治乱之异，遐观载籍，论之详矣。咸云周过其数，秦不及期，存亡之理，在于郡国。周氏以鉴夏、殷之长久，遵皇王之并建，维城磐石，深根固本，虽王纲弛废，而枝干相持，故使逆节不生，宗祀不绝。秦氏背师古之训，弃先王之道，剪华恃险，罢侯置守，子弟无尺土之邑，兆庶罕共治之忧，故一夫号呼而七庙隳祀。

臣以为自古皇王，君临宇内，莫不受命上玄，册名帝录，缔构遇兴王之运，殷忧属启圣之期。虽魏武携养之资，汉高徒役之贱，非止意有觊觎，推之亦不能去也。若其狱讼不归，菁华已竭，虽帝尧之光被四表，大舜之上齐七政，非止情存揖让，守之亦不可焉。以放勋、重华之德，尚不能克昌厥后，是知祚之长短，必在于天时，政或兴衰，有关于人事。隆周卜世三十，卜年七百，虽沦胥之道斯极，而文、武之器尚存，斯龟鼎之祚，已悬定于杳冥也。至使南征不返，东迁避逼，禋祀阙如，郊畿不守，此乃陵夷之渐，有累于封建焉。暴秦运距闰余，数终百六，受命之主，德异禹、汤，继世之君，才非启、诵，借使李斯、王绾之辈咸开四履，将闾、子婴之徒俱启千乘，岂能逆帝子之勃兴，抗龙颜之基命者也！

然则得失成败，各有由焉。而著述之家，多守常辙，莫不情忘今古，理蔽浇淳，欲以百王之季，行三代之法，天下五服之内，尽封诸侯，王畿千里之间，俱为采地。是则以结绳之化行虞、夏之朝，用象刑之典治刘、曹之末，纪纲弛紊，断可知焉。锲船求剑，未见其可；胶柱成文，弥多所惑。徒知问鼎请隧，有惧霸王之师；白马素车，无复藩维之援。不悟望夷之衅，未堪羿、浞之灾；既罹高贵之殃，宁异申、缯之酷。此乃钦明昏乱，自革安危，固非守宰公侯，以成兴废。且数世之后，王室浸微，始自藩屏，化为仇敌。家殊俗，国异政，强陵弱，众暴寡，疆埸彼此，干戈侵伐。狐骀之役，女子尽髽；崤陵之师，只轮不反。斯盖略举一隅，其余不可胜数。陆士衡方规规然云：“嗣王委其九鼎，凶族据其天邑，天下晏然，以治待乱。”何斯言之谬也！而设官分职，任贤使能，以循良之才，膺共治之寄，刺举分竹，何世无人。至使地或呈祥，天不爱宝，民称父母，政比神明。曹元首方区区然称：“与人共其乐者人必忧其忧，与人同其安者人必拯其危。”岂容以为侯伯则同其安危，任之牧宰则殊其忧乐？何斯言之妄也！

封君列国，藉其门资，忘其先业之艰难，轻其自然之崇贵，莫不世增淫虐，代益骄侈。离宫别馆，切汉凌云，或刑人力而将尽，或召诸侯而共落。陈灵则君臣悖礼，共侮征舒；卫宣则父子聚麀，终诛寿、朔。乃云为己思理，岂若是乎？内外群官，选自朝廷，擢士庶以任之，澄水镜以鉴之，年劳优其阶品，考绩明其黜陟。进取事切，砥砺情深，或俸禄不入私门，妻子不之官舍。班条之贵，食不举火；剖符之重，居惟饮水。南阳太守，弊布裹身；莱芜县长，凝尘生甑。专云为利图物，何其爽欤！总而言之，爵非世及，用贤之路斯广；民无定主，附下之情不固。此乃愚智所辨，安可惑哉？至如灭国弑君，乱常干纪，春秋二百年间，略无宁岁。次睢咸秩，遂用玉帛之君；鲁道有荡，每等衣裳之会。纵使西汉哀、平之际，东洛桓、灵之时，下吏淫暴，必不至此。为政之理，可以一言蔽焉。

伏惟陛下握纪御天，膺期启圣，救亿兆之焚溺，扫氛祲于寰区。创业垂统，配二仪以立德；发号施令，妙万物而为言。独照神衷，永怀前古，将复五等而修旧制，建万国以亲诸侯。窃以汉、魏以还，余风之弊未尽；勋、华既往，至公之道斯乖。况晋氏失驭，宇县崩离；后魏乘时，华夷杂处。重以关河分阻，吴、楚悬隔，习文者学长短从横之术，习武者尽干戈战争之心，毕为狙诈之阶，弥长浇浮之俗。开皇在运，因藉外家。驱御群英，任雄猜之数；坐移明运，非克定之功。年逾二纪，民不见德。及大业嗣立，世道交丧，一人一物，扫地将尽，虽天纵神武，削平寇虐，兵威不息，劳止未康。

自陛下仰顺圣慈，嗣膺宝历，情深致理，综核前王。虽至道无名，言象所纪，略陈梗概，安所庶几。爱敬烝烝，劳而不倦，大舜之孝也。访安内竖，亲尝御膳，文王之德也。每宪司谳罪，尚书奏狱，大小必察，枉直咸举，以断趾之法，易大辟之刑，仁心隐恻，贯彻幽显，大禹之泣辜也。正色直言，虚心受纳，不简鄙讷，无弃刍荛，帝尧之求谏也。弘奖名教，劝励学徒，既擢明经于青紫，将升硕儒于卿相，圣人之善诱也。群臣以宫中暑湿，寝膳或乖，请移御高明，营一小阁。遂惜十家之产，竟抑子来之愿，不吝阴阳之感，以安卑陋之居。顷岁霜俭，普天饥馑，丧乱甫尔，仓廪空虚。圣情矜愍，勤加赈恤，竟无一人流离道路，犹且食惟藜藿，乐彻簨簴，言必凄动，貌成癯瘦。公旦喜于重译，文命矜其即叙。陛下每见四夷款附，万里归仁，必退思进省，凝神动虑，恐妄劳中国，以求远方，不藉万古之英声，以存一时之茂实。心切忧劳，志绝游幸，每旦视朝，听受无倦，智周于万物，道济于天下。罢朝之后，引进名臣，讨论是非，备尽肝膈，惟及政事，更无异辞。才日昃，必命才学之士，赐以清闲，高谈典籍，杂以文咏，间以玄言，乙夜忘疲，中宵不寐。此之四道，独迈往初，斯实生民以来，一人而已。弘兹风化，昭示四方，信可以期月之间，弥纶天壤。而淳粹尚阻，浮诡未移，此由习之久，难以卒变。请待斫雕成器，以质代文，刑措之教一行，登封之礼云毕，然后定疆理之制，议山河之赏，未为晚焉。《易》称：“天地盈虚，与时消息，况于人乎？”美哉斯言也。

中书舍人马周又上疏曰：

伏见诏书令宗室勋贤作镇藩部，贻厥子孙，嗣守其政，非有大故，无或黜免。臣窃惟陛下封植之者，诚爱之重之，欲其绪裔承守，与国无疆，可使世官也。何则？以尧、舜之父，犹有朱、均之子。况下此以还，而欲以父取儿，恐失之远矣。傥有孩童嗣职，万一骄逸，则兆庶被其殃，而国家受其败。政欲绝之也，则子文之治犹在；政欲留之也，而栾黡之恶已彰。与其毒害于见存之百姓，则宁使割恩于已亡之一臣，明矣。然则向之所谓爱之者，乃适所以伤之也。臣谓宜赋以茅土，畴其户邑，必有材行，随器方授，则翰翮非强，亦可以获免尤累。昔汉光武不任功臣以吏事，所以终全其世者，良由得其术也。愿陛下深思其宜，使夫得奉大恩，而子孙终其福禄也。

太宗并嘉纳其言。于是竟罢子弟及功臣世袭刺史。

第四卷

太子诸王定分第九

贞观七年，授吴王恪齐州都督。太宗谓侍臣曰："父子之情，岂不欲常相见耶？但家国事殊，须出作藩屏。且令其早有定分，绝觊觎之心，我百年后，使其兄弟无危亡之患也。"

贞观十一年，侍御史马周上疏曰："汉、晋以来，诸王皆为树置失宜，不预立定分，以至于灭亡。人主熟知其然，但溺于私爱，故前车既覆而后车不改辙也。今诸王承宠遇之恩有过厚者，臣之愚虑，不惟虑其恃恩骄矜也。昔魏武帝宠树陈思，及文帝即位，防守禁闭，有同狱囚，以先帝加恩太多，故嗣王从而畏之也。此则武帝之宠陈思，适所以苦之也。且帝子何患不富贵，身食大国，封户不少，好衣美食之外，更何所须？而每年别加优赐，曾无纪极。俚语曰：'贫不学俭，富不学奢。'言自然也。今陛下以大圣创业，岂惟处置见在子弟而已，当须制长久之法，使万代遵行。"疏奏，太宗甚嘉之，赐物百段。

贞观十三年，谏议大夫褚遂良以每日特给魏王泰府料物，有逾于皇太子，上疏谏曰："昔圣人制礼，尊嫡卑庶。谓之储君，道亚霄极，甚为崇重，用物不计，泉货财帛，与王者共之。庶子体卑，不得为例，所以塞嫌疑之渐，除祸乱之源。而先王必本于人情，然后制法，知有国家，必有嫡庶。然庶子虽爱，不得超越嫡子，正礼特须尊崇。如不能明立定分，遂使当亲者疏，当尊者卑，则佞巧之徒承机而动，私恩害公，或至乱国。伏惟陛下功超万古，道冠百王，发施号令，为世作法。一日万机，或未尽美，臣职谏诤，无容静默。伏见储君料物，翻少魏王，朝野见闻，不以为是。臣闻《传》曰：‘爱子教以义方。’忠、孝、恭、俭，义方之谓。昔汉窦太后及景帝并不识义方之理，遂骄恣梁孝王，封四十余城，苑方三百里，大营宫室，复道弥望，积财镪巨万贯计，出警入跸，小不得意，发病而死。宣帝亦骄恣淮阳王，几至于败，赖其辅以退让之臣，仅乃获免。且魏王既新出阁，伏愿恒存礼训，妙择师傅，示其成败。既敦之以节俭，又劝之以文学。惟忠惟孝，因而奖之道德齐礼，乃为良器。此所谓圣人之教，不肃而成者也。”太宗深纳其言。

贞观十六年，太宗谓侍臣曰：“当今国家何事最急？各为我言之。”尚书右仆射高士廉曰：“养百姓最急。”黄门侍郎刘洎曰：“抚四夷急。”中书侍郎岑文本曰：“《传》称：‘道之以德，齐之以礼。’由斯而言，礼义为急。”谏议大夫褚遂良曰：“即日四方仰德，不敢为非，但太子、诸王，须有定分，陛下宜为万代法以遗子孙，此最当今日之急。”太宗曰：“此言是也。朕年将五十，已觉衰怠。既以长子守器东宫，诸弟及庶子数将四十，心常忧虑在此耳。但自古嫡庶无良，何尝不倾败家国。公等为朕搜访贤德，以辅储宫，爰及诸王，咸求正士。且官人事王，不宜岁久。岁久则分义情深，非意窥窬，多由此作，其王府官僚，勿令过四考。”

尊敬师傅第十

贞观三年，太子少师李纲有脚疾，不堪践履。太宗赐步舆，令三卫举入东宫，诏皇太子引上殿，亲拜之，大见崇重。纲为太子陈君臣父子之道，问寝视膳之方，理顺辞直，听者忘倦。太子尝商略古来君臣名教，竭忠尽节之事，纲懔然曰：“托六尺之孤，寄百里之命，古人以为难，纲以为易。”每吐论发言，皆辞色慷慨，有不可夺之志，太子未尝不耸然礼敬。

贞观六年，诏曰：“朕比寻讨经史，明王圣帝曷尝无师傅哉？前所进令遂不睹三师之位，意将未可，何以然？黄帝学大颠，颛顼学录图，尧学尹寿，舜学务成昭，禹学西王国，汤学威子伯，文王学子期，武王学虢叔。前代圣王，未遭此师，则功业不著乎天下，名誉不传乎载籍。况朕接百王之末，智不同圣人，其无师傅，安可以临兆民者哉？《诗》不云乎：‘不愆不忘，率由旧章。’夫不学，则不明古道，而能政致太平者未之有也。可即著令，置三师之位。”

贞观八年，太宗谓侍臣曰：“上智之人，自无所染，但中智之人无恒，从教而变，况太子师保，古难其选。成王幼小，周、召为保傅。左右皆贤，日闻雅训，足以长仁益德，使为圣君。秦之胡亥用赵高作傅，教以刑法，及其嗣位，诛功臣，杀亲族，酷暴不已，旋踵而亡。故知人之善恶诚由近习。朕今为太子、诸王精选师傅，令其式瞻礼度，有所裨益。公等可访正直忠信者，各举三两人。”

贞观十一年，以礼部尚书王珪兼为魏王师。太宗谓尚书左仆射房玄龄曰：“古来帝子，生于深宫，及其成人，无不骄逸，是以倾覆相踵，少能自济。我今严教子弟，欲皆得安全。王珪我久驱使，甚知刚直，志存忠孝，选为子师。卿宜语泰，每对王珪，如见我面，宜加尊敬，不得懈怠。”珪亦以师道自处，时议善之也。

贞观十七年，太宗谓司徒长孙无忌、司空房玄龄曰：“三师以德道人者也。若师体卑，太子无所取则。”于是诏令撰太子接三师仪注。太子出殿门迎，先拜三师，三师答拜，每门让三师。三师坐，太子乃坐。与三师书，前名惶恐，后名惶恐再拜。

贞观十八年，高宗初立为皇太子，尚未尊贤重道，太宗又尝令太子居寝殿之侧，绝不往东宫。散骑常侍刘洎上书曰：

臣闻郊迎四方，孟侯所以成德；齿学三让，元良由是作贞。斯皆屈主祀之尊，申下交之义。故得刍言咸荐，睿问旁通，不出轩庭，坐知天壤，率由兹道，永固鸿基者焉。至若生乎深宫之中，长乎妇人之手，未曾识忧惧，无由晓风雅。虽复神机不测，天纵生知，而开物成务，终由外奖。匪夫崇彼干籥，听兹谣颂，何以辨章庶类，甄核彝伦？历考圣贤，咸资琢玉。是故周储上哲，师望、奭而加裕；汉嗣深仁，引园、绮而昭德。原夫太子，宗祧是系，善恶之际，兴亡斯在，不勤于始，将悔于终。是以晁错上书，令通政术，贾谊献策，务知礼教。窃惟皇太子玉裕挺生，金声夙振，明允笃诚之美，孝友仁义之方，皆挺自天姿，非劳审谕，固以华夷仰德，翔泳希风矣。然则寝门视膳，已表于三朝；艺宫论道，宜弘于四术。虽富于春秋，饬躬有渐，实恐岁月易往，堕业兴讥，取适晏安，言从此始。臣以愚短，幸参侍从，思广储明，暂愿闻彻，不敢曲陈故事，切请以圣德言之。

伏惟陛下诞睿膺图，登庸历试。多才多艺，道著于匡时；允文允武，功成于纂祀。万方即叙，九围清晏，尚且虽休勿休，日慎一日，求异闻于振古，劳睿思于当年。乙夜观书，事高汉帝；马上披卷，勤过魏王。陛下自励如此，而令太子优游弃日，不习图书，臣所未谕一也。加以暂屏机务，即寓雕虫。纡宝思于天文，则长河韬映；摛玉华于仙札，则流霞成彩。固以锱铢万代，冠冕百王，屈、宋不足以升堂，钟、张何阶于入室。陛下自好如此，而太子悠然静处，不寻篇翰，臣所未谕二也。陛下备该众妙，独秀寰中，犹晦天聪，俯询凡识。听朝之隟，引见群官，降以温颜，访以今古，故得朝廷是非，闾里好恶，凡有巨细，必关闻听。陛下自行如此，而令太子久趋入侍，不接正人，臣所未谕三也。陛下若谓无益，则何事劳神；若谓有成，则宜申贻厥。蔑而不急，未见其可。伏愿俯推睿范，训及储君，授以良书，娱之嘉客。朝披经史，观成败于前踪；晚接宾游，访得失于当代。间以书札，继以篇章，则日闻所未闻，日见所未见。副德愈光，群生之福也。

窃以良娣之选，遍于中国。仰惟圣旨，本求典内，冀防微，慎远虑，臣下所知。暨乎征简人物，则与聘纳相违，监抚二周，未近一士。愚谓内既如彼，外亦宜然者，恐招物议，谓陛下重内而轻外也。古之太子，问安而退，所以广敬于君父；异宫而处，所以分别于嫌疑。今太子一侍天闱，动移旬朔，师傅已下，无由接见。假令供奉有隟，暂还东朝，拜谒既疏，且事俯仰，规谏之道，固所未暇。陛下不可以亲教，宫寀无因以进言，虽有具僚，竟将何补？

伏愿俯循前躅，稍抑下流，弘远大之规，展师友之义，则离徽克茂，帝图斯广，凡在黎元，孰不庆赖！太子温良恭俭，聪明睿哲，含灵所悉，臣岂不知，而浅识勤勤，思效愚忠者，愿沧溟益润，日月增华也。

太宗乃令洎与岑文本、马周递日往东宫，与皇太子谈论。

教戒太子诸王第十一

贞观七年，太宗谓太子左庶子于志宁、杜正伦曰："卿等辅导太子，常须为说百姓间利害事。朕年十八，犹在民间，百姓艰难，无不谙练。及居帝位，每商量处置，或时有乖疏，得人谏诤，方始觉悟。若无忠谏者为说，何由行得好事？况太子生长深宫，百姓艰难，都不闻见乎！且人主安危所系，不可辄为骄纵。但出敕云，有谏者即斩，必知天下士庶无敢更发直言。故克己励精，容纳谏诤，卿等常须以此意共其谈说。每见有不是事，宜极言切谏，令有所裨益也。"

贞观十八年，太宗谓侍臣曰："古有胎教世子，朕则不暇。但近自建立太子，遇物必有诲谕。见其临食将饭，谓曰：'汝知饭乎？'对曰：'不知。'曰：'凡稼穑艰难，皆出人力，不夺其时，常有此饭。'见其乘马，又谓曰：'汝知马乎？'对曰：'不知。'曰：'能代人劳苦者也，以时消息，不尽其力，则可以常有马也。'见其乘舟，又谓曰：'汝知舟乎？'对曰：'不知。'曰：'舟所以比人君，水所以比黎庶，水能载舟，亦能覆舟。尔方为人主，可不畏惧！’见其休于曲木之下，又谓曰：‘汝知此树乎？’对曰：‘不知。’曰：‘此木虽曲，得绳则正，为人君虽无道，受谏则圣。此傅说所言，可以自鉴。’”

贞观七年，太宗谓侍中魏征曰：“自古侯王能自保全者甚少，皆由生长富贵，好尚骄逸，多不解亲君子远小人故尔。朕所有子弟欲使见前言往行，冀其以为规范。”因命征录古来帝王子弟成败事，名为《自古诸侯王善恶录》，以赐诸王。其序曰：

观夫膺期受命，握图御宇，咸建懿亲，藩屏王室，布在方策，可得而言。自轩分二十五子，舜举一十六族，爰历周、汉，以逮陈、隋，分裂山河，大启磐石者众矣。或保乂王家，与时升降；或失其土宇，不祀忽诸。然考其隆替，察其兴灭，功成名立，咸资始封之君，国丧身亡，多因继体之后。其故何哉？始封之君，时逢草昧，见王业之艰阻，知父兄之忧勤，是以在上不骄，夙夜匪懈，或设醴以求贤，或吐飧而接士。故甘忠言之逆耳，得百姓之欢心，树至德于生前，流遗爱于身后。暨夫子孙继体，多属隆平，生自深宫之中，长居妇人之手，不以高危为忧惧，岂知稼穑之艰难？昵近小人，疏远君子，绸缪哲妇，傲狠明德，犯义悖礼，淫荒无度，不遵曲宪，僭差越等。恃一顾之权宠，便怀匹嫡之心；矜一事之微劳，遂有无厌之望。弃忠贞之正路，蹈奸宄之迷途。愎谏违卜，往而不返。虽梁孝、齐冏之勋庸，淮南、东阿之才俊，摧摩霄之逸翮，成穷辙之涸鳞，弃桓、文之大功，就梁、董之显戮。垂为炯戒，可不惜乎！皇帝以圣哲之资，拯倾危之运，耀七德以清六合，总万国而朝百灵，怀柔四荒，亲睦九族，念华萼于《棠棣》，寄维城于宗子。心乎爱矣，靡日不思，爰命下臣，考览载籍，博求鉴镜，贻厥孙谋。臣辄竭愚诚，稽诸前训。凡为藩为翰，有国有家者，其兴也必由于积善，其亡也皆在于积恶。故知善不积不足以成名，恶不积不足以灭身。然则祸福无门，吉凶由己，惟人所召，岂徒言哉！今录自古诸王行事得失，分其善恶，各为一篇，名曰《诸王善恶录》，欲使见善思齐，足以扬名不朽；闻恶能改，庶得免乎大过。从善则有誉，改过则无咎。兴亡是系，可不勉欤！

太宗览而称善，谓诸王曰：“此宜置于座右，用为立身之本。”

贞观十年，太宗谓荆王元景、汉王元昌、吴王恪、魏王泰等曰：“自汉已来，帝弟帝子，受茅土、居荣贵者甚众，惟东平及河间王最有令名，得保其禄位。如楚王玮之徒，覆亡非一，并为生长富贵，好自骄逸所致。汝等鉴诫，宜熟思之。拣择贤才，为汝师友，须受其谏诤，勿得自专。我闻以德服物，信非

虚说。比尝梦中见一人云虞舜，我不觉竦然敬异，岂不为仰其德也！向若梦见桀、纣，必应斫之。桀、纣虽是天子，今若相唤作桀、纣，人必大怒。颜回、闵子骞、郭林宗、黄叔度，虽是布衣，今若相称赞道类此四贤，必当大喜。故知人之立身，所贵者惟在德行，何必要论荣贵。汝等位列藩王，家食实封，更能克修德行，岂不具美也？且君子小人本无常，行善事则为君子，行恶事则为小人，当须自克励，使善事日闻，勿纵欲肆情，自陷刑戮。”

贞观十年，太宗谓房玄龄曰：“朕历观前代拨乱创业之主，生长民间，皆识达情伪，罕至于败亡。逮乎继世守文之君，生而富贵，不知疾苦，动至夷灭。朕少小以来，经营多难，备知天下之事，犹恐有所不逮。至于荆王诸弟，生自深宫，识不及远，安能念此哉？朕每一食，便念稼穑之艰难；每一衣，则思纺绩之辛苦，诸弟何能学朕乎？选良佐以为藩弼，庶其习近善人，得免于愆过尔。”

贞观十一年，太宗谓吴王恪曰：“父之爱子，人之常情，非待教训而知也。子能忠孝则善矣。若不遵诲诱，忘弃礼法，必自致刑戮，父虽爱之，将如之何？昔汉武帝既崩，昭帝嗣立，燕王旦素骄纵，诪张不服，霍光遣一折简诛之，则身死国除。夫为臣子不得不慎。”

贞观中，皇子年小者多授以都督、刺史，谏议大夫褚遂良上疏谏曰：“昔两汉以郡国治人，除郡以外，分立诸子，割土封疆，杂用周制。皇唐郡县，粗依秦法。皇子幼年，或授刺史。陛下岂不以王之骨肉，镇扞四方，圣人造制，道高前古？臣愚见有小未尽。何者？刺史师帅，人仰以安。得一善人，部内苏息；遇一不善人，阖州劳弊。是以人君爱恤百姓，常为择贤。或称河润九里，京师蒙福；或与人兴咏，生为立祠。汉宣帝云：‘与我共理者，惟良二千石乎！’如臣愚见，陛下子内年齿尚幼，未堪临民者，请且留京师，教以经学。一则畏天之威，不敢犯禁；二则观见朝仪，自然成立。因此积习，自知为人，审堪临州，然后遣出。臣谨按汉明、章、和三帝，能友爱子弟，自兹以降，以为准的。封立诸王，虽各有土，年尚幼小者，各留京师，训以礼法，垂以恩惠。讫三帝世，诸王数十百人，惟二王稍恶，自余皆冲和深粹。惟陛下详察。”太宗嘉纳其言。

规谏太子第十二

贞观五年，李百药为太子右庶子，时太子承乾颇留意典坟，然闲宴之后，嬉戏过度。百药作《赞道赋》以讽焉，其词曰：

下臣侧闻先圣之格言，尝览载籍之遗则，伊天地之玄造，洎皇王之建国，曰人纪与人纲，资立言与立德。履之则率性成道，违之则罔念作忒。望兴废如从钧，视吉凶如纠纆。至乃受图膺箓，握镜君临。因万物之思化，以百姓而为心。体大仪之潜运，阅往古于来今。尽为善于乙夜，惜勤劳于寸阴。故能释层冰于瀚海，变寒谷于蹛林。总人灵以胥悦，极穹壤而怀音。

赫矣圣唐，大哉灵命；时维大始，运钟上圣。天纵皇储，固本居正；机悟宏远，神姿凝映。顾三善而必弘，祗四德而为行。每趋庭而闻礼，常问寝而资敬。奉圣训以周旋，诞天文之明命。迈观乔而望梓，即元龟与明镜。自大道云革，礼教斯起，以正君臣，以笃父子。君臣之礼，父子之亲，尽情义以兼极，谅弘道之在人。岂夏启与周诵，亦丹朱与商均。既雕且琢，温故知新。惟忠与敬，曰孝与仁。则可以下光四海，上烛三辰。昔三王之教子，兼四时以齿学；将交发于中外，乃先之以礼乐。乐以移风易俗，礼以安上化人。非有悦于钟鼓，将宣志以和神。宁有怀于玉帛，将克己而庇身。生于深宫之中，处于群后之上，未深思于王业，不自珍于匕鬯。谓富贵之自然，恃崇高以矜尚，必恣骄狠，动愆礼让，轻师傅而慢礼仪，狎奸谄而纵淫放。前星之耀遽隐，少阳之道斯谅。虽天下之为家，蹈夷险之非一。或以才而见升，或见谗而受黜。足可以省厥休咎，观其得失。请粗略而陈之，觊披文而相质。

在宗周之积德，乃执契而膺期；赖昌、发而作贰，启七百之鸿基。逮扶苏之副秦，非有亏于闻望，以长嫡之隆重，监偏师于亭障。始祸则金以寒离，厥妖则火不炎上；既树置之违道，见宗祀之遄丧。伊汉氏之长世，固明两之递作。高惑戚而宠赵，以天下而为谑。惠结皓而因良，致羽翼于寥廓。景有惭于邓子，成从理之淫虐；终生患于强吴，由发怒于争博。彻居储两，时犹幼冲，防衰年之绝议，识亚夫之矜功，故能恢弘祖业，绍三代之遗风。据开博望，其名未融。哀时命之奇舛，遇谗贼于江充，虽备兵以诛乱，竟背义而凶终。宣嗣好儒，大猷行阐，嗟被尤于德教，美发言于忠謇。始闻道于匡、韦，终获戾于恭、显。太孙杂艺，虽异定陶，驰道不绝，抑惟小善。犹见重于通人，当传芳于前典。中兴上嗣，明、章济济，俱达时政，咸通经礼，极至情于敬爱，惇友于于兄弟，是以固东海之遗堂，因西周之继体。五官在魏，无闻德音。或受讥于妲己，且自悦于从禽。虽才高而学富，竟取累于荒淫。暨贻厥于明皇，构崇基于三世。得秦帝之奢侈，亚汉武之才艺。遂驱役于群臣，亦无救于凋弊。中抚宽爱，相表多奇。重桃符而致惑，纳巨鹿之明规。竟能扫江表之氛秽，举要荒而见羁。惠处东朝，察其遗迹。在圣德其如初，实御床之可惜。悼愍怀之云废，遇烈风之吹沙。尽性灵之狎艺，亦自败于凶邪。安能奉其粢盛，承此邦家！

惟圣上之慈爱，训义方于至道。同论政于汉幄，修致戒于京鄗。鄗《韩子》之所赐，重经术以为宝。咨政理之美恶，亦文身之黼藻。庶有择于愚夫，惭乞言于遗老。致庶绩于咸宁，先得人而为盛。帝尧以则哲垂谟，文王以多士兴咏。取之于正人，鉴之于灵镜。量其器能，审其检行。必宜度机而分职，不可违方以从政。若其惑于听受，暗于知人，则有道者咸屈，无用者必伸。谗谀竞进以求媚，玩好不召而自臻。直言进谏，以忠信而获罪；卖官鬻狱，以货贿而见亲。于是亏我王度，斁我彝伦。九鼎遇奸回而远逝，万姓望抚我而归仁。盖造化之至育，惟人灵之为贵。狱讼不理，有生死之异涂，冤结不伸，乖阴阳之和气。士之通塞，属之以深文；命之修短，悬之于酷吏。是故帝尧画像，陈恤隐之言；夏禹泣辜，尽哀矜之志。因取象于《大壮》，乃峻宇而雕墙。将瑶台以琼室，岂画栋以虹梁。或凌云以遐观，或通天而纳凉。极醉饱而刑人力，命痿蹶而受身殃。是以言惜十家之产，汉帝以昭俭而垂裕；虽成百里之囿，周文以子来而克昌。彼嘉会而礼通，重旨酒之为德。至忘归而受祉，在齐圣而温克。若其酗蒏以致昏，酖湎而成忒，痛殷受与灌夫，亦亡身而丧国。是以伊尹以酣歌而作戒，周公以乱邦而贻则。咨幽闲之令淑，实好逑于君子。辞玉辇而割爱，固班姬之所耻。脱簪饵而思愆，亦宣姜之为美。乃有祸晋之骊姬，丧周之褒姒。尽妖妍于图画，极凶悖于人理。倾城倾国，思昭示于后王；丽质冶容，宜永鉴于前史。复有蒐狩之礼，弛射之场，不节之以正义，必自致于禽荒。匪外形之疲极，亦中心而发狂。夫高深不惧，胥靡之徒；韝緤为娱，小竖之事。以宗社之崇重，持先王之名器，与鹰犬而并驱，凌艰险而逸辔。马有衔橛之理，兽骇不存之地，犹有靦于获多，独无情而内愧？

以小臣之愚鄙，忝不赀之恩荣。擢无庸于草泽，齿陋质于簪缨。遇大道行而两仪泰，喜元良会而万国贞。以监抚之多暇，每讲论而肃成。仰惟神之敏速，叹将圣之聪明。自礼贤于秋实，足归道于春卿。芳年淑景，时和气清。华殿邃兮帘帏静，灌木森兮风云轻，花飘香兮动笑日，娇莺啭兮相哀鸣。以物华之繁靡，尚绝思于将迎。犹允蹈而不倦，极耽玩以研精。命庸才以载笔，谢摛藻于天庭。异洞箫之娱侍，殊飞盖之缘情。阙雅言以赞德，思报恩以轻生。敢下拜而稽首，愿永树于风声。奉皇灵之遐寿，冠振古之鸿名。

太宗见而遣使谓百药曰："朕于皇太子处见卿所作赋，述古来储贰事以诫太子，甚是典要。朕选卿以辅弼太子，正为此事，大称所委，但须善始令终耳。"因赐厩马一匹，彩物三百段。

贞观中，太子承乾数亏礼度，侈纵日甚，太子左庶子于志宁撰《谏苑》

二十卷讽之。是时太子右庶子孔颖达每犯颜进谏。承乾乳母遂安夫人谓颖达曰："太子长成，何宜屡得面折？"对曰："蒙国厚恩，死无所恨。"谏诤愈切。承乾令撰《孝经义疏》，颖达又因文见意，愈广规谏之道。太宗并嘉纳之，二人各赐帛五百匹，黄金一斤，以励承乾之意。

贞观十三年，太子右庶子张玄素以承乾颇以游畋废学，上书谏曰：

臣闻皇天无亲，惟德是辅，苟违天道，人神同弃。然古三驱之礼，非欲教杀，将为百姓除害，故汤罗一面，天下归仁。今苑内娱猎，虽名异游畋，若行之无恒，终亏雅度。且傅说曰："学不师古，匪说攸闻。"然则弘道在于学古，学古必资师训。既奉恩诏，令孔颖达侍讲，望数存顾问，以补万一。仍博选有名行学士，兼朝夕侍奉。览圣人之遗教，察既往之行事，日知其所不足，月无忘其所能。此则尽善尽美，夏启、周诵焉足言哉！夫为人上者，未有不求其善，但以性不胜情，耽惑成乱。耽惑既甚，忠言尽塞，所以臣下苟顺，君道渐亏。古人有言："勿以小恶而不去，小善而不为。"故知祸福之来，皆起于渐。殿下地居储贰，当须广树嘉猷。既有好畋之淫，何以主斯匕鬯？慎终如始，犹恐渐衰，始尚不慎，终将安保！

承乾不纳。玄素又上书谏曰：

臣闻称皇子入学而齿胄者，欲令太子知君臣、父子、尊卑、长幼之道。然君臣之义，父子之亲，尊卑之序，长幼之节，用之方寸之内，弘之四海之外者，皆因行以远闻，假言以光被。伏惟殿下，睿质已隆，尚须学文以饰其表。窃见孔颖达、赵弘智等，非惟宿德鸿儒，亦兼达政要。望令数得侍讲，开释物理，览古论今，增辉睿德。至如骑射畋游，酣歌妓玩，苟悦耳目，终秽心神。渐染既久，必移情性。古人有言："心为万事主，动而无节即乱。"恐殿下败德之源，在于此矣。

承乾览书愈怒，谓玄素曰："庶子患风狂耶？"

十四年，太宗知玄素在东宫频有进谏，擢授银青光禄大夫，行太子左庶子。时承乾尝于宫中击鼓，声闻于外，玄素叩阁请见，极言切谏。乃出宫内鼓对玄素毁之，遣户奴伺玄素早朝，阴以马檛击之，殆至于死。是时承乾好营造亭观，穷极奢侈，费用日广。玄素上书谏曰：

臣以愚蔽，窃位两宫，在臣有江海之润，于国无秋毫之益，是用必竭愚诚，思尽臣节者也。伏惟储君之寄，荷戴殊重，如其积德不弘，何以嗣守成业？圣上以殿下亲则父子，事兼家国，所应用物不为节限。恩旨未逾六旬，用物已过七万，骄奢之极，孰云过此？龙楼之下，惟聚工匠；望苑之内，不睹贤良。今言孝敬，则阙侍膳问竖之礼；语恭顺，则违君父慈训之方；求风声，则无学古好道之实；观举措，则有因缘诛戮之罪。宫臣正士，未尝在侧，群邪淫巧，昵近深宫。爱好者皆游伎杂色，施与者并图画雕镂。在外瞻仰，已有此失；居中隐密，宁可胜计哉！宜猷禁门，不异阛阓，朝入暮出，恶声渐远。右庶子赵弘智经明行修，当今善士，臣每请望数召进，与之谈论，庶广徽猷。令旨反有猜嫌，谓臣妄相推引。从善如流，尚恐不逮；饰非拒谏，必是招损。古人云："苦药利病，苦口利行。"伏愿居安思危，日慎一日。

书入，承乾大怒，遣刺客将加屠害，俄属宫废。

贞观十四年，太子詹事于志宁，以太子承乾广造宫室，奢侈过度，耽好声乐，上书谏曰：

臣闻克俭节用，实弘道之源；崇侈恣情，乃败德之本。是以凌云概日，戎人于是致讥；峻宇雕墙，《夏书》以之作诫。昔赵盾匡晋，吕望师周，或劝之以节财，或谏之以厚敛。莫不尽忠以佐国，竭诚以奉君，欲使茂实播于无穷，英声被乎物听。咸著简策，用为美谈。且今所居东宫，隋日营建，睹之者尚讥其侈，见之者犹叹甚华。何容于此中更有修造，财帛日费，土木不停，穷斤斧之工，极磨砻之妙？且丁匠官奴入内，比者曾无复监。此等或兄犯国章，或弟罹王法，往来御苑，出入禁闱，钳凿缘其身，槌杵在其手。监门本防非虑，宿卫以备不虞，直长既自不知，千牛又复不见。爪牙在外，厮役在内，所司何以自安，臣下岂容无惧？

又郑、卫之乐，古谓淫声。昔朝歌之乡，回车者墨翟；夹谷之会，挥剑者孔丘。先圣既以为非，通贤将以为失。顷闻宫内，屡有鼓声，大乐伎儿，入便不出。闻之者股栗，言之者心战。往年口敕，伏请重寻，圣旨殷勤，明诫恳切。在于殿下，不可不思；至于微臣，不得无惧。

臣自驱驰宫阙，已积岁时，犬马尚解识恩，木石犹能知感，臣所有管见，敢不尽言。如鉴以丹诚，则臣有生路；若责其忤旨，则臣是罪人。但悦意取容，臧孙方以疾疢；犯颜逆耳，《春秋》比之药石。伏愿停工巧之作，罢久役之人，绝郑、卫之音，斥群小之辈。则三善允备，万国作贞矣。

承乾览书不悦。

十五年，承乾以务农之时，召驾士等役，不许分番，人怀怨苦。又私引突厥群竖入宫。志宁上书谏曰：

臣闻上天盖高，日月光其德；明君至圣，辅佐赞其功。是以周诵升储，见匡毛、毕；汉盈居震，取资黄、绮。姬旦抗法于伯禽，贾生陈事于文帝，咸殷勤于端士，皆恳切于正人。历代贤君，莫不丁宁于太子者，良以地膺上嗣，位处储君。善则率土沾其恩，恶则海内罹其祸。近闻仆寺、司驭、驾士、兽医，始自春初，迄兹夏晚，常居内役，不放分番。或家有尊亲，阙于温凊；或室有幼弱，绝于抚养。春既废其耕垦，夏又妨其播殖。事乖存育，恐致怨嗟。傥闻天听，后悔何及？又突厥达哥支等，咸是人面兽心，岂得以礼义期，不可以仁信待。心则未识于忠孝，言则莫辩其是非，近之有损于英声，昵之无益于盛德。引之入阁，人皆惊骇，岂臣庸识，独用不安？殿下必须上副至尊圣情，下允黎元本望，不可轻微恶而不避，无容略小善而不为。理敦杜渐之方，须有防萌之术。屏退不肖，狎近贤良。如此则善道日隆，德音自远。

承乾大怒，遣刺客张师政、纥干承基就舍杀之。是时丁母忧，起复为詹事。二人潜入其第，见志宁寝处苫庐，竟不忍而止。及承乾败，太宗知其事，深勉劳之。

第五卷

仁义第十三

贞观元年，太宗曰："朕看古来帝王以仁义为治者，国祚延长，任法御人者，虽救弊于一时，败亡亦促。既见前王成事，足是元龟。今欲专以仁义诚信为治，望革近代之浇薄也。"黄门侍郎王珪对曰："天下凋丧日久，陛下承其余弊，弘道移风，万代之福。但非贤不理，惟在得人。"太宗曰："朕思贤之情，岂舍梦寐！"给事中杜正伦进曰："世必有才，随时听用，岂待梦傅说，逢吕尚，然后为治乎？"太宗深纳其言。

贞观二年，太宗谓侍臣曰："朕谓乱离之后，风俗难移，比观百姓渐知廉耻，官民奉法，盗贼日稀，故知人无常俗，但政有治乱耳。是以为国之道，必须抚之以仁义，示之以威信，因人之心，去其苛刻，不作异端，自然安静。公等宜共行斯事也。"

贞观四年，房玄龄奏言："今阅武库甲仗，胜隋日远矣。" 太宗曰："饬兵备寇虽是要事，然朕唯欲卿等存心理道，务尽忠贞，使百姓安乐，便是朕之甲仗。隋炀帝岂为甲仗不足，以至灭亡？正由仁义不修，而群下怨叛故也。宜识此心。"

贞观十三年，太宗谓侍臣曰："林深则鸟栖，水广则鱼游，仁义积则物自归之。人皆知畏避灾害，不知行仁义则灾害不生。夫仁义之道，当思之在心，常令相继，若斯须懈怠，去之已远。犹如饮食资身，恒令腹饱，乃可存其性命。”王珪顿首曰：“陛下能知此言，天下幸甚！”

论忠义第十四

冯立，武德中为东宫率，甚被隐太子亲遇。太子之死也，左右多逃散，立叹曰：“岂有生受其恩，而死逃其难！”于是率兵犯玄武门，苦战，杀屯营将军敬君弘。谓其徒曰：“微以报太子矣。”遂解兵遁于野。俄而来请罪，太宗数之曰：“汝昨者出兵来战，大杀伤吾兵，将何以逃死？”立饮泣而对曰：“立出身事主，期之效命，当战之日，无所顾惮。”因歔欷悲不自胜，太宗慰勉之，授左屯卫中郎将。立谓所亲曰：“逢莫大之恩幸而获免，终当以死奉答。”未几，突厥至便桥，率数百骑与虏战于咸阳，杀获甚众，所向皆披靡，太宗闻而嘉叹之。时有齐王元吉府左车骑谢叔方率府兵与立合军拒战，及杀敬君弘、中郎将吕衡，王师不振，秦府护军尉尉迟敬德乃持元吉首以示之，叔方下马号泣，拜辞而遁。明日出首，太宗曰：“义士也。”命释之，授右翊卫郎将。

贞观元年，太宗尝从容言及隋亡之事，慨然叹曰：“姚思廉不惧兵刃，以明大节，求诸古人，亦何以加也！”思廉时在洛阳，因寄物三百段，并遗其书曰：“想卿忠节之风，故有斯赠。”初，大业末，思廉为隋代王侑侍读，及义旗克京城时，代王府僚多骇散，惟思廉侍王，不离其侧。兵士将升殿，思廉厉声谓曰：“唐公举义兵，本匡王室，卿等不宜无礼于王！”众服其言，于是稍却，布列阶下。须臾，高祖至，闻而义之，许其扶代王侑至顺阳阁下，思廉泣拜而去。见者咸叹曰：“忠烈之士，仁者有勇，此之谓乎！”

贞观二年，将葬故息隐王建成、海陵王元吉，尚书右丞魏征与黄门侍郎王珪请预陪送。上表曰：“臣等昔受命太上，委质东宫，出入龙楼，垂将一纪。前宫结衅宗社，得罪人神，臣等不能死亡，甘从夷戮，负其罪戾，置录周行，徒竭生涯，将何上报？陛下德光四海，道冠前王，陟冈有感，追怀棠棣，明社稷之大义，申骨肉之深恩，卜葬二王，远期有日。臣等永惟畴昔，忝曰旧臣，丧君有君，虽展事君之礼；宿草将列，未申送往之哀。瞻望九原，义深凡百，望于葬日，送至墓所。”太宗义而许之，于是宫府旧僚吏，尽令送葬。

贞观五年，太宗谓侍臣曰：“忠臣烈士，何代无之，公等知隋朝谁为忠贞？”王珪曰：“臣闻太常丞元善达在京留守，见群贼纵横，遂转骑远诣江都，谏炀帝，令还京师。既不受其言，后更涕泣极谏，炀帝怒，乃远使追兵，身死

瘴疠之地。有虎贲郎中独孤盛在江都宿卫，宇文化及起逆，盛惟一身，抗拒而死。”太宗曰：“屈突通为隋将，共国家战于潼关，闻京城陷，乃引兵东走。义兵追及于桃林，朕遣其家人往招慰，遽杀其奴。又遣其子往，乃云：‘我蒙隋家驱使，已事两帝，今者吾死节之秋，汝旧于我家为父子，今则于我家为仇雠。’因射之，其子避走，所领士卒多溃散。通惟一身，向东南恸哭尽哀，曰：‘臣荷国恩，任当将帅，智力俱尽，致此败亡，非臣不竭诚于国。’言尽，追兵擒之。太上皇授其官，每托疾固辞。此之忠节，足可嘉尚。”因敕所司，采访大业中直谏被诛者子孙闻奏。

贞观六年，授左光禄大夫陈叔达礼部尚书，因谓曰：“武德中，公曾进直言于太上皇，明朕有克定大功，不可黜退云。朕本性刚烈，若有抑挫，恐不胜忧愤，以致疾毙之危。今赏公忠謇，有此迁授。”叔达对曰：“臣以隋氏父子自相诛戮，以致灭亡，岂容目睹覆车，不改前辙？臣所以竭诚进谏。”太宗曰：“朕知公非独为朕一人，实为社稷之计。”

贞观八年，先是桂州都督李弘节以清慎闻，及身殁后，其家卖珠。太宗闻之，乃宣于朝曰：“此人生平，宰相皆言其清，今日既然，所举者岂得无罪？必当深理之，不可舍也。”侍中魏征承间言曰：“陛下生平言此人浊，未见受财之所，今闻其卖珠，将罪举者，臣不知所谓。自圣朝以来，为国尽忠，清贞慎守，终始不渝，屈突通、张道源而已。通子三人来选，有一匹羸马，道源儿子不能存立，未见一言及之。今弘节为国立功，前后大蒙赏赉，居官殁后，不言贪残，妻子卖珠，未为有罪。审其清者，无所存问，疑其浊者，旁责举人，虽云疾恶不疑，是亦好善不笃。臣窃思度，未见其可，恐有识闻之，必生枉议。”太宗抚掌曰：“造次不思，遂有此语，方知谈不容易。并勿问之。其屈突通、张道源儿子，宜各与一官。”

贞观八年，太宗将发诸道黜陟使，畿内道未有其人，太宗亲定，问于房玄龄等曰：“此道事最重，谁可充使？”右仆射李靖曰：“畿内事大，非魏征莫可。”太宗作色曰：“朕今欲向九成宫，亦非小，宁可遣魏征出使？朕每行不欲与其相离者，适为其见朕是非得失。公等能正朕不？何因辄有所言，大非道理。”乃即令李靖充使。

贞观九年，萧瑀为尚书左仆射。尝因宴集，太宗谓房玄龄曰：“武德六年已后，太上皇有废立之心，我当此日，不为兄弟所容，实有功高不赏之惧。萧瑀不可以厚利诱之，不可以刑戮惧之，真社稷臣也。”乃赐诗曰：“疾风知劲草，板荡识诚臣。”瑀拜谢曰：“臣特蒙诫训，许臣以忠谅，虽死之日，犹生之年。”

贞观十一年，太宗行至汉太尉杨震墓，伤其以忠非命，亲为文以祭之。房玄龄进曰：“杨震虽当年夭枉，数百年后方遇圣明，停舆驻跸，亲降神作，可谓虽死犹生，没而不朽。不觉助伯起幸赖欣跃于九泉之下矣。伏读天文，且感且慰，凡百君子，焉敢不勖励名节，知为善之有效！”

贞观十一年，太宗谓侍臣曰：“狄人杀卫懿公，尽食其肉，独留其肝。懿公之臣弘演呼天大哭，自出其肝，而内懿公之肝于其腹中。今觅此人，恐不可得。”特进魏征对曰：“昔豫让为智伯报仇，欲刺赵襄子，襄子执而获之，谓之曰：‘子昔事范、中行氏乎？智伯尽灭之，子乃委质智伯，不为报仇；今即为智伯报仇，何也？’让答曰：‘臣昔事范、中行，范、中行以众人遇我，我以众人报之。智伯以国士遇我，我以国士报之。’在君礼之而已，亦何谓无人焉？”

贞观十二年，太宗幸蒲州，因诏曰：“隋故鹰击郎将尧君素，往在大业，受任河东，固守忠义，克终臣节。虽桀犬吠尧，有乖倒戈之志，疾风劲草，实表岁寒之心。爰践兹境，追怀往事，宜锡宠命，以申劝奖。可追赠蒲州刺史，仍访其子孙以闻。”

贞观十二年，太宗谓中书侍郎岑文本曰：“梁、陈名臣，有谁可称？复有子弟堪招引否？”文本奏言：“隋师入陈，百司奔散，莫有留者，惟尚书仆射袁宪独在其主之傍。王世充将受隋禅，群僚表请劝进，宪子国子司业承家，托疾独不署名。此之父子，足称忠烈。承家弟承序，今为建昌令，清贞雅操，实继先风。”由是召拜晋王友，兼令侍读，寻授弘文馆学士。

贞观十五年，诏曰：“朕听朝之暇，观前史，每览前贤佐时，忠臣徇国，何尝不想见其人，废书钦叹！至于近代以来，年岁非远，然其胤绪，或当见存，纵未能显加旌表，无容弃之遐裔。其周、隋二代名臣及忠节子孙，有贞观已来犯罪配流者，宜令所司具录奏闻。”于是多从矜宥。

贞观十九年，太宗攻辽东安市城，高（句）丽人众皆死战，诏令耨萨延寿、惠真等降，众止其城下以招之，城中坚守不动。每见帝幡旗，必乘城鼓噪。帝怒甚，诏江夏王道宗筑土山，以攻其城，竟不能克。太宗将旋师，嘉安市城主坚守臣节，赐绢三百匹，以劝励事君者。

孝友第十五

司空房玄龄事继母，能以色养，恭谨过人。其母病，请医人至门，必迎拜垂泣。及居丧，尤甚柴毁。太宗命散骑常侍刘洎就加宽譬，遗寝床、粥食、盐菜。

虞世南，初仕隋，历起居舍人。宇文化及杀逆之际，其兄世基时为内史侍郎，将被诛，世南抱持号泣，请以身代死，化及竟不纳。世南自此哀毁骨立者数载，时人称重焉。

韩王元嘉，贞观初，为潞州刺史。时年十五，在州闻太妃有疾，便涕泣不食，及至京师发丧，哀毁过礼。太宗嘉其至性，屡慰勉之。元嘉闺门修整，有类寒素士大夫，与其弟鲁哀王灵夔甚相友爱，兄弟集见，如布衣之礼。其修身洁己，内外如一，当代诸王莫能及者。

霍王元轨，武德中，初封为吴王。贞观七年，为寿州刺史，属高祖崩，去职，毁瘠过礼。自后常衣布服，示有终身之戚。太宗尝问侍臣曰："朕子弟孰贤？"侍中魏征对曰："臣愚暗，不尽知其能，惟吴王数与臣言，臣未尝不自失。"太宗曰："卿以为前代谁比？"征曰："经学文雅，亦汉之间、平，至如孝行，乃古之曾、闵也。"由是宠遇弥厚，因令妻征女焉。

贞观中，有突厥史行昌直玄武门，食而舍肉，人问其故，曰："归以奉母。"太宗闻而叹曰："仁孝之性，岂隔华夷？"赐尚乘马一匹，诏令给其母肉料。

公平第十六

太宗初即位，中书令房玄龄奏言："秦府旧左右未得官者，并怨前宫及齐府左右处分之先己。"太宗曰："古称至公者，盖谓平恕无私。丹朱、商均，子也，而尧、舜废之。管叔、蔡叔，兄弟也，而周公诛之。故知君人者，以天下为公，无私于物。昔诸葛孔明，小国之相，犹曰'吾心如称，不能为人作轻重'，况我今理大国乎？朕与公等衣食出于百姓，此则人力已奉于上，而上恩未被于下，今所以择贤才者，盖为求安百姓也。用人但问堪否，岂以新故异情？凡一面尚且相亲，况旧人而顿忘也！才若不堪，亦岂以旧人而先用？今不论其能不能，而直言其嗟怨，岂是至公之道耶？"

贞观元年，有上封事者，请秦府旧兵并授以武职，追入宿卫。太宗谓曰："朕以天下为家，不能私于一物，惟有才行是任，岂以新旧为差？况古人云：'兵犹火也，弗戢将自焚。'汝之此意，非益政理。"

贞观元年，吏部尚书长孙无忌尝被召，不解佩刀入东上阁门，出阁门后，监门校尉始觉。尚书右仆射封德彝议，以监门校尉不觉，罪当死，无忌误带刀入，徒二年，罚铜二十斤。太宗从之。大理少卿戴胄驳曰："校尉不觉，无忌带刀入内，同为误耳。夫臣子之于尊极，不得称误，准律云：'供御汤药、饮食、舟船，误不如法者，皆死。'陛下若录其功，非宪司所决；若当据法，罚铜未为得理。"太宗曰："法者非朕一人之法，乃天下之法，何得以无忌国之亲戚，便欲挠法耶？"更令定议。德彝执议如初，太宗将从其议，胄又驳奏曰："校尉缘无忌以致罪，于法当轻，若论其过误，则为情一也，而生死顿殊，敢以固请。"太宗乃免校尉之死。

是时，朝廷大开选举，或有诈伪阶资者，太宗令其自首，不首，罪至于死。俄有诈伪者事泄，胄据法断流以奏之。太宗曰："朕初下敕，不首者死，今断从法，是示天下以不信矣。"胄曰："陛下当即杀之，非臣所及，既付所司，臣不敢亏法。"太宗曰："卿自守法，而令朕失信耶？"胄曰："法者国家所以布大信于天下，言者当时喜怒之所发耳。陛下发一朝之忿，而许杀之，既知不可，而置之以法，此乃忍小忿而存大信，臣窃为陛下惜之。"太宗曰："朕法有所失，卿能正之，朕复何忧也！"

贞观二年，太宗谓房玄龄等曰："朕比见隋代遗老，咸称高颎善为相者，遂观其本传，可谓公平正直，尤识治体，隋室安危，系其存没。炀帝无道，枉见诛夷，何尝不想见此人，废书钦叹！又汉、魏已来，诸葛亮为丞相，亦甚平直，尝表废廖立、李严于南中，立闻亮卒，泣曰：'吾其左衽矣！'严闻亮卒，发病而死。故陈寿称：'亮之为政，开诚心，布公道，尽忠益时者，虽仇必赏；犯法怠慢者，虽亲必罚。'卿等岂可不企慕及之？朕今每慕前代帝王之善者，卿等亦可慕宰相之贤者，若如是，则荣名高位，可以长守。"玄龄对曰："臣闻理国要道，在于公平正直，故《尚书》云：'无偏无党，王道荡荡。无党无偏，王道平平。'又孔子称'举直错诸枉，则民服'。今圣虑所尚，诚足以极政教之源，尽至公之要，囊括区宇，化成天下。"太宗曰："此直朕之所怀，岂有与卿等言之而不行也？"

长乐公主，文德皇后所生也。贞观六年将出降，敕所司资送，倍于长公主。魏征奏言："昔汉明帝欲封其子，帝曰：'朕子岂得同于先帝子乎？可半楚、淮阳王。'前史以为美谈。天子姊妹为长公主，天子之女为公主，既加长字，良以尊于公主也，情虽有殊，义无等别。若令公主之礼有过长公主，理恐不可，实愿陛下思之。"太宗称善。乃以其言告后，后叹曰："尝闻陛下敬重魏征，殊未知其故，而今闻其谏，乃能以义制人主之情，真社稷臣矣！妾与陛下结发为夫妻，曲蒙礼敬，情义深重，每将有言，必俟颜色，尚不敢轻犯威严，况在臣下，情疏礼隔？故韩非谓之说难，东方朔称其不易，良有以也。忠言逆耳而利于行，有国有家者深所要急，纳之则世治，杜之则政乱，诚愿陛下详之，则天下幸甚！"因请遣中使赍帛五百匹，诣征宅以赐之。

刑部尚书张亮坐谋反下狱，诏令百官议之，多言亮当诛，惟殿中少监李道裕奏亮反形未具，明其无恶。太宗既盛怒，竟杀之。俄而刑部侍郎有阙，令宰相妙择其人，累奏不可。太宗曰："吾已得其人矣。往者李道裕议张亮云'反形未具'，可谓公平矣。当时虽不用其言，至今追悔。"遂授道裕刑部侍郎。

贞观初，太宗谓侍臣曰："朕今孜孜求士，欲专心政道，闻有好人，则抽擢驱使。而议者多称'彼者皆宰臣亲故'，但公等至公，行事勿避此言，便为形迹。古人'内举不避亲，外举不避仇'，而为举得其真贤故也。但能举用得才，虽是子弟及有仇嫌，不得不举。"

贞观十一年，时屡有阉宦充外使，妄有奏，事发，太宗怒。魏征进曰："阉竖虽微，狎近左右，时有言语，轻而易信，浸润之谮，为患特深。今日之明，必无此虑，为子孙教，不可不杜绝其源。"太宗曰："非卿，朕安得闻此语？自今已后，充使宜停。"魏征因上疏曰：

臣闻为人君者，在乎善善而恶恶，近君子而远小人。善善明，则君子进矣；恶恶著，则小人退矣。近君子，则朝无粃政；远小人，则听不私邪。小人非无小善，君子非无小过。君子小过，盖白玉之微瑕；小人小善，乃铅刀之一割。铅刀一割，良工之所不重，小善不足以掩众恶也；白玉微瑕，善贾之所不弃，小疵不足以妨大美也。善小人之小善，谓之善善，恶君子之小过，谓之恶恶，此则蒿兰同嗅，玉石不分，屈原所以沉江，卞和所以泣血者也。既识玉石之分，又辨蒿兰之臭，善善而不能进，恶恶而不能去，此郭氏所以为墟，史鱼所以遗恨也。

陛下聪明神武，天姿英睿，志存泛爱，引纳多途，好善而不甚择人，疾恶而未能远佞。又出言无隐，疾恶太深，闻人之善或未全信，闻人之恶以为必然。虽有独见之明，犹恐理或未尽。何则？君子扬人之善，小人讦人之恶，闻恶必信，则小人之道长矣，闻善或疑，则君子之道消矣。为国家者，急于进君子而退小人，乃使君子道消，小人道长，则君臣失序，上下否隔，乱亡不恤，将何以理乎？且世俗常人，心无远虑，情在告讦，好言朋党。夫以善相成谓之同德，以恶相济谓之朋党。今则清浊共流，善恶无别，以告讦为诚直，以同德为朋党。以之为朋党，则谓事无可信；以之为诚直，则谓言皆可取。此君恩所以不结于下，臣忠所以不达于上。大臣不能辩正，小臣莫之敢论，远近承风，混然成俗，非国家之福，非为理之道。适足以长奸邪，乱视听，使人君不知所信，臣下不得相安。若不远虑，深绝其源，则后患未之息也。今之幸而未败者，由乎君有远虑，虽失之于始，必得之于终故也。若时逢少隳，往而不返，虽欲悔之，必无所及。既不可以传诸后嗣，复何以垂法将来？且夫进善黜恶，施于人者也；以古作鉴，施于己者也。鉴貌在乎止水，鉴己在乎哲人。能以古之哲王鉴于己之行事，则貌之妍丑宛然在目，事之善恶自得于心，无劳司过之史，不假刍荛之议，巍巍之功日著，赫赫之名弥远。为人君者可不务乎？

臣闻道德之厚，莫尚于轩、唐，仁义之隆，莫彰于舜、禹。欲继轩、唐之风，将追舜、禹之迹，必镇之以道德，弘之以仁义，举善而任之，择善而从之。不择善任能，而委之俗吏，既无远度，必失大体。惟奉三尺之律，以绳四海之人，欲求垂拱无为，不可得也。故圣哲君临，移风易俗，不资严刑峻法，在仁义而已。故非仁无以广施，非义无以正身。惠下以仁，正身以义，则其政不严而理，其教不肃而成矣。然则仁义，理之本也；刑罚，理之末也。为理之有刑罚，犹执御之有鞭策也，人皆从化，而刑罚无所施；马尽其力，则有鞭策无所用。由此言之，刑罚不可致理，亦已明矣。故《潜夫论》曰："人君之理莫大于道德教化也。民有性、有情、有化、有俗。情性者，心也，本也；化俗者，行也，末也。是以上君抚世，先其本而后其末，顺其心而履其行。心情苟正，则奸慝无所生，邪意无所载矣。是故上圣无不务理民心，故曰：'听讼，吾犹人也，必也使无讼乎？'道之以理，务厚其性而明其情。民相爱，则无相伤害之意；动思义，则无畜奸邪之心。若此，非律令之所理也，此乃教化之所致也。圣人甚尊德礼而卑刑罚，故舜先敕契以敬敷五教，而后任咎繇以五刑也。凡立法者，非以司民短而诛过误也，乃以防奸恶而救祸患，检淫邪而内正道。民蒙善化，则人有士君子之心；被恶政，则人有怀奸乱之虑。故善化之养民，犹工之为曲豉也。六合之民，犹一荫也，黔首之属，犹豆麦也，变化云为，在将者耳！遭良吏，则怀忠信而履仁厚；遇恶吏，则怀奸邪而行浅薄。忠厚积，则致太平；浅薄积，则致危亡。是以圣帝明王，皆敦德化而薄威刑也。

德者，所以循己也，威者，所以理人也。民之生也，犹铄金在炉，方圆薄厚，随溶制耳！是故世之善恶，俗之薄厚，皆在于君。世之主诚能使六合之内、举世之人，感忠厚之情而无浅薄之恶，各奉公正之心，而无奸险之虑，则醇酽之俗，复见于兹矣。”后王虽未能遵，专尚仁义，当慎刑恤典，哀敬无私，故管子曰：“圣君任法不任智，任公不任私。”故王天下，理国家。

贞观之初，志存公道，人有所犯，一一于法。纵临时处断或有轻重，但见臣下执论，无不忻然受纳。民知罪之无私，故甘心而不怨；臣下见言无忤，故尽力以效忠。顷年以来，意渐深刻，虽开三面之网，而察见川中之鱼，取舍在于爱憎，轻重由乎喜怒。爱之者，罪虽重而强为之辞；恶之者，过虽小而深探其意。法无定科，任情以轻重；人有执论，疑之以阿伪。故受罚者无所控告，当官者莫敢正言。不服其心，但穷其口，欲加之罪，其无辞乎？又五品已上有犯，悉令曹司闻奏。本欲察其情状，有所哀矜；今乃曲求小节，或重其罪，使人攻击惟恨不深。事无重条，求之法外所加，十有六七，故顷年犯者惧上闻，得付法司，以为多幸。告讦无已，穷理不息，君私于上，吏奸于下，求细过而忘大体，行一罚而起众奸，此乃背公平之道，乖泣辜之意，欲其人和讼息，不可得也。

故《体论》云：“夫淫泆盗窃，百姓之所恶也，我从而刑罚之，虽过乎当，百姓不以我为暴者，公也。怨旷饥寒，亦百姓之所恶也，遁而陷之法，我从而宽宥之，百姓不以我为偏者，公也。我之所重，百姓之所憎也；我之所轻，百姓之所怜也。是故赏轻而劝善，刑省而禁奸。”由此言之，公之于法，无不可也，过轻亦可。私之于法，无可也，过轻则纵奸，过重则伤善。圣人之于法也公矣，然犹惧其未也，而救之以化，此上古所务也。后之理狱者则不然：未讯罪人，则先为之意，及其讯之，则驱而致之意，谓之能；不探狱之所由，生为之分，而上求人主之微旨以为制，谓之忠。其当官也能，其事上也忠，则名利随而与之，驱而陷之，欲望道化之隆，亦难矣。

凡听讼理狱，必原父子之亲，立君臣之义，权轻重之序，测浅深之量。悉其聪明，致其忠爱，疑则与众共之。疑则从轻者，所以重之也，故舜命咎繇曰：“汝作士，惟刑之恤。”又复加之以三讯，众所善，然后断之。是以为法，参之人情。故《传》曰：“小大之狱，虽不能察，必以情。”而世俗拘愚苛刻之吏，以为情也者取货者也，立爱憎者也，右亲戚者也，陷怨仇者也。何世俗小吏之情，与夫古人之悬远乎？有司以此情疑之群吏，人主以此情疑之有司，是君臣上下通相疑也，欲其尽忠立节，难矣。

凡理狱之情，必本所犯之事以为主，不严讯，不旁求，不贵多端，以见聪明，故律正其举劾之法，参伍其辞，所以求实也，非所以饰实也，但当参任明听之耳，不使狱吏锻炼饰理成辞于手。孔子曰：“古之听狱，求所以生之也；今之听狱，求所以杀之也。”故析言以破律，任案以成法，执左道以必加也。又《淮南子》曰：“沣水之深十仞，金铁在焉，则形见于外。非不深且清，而鱼鳖莫之归也。”故为上者以苛为察，以功为明，以刻下为忠，以讦多为功，譬犹广革，大则大矣，裂之道也。夫赏宜从重，罚宜从轻，君居其厚，百王通制。刑之轻重，恩之厚薄，见思与见疾，其可同日言哉！且法，国之权衡也，时之准绳也。权衡所以定轻重，准绳所以正曲直，今作法贵其宽平，罪人欲其严酷，喜怒肆志，高下在心，是则舍准绳以正曲直，弃权衡而定轻重者也，不亦惑哉？诸葛孔明，小国之相，犹曰：“吾心如称，不能为人作轻重。”况万乘之主，当可封之日，而任心弃法，取怨于人乎！

又时有小事，不欲人闻，则暴作威怒，以弭谤议。若所为是也，闻于外其何伤？若所以非也，虽掩之何益？故谚曰：“欲人不知，莫若不为；欲人不闻，莫若勿言。”为之而欲人不知，言之而欲人不闻，此犹捕雀而掩目，盗钟而掩耳者，只以取诮，将何益乎？臣又闻之，无常乱之国，无不可理之民者。夫君之善恶由乎化之薄厚，故禹、汤以之理，桀、纣以之乱；文、武以之安，幽、厉以之危。是以古之哲王，尽己而不以尤人，求身而不以责下。故曰：“禹、汤罪己，其兴也勃焉；桀、纣罪人，其亡也忽焉。”为之无已，深乖恻隐之情，实启奸邪之路。温舒恨于曩日，臣亦欲惜不用，非所不闻也。臣闻尧有敢谏之鼓，舜有诽谤之木，汤有司过之史，武有戒慎之铭。此则听之于无形，求之于未有，虚心以待下，庶下情之达上，上下无私，君臣合德者也。魏武帝云：“有德之君乐闻逆耳之言，犯颜之诤，亲忠臣，厚谏士，斥谗慝，远佞人者，诚欲全身保国，远避灭亡者也。”凡百君子，膺期统运，纵未能上下无私，君臣合德，可不全身保国，远避灭亡乎？然自古圣哲之君，功成事立，未有不资同心，予违汝弼者也。

昔在贞观之初，侧身励行，谦以受物。盖闻善必改，时有小过，引纳忠规，每听直言，喜形颜色。故凡在忠烈，咸竭其辞。自顷年海内无虞，远夷慑服，志意盈满，事异厥初。高谈疾邪，而喜闻顺旨之说；空论忠谠，而不悦逆耳之言。私嬖之径渐开，至公之道日塞，往来行路，咸知之矣。邦之兴衰，实由斯道。为人上者，可不勉乎？臣数年以来，每奉明旨，深惧群臣莫肯尽言。臣切思之，自比来人或上书，事有得失，惟见述其所短，未有称其所长。又天居自高，龙鳞难犯，在于造次，不敢尽言，时有所陈，不能尽意，更思重竭，其道无因。且所言当理，未必加于宠秩，意或乖忤，将有耻辱随之，莫能尽节，实由于此。虽左右近侍，朝夕阶墀，事或犯颜，咸怀顾望，况疏远不接，将何以极其忠款哉？又时或宣言云：“臣下见事，只可来道，何因所言，即望我用？”此乃拒谏之辞，诚非纳忠之意。何以言之？犯主严颜，献可替否，所以成主之美，匡主之过。若主听则惑，事有不行，使其尽忠谠之言，竭股肱之力，犹恐临时恐惧，莫肯效其诚款。若如明诏所道，便是许其面从，而又责其尽言，进退将何所据？欲必使乎致谏，在乎好之而已。故齐桓好服紫，而合境无异色；楚王好细腰，而后宫多饿死。夫以耳目之玩，人犹死而不违，况圣明之君求忠正之士，千里斯应，信不为难。若徒有其言，而内无其实，欲其必至，不可得也。

太宗手诏曰：

省前后讽谕，皆切至之意，固所望于卿也。朕昔在衡门，尚惟童幼，未渐师保之训，罕闻先达之言。值隋主分崩，万邦涂炭，慄慄黔黎，庇身无所。朕自二九之年，有怀拯溺，发愤投袂，便提干戈，蒙犯霜露，东西征伐，日不暇给，居无宁岁。降苍昊之灵，禀庙堂之略，义旗所指，触向平夷。弱水、流沙，并通輶轩之使；被发左衽，皆为衣冠之域。正朔所班，无远不届。及恭承宝历，寅奉帝图，垂拱无为，氛埃靖息，于兹十有余年，斯盖股肱罄帷幄之谋，爪牙竭熊罴之力，协德同心，以致于此。自惟寡薄，厚享斯休，每以抚大神器，忧深责重，常惧万机多旷，四聪不达，战战兢兢，坐以待旦。询于公卿，以至隶皂，推以赤心。庶几明赖，一动以钟石；淳风至德，永传于竹帛。克播鸿名，常为称首。朕以虚薄，多惭往代，若不任舟楫，岂得济彼巨川？不借盐梅，安得调夫五味？赐绢三百匹。

诚信第十七

贞观初，有上书请去佞臣者，太宗谓曰：“朕之所任，皆以为贤，卿知佞者谁耶？”对曰：“臣居草泽，不的知佞者，请陛下佯怒以试群臣，若能不畏雷霆，直言进谏，则是正人，顺情阿旨，则是佞人。”太宗谓封德彝曰：“流水清浊，在其源也。君者政源，人庶犹水，君自为诈，欲臣下行直，是犹源浊而望水清，理不可得。朕常以魏武帝多诡诈，深鄙其为人，如此，岂可堪为教令？”谓上书人曰：“朕欲使大信行于天下，不欲以诈道训俗，卿言虽善，朕所不取也。”

贞观十年，魏征上疏曰：

臣闻为国之基，必资于德礼，君之所保，惟在于诚信。诚信立则下无二心，德礼形则远人斯格。然则德礼诚信，国之大纲，在于君臣父子，不可斯须而废也。故孔子曰：“君使臣以礼，臣事君以忠。”又曰：“自古皆有死，民无信不立。”文子曰：“同言而信，信在言前；同令而行，诚在令外。”然则言而不信，言无信也；令而不从，令无诚也。不信之言，无诚之令，为上则败德，为下则危身，虽在颠沛之中，君子之所不为也。

自王道休明，十有余载，威加海外，万国来庭，仓廪日积，土地日广，然而道德未益厚，仁义未益博者，何哉？由乎待下之情未尽于诚信，虽有善始之勤，未睹克终之美故也。昔贞观之始，乃闻善惊叹，暨八九年间，犹悦以从谏。自兹厥后，渐恶直言，虽或勉强有所容，非复曩时之豁如。謇谔之辈，稍避龙鳞，便佞之徒，肆其巧辩。谓同心者为擅权，谓忠谠者为诽谤。谓之为朋党，虽忠信而可疑；谓之为至公，虽矫伪而无咎。强直者畏擅权之议，忠谠者虑诽谤之尤。正臣不得尽其言，大臣莫能与之争。荧惑视听，郁于大道，妨政损德，其在此乎？故孔子曰"恶利口之覆邦家者"，盖为此也。

且君子小人，貌同心异。君子掩人之恶，扬人之善，临难无苟免，杀身以成仁。小人不耻不仁，不畏不义，惟利之所在，危人自安。夫苟在危人，则何所不至？今欲将求致理，必委之于君子；事有得失，或访之于小人。其待君子也则敬而疏，遇小人也必轻而狎。狎则言无不尽，疏则情不上通。是则毁誉在于小人，刑罚加于君子，实兴丧之所在，可不慎哉！此乃孙卿所谓"使智者谋之，与愚者论之，使修洁之士行之，与污鄙之人疑之，欲其成功，可得乎哉？"夫中智之人，岂无小惠？然才非经国，虑不及远，虽竭力尽诚，犹未免于倾败；况内怀奸利，承颜顺旨，其为祸患，不亦深乎？夫立直木而疑影之不直，虽竭精神，劳思虑，其不得亦已明矣。

夫君能尽礼，臣得竭忠，必在于内外无私，上下相信。上不信，则无以使下，下不信，则无以事上，信之为道大矣。昔齐桓公问于管仲曰："吾欲使酒腐于爵，肉腐于俎，得无害霸乎？"管仲曰："此极非其善者，然亦无害于霸也。"桓公曰："如何而害霸乎？"管仲曰："不能知人，害霸也；知而不能任，害霸也；任而不能信，害霸也；既信而又使小人参之，害霸也。"晋中行穆伯攻鼓，经年而弗能下，馈间伦曰："鼓之啬夫，间伦知之。请无疲士大夫，而鼓可得。"穆伯不应，左右曰："不折一戟，不伤一卒，而鼓可得，君奚为不取？"穆伯曰："间伦之为人也，佞而不仁，若使间伦下之，吾可以不赏之乎？若赏之，是赏佞人也。佞人得志，是使晋国之士舍仁而为佞。虽得鼓，将何用之？"夫穆伯，列国之大夫，管仲，霸者之良佐，犹能慎于信任、远避佞人也如此，况乎为四海之大君，应千龄之上圣，而可使巍巍至德之盛，将有所间乎？

若欲令君子小人是非不杂，必怀之以德，待之以信，厉之以义，节之以礼，然后善善而恶恶，审罚而明赏。则小人绝其私佞，君子自强不息，无为之治，何远之有？善善而不能进，恶恶而不能去，罚不及于有罪，赏不加于有功，则危亡之期，或未可保，永锡祚胤，将何望哉！

太宗览疏叹曰："若不遇公，何由得闻此语！"

太宗尝谓长孙无忌等曰："朕即位之初，有上书者非一，或言人主必须威权独任，不得委任群下；或欲耀兵振武，慑服四夷。惟有魏征劝朕'偃革兴文，布德施惠，中国既安，远人自服'。朕从此语，天下大宁，绝域君长，皆来朝贡，九夷重译，相望于道。凡此等事，皆魏征之力也。朕任用岂不得人？"征拜谢曰："陛下圣德自天，留心政术。实以庸短，承受不暇，岂有益于圣明？"

贞观十七年，太宗谓侍臣曰："《传》称'去食存信'，孔子曰：'民无信不立。'昔项羽既入咸阳，已制天下，向能力行仁信，谁夺耶？"房玄龄对曰："仁、义、礼、智、信，谓之五常，废一不可。能勤行之，甚有裨益。殷纣狎侮五常，武王夺之。项氏以无信为汉高祖所夺，诚如圣旨。"

第六卷

俭约第十八

贞观元年，太宗谓侍臣曰："自古帝王凡有兴造，必须贵顺物情。昔大禹凿九山，通九江，用人力极广，而无怨讟者，物情所欲，而众所共有故也。秦始皇营建宫室，而人多谤议者，为徇其私欲，不与众共故也。朕今欲造一殿，材木已具，远想秦皇之事，遂不复作也。古人云：'不作无益害有益。''不见可欲，使民心不乱。'固知见可欲，其心必乱矣。至如雕镂器物，珠玉服玩，若恣其骄奢，则危亡之期可立待也。自王公以下，第宅、车服、婚嫁、丧葬，准品秩不合服用者，宜一切禁断。"由是二十年间，风俗简朴，衣无锦绣，财帛富饶，无饥寒之弊。

贞观二年，公卿奏曰："依《礼》，季夏之月，可以居台榭。今夏暑未退，秋霖方始，宫中卑湿，请营一阁以居之。"太宗曰："朕有气疾，岂宜下湿？若遂来请，糜费良多。昔汉文将起露台，而惜十家之产，朕德不逮于汉帝，而所费过之，岂为人父母之道也？"固请至于再三，竟不许。

贞观四年，太宗谓侍臣曰："崇饰宫宇，游赏池台，帝王之所欲，百姓之所不欲。帝王所欲者放逸，百姓所不欲者劳弊。孔子云：'有一言可以终身行之者，其恕乎！己所不欲，勿施于人。'劳弊之事，诚不可施于百姓。朕尊为帝王，富有四海，每事由己，诚能自节，若百姓不欲，必能顺其情也。"魏征曰："陛下本怜百姓，每节己以顺人。臣闻'以欲从人者昌，以人乐己者亡'。

隋炀帝志在无厌，惟好奢侈，所司每有供奉营造，小不称意，则有峻罚严刑。上之所好，下必有甚，竞为无限，遂至灭亡。此非书籍所传，亦陛下目所亲见。为其无道，故天命陛下代之，陛下若以为足，今日不啻足矣；若以为不足，更万倍过此，亦不足。”太宗曰：“公所奏对甚善。非公，朕安得闻此言？”

贞观十六年，太宗谓侍臣曰：“朕近读《刘聪传》，聪将为刘后起䳒仪殿，廷尉陈元达切谏，聪大怒，命斩之。刘后手疏启请，辞情甚切，聪怒乃解，而甚愧之。人之读书，欲广闻见以自益耳，朕见此事，可以为深诫。比者欲造一殿，仍构重阁，今于蓝田采木，并已备具，远想聪事，斯作遂止。”

贞观十一年，诏曰：“朕闻死者终也，欲物之反真也；葬者藏也，欲令人之不得见也。上古垂风，未闻于封树；后世贻则，乃备于棺椁。讥僭侈者，非爱其厚费；美俭薄者，实贵其无危。是以唐尧，圣帝也，谷林有通树之说；秦穆，明君也，橐泉无丘陇之处。仲尼，孝子也，防墓不坟；延陵，慈父也，嬴、博可隐。斯皆怀无穷之虑，成独决之明，乃便体于九泉，非徇名于百代也。洎乎阖闾违礼，珠玉为凫雁；始皇无度，水银为江海；季孙擅鲁，敛以玙璠；桓魋专宋，葬以石椁，莫不因多藏以速祸，由有利而招辱。玄庐既发，致焚如于夜台；黄肠再开，同暴骸于中野。详思曩事，岂不悲哉？由此观之，奢侈者可以为戒，节俭者可以为师矣。朕居四海之尊，承百王之弊，未明思化，中宵战惕。虽送往之典详诸仪制，失礼之禁著在刑书，而勋戚之家多流遁于习俗，闾阎之内或侈靡而伤风，以厚葬为奉终，以高坟为行孝，遂使衣衾棺椁极雕刻之华，灵辆冥器穷金玉之饰。富者越法度以相尚，贫者破资产而不逮，徒伤教义，无益泉壤，为害既深，宜为征革。其王公以下，爰及黎庶，自今以后，送葬之具有不依令式者，仰州府县官明加检察，随状科罪。在京五品以上及勋戚家，仍录奏闻。”

岑文本为中书令，宅卑湿，无帷帐之饰。有劝其营产业者，文本叹曰：“吾本汉南一布衣耳，竟无汗马之劳，徒以文墨致位中书令，斯亦极矣。荷俸禄之重，为惧已多，更得言产业乎？”言者叹息而退。

户部尚书戴胄卒，太宗以其居宅弊陋，祭享无所，令有司特为之造庙。

温彦博为尚书右仆射，家贫无正寝，及薨，殡于旁室。太宗闻而嗟叹，遽命所司为造，当厚加赙赠。

魏征宅内，先无正堂。及遇疾，太宗时欲造小殿，而辍其材为征营构，五日而就。遣中使赍素褥布被而赐之，以遂其所尚。

谦让第十九

贞观二年，太宗谓侍臣曰："人言作天子则得自尊崇，无所畏惧，朕则以为正合自守谦恭，常怀畏惧。昔舜诫禹曰：'汝惟不矜，天下莫与汝争能；汝惟不伐，天下莫与汝争功。'又《易》曰：'人道恶盈而好谦。'凡为天子，若惟自尊崇，不守谦恭者，在身倘有不是之事，谁肯犯颜谏奏？朕每思出一言，行一事，必上畏皇天，下惧群臣。天高听卑，何得不畏？群公卿士，皆见瞻仰，何得不惧？以此思之，但知常谦常惧，犹恐不称天心及百姓意也。"魏征曰："古人云：'靡不有初，鲜克有终。'愿陛下守此常谦常惧之道，日慎一日，则宗社永固，无倾覆矣。唐、虞所以太平，实用此法。"

贞观三年，太宗问给事中孔颖达曰："《论语》云：'以能问于不能，以多问于寡，有若无，实若虚。'何谓也？"颖达对曰："圣人设教，欲人谦光。己虽有能，不自矜大，仍就不能之人求访能事。己之才艺虽多，犹病以为少，仍就寡少之人更求所益。己之虽有，其状若无，己之虽实，其容若虚。非惟匹庶，帝王之德，亦当如此。夫帝王内蕴神明，外须玄默，使深不可知。故《易》称'以蒙养正；以明夷莅众'。若其位居尊极，炫耀聪明，以才陵人，饰非拒谏，则上下情隔，君臣道乖。自古灭亡，莫不由此也。"太宗曰："《易》云：'劳谦，君子有终，吉。'诚如卿言。"诏赐物二百段。

河间王孝恭，武德初封为赵郡王，累授东南道行台尚书左仆射。孝恭既讨平萧铣、辅公祏，遂领江、淮及岭南、北，皆统摄之。专制一方，威名甚著，累迁礼部尚书。孝恭性惟退让，无骄矜自伐之色。时有特进江夏王道宗，尤以将略驰名，兼好学，敬慕贤士，动修礼让，太宗并加亲待。诸宗室中，惟孝恭、道宗莫与为比，一代宗英云。

仁恻第二十

贞观初，太宗谓侍臣曰："妇人幽闭深宫，情实可悯。隋氏末年，求采无已，至于离宫别馆，非幸御之所，多聚宫人。此皆竭人财力，朕所不取。且洒扫之余，更何所用？今将出之，任求伉俪，非独以省费，兼以息人，亦各得遂其情性。"于是后宫及掖庭前后所出三千余人。

贞观二年，关中旱，大饥。太宗谓侍臣曰："水旱不调，皆为人君失德。

朕德之不修，天当责朕，百姓何罪，而多遭困穷！闻有鬻男女者，朕甚悯焉。”乃遣御史大夫杜淹巡检，出御府金宝赎之，还其父母。

贞观七年，襄州都督张公谨卒。太宗闻而嗟悼，出次发哀。有司奏言：“准阴阳书云：‘日在辰，不可哭泣。’此亦流俗所忌。”太宗曰：“君臣之义，同于父子，情发于中，安避辰日？”遂哭之。

贞观十九年，太宗征高（句）丽，次定州，有兵士到者，帝御州城北门楼抚慰之。有从卒一人病，不能进。诏至床前，问其所苦，仍敕州县医疗之。是以将士莫不欣然愿从。及大军回次柳城，诏集前后战亡人骸骨，设太牢致祭，亲临，哭之尽哀，军人无不洒泣。兵士观祭者，归家以言，其父母曰：“吾儿之丧，天子哭之，死无所恨。”太宗征辽东，攻白岩城，右卫大将军李思摩为流矢所中，帝亲为吮血，将士莫不感励。

慎所好第二十一

贞观二年，太宗谓侍臣曰：“古人云‘君犹器也，人犹水也，方圆在于器，不在于水。’故尧、舜率天下以仁，而人从之；桀、纣率天下以暴，而人从之。下之所行，皆从上之所好。至如梁武帝父子志尚浮华，惟好释氏、老氏之教；武帝末年，频幸同泰寺，亲讲佛经，百僚皆大冠高履，乘车扈从，终日谈论苦空，未尝以军国典章为意。及侯景率兵向阙，尚书郎以下，多不解乘马，狼狈步走，死者相继于道路。武帝及简文卒被侯景幽逼而死。孝元帝在于江陵，为万纽于谨所围，帝犹讲《老子》不辍，百僚皆戎服以听。俄而城陷，君臣俱被囚挚。庾信亦叹其如此，及作《哀江南赋》，乃云：‘宰衡以干戈为儿戏，缙绅以清谈为庙略。’此事亦足为鉴戒。朕今所好者，惟在尧、舜之道，周、孔之教，以为如鸟有翼，如鱼依水，失之必死，不可暂无耳。”

贞观二年，太宗谓侍臣曰：“神仙事本是虚妄，空有其名。秦始皇非分爱好，为方士所诈，乃遣童男童女数千人，随其入海求神仙。方士避秦苛虐，因留不归，始皇犹海侧踟蹰以待之，还至沙丘而死。汉武帝为求神仙，乃将女嫁道术之人，事既无验，便行诛戮。据此二事，神仙不烦妄求也。”

贞观四年，太宗曰：“隋炀帝性好猜防，专信邪道，大忌胡人，乃至谓胡床为交床，胡瓜为黄瓜，筑长城以避胡。终被宇文化及使令狐行达杀之。又诛戮李金才，及诸李殆尽，卒何所益？且君天下者，惟须正身修德而已，此外虚事，不足在怀。”

贞观七年，工部尚书段纶奏进巧人杨思齐至。太宗令试，纶遣造傀儡戏具。太宗谓纶曰：“所进巧匠，将供国事，卿令先造此物，是岂百工相戒无作奇巧之意耶？”乃诏削纶阶级，并禁断此戏。

慎言语第二十二

贞观二年，太宗谓侍臣曰：“朕每日坐朝，欲出一言，即思此一言于百姓有利否，所以不敢多言。”给事中兼知起居事杜正伦进曰：“君举必书，言存左史。臣职当兼修起居注，不敢不尽愚直。陛下若一言乖于道理，则千载累于圣德，非止当今损于百姓，愿陛下慎之。”太宗大悦，赐彩百段。

贞观八年，太宗谓侍臣曰：“言语者，君子之枢机，谈何容易？凡在众庶，一言不善，则人记之，成其耻累，况是万乘之主？不可出言有所乖失。其所亏损至大，岂同匹夫？我常以此为戒。隋炀帝初幸甘泉宫，泉石称意，而怪无萤火，敕云：‘捉取多少于宫中照夜。’所司遽遣数千人采拾，送五百舆于宫侧，小事尚尔，况其大乎？”魏征对曰：“人君居四海之尊，若有亏失，古人以为如日月之蚀，人皆见之，实如陛下所戒慎。”

贞观十六年，太宗每与公卿言及古道，必诘难往复。散骑常侍刘洎上书谏曰：“帝王之与凡庶，圣哲之与庸愚，上下相悬，拟伦斯绝。是知以至愚而对至圣，以极卑而对极尊，徒思自强，不可得也。陛下降恩旨，假慈颜，凝旒以听其言，虚襟以纳其说，犹恐群下未敢对扬，况动神机，纵天辩，饰辞以折其理，援古以排其议，欲令凡庶何阶应答？臣闻皇天以无言为贵，圣人以不言为德，老子称‘大辩若讷’，庄生称‘至道无文’，此皆不欲烦也。是以齐侯读书，轮扁窃议，汉皇慕古，长孺陈讥，此亦不欲劳也。且多记则损心，多语则损气，心气内损，形神外劳，初虽不觉，后必为累。须为社稷自爱，岂为性好自伤乎？窃以今日升平，皆陛下力行所至。欲其长久，匪由辩博，但当忘彼爱憎，慎兹取舍，每事敦朴，无非至公，若贞观之初，则可矣。至如秦政强辩，失人心于自矜，魏文宏材，亏众望于虚说。此才辩之累，皎然可知。伏愿略兹雄辩，浩然养气，简彼缃图，淡焉怡悦，固万寿于南岳，齐百姓于东户，则天下幸甚，皇恩斯毕。”太宗手诏答曰：“非虑无以临下，非言无以述虑。比有谈论，遂至烦多。轻物骄人，恐由兹道。形神心气，非此为劳。今闻谠言，虚怀以改。”

杜谗邪第二十三

贞观初，太宗谓侍臣曰："朕观前代，谗佞之徒，皆国之蟊贼也。或巧言令色，朋党比周。若暗主庸君，莫不以之迷惑，忠臣孝子所以泣血衔冤。故丛兰欲茂，秋风败之；王者欲明，谗人蔽之。此事著于史籍，不能具道。至如齐、隋间谗谮事，耳目所接者，略与公等言之。斛律明月，齐朝良将，威震敌国，周家每岁斫汾河冰，虑齐兵之西渡。及明月被祖孝征谗构伏诛，周人始有吞齐之意。高颎有经国大才，为隋文帝赞成霸业，知国政者二十余载，天下赖以安宁。文帝惟妇言是听，特令摈斥。及为炀帝所杀，刑政由是衰坏。又隋太子勇抚军监国，凡二十年间，固亦早有定分。杨素欺主罔上，贼害良善，使父子之道一朝灭于天性，逆乱之源，自此开矣。隋文既混淆嫡庶，竟祸及其身，社稷寻亦覆败。古人云'世乱则谗胜'，诚非妄言。朕每防微杜渐，用绝谗构之端，犹恐心力所不至，或不能觉悟。前史云：'猛兽处山林，藜藿为之不采；直臣立朝廷，奸邪为之寝谋。'此实朕所望于群公也。"魏征曰："《礼》云：'戒慎乎其所不睹，恐惧乎其所不闻。'《诗》云：'恺悌君子，无信谗言。谗言罔极，交乱四国。'又孔子曰：'恶利口之覆邦家'，盖为此也。臣尝观自古有国有家者，若曲受谗谮，妄害忠良，必宗庙丘墟，市朝霜露矣。愿陛下深慎之！"

贞观七年，太宗幸蒲州。刺史赵元楷课父老服黄纱单衣，迎谒路左，盛饰廨宇，修营楼雉以求媚；又潜饲羊百余口、鱼数千头，将馈贵戚。太宗知，召而数之曰："朕巡省河、洛，经历数州，凡有所须，皆资官物。卿为饲羊养鱼，雕饰院宇，此乃亡隋弊俗，今不可复行。当识朕心，改旧态也。"以元楷在隋邪佞，故太宗发此言以戒之。元楷惭惧，数日不食而卒。

贞观十年，太宗谓侍臣曰："太子保傅，古难其选。成王幼小，以周、召为保傅，左右皆贤，足以长仁，致理太平，称为圣主。及秦之胡亥，始皇所爱，赵高作傅，教以刑法。及其篡也，诛功臣，杀亲戚，酷烈不已，旋踵亦亡。以此而言，人之善恶，诚由近习。朕弱冠交游，惟柴绍、窦诞等，为人既非三益，及朕居兹宝位，经理天下，虽不及尧、舜之明，庶免乎孙皓、高纬之暴。以此而言，复不由染，何也？"魏征曰："中人可与为善，可与为恶，然上智之人自无所染。陛下受命自天，平定寇乱，救万民之命，理致升平，岂绍、诞之徒能累圣德？但经云：'放郑声，远佞人。'近习之间，尤宜深慎。"太宗曰："善。"

尚书左仆射杜如晦奏言："监察御史陈师合上《拔士论》，谓人之思虑有限，一人不可总知数职，以论臣等。"太宗谓戴胄曰："朕以至公理天下，今任玄龄、如晦，非为勋旧，以其有才行也。此人妄事毁谤，止欲离间我君臣。昔蜀后主昏弱，齐文宣狂悖，然国称理者，以任诸葛亮、杨遵彦不猜之故也。朕今任如晦等，亦复如法。"于是，流陈师合于岭外。

贞观中，太宗谓房玄龄、杜如晦曰："朕闻自古帝王上合天心，以致太平者，皆股肱之力。朕比开直言之路者，庶知冤屈，欲闻谏诤。所有上封事人，多告讦百官，细无可采。朕历选前王，但有君疑于臣，则下不能上达，欲求尽忠极虑，何可得哉？而无识之人，务行谗毁，交乱君臣，殊非益国。自今以后，有上书讦人小恶者，当以谗人之罪罪之。"

魏征为秘书监，有告征谋反者。太宗曰："魏征，昔吾之雠，只以忠于所事，吾遂拔而用之，何乃妄生谗构？"竟不问征，遽斩所告者。

贞观十六年，太宗谓谏议大夫褚遂良曰："卿知起居，比来记我行事善恶？"遂良曰："史官之设，君举必书。善既必书，过亦无隐。"太宗曰："朕今勤行三事，亦望史官不书吾恶。一则鉴前代成败事，以为元龟；二则进用善人，共成政道；三则斥弃群小，不听谗言。吾能守之，终不转也。"

悔过第二十四

贞观二年，太宗谓房玄龄曰："为人大须学问。朕往为群凶未定，东西征讨，躬亲戎事，不暇读书。比来四海安静，身处殿堂，不能自执书卷，使人读而听之。君臣父子，政教之道，共在书内。古人云：'不学，墙面，莅事惟烦。'不徒言也。却思少小时行事，大觉非也。"

贞观中，太子承乾多不修法度，魏王泰尤以才能为太宗所重，特诏泰移居武德殿。魏征上疏谏曰："魏王既是陛下爱子，须使知定分，常保安全，每事抑其骄奢，不处嫌疑之地也。今移居此殿，使在东宫之西，海陵昔居，时人以为不可。虽时移事异，犹恐人之多言。又王之本心，亦不宁息。既能以宠为惧，伏愿成人之美。"太宗曰："我几不思量，甚大错误。"遂遣泰归于本第。

贞观十七年，太宗谓侍臣曰："人情之至痛者，莫过乎丧亲也。故孔子云：'三年之丧，天下之通丧，自天子达于庶人也。'又曰：'何必高宗？古之人皆然。'近代帝王遂行不逮汉文以日易月之制，甚乖于礼典。朕昨见徐干《中论·复三年丧》篇，义理甚深，恨不早见此书。所行大疏略，但知自咎自责，追悔何及！"因悲泣久之。

贞观十八年，太宗谓侍臣曰："夫人臣之对帝王，多承意顺旨，甘言取容。朕今欲闻己过，卿等皆可直言。"散骑常侍刘洎对曰："陛下每与公卿论事，及有上书者，以其不称旨，或面加诘难，无不惭退，恐非诱进直言之道。"太宗曰："朕亦悔有此问难，当即改之。"

奢纵第二十五

贞观十一年，侍御史马周上疏陈时政曰：

臣历睹前代，自夏、殷、周及汉氏之有天下，传祚相继，多者八百余年，少者犹四五百年，皆为积德累业，恩结于人心。岂无僻王？赖前哲以免尔！自魏、晋以还，降及周、隋，多者不过五六十年，少者才二三十年而亡。良由创业之君不务广恩化，当时仅能自守，后无遗德可思。故传嗣之主政教少衰，一夫大呼而天下土崩矣。今陛下虽以大功定天下，而积德日浅，固当崇禹、汤、文、武之道，广施德化，使恩有余地，为子孙立万代之基。岂欲但令政教无失，以持当年而已！且自古明王圣主虽因人设教，宽猛随时，而大要以节俭于身、恩加于人二者是务。故其下爱之如父母，仰之如日月，敬之如神明，畏之如雷霆。此其所以卜祚遐长而祸乱不作也。

今百姓承丧乱之后，比于隋时才十分之一，而供官徭役，道路相继，兄去弟还，首尾不绝。远者往来五六千里，春秋冬夏，略无休时。陛下虽每有恩诏，令其减省，而有司作既不废，自然须人，徒行文书，役之如故。臣每访问，四五年来，百姓颇有怨嗟之言，以陛下不存养之。昔唐尧茅茨土阶，夏禹恶衣菲食。如此之事，臣知不复可行于今。汉文帝惜百金之费，辍露台之役，集上书囊以为殿帷，所幸夫人衣不曳地。至景帝以锦绣綦组妨害女工，特诏除之，所以百姓安乐。至孝武帝，虽穷奢极侈，而承文、景遗德，故人心不动。向使高祖之后即有武帝，天下必不能全。此于时代差近，事迹可见。今京师及益州诸处营造供奉器物，并诸王妃主服饰，议者皆不以为俭。臣闻昧旦丕显，后世犹怠，作法于理，其弊犹乱。陛下少处民间，知百姓辛苦，前代成败，目所亲见，尚犹如此，而皇太子生长深宫，不更外事，即万岁之后，固圣虑所当忧也。

臣窃寻往代以来成败之事，但有黎庶怨叛，聚为盗贼，其国无不即灭，人主虽欲改悔，未有重能安全者。凡修政教，当修之于可修之时，若事变一起，而后悔之，则无益也。故人主每见前代之亡，则知其政教之所由丧，而皆不知其身之有失。是以殷纣笑夏桀之亡，而幽、厉亦笑殷纣之灭。隋帝大业之初，又笑周、齐之失国，然今之视炀帝，亦犹炀帝之视周、齐也。故京房谓汉元帝云：“臣恐后之视今，亦犹今之视古。”此言不可不戒也。

往者贞观之初，率土霜俭，一匹绢才得粟一斗，而天下帖然。百姓知陛下甚忧怜之，故人人自安，曾无谤讟。自五六年来，频岁丰稔，一匹绢得十余石粟，而百姓皆以陛下不忧怜之，咸有怨言。又今所营为者，颇多不急之务故也。自古以来，国之兴亡不由蓄积多少，惟在百姓苦乐。且以近事验之，隋家贮洛口仓，而李密因之；东京积布帛，王世充据之；西京府库亦为国家之用，至今未尽。向使洛口、东都无粟帛，即世充、李密未必能聚大众。但贮积者固是国之常事，要当人有余力而后收之。若人劳而强敛之，竟以资寇，积之无益也。然俭以息人，贞观之初，陛下已躬为之，故今行之不难也。为之一日，则天下知之，式歌且舞矣。若人既劳矣，而用之不息，倘中国被水旱之灾，边方有风尘之警，狂狡因之窃发，则有不可测之事，非徒圣躬旰食晏寝而已。若以陛下之圣明，诚欲励精为政，不烦远求上古之术，但及贞观之初，则天下幸甚。

太宗曰：“近令造小随身器物，不意百姓遂有嗟怨，此则朕之过误。”乃命停之。

贪鄙第二十六

贞观初，太宗谓侍臣曰：“人有明珠，莫不贵重。若以弹雀，岂非可惜？况人之性命甚于明珠，见金钱财帛不惧刑网，径即受纳，乃是不惜性命。明珠是身外之物，尚不可弹雀，何况性命之重，乃以博财物耶？群臣若能备尽忠直，益国利人，则官爵立至。皆不能以此道求荣，遂妄受财物，赃贿既露，其身亦殒，实为可笑。帝王亦然。恣情放逸，劳役无度，信任群小，疏远忠正，有一于此，岂不灭亡？隋炀帝奢侈自贤，身死匹夫之手，亦为可笑。”

贞观二年，太宗谓侍臣曰：“朕尝谓贪人不解爱财也。至如内外官五品以上，禄秩优厚，一年所得，其数自多。若受人财贿，不过数万。一朝彰露，禄秩削夺，此岂是解爱财物？规小得而大失者也。昔公仪休性嗜鱼，而不受人鱼，其鱼长存。且为主贪，必丧其国；为臣贪，必亡其身。《诗》云：‘大风有隧，贪人败类。’固非谬言也。昔秦惠王欲伐蜀，不知其径，乃刻五石牛，置金其后。蜀人见之，以为牛能变金。蜀王使五丁力士拖牛入蜀，道成。秦师随而伐之，蜀国遂亡。汉大司农田延年赃贿三千万，事觉自死。如此之流，何可胜记！朕今以蜀王为元龟，卿等亦须以延年为覆辙也。”

贞观四年，太宗谓公卿曰：“朕终日孜孜，非但忧怜百姓，亦欲使卿等长守富贵。天非不高，地非不厚，朕常兢兢业业，以畏天地。卿等若能小心奉法，常如朕畏天地，非但百姓安宁，自身常得欢乐。古人云：‘贤者多财损其志，愚者多财生其过。’此言可为深诫。若徇私贪浊，非止坏公法，损百姓，纵事未发闻，中心岂不常惧？恐惧既多，亦有因而致死。大丈夫岂得苟贪财物，以害及身命，使子孙每怀愧耻耶？卿等宜深思此言。”

贞观六年，右卫将军陈万福自九成宫赴京，违法取驿家麸数石。太宗赐其麸，令自负出以耻之。

贞观十年，治书侍御史权万纪上言：“宣、饶二州诸山大有银坑，采之极是利益，每岁可得钱数百万贯。”太宗曰：“朕贵为天子，是事无所少之。惟须纳嘉言，进善事，有益于百姓者。且国家剩得数百万贯钱，何如得一有才行人？不见卿推贤进善之事，又不能按举不法，震肃权豪，惟道税鬻银坑以为利益。昔尧、舜抵璧于山林，投珠于渊谷，由是崇名美号见称千载。后汉桓、灵二帝好利贱义，为近代庸暗之主。卿遂欲将我比桓、灵耶？”是日敕放令万纪还第。

贞观十六年，太宗谓侍臣曰：“古人云：‘鸟栖于林，犹恐其不高，复巢于木末；鱼藏于水，犹恐其不深，复穴于窟下。然而为人所获者，皆由贪饵故也。’今人臣受任，居高位，食厚禄，当须履忠正，蹈公清，则无灾害，长守富贵矣。古人云：‘祸福无门，惟人所召。’然陷其身者，皆为贪冒财利，与夫鱼鸟何以异哉？卿等宜思此语为鉴诫。”

第七卷

崇儒学第二十七

太宗初践阼，即于正殿之左置弘文馆，精选天下文儒，令以本官兼署学士，给以五品珍膳，更日宿直，以听朝之隙引入内殿，讨论坟典，商略政事，或至夜分乃罢。又诏勋贤三品以上子孙为弘文学生。

贞观二年，诏停周公为先圣，始立孔子庙堂于国学，稽式旧典，以仲尼为先圣，颜子为先师，两边俎豆干戚之容，始备于兹矣。是岁大收天下儒士，赐帛给传，令诣京师，擢以不次，布在廊庙者甚众。学生通一大经以上，咸得署吏。国学增筑学舍四百余间，国子、太学、四门、广文亦增置生员，其书、算各置博士、学生，以备众艺。太宗又数幸国学，令祭酒、司业、博士讲论，毕，各赐以束帛。四方儒生负书而至者，盖以千数。俄而吐蕃及高昌、高（句）丽、新罗等诸夷酋长，亦遣子弟请入于学。于是国学之内，鼓箧升讲筵者几至万人，儒学之兴，古昔未有也。

贞观十四年诏曰："梁皇侃、褚仲都，周熊安生、沈重，陈沈文阿、周弘正、张讥，隋何妥、刘炫，并前代名儒，经术可纪，加以所在学徒，多行其讲疏，宜加优赏，以劝后生，可访其子孙见在者，录姓名奏闻。"二十一年诏曰："左丘明、卜子夏、公羊高、谷梁赤、伏胜、高堂生、戴圣、毛苌、孔安国、刘向、郑众、杜子春、马融、卢植、郑玄、服虔、何休、王肃、王弼、杜预、范宁等二十有一人，并用其书，垂于国胄，既行其道，理合褒崇。自今有事于太学，可并配享尼父庙堂。”其尊儒重道如此。

贞观二年，太宗谓侍臣曰：“为政之要，惟在得人。用非其才，必难致治。今所任用，必须以德行、学识为本。”谏议大夫王珪曰：“人臣若无学业，不能识前言往行，岂堪大任？汉昭帝时，有人诈称卫太子，聚观者数万人，众皆致惑。隽不疑断以蒯聩之事。昭帝曰：‘公卿大臣，当用经术明于古义者，此则固非刀笔俗吏所可比拟。’”上曰：“信如卿言。”

贞观四年，太宗以经籍去圣久远，文字讹谬，诏前中书侍郎颜师古于秘书省考定五经。及功毕，复诏尚书左仆射房玄龄集诸儒重加详议。时诸儒传习师说，舛谬已久，皆共非之，异端蜂起。而师古辄引晋、宋以来古本，随方晓答，援据详明，皆出其意表，诸儒莫不叹服。太宗称善者久之，赐帛五百匹，加授通直散骑常侍，颁其所定书于天下，令学者习焉。太宗又以文学多门，章句繁杂，诏师古与国子祭酒孔颖达等诸儒，撰定五经疏义，凡一百八十卷，名曰《五经正义》，付国学施行。

太宗尝谓中书令岑文本曰：“夫人虽禀定性，必须博学以成其道，亦犹蜃性含水，待月光而水垂；木性怀火，待燧动而焰发；人性含灵，待学成而为美。是以苏秦刺股，董生垂帷。不勤道艺，则其名不立。”文本对曰：“夫人性相近，情则迁移，必须以学饬情，以成其性。《礼》云：‘玉不琢不成器，人不学不知道。’所以古人勤于学问，谓之懿德。”

文史第二十八

贞观初，太宗谓监修国史房玄龄曰：“比见前、后《汉史》载录扬雄《甘泉》、《羽猎》，司马相如《子虚》、《上林》，班固《两都》等赋，此既文体浮华，无益劝诫，何假书之史策？其有上书论事，词理切直，可裨于政理者，朕从与不从皆须备载。”

贞观十一年，著作佐郎邓隆表请编次太宗文章为集。太宗谓曰：“朕若制事出令，有益于人者，史则书之，足为不朽。若事不师古，乱政害物，虽有词藻，终贻后代笑，非所须也。只如梁武帝父子及陈后主、隋炀帝，亦大有文章，而所为多不法，宗社皆须臾倾覆。凡人主惟在德行，何必要事文章耶？”竟不许。

贞观十三年，褚遂良为谏议大夫，兼知起居注。太宗问曰："卿比知起居，书何等事？大抵于人君得观见否？朕欲见此注记者，将却观所为得失以自警戒耳。"遂良曰："今之起居，古之左、右史，以记人君言行，善恶毕书，庶几人主不为非法，不闻帝王躬自观史。"太宗曰："朕有不善，卿必记耶？"遂良曰："臣闻守道不如守官，臣职当载笔，何不书之？"黄门侍郎刘洎进曰："人君有过失，如日月之蚀，人皆见之。设令遂良不记，天下之人皆记之矣。"

贞观十四年，太宗谓房玄龄曰："朕每观前代史书，彰善瘅恶，足为将来规诫。不知自古当代国史，何因不令帝王亲见之？"对曰："国史既善恶必书，庶几人主不为非法。止应畏有忤旨，故不得见也。"太宗曰："朕意殊不同古人。今欲自看国史者，盖有善事，固不须论；若有不善，亦欲以为鉴诫，使得自修改耳。卿可撰录进来。"玄龄等遂删略国史为编年体，撰高祖、太宗实录各二十卷，表上之。太宗见六月四日事，语多微文，乃谓玄龄曰："昔周公诛管、蔡而周室安，季友鸩叔牙而鲁国宁。朕之所为，义同此类，盖所以安社稷，利万民耳。史官执笔，何烦有隐？宜即改削浮词，直书其事。"侍中魏征奏曰："臣闻人主位居尊极，无所忌惮。惟有国史，用为惩恶劝善，书不以实，后嗣何观？陛下今遣史官正其辞，雅合至公之道。"

礼乐第二十九

太宗初即位，谓侍臣曰："准《礼》，名，终将讳之。前古帝王，亦不生讳其名，故周文王名昌，《周诗》云：'克昌厥后。'春秋时鲁庄公名同，十六年《经》书：'齐侯、宋公同盟于幽。'惟近代诸帝，妄为节制，特令生避其讳，理非通允，宜有改张。"因诏曰："依《礼》，二名义不偏讳，尼父达圣，非无前指。近世以来，曲为节制，两字兼避，废阙已多，率意而行，有违经语。今宜依据礼典，务从简约，仰效先哲，垂法将来，其官号人名，及公私文籍，有'世'及'民'两字不连读，并不须避。"

贞观二年，中书舍人高季辅上疏曰："窃见密王元晓等俱是懿亲，陛下友爱之怀，义高古昔，分以车服，委以藩维，须依礼仪，以副瞻望。比见帝子拜诸叔，诸叔亦即答拜，王爵既同，家人有礼，岂合如此颠倒昭穆？伏愿一垂训诫，永循彝则。"太宗乃诏元晓等，不得答吴王恪、魏王泰兄弟拜。

贞观四年，太宗谓侍臣曰："比闻京城士庶居父母丧者，乃有信巫书之言，辰日不哭，以此辞于吊问，拘忌辍哀，败俗伤风，极乖人理。宜令州县教导，齐之以礼典。"

贞观五年，太宗谓侍臣曰："佛道设教，本行善事，岂遣僧尼道士等妄自尊崇，坐受父母之拜，损害风俗，悖乱礼经？宜即禁断，仍令致拜于父母。"

贞观六年，太宗谓尚书左仆射房玄龄曰："比有山东崔、卢、李、郑四姓，虽累叶陵迟，犹恃其旧地，好自矜大，称为士大夫。每嫁女他族，必广索聘财，以多为贵，论数定约，同于市贾，甚损风俗，有紊礼经。既轻重失宜，理须改革。"乃诏吏部尚书高士廉、御史大夫韦挺、中书侍郎岑文本、礼部侍郎令狐德棻等，刊正姓氏，普责天下谱牒，兼据凭史传，剪其浮华，定其真伪，忠贤者褒进，悖逆者贬黜，撰为《氏族志》。士廉等及进定氏族等第，遂以崔干为第一等。太宗谓曰："我与山东崔、卢、李、郑，旧既无嫌，为其世代衰微，全无官宦，犹自云士大夫，婚姻之际，则多索财物，或才识庸下，而偃仰自高，贩鬻松檟，依托富贵，我不解人间何为重之？且士大夫有能立功，爵位崇重，善事君父，忠孝可称，或道义清素，学艺通博，此亦足为门户，可谓天下士大夫。今崔、卢之属，惟矜远叶衣冠，宁比当朝之贵？公卿已下，何暇多输钱物，兼与他气势，向声背实，以得为荣。我今定氏族者，诚欲崇树今朝冠冕，何因崔干犹为第一等，只看卿等不贵我官爵耶？不论数代已前，只取今日官品、人才作等级，宜一量定，用为永则。"遂以崔干为第三等。至十二年，书成，凡百卷，颁天下。又诏曰："氏族之美，实系于冠冕；婚姻之道，莫先于仁义。自有魏失御，齐氏云亡，市朝既迁，风俗陵替，燕、赵古姓，多失衣冠之绪，齐、韩旧族，或乖礼义之风。名不著于州闾，身未免于贫贱，自号高门之胄，不敦匹嫡之仪，问名惟在于窃资，结褵必归于富室。乃有新官之辈，丰财之家，慕其祖宗，竞结婚姻，多纳货贿，有如贩鬻。或自贬家门，受辱于姻娅；或矜其旧望，行无礼于舅姑。积习成俗，迄今未已，既紊人伦，实亏名教。朕夙夜兢惕，忧勤政道，往代蠹害，咸已惩革，唯此弊风，未能尽变。自今以后，明加告示，使识嫁娶之序，务合礼典，称朕意焉。"

礼部尚书王珪子敬直，尚太宗女南平公主。珪曰："《礼》有妇见舅姑之仪，自近代风俗弊薄，公主出降，此礼皆废。主上钦明，动循法制，吾受公主谒见，岂为身荣，所以成国家之美耳。"遂与其妻就位而坐，令公主亲执巾，行盥馈之道，礼成而退。太宗闻而称善。是后公主下降有舅姑者，皆遣备行此礼。

贞观十二年，太宗谓侍臣曰："古者诸侯入朝，有汤沐之邑，刍禾百车，待以客礼。昼坐正殿，夜设庭燎，思与相见，问其劳苦。又汉家京成亦为诸郡立邸舍。顷闻考使至京者，皆赁房以坐，与商人杂居，才得容身而已。既待礼之不足，必是人多怨叹，岂肯竭情于共理哉。”乃令就京城闲坊，为诸州考使各造邸第。及成，太宗亲幸观焉。

贞观十三年，礼部尚书王珪奏言：“准令，三品以上，遇亲王于路，不合下马，今皆违法申敬，有乖朝典。”太宗曰：“卿辈欲自崇贵，卑我儿子耶？”魏征对曰：“汉、魏已来，亲王班皆次三公下。今三品并天子六尚书九卿，为王下马，王所不宜当也。求诸故事，则无可凭，行之于今，又乖国宪，理诚不可。”帝曰：“国家立太子者，拟以为君。人之修短，不在老幼。设无太子，则母弟次立。以此而言，安得轻我子耶？”征又曰：“殷人尚质，有兄终弟及之义。自周已降，立嫡必长，所以绝庶孽之窥窬，塞祸乱之源本。为国家者，所宜深慎。”太宗遂可王珪之奏。

贞观十四年，太宗谓礼官曰：“同爨尚有缌麻之恩，而嫂叔无服；又舅之与姨，亲疏相似，而服之有殊，未为得礼，宜集学者详议。余有亲重而服轻者，亦附奏闻。”是月尚书八座与礼官定议曰：

臣窃闻之，礼所以决嫌疑、定犹豫、别同异、明是非者也，非从天下，非从地出，人情而已矣。人道所先，在乎敦睦九族。九族敦睦，由乎亲亲，以近及远。亲属有等差，故丧纪有隆杀，随恩之薄厚，皆称情以立文。原夫舅之与姨，虽为同气，推之于母，轻重相悬。何则？舅为母之本宗，姨乃外戚他姓，求之母族，姨不与焉，考之经史，舅诚为重。故周王念齐，是称舅甥之国；秦伯怀晋，实切《渭阳》之诗。今在舅服止一时之情，为姨居丧五月，徇名丧实，逐末弃本，此古人之情或有未达，所宜损益，实在兹乎。

《礼记》曰：“兄弟之子犹子也，盖引而进之也。嫂叔之无服，盖推而远之也。”礼，继父同居则为之期，未尝同居则不为服。从母之夫，舅之妻，二人相为服。或曰“同爨缌麻”。然则继父且非骨肉，服重由乎同爨，恩轻在乎异居。固知制服虽系于名文，盖亦缘恩之厚薄者也。或有长年之嫂，遇孩童之叔，劬劳鞠养，情若所生，分饥共寒，契阔偕老，譬同居之继父，方他人之同爨，情义之深浅，宁可同日而言哉？在其生也，乃爱同骨肉，于其死也，则推而远之，求之本源，深所未喻。若推而远之为是，则不可生而共居；生而共居为是，则不可死同行路。重其生而轻其死，厚其始而薄其终，称情立文，其义安在？且事嫂见称，载籍非一。郑仲虞则恩礼甚笃，颜弘都则竭诚致感，马援则见之必冠，孔伋则哭之为位，此盖并躬践教义，仁深孝友，察其所行之旨，岂非先觉者欤？但于时上无哲王，礼非下之所议，遂使深情郁于千载，至理藏于万古，其来久矣，岂不惜哉！

今陛下以为尊卑之叙，虽焕乎已备，丧纪之制，或情理未安，爰命秩宗，详议损益。臣等奉遵明旨，触类傍求，采摭群经，讨论传记，或抑或引，兼名兼实，损其有余，益其不足，使无文之礼咸秩，敦睦之情毕举，变薄俗于既往，垂笃义于将来，信六籍所不能谈，超百王而独得者也。

谨按曾祖父母，旧服齐衰三月，请加为齐衰五月；嫡子妇，旧服大功，请加为期；众子妇，旧服小功，今请与兄弟同为大功九月；嫂叔，旧无服，今请服小功五月。其弟妻及夫兄亦小功五月。舅，旧服缌麻，请加与从母同服小功五月。

诏从其议。此并魏征之词也。

贞观十七年十二月癸丑，太宗谓侍臣曰："今日是朕生日。俗间以生日可为喜乐，在朕情，翻成感思。君临天下，富有四海，而追求侍养，永不可得。仲由怀负米之恨，良有以也。况《诗》云：'哀哀父母，生我劬劳。'奈何以劬劳之辰，遂为宴乐之事！甚是乖于礼度。"因而泣下久之。

太常少卿祖孝孙奏所定新乐。太宗曰："礼乐之作，是圣人缘物设教，以为撙节，治政善恶，岂此之由？"御史大夫杜淹对曰："前代兴亡，实由于乐。陈将亡也为《玉树后庭花》，齐将亡也而为《伴侣曲》，行路闻之，莫不悲泣，所谓亡国之音。以是观之，实由于乐。"太宗曰："不然，夫音声岂能感人？欢者闻之则悦，哀者听之则悲。悲悦在于人心，非由乐也。将亡之政，其人心苦，然苦心相感，故闻之则悲耳。何乐声哀怨，能使悦者悲乎？今《玉树》、《伴侣》之曲，其声具存，朕能为公奏之，知公必不悲耳。"尚书右丞魏征进曰："古人称：礼云，礼云，玉帛云乎哉！乐云，乐云，钟鼓云乎哉！乐在人和，不由音调。"太宗然之。

贞观七年，太常卿萧瑀奏言："今《破陈乐舞》，天下之所共传，然美盛德之形容，尚有所未尽。前后之所破刘武周、薛举、窦建德、王世充等，臣愿图其形状，以写战胜攻取之容。"太宗曰："朕当四方未定，因为天下救焚拯溺，故不获已，乃行战伐之事，所以人间遂有此舞，国家因兹亦制其曲。然雅乐之容，止得陈其梗概，若委曲写之，则其状易识。朕以见在将相，多有曾经受彼驱使者，既经为一日君臣，今若重见其被擒获之势，必当有所不忍，我为此等，所以不为也。"萧瑀谢曰："此事非臣思虑所及。"

第八卷

务农第三十

贞观二年，太宗谓侍臣曰："凡事皆须务本。国以人为本，人以衣食为本，凡营衣食，以不失时为本。夫不失时者，在人君简静乃可致耳。若兵戈屡动，土木不息，而欲不夺农时，其可得乎？"王珪曰："昔秦皇、汉武，外则穷极兵戈，内则崇侈宫室，人力既竭，祸难遂兴。彼岂不欲安人乎？失所以安人之道也。亡隋之辙，殷鉴不远，陛下亲承其弊，知所以易之。然在初则易，终之实难。伏愿慎终如始，方尽其美。"太宗曰："公言是也。夫安人宁国，惟在于君。君无为则人乐，君多欲则人苦，朕所以抑情损欲，克己自励耳。"

贞观二年，京师旱，蝗虫大起。太宗入苑视禾，见蝗虫，掇数枚而咒曰："人以谷为命，而汝食之，是害于百姓。百姓有过，在予一人，尔其有灵，但当蚀我心，无害百姓。"将吞之，左右遽谏曰："恐成疾，不可。"太宗曰："所冀移灾朕躬，何疾之避？"遂吞之，自是蝗不复为灾。

贞观五年，有司上书言："皇太子将行冠礼，宜用二月为吉，请追兵以备仪注。"太宗曰："今东作方兴，恐妨农事。"令改用十月。太子少保萧瑀奏言："准阴阳家，用二月为胜。"太宗曰："阴阳拘忌，朕所不行。若动静必依阴阳，不顾理义，欲求福祐，其可得乎？若所行皆遵正道，自然常与吉会。且吉凶在人，岂假阴阳拘忌？农时甚要，不可暂失。"

贞观十六年，太宗以天下粟价率计斗值五钱，其尤贱处，计斗值三钱，因谓侍臣曰：“国以民为本，人以食为命。若禾黍不登，则兆庶非国家所有。既属丰稔若斯，朕为亿兆人父母，唯欲躬务俭约，必不辄为奢侈。朕常欲赐天下之人，皆使富贵，今省徭赋，不夺其时，使比屋之人恣其耕稼，此则富矣。敦行礼让，使乡闾之间，少敬长，妻敬夫，此则贵矣。但令天下皆然，朕不听管弦，不从畋猎，乐在其中矣！”

刑法第三十一

贞观元年，太宗谓侍臣曰：“死者不可再生，用法务在宽简。古人云，鬻棺者欲岁之疫，非疾于人，利于棺售故耳。今法司核理一狱，必求深刻，欲成其考课。今作何法，得使平允？”谏议大夫王珪进曰：“但选公直良善人断狱允当者，增秩赐金，即奸伪自息。”诏从之。太宗又曰：“古者断狱，必讯于三槐、九棘之官，今三公、九卿，即其职也。自今以后，大辟罪皆令中书、门下四品以上及尚书九卿议之。如此，庶免冤滥。”由是至四年，断死刑，天下二十九人，几致刑措。

贞观二年，太宗谓侍臣曰：“比有奴告主谋逆，此极弊法，特须禁断。假令有谋反者，必不独成，终将与人计之；众计之事，必有他人论之，岂借奴告也？自今奴告主者，不须受，尽令斩决。”

贞观五年，张蕴古为大理丞。相州人李好德素有风疾，言涉妖妄，诏令鞫其狱。蕴古言：“好德癫病有征，法不当坐。”太宗许将宽宥。蕴古密报其旨，仍引与博戏。持书侍御史权万纪劾奏之。太宗大怒，令斩于东市。既而悔之，谓房玄龄曰：“公等食人之禄，须忧人之忧，事无巨细，咸当留意。今不问则不言，见事都不谏诤，何所辅弼？如蕴古身为法官，与囚博戏，漏泄朕言，此亦罪状甚重。若据常律，未至极刑。朕当时盛怒，即令处置。公等竟无一言，所司又不覆奏，遂即决之，岂是道理。”因诏曰：“凡有死刑，虽令即决，皆须五覆奏。”五覆奏，自蕴古始也。又曰：“守文定罪，或恐有冤。自今以后，门下省覆，有据法令合死而情可矜者，宜录奏闻。”

蕴古初以贞观二年，自幽州总管府记室兼直中书省，表上《大宝箴》，文义甚美，可以规诫。其词曰：

今来古往，俯察仰观，惟辟作福，为君实难。宅普天之下，处王公之上，任土贡其所有，具僚和其所唱。是故恐惧之心日弛，邪僻之情转放。岂知事起乎所忽，祸生乎无妄。故以圣人受命，拯溺亨屯，归罪于己，推恩于民。大明无偏照，至公无私亲。故以一人治天下，不以天下奉一人。礼以禁其奢，乐以防其佚。左言而右事，出警而入跸。四时调其惨舒，三光同其得失。故身为之度，而声为之律。勿谓无知，居高听卑；勿谓何害，积小成大。乐不可极，极乐成哀；欲不可纵，纵欲成灾。壮九重于内，所居不过容膝，彼昏不知，瑶其台而琼其室；罗八珍于前，所食不过适口，惟狂罔念，丘其糟而池其酒。勿内荒于色，勿外荒于禽；勿贵难得之货，勿听亡国之音。内荒伐人性，外荒荡人心；难得之物侈，亡国之声淫。勿谓我尊而傲贤侮士，勿谓我智而拒谏矜己。闻之夏后，据馈频起；亦有魏帝，牵裾不止。安彼反侧，如春阳秋露；巍巍荡荡，推汉高大度。抚兹庶事，如履薄临深；战战栗栗，用周文小心。

《诗》云："不识不知。"《书》曰："无偏无党。"一彼此于胸臆，捐好恶于心想。众弃而后加刑，众悦而后命赏。弱其强而治其乱，伸其屈而直其枉。故曰：如衡如石，不定物以数，物之悬者，轻重自见；如水如镜，不示物以形，物之鉴者，妍蚩自露。勿浑浑而浊，勿皎皎而清；勿汶汶而暗，勿察察而明。虽冕旒蔽目而视于未形，虽黈纩塞耳而听于无声。纵心乎湛然之域，游神于至道之精。扣之者，应洪纤而效响；酌之者，随浅深而皆盈。故曰：天之清，地之宁，王之贞。四时不言而代序，万物无为而受成。岂知帝有其力，而天下和平。吾王拨乱，戡以智力；人惧其威，未怀其德。

我皇抚运，扇以淳风；民怀其始，未保其终。爰述金镜，穷神尽性。使人以心，应言以行。包括理体，抑扬辞令。天下为公，一人有庆。开罗起祝，援琴命诗。一日二日，念兹在兹。惟人所召，自天祐之。争臣司直，敢告前疑。

太宗嘉之，赐帛三百段，仍授以大理寺丞。

贞观五年，诏曰："在京诸司，比来奏决死囚，虽云三覆，一日即了，都未暇审思，三奏何益？纵有追悔，又无所及。自今后，在京诸司奏决死囚，宜二日中五覆奏，天下诸州三覆奏。"又手诏敕曰："比来有司断狱，多据律文，虽情在可矜而不敢违法，守文定罪，惑恐有冤。自今门下省复有据法合死，而情在可矜者，宜录状奏闻。"

贞观九年，盐泽道行军总管、岷州都督高甑生，坐违李靖节度，又诬告靖谋逆，减死徙边。时有上言者曰："甑生旧秦府功臣，请宽其过。"太宗曰："虽是藩邸旧劳，诚不可忘。然理国守法，事须画一，今若赦之，使开侥幸之路。且国家建义太原，元从及征战有功者甚众，若甑生获免，谁不觊觎？有功之人，皆须犯法。我所以必不赦者，正为此也。"

贞观十一年，特进魏征上疏曰：

臣闻《书》曰："明德慎罚"，"惟刑恤哉！"《礼》云："为上易事，为下易知，则刑不烦矣。上人疑则百姓惑，下难知则君长劳矣。"夫上易事，则下易知，君长不劳，百姓不惑。故君有一德，臣无二心，上播忠厚之诚，下竭股肱之力，然后太平之基不坠，"康哉"之咏斯起。当今道被华戎，功高宇宙，无思不服，无远不臻。然言尚于简文，志在于明察，刑赏之用，有所未尽。夫刑赏之本，在乎劝善而惩恶，帝王之所以与天下为画一，不以贵贱亲疏而轻重者也。今之刑赏，未必尽然。或屈伸在乎好恶，或轻重由乎喜怒；遇喜则矜其情于法中，逢怒则求其罪于事外；所好则钻皮出其毛羽，所恶则洗垢求其瘢痕。瘢痕可求，则刑斯滥矣；毛羽可出，则赏因谬矣。刑滥则小人道长，赏谬则君子道消。小人之恶不惩，君子之善不劝，而望治安刑措，非所闻也。

且夫暇豫清谈，皆敦尚于孔、老；威怒所至，则取法于申、韩。直道而行，非无三黜，危人自安，盖亦多矣。故道德之旨未弘，刻薄之风已扇。夫刻薄既扇，则下生百端，人竞趋时，则宪章不一，稽之王度，实亏君道。昔州犁上下其手，楚国之法遂差；张汤轻重其心，汉朝之刑以弊。以人臣之颇僻，犹莫能申其欺罔，况人君之高下，将何以措其手足乎？以睿圣之聪明，无幽微而不烛，岂神有所不达，智有所不通哉？安其所安，不以恤刑为念；乐其所乐，遂忘先笑之变。祸福相倚，吉凶同域，惟人所召，安可不思？顷者责罚稍多，威怒微厉，或以供帐不赡，或以营作差违，或以物不称心，或以人不从命，皆非致治之所急，实恐骄奢之攸渐。是知"贵不与骄期而骄自至，富不与侈期而侈自来"，非徒语也。

且我之所代，实在有隋。隋氏乱亡之源，圣明之所临照。以隋氏之府藏譬今日之资储，以隋氏之甲兵况当今之士马，以隋氏之户口校今时之百姓，度长比大，曾何等级？然隋氏以富强而丧败，动之也；我以贫穷而安宁，静之也。静之则安，动之则乱，人皆知之，非隐而难见也，非微而难察也。然鲜蹈平易之途，多遵覆车之辙，何哉？在于安不思危、治不念乱、存不虑亡之所致也。昔隋氏之未乱，自谓必无乱；隋氏之未亡，自谓必不亡，所以甲兵屡动，徭役不息。至于将受戮辱，竟未悟其灭亡之所由也，可不哀哉！

夫鉴形之美恶，必就于止水；鉴国之安危，必取于亡国。故《诗》曰："殷鉴不远，在夏后之世。"又曰："伐柯伐柯，其则不远。"臣愿当今之动静，必思隋氏以为殷鉴，则存亡之治乱，可得而知。若能思其所以危，则安矣；思其所以乱，则治矣；思其所以亡，则存矣。知存亡之所在，节嗜欲以从人，省游畋之娱，息靡丽之作，罢不急之务，慎偏听之怒；近忠厚，远便佞，杜悦耳之邪说，甘苦口之忠言；去易进之人，贱难得之货，采尧舜之诽谤，追禹汤之罪己；惜十家之产，顺百姓之心，近取诸身，恕以待物，思劳谦以受益，不自满以招损；有动则庶类以和，出言而千里斯应，超上德于前载，树风声于后昆，此圣哲之宏观，而帝王之大业。能事斯毕，在乎慎守而已。

夫守之则易，取之实难。既能得其所以难，岂不能保其所以易？其或保之不固，则骄奢淫泆动之也。慎终如始，可不勉欤！《易》曰："君子安不忘危，存不忘亡，治不忘乱，是以身安而国家可保也。"诚哉斯言，不可以不深察也。伏惟陛下欲善之志不减于昔时，闻过必改少亏于曩日。若以当今之无事，行畴昔之恭俭，则尽善尽美矣，固无得而称焉。

太宗深嘉而纳用。

贞观十四年，戴州刺史贾崇以所部有犯十恶者，被御史劾奏。太宗谓侍臣曰："昔陶唐大圣，柳下惠大贤，其子丹朱甚不肖，其弟盗跖为臣恶。夫以圣贤之训，父子兄弟之亲，尚不能使陶染变革，去恶从善。今遣刺史，化被下人，咸归善道，岂可得也？若令缘此皆被贬降，或恐递相掩蔽，罪人斯失。诸州有犯十恶者，刺史不须从坐，但令明加纠访科罪，庶可肃清奸恶。"

贞观十六年，太宗谓大理卿孙伏伽曰："夫作甲者欲其坚，恐人之伤；作箭者欲其锐，恐人不伤。何则？各有司存，利在称职故也。朕常问法官刑罚轻重，每称法网宽于往代，仍恐主狱之司，利在杀人，危人自达，以钓声价。今之所忧，正在此耳。深宜禁止，务在宽平。"

赦令第三十二

贞观七年，太宗谓侍臣曰："天下愚人者多，智人者少，智者不肯为恶，愚人好犯宪章。凡赦宥之恩，惟及不轨之辈。古语云：'小人之幸，君子之不幸。''一岁再赦，善人喑哑。'凡养稂莠者伤禾稼，惠奸宄者贼良人。昔'文王作罚，刑兹无赦。'又蜀先主尝谓诸葛亮曰：'吾周旋陈元方、郑康成之间，每见启告理乱之道备矣，曾不语赦。'故诸葛亮治蜀十年不赦，而蜀大化。梁武帝每年数赦，卒至倾败。夫谋小仁者，大仁之贼。故我有天下以来，绝不放赦。今四海安宁，礼义兴行，非常之恩，弥不可数，将恐愚人常冀侥幸，惟欲犯法，不能改过。"

贞观十年，太宗谓侍臣曰："国家法令，惟须简约，不可一罪作数种条。格式既多，官人不能尽记，更生奸诈，若欲出罪即引轻条，若欲入罪即引重条。数变法者，实不益道理，宜令审细，毋使互文。"

贞观十一年，太宗谓侍臣曰："诏令格式，若不常定，则人心多惑，奸诈益生。《周易》称‘涣汗其大号’，言发号施令，若汗出于体，一出而不复也。《书》曰：‘慎乃出令，令出惟行，弗为反。’且汉祖日不暇给，萧何起于小吏，制法之后，犹称画一。今宜详思此义，不可轻出诏令，必须审定，以为永式。”

长孙皇后遇疾，渐危笃。皇太子启后曰：“医药备尽，今尊体不瘳，请奏赦囚徒并度人入道，冀蒙福祐。”后曰：“死生有命，非人力所加。若修福可延，吾素非为恶者；若行善无效，何福可求？赦者国之大事，佛道者，上每示存异方之教耳，常恐为理体之弊。岂以吾一妇人而乱天下法？不能依汝言。”

贡赋第三十三

贞观二年，太宗谓朝集使曰：“任土作贡，布在前典，当州所产，则充庭实。比闻都督、刺史邀射声名，厥土所赋，或嫌其不善，逾意外求，更相仿效，遂以成俗。极为劳扰，宜改此弊，不得更然。”

贞观中，林邑国贡白鹦鹉，性辩慧，尤善应答，屡有苦寒之言。太宗悯之，付其使，令还出于林薮。

贞观十二年，疏勒、朱俱波、甘棠遣使贡方物，太宗谓群臣曰：“向使中国不安，日南、西域朝贡使亦何缘而至？朕何德以堪之？睹此翻怀危惧。近代平一天下，拓定边方者，惟秦皇、汉武。始皇暴虐，至子而亡。汉武骄奢，国祚几绝。朕提三尺剑以定四海，远夷率服，亿兆乂安，自谓不减二主也。然二主末途，皆不能自保，由是每自惧危亡，必不敢懈怠。惟藉公等直言正谏，以相匡弼。若惟扬美隐恶，共进谀言，则国之危亡，可立而待也。”

贞观十八年，太宗将伐高（句）丽，其莫离支遣使贡白金。黄门侍郎褚遂良谏曰：“莫离支虐杀其主，九夷所不容，陛下以之兴兵，将事吊伐，为辽东之人报主辱之耻。古者讨弑君之贼，不受其赂。昔宋督遗鲁君以郜鼎，桓公受之于大庙，臧哀伯谏曰：‘君人者将昭德塞违，今灭德立违，而置其赂器于大庙，百官象之，又何诛焉？武王克商，迁九鼎于雒邑，义士犹或非之，而况将昭违乱之赂器置诸大庙，其若之何？’夫《春秋》之书，百王取则，若受不臣之筐篚，纳弑逆之朝贡，不以为愆，将何致伐？臣谓莫离支所献自不合受。”太宗从之。

贞观十九年，高（句）丽王高藏及莫离支盖苏文遣使献二美女，太宗谓其使曰：“朕悯此女离其父母兄弟于本国，若爱其色而伤其心，我不取也。”并却还之本国。

辨兴亡第三十四

贞观初，太宗从容谓侍臣曰：“周武平纣之乱，以有天下；秦皇因周之衰，遂吞六国。其得天下不殊，祚运长短若此之相悬也？”尚书右仆射萧瑀进曰：“纣为无道，天下苦之，故八百诸侯不期而会。周室微，六国无罪，秦氏专任智力，蚕食诸侯。平定虽同，人情则异。”太宗曰：“不然，周既克殷，务弘仁义；秦既得志，专行诈力。非但取之有异，抑亦守之不同。祚之修短，意在兹乎！”

贞观二年，太宗谓黄门侍郎王珪曰：“隋开皇十四年大旱，人多饥乏。是时仓库盈溢，竟不许赈给，乃令百姓逐粮。隋文不怜百姓而惜仓库，比至末年，计天下储积，得供五六十年。炀帝恃此富饶，所以奢华无道，遂致灭亡。炀帝失国，亦此之由。凡理国者，务积于人，不在盈其仓库。古人云：‘百姓不足，君孰与足？’但使仓库可备凶年，此外何烦储蓄！后嗣若贤，自能保其天下；如其不肖，多积仓库，徒益其奢侈，危亡之本也。”

贞观五年，太宗谓侍臣曰：“天道福善祸淫，事犹影响。昔启人亡国来奔，隋文帝不吝粟帛，大兴士众营卫安置，乃得存立。既而强富，子孙不思念报德，才至始毕，即起兵围炀帝于雁门。及隋国乱，又恃强深入，遂使昔安立其国家者，身及子孙，并为颉利兄弟之所屠戮。今颉利破亡，岂非背恩忘义所至也？”群臣咸曰：“诚如圣旨。”

贞观九年，北蕃归朝人奏：“突厥内大雪，人饥，羊马并死。中国人在彼者，皆入山作贼，人情大恶。”太宗谓侍臣曰：“观古人君，行仁义、任贤良则理；行暴乱、任小人则败。突厥所信任者，并共公等见之，略无忠正可取者。颉利复不忧百姓，恣情所为，朕以人事观之，亦何可久矣？”魏征进曰：“昔魏文侯问李克：‘诸侯谁先亡？’克曰：‘吴先亡。’文侯曰：‘何故？’克曰：‘数战数胜，数胜则主骄，数战则民疲，不亡何待？’颉利逢隋末中国丧乱，遂恃众内侵，今尚不息，此其必亡之道。”太宗深然之。

贞观九年，太宗谓魏征曰：“顷读周、齐史，末代亡国之主为恶多相类也。齐主深好奢侈，所有府库用之略尽，乃至关市无不税敛。朕常谓此犹如馋人自食其肉，肉尽必死。人君赋敛不已，百姓既弊，其君亦亡，齐主即是也。然天元、齐主若为优劣？”征对曰：“二主亡国虽同，其行则别。齐主懦弱，政出多门，国无纲纪，遂至亡灭。天元性凶而强，威福在己，亡国之事，皆在其身。以此论之，齐主为劣。”

第九卷

征伐第三十五

武德九年冬，突厥颉利、突利二可汗以其众二十万，至渭水便桥之北，遣酋帅执矢思力入朝为觇，自张声势云："二可汗总兵百万，今已至矣。"乃请返命。太宗谓曰："我与突厥面自和亲，汝则背之，我无所愧，何辄将兵入我畿县，自夸强盛？我当先戮尔矣！"思力惧而请命。萧瑀、封德彝等请礼而遣之，太宗曰："不然。今若放还，必谓我惧。"乃遣囚之。太宗曰："颉利闻我国家新有内难，又闻朕初即位，所以率其兵众直至于此，谓我不敢拒之。朕若闭门自守，虏必纵兵大掠。强弱之势，在今一策。朕将独出，以示轻之，且耀军容，使知必战。事出不意，乖其本图，制服匈奴，在兹举矣。"遂单马而进，隔津与语，颉利莫能测。俄而六军继至，颉利见军容大盛，又知思力就拘，由是大惧，请盟而退。

贞观初，岭南诸州奏言高州酋帅冯盎、谈殿阻兵反叛。诏将军蔺謩发江、岭数十州兵讨之。秘书监魏征谏曰："中国初定，疮痍未复，岭南瘴疠，山川阻深，兵运难继，疾疫或起，若不如意，悔不可追。且冯盎若反，即须及中国未宁，交结远人，分兵断险，破掠州县，署置官司。何因告来数年，兵不出境？此则反形未成，无容动众。陛下既未遣使人就彼观察，即来朝谒，恐不见明。今若遣使，分明晓谕，必不劳师旅，自致阙庭。"太宗从之，岭表悉定。侍臣奏言："冯盎、谈殿往年恒相征伐，陛下发一单使，岭外恬然。"太宗曰："初，岭南诸州盛言盎反，朕必欲讨之，魏征频谏，以为但怀之以德，必不讨自来。既从其计，遂得岭表无事，不劳而定，胜于十万之师。”乃赐征绢五百匹。

贞观四年，有司上言：“林邑蛮国，表疏不顺，请发兵讨击之。”太宗曰：“兵者凶器，不得已而用之。故汉光武云：‘每一发兵，不觉头须为白。’自古以来穷兵极武，未有不亡者也。苻坚自恃兵强，欲必吞晋室，兴兵百万，一举而亡。隋主亦必欲取高（句）丽，频年劳役，人不胜怨，遂死于匹夫之手。至如颉利，往岁数来侵我国家，部落疲于征役，遂至灭亡。朕今见此，岂得辄即发兵？但经历山险，土多瘴疠，若我兵士疾疫，虽克剪此蛮，亦何所补？言语之间，何足介意！”竟不讨之。

贞观五年，康国请归附，时太宗谓侍臣曰：“前代帝王，大有务广土地，以求身后之虚名，无益于身，其民甚困。假令于身有益，于百姓有损，朕必不为，况求虚名而损百姓乎？康国既来归朝，有急难不得不救；兵行万里，岂得无劳于民？若劳人求名，非朕所欲。所请归附，不须纳也。”

贞观十四年，兵部尚书侯君集伐高昌，及师次柳谷，候骑言：“高昌王麹文泰死，克日将葬，国人咸集，以二千轻骑袭之，可尽得也。”副将薛万均、姜行本皆以为然。君集曰：“天子以高昌骄慢，使吾恭行天诛。乃于墟墓间以袭其葬，不足称武，此非问罪之师也。”遂按兵以待。葬毕，然后进军，遂平其国。

贞观十六年，太宗谓侍臣曰：“北狄世为寇乱，今延陀倔强，须早为之所。朕熟思之，惟有二策：选徒十万，击而虏之，涤除凶丑，百年无患，此一策也。若遂其来请，与之为婚媾。朕为苍生父母，苟可利之，岂惜一女！北狄风俗，多由内政，亦既生子，则我外孙，不侵中国，断可知矣。以此而言，边境足得三十年来无事。举此二策，何者为先？”司空房玄龄对曰：“遭隋室大乱之后，户口太半未复，兵凶战危，圣人所慎，和亲之策，实天下幸甚。”

贞观十七年，太宗谓侍臣曰：“盖苏文弑其主而夺其国政，诚不可忍。今日国家兵力取之不难，朕未能即动兵众，且令契丹、靺鞨搅扰之，何如？”房玄龄对曰：“臣观古之列国，无不强陵弱，众暴寡。今陛下抚养苍生，将士勇锐，力有余而不取之，所谓止戈为武者也。昔汉武帝屡伐匈奴，隋主三征辽左，人贫国败，实此之由，惟陛下详察。”太宗曰：“善！”

贞观十八年，太宗以高（句）丽莫离支贼杀其主，残虐其下，议将讨之。谏议大夫褚遂良进曰："陛下兵机神算，人莫能知。昔隋末乱离，克平寇难，及北狄侵边，西蕃失礼，陛下欲命将击之，群臣莫不苦谏，惟陛下明略独断，卒并诛夷。今闻陛下将伐高（句）丽，意皆荧惑。然陛下神武英声，不比周、隋之主，兵若渡辽，事须克捷，万一不获，无以威示远方，必更发怒，再动兵众。若至于此，安危难测。"太宗然之。

贞观十九年，太宗将亲征高（句）丽，开府仪同三司尉迟敬德奏言："车驾若自往辽左，皇太子又监国定州，东西二京，府库所在，虽有镇守，终是空虚，辽东路遥，恐有玄感之变。且边隅小国，不足亲劳万乘。若克胜，不足为武，倘不胜，翻为所笑。伏请委之良将，自可应时摧灭。"太宗虽不从其谏，而识者是之。

礼部尚书江夏王道宗从太宗征高（句）丽，诏道宗与李勣为前锋，及济辽水克盖牟城，逢贼兵大至，军中佥欲深沟保险，待太宗至，徐进。道宗议曰："不可，贼赴急远来，兵实疲顿，恃众轻我，一战可摧。昔耿弇不以贼遗君父，我既职在前军，当须清道以待舆驾。"李勣大然其议。乃率骁勇数百骑，直冲贼阵，左右出入，勣因合击，大破之。太宗至，深加赏劳。道宗在阵损足，帝亲为针灸，赐以御膳。

太宗《帝范》曰："夫兵甲者，国家凶器也。土地虽广，好战则人凋；中国虽安，忘战则人殆。凋非保全之术，殆非拟寇之方，不可以全除，不可以常用。故农隙讲武，习威仪也；三年治兵，辨等列也。是以勾践轼蛙，卒成霸业；徐偃弃武，终以丧邦。何也？越习其威，徐忘其备也。孔子曰：'以不教人战，是谓弃之。'故知弧矢之威，以利天下，此用兵之职也。"

贞观二十二年，太宗将重讨高（句）丽。是时，房玄龄寝疾增剧，顾谓诸子曰："当今天下清谧，咸得其宜，惟欲东讨高（句）丽，方为国害。吾知而不言，可谓衔恨入地。"遂上表谏曰：

臣闻兵恶不戢，武贵止戈。当今圣化所覃，无远不暨。上古所不臣者，陛下皆能臣之；所不制者，皆能制之。详观古今，为中国患害，无过突厥。遂能坐运神策，不下殿堂，大小可汗，相次束手，分典禁卫，执戟行间。其后延陀鸱张，寻就夷灭，铁勒慕义，请置州县，沙漠以北，万里无尘。至如高昌叛涣于流沙，吐浑首鼠于积石，偏师薄伐，俱从平荡。高（句）丽历代逋诛，莫能讨击。陛下责其逆乱，杀主虐人，亲总六军，问罪辽碣。未经旬日，即拔辽东，前后虏获，数十万计，分配诸州，无处不满。雪往代之宿耻，掩崤陵之枯骨，比功校德，万倍前王。此圣主所自知，微臣安敢备说。

且陛下仁风被于率土，孝德彰于配天。睹夷狄之将亡，则指期数岁；授将帅之节度，则决机万里。屈指而候驿，视景而望书，符应若神，算无遗策。擢将于行伍之中，取士于凡庸之末。远夷单使，一见不忘；小臣之名，未尝再问。箭穿七札，弓贯六钧。加以留情坟典，属意篇什，笔迈钟、张，词穷贾、马。文锋既振，则宫徵自谐；轻翰暂飞，则花葩竞发。抚万姓以慈，遇群臣以礼。褒秋毫之善，解吞州之网。逆耳之谏必听，肤受之愬斯绝。好生之德，禁障塞于江湖；恶杀之仁，息鼓刀于屠肆。凫鹤荷稻粱之惠，犬马蒙帷盖之恩。降尊吮思摩之疮，登堂临魏征之柩。哭战亡之卒，则哀动六军；负填道之薪，则情感天地。重黔黎之大命，特尽心于庶狱。臣心识昏愦，岂足论圣功之深远，谈天德之高大哉？陛下兼众美而有之，靡不备具，微臣深为陛下惜之重之，爱之宝之。

《周易》曰："知进而不知退，知存而不知亡，知得而不知丧。"又曰："知进退存亡，而不失其正者，其惟圣人乎！"由此言之，进有退之义，存有亡之机，得有丧之理，老臣所以为陛下惜之者，盖谓此也。《老子》曰："知足不辱，知止不殆。"臣谓陛下威名功德，亦可足矣；拓地开疆，亦可止矣。彼高（句）丽者，边夷贱类，不足待以仁义，不可责以常理。古来以鱼鳖畜之，宜从阔略。必欲绝其种类，深恐兽穷则搏。且陛下每决死囚，必令三覆五奏，进素食，停音乐者，盖以人命所重，感动圣慈也。况今兵士之徒，无一罪戾，无故驱之于战阵之间，委之于锋刃之下，使肝脑涂地，魂魄无归，令其老父孤儿、寡妻慈母，望辖车而掩泣，抱枯骨而摧心，足变动阴阳，感伤和气，实天下之冤痛也。且兵，凶器，战，危事，不得已而用之。向使高（句）丽违失臣节，而陛下诛之可也；侵扰百姓，而陛下灭之可也；久长能为中国患，而陛下除之可也。有一于此，虽日杀万夫，不足为愧。今无此三条，坐烦中国，内为旧主雪怨，外为新罗报仇，岂非所存者小，所损者大？

愿陛下遵皇祖老子止足之诫，以保万代巍巍之名。发霈然之恩，降宽大之诏，顺阳春以布泽，许高（句）丽以自新，焚凌波之船，罢应募之众，自然华夷庆赖，远肃迩安。臣老病三公，朝夕入地，所恨竟无尘露，微增海岳。谨罄残魂余息，豫代结草之诚。倘蒙录此哀鸣，即臣死骨不朽。

太宗见表，叹曰："此人危笃如此，尚能忧我国家。"虽谏不从，终为善策。

贞观二十二年，军旅亟动，宫室互兴，百姓颇有劳弊。充容徐氏上疏谏曰：

贞观已来，二十有余载，风调雨顺，年登岁稔，人无水旱之弊，国无饥馑之灾。昔汉武帝，守文之常主，犹登刻玉之符；齐桓公，小国之庸君，尚涂泥金之事。望陛下推功损己，让德不居。亿兆倾心，犹阙告成之礼；云、亭伫谒，未展升中之仪。此之功德，足以咀嚼百王，网罗千代者矣。然古人有云："虽休勿休。"良有以也。守初保末，圣哲罕兼。是知业大者易骄，愿陛下难之；善始者难终，愿陛下易之。

窃见顷年以来，力役兼总，东有辽海之军，西有昆丘之役，士马疲于甲胄，舟车倦于转输。且召募役戍，去留怀死生之痛，因风阻浪，人米有漂溺之危。一夫力耕，年无数十之获；一船致损，则倾覆数百之粮。是犹运有尽之农功，填无穷之巨浪；图未获之他众，丧已成之我军。虽除凶伐暴，有国常规，然黩武玩兵，先哲所戒。昔秦皇并吞六国，反速危祸之基；晋武奄有三方，翻成覆败之业。岂非矜功恃大，弃德轻邦，图利忘害，肆情纵欲？遂使悠悠六合，虽广不救其亡；嗷嗷黎庶，因弊以成其祸。是知地广非常安之术，人劳乃易乱之源。愿陛下布泽流人，矜弊恤乏，减行役之烦，增雨露之惠。

妾又闻为政之本，贵在无为。窃见土木之功，不可遂兼。北阙初建，南营翠微，曾未逾时，玉华创制，非惟构架之劳，颇有功力之费。虽复茅茨示约，犹兴木石之疲，假使和雇取人，不无烦扰之弊。是以卑宫菲室，圣王之所安；金屋瑶台，骄主之为丽。故有道之君，以逸逸人；无道之君，以乐乐身。愿陛下使之以时，则力不竭矣；用而息之，则心斯悦矣。

夫珍玩技巧，为丧国之斧斤；珠玉锦绣，实迷心之酖毒。窃见服玩鲜靡，如变化于自然，职贡奇珍，若神仙之所制，虽驰华于季俗，实败素于淳风。是知漆器非延叛之方，桀造之而人叛；玉杯岂招亡之术，纣用之而国亡。方验侈丽之源，不可不遏。夫作法于俭，犹恐其奢；作法于奢，何以制后？伏惟陛下明照未形，智周无际，穷奥秘于麟阁，尽探赜于儒林。千王治乱之踪，百代安危之迹，兴亡衰乱之数，得失成败之机，固亦包吞心府之中，循环目围之内，乃宸衷久察，无假一二言焉。惟知之非难，行之不易，志骄于业著，体逸于时安。伏愿抑志裁心，慎终成始。削轻过以添重德，择今是以替前非，则鸿名与日月无穷，盛业与乾坤永泰！

太宗甚善其言，特加优赐甚厚。

安边第三十六

贞观四年，李靖击突厥颉利，败之，其部落多来归降者。诏议安边之策，中书令温彦博议："请于河南处之。准汉建武时，置降匈奴于五原塞下，全其部落，得为捍蔽，又不离其土俗，因而抚之，一则实空虚之地，二则示无猜之心，是含育之道也。"太宗从之。秘书监魏征曰："匈奴自古至今未有如斯之破败，此是上天剿绝，宗庙神武。且其世寇中国，万姓冤仇，陛下以其为降，不能诛灭，即宜遣发河北，居其旧土。匈奴人面兽心，非我族类，强必寇盗，弱则卑伏，不顾恩义，其天性也。秦、汉患之者若是，故时发猛将以击之，收其河南以为郡县。陛下以内地居之，且今降者几至十万，数年之后，滋息过倍，居我肘腋，甫迩王畿，心腹之疾，将为后患，尤不可处以河南也。"温彦博曰："天子之于万物也，天覆地载，有归我者则必养之。今突厥破除，余落归附，陛下不加怜悯，弃而不纳，非天地之道，阻四夷之意，臣愚甚谓不可，宜处之河南。所谓死而生之，亡而存之，怀我厚恩，终无叛逆。"魏征曰："晋代有魏时，胡部落分居近郡，江统劝逐出塞外，武帝不用其言，数年之后，遂倾瀍、洛。前代覆车，殷鉴不远。陛下必用彦博言，遣居河南，所谓养兽自遗患也。"彦博又曰："臣闻圣人之道，无所不通。突厥余魂，以命归我，收居内地，教以礼法，选其酋首，遣居宿卫，畏威怀德，何患之有？且光武居河南单于于内郡，以为汉藩翰，终于一代，不有叛逆。"又曰："隋文帝劳兵马，费仓库，树立可汗，令复其国，后孤恩失信，围炀帝于雁门。今陛下仁厚，从其所欲，河南、河北，任情居住，各有酋长，不相统属，力散势分，安能为害？"给事中杜楚客进曰："北狄人面兽心，难以德怀，易以威服。今令其部落散处河南，逼近中华，久必为患。至如雁门之役，虽是突厥背恩，自由隋主无道。中国以之丧乱，岂得云兴复亡国以致此祸？夷不乱华，前哲明训，存亡继绝，列圣通规。臣恐事不师古，难以长久。"太宗嘉其言，方务怀柔，未之从也。卒用彦博策，自幽州至灵州，置顺、祐、化、长四州都督府以处之，其人居长安者近且万家。

自突厥颉利破后，诸部落首领来降者，皆拜将军中郎将，布列朝廷，五品以上百余人，殆与朝士相半。惟拓拔不至，又遣招慰之，使者相望于道。凉州都督李大亮以为于事无益，徒费中国，上疏曰："臣闻欲绥远者必先安近。中国百姓，天下根本，四夷之人，犹于枝叶，扰其根本以厚枝叶，而求久安，未之有也。自古明王，化中国以信，驭夷狄以权。故《春秋》云：'戎狄豺狼，不可厌也；诸夏亲昵，不可弃也。'自陛下君临区宇，深根固本，人逸兵强，九州殷富，四夷自服。今者招致突厥，虽入提封，臣愚稍觉劳费，未悟其有益也。然河西民庶，镇御藩夷，州县萧条，户口鲜少，加因隋乱，减耗尤多，突厥未平之前，尚不安业，匈奴微弱以来，始就农亩，若即劳役，恐致妨损，以臣愚惑，请停招慰。且谓之荒服者，故臣而不纳。是以周室爱民攘狄，竟延八百之龄；秦王轻战事胡，故四十载而绝灭。汉文养兵静守，天下安丰；孝武扬威远略，海内虚耗，虽悔轮台，追已不及。至于隋室，早得伊吾，兼统鄯善，且既得之后，劳费日甚，虚内致外，竟损无益。远寻秦、汉，近观隋室，动静安危，昭然备矣。伊吾虽已臣附，远在藩碛，民非夏人，地多沙卤。其自竖立称藩附庸者，请羁縻受之，使居塞外，必畏威怀德，永为藩臣，盖行虚惠而收实福矣。近日突厥倾国入朝，既不能俘之江淮，以变其俗，乃置于内地，去京不远，虽则宽仁之义，亦非久安之计也。每见一人初降，赐物五匹，袍一领，酋长悉授大官，禄厚位尊，理多糜费。以中国之租赋，供积恶之凶虏，其众益多，非中国之利也。”太宗不纳。

十三年，太宗幸九成宫。突利可汗弟中郎将阿史那结社率阴结所部，并拥突利子贺罗鹘夜犯御营，事败，皆捕斩之。太宗自是不直突厥，悔处其部众于中国，还其旧部于河北，建牙于故定襄城，立李思摩为乙弥泥熟俟利苾可汗以主之。因谓侍臣曰：“中国百姓，实天下之根本，四夷之人，乃同枝叶，扰其根本以厚枝叶，而求久安，未之有也。初不纳魏征言，遂觉劳费日甚，几失久安之道。”

贞观十四年，侯君集平高昌之后，太宗欲以其地为州县。魏征曰：“陛下初临天下，高昌王先来朝谒，自后数有商胡称其遏绝贡献，加之不礼大国诏使，遂使王诛载加。若罪止文泰，斯亦可矣。未若因抚其民而立其子，所谓伐罪吊民，威德被于遐外，为国之善者也。今若利其土壤以为州县，常须千余人镇守，数年一易。每来往交替，死者十有三四，遣办衣资，离别亲戚。十年之后，陇右空虚，陛下终不得高昌撮谷尺布以助于中国。所谓散有用而事无用，臣未见其可。”太宗不从，竟以其地置西州，仍以西州为安西都护府，每岁调发千余人防遏其地。

黄门侍郎褚遂良亦以为不可，上疏曰：“臣闻古者哲后临朝，明王创业，必先华夏而后夷狄，广诸德化，不事遐荒。是以周宣薄伐，至境而反；始皇远塞，中国分离。陛下诛灭高昌，威加西域，收其鲸鲵，以为州县。然则王师初发之岁，河西供役之年，飞茑挽粟，十室九空，数郡萧然，五年不复。陛下每岁遣千余人而远事屯戍，终年离别，万里思归。去者资装，自须营办，既卖菽粟，倾其机杼。经途死亡，复在言外。兼遣罪人，增其防遏，所遣之内，复有逃亡，官司捕捉，为国生事。高昌途路，沙碛千里，冬风冰冽，夏风如焚，行人遇之多死。《易》云‘安不忘危，理不忘乱。’设令张掖尘飞，酒泉烽举，陛下岂能得高昌一人菽粟而及事乎？终须发陇右诸州，星驰电击。由斯而言，此河西者方于心腹，彼高昌者他人手足，岂得糜费中华，以事无用？陛下平颉利于沙塞，灭吐浑于西海，突厥余落为立可汗，叶浑遗萌更树君长，复立高昌，非无前例，此所谓有罪而诛之，既服而存之。宜择高昌可立者，征给首领，遣还本国，负戴洪恩，长为藩翰。中国不扰，既富且宁，传之子孙，以贻后代。”疏奏，不纳。

至十六年，西突厥遣兵寇西州，太宗谓侍臣曰："朕闻西州有警急，虽不足为害，然岂能无忧乎？往者初平高昌，魏征、褚遂良劝朕立麹文泰子弟，依旧为国，朕竟不用其计，今日方自悔责。昔汉高祖遭平城之围而赏娄敬，袁绍败于官渡而诛田丰，朕恒以此二事为诫，宁得忘所言者乎！"

第十卷

行幸第三十七

贞观初，太宗谓侍臣曰：“隋炀帝广造宫室，以肆行幸。自西京至东都，离宫别馆，相望道次，乃至并州、涿郡，无不悉然。驰道皆广数百步，种树以饰其傍。人力不堪，相聚为贼。逮至末年，尺土一人，非复己有。以此观之，广宫室，好行幸，竟有何益？此皆朕耳所闻，目所见，深以自诫。故不敢轻用人力，惟令百姓安静，不有怨叛而已。”

贞观十一年，太宗幸洛阳宫，泛舟于积翠池，顾谓侍臣曰：“此宫观台沼并炀帝所为，所谓驱役生人，穷此雕丽，复不能守此一都，以万人为虑。好行幸不息，人所不堪。昔诗人云：‘何草不黄？何日不行？’‘大东小东，杼轴其空。’正谓此也。遂使天下怨叛，身死国灭，今其宫苑尽为我有。隋氏倾覆者，岂惟其君无道，亦由股肱无良。如宇文述、虞世基、裴蕴之徒，居高官，食厚禄，受人委任，惟行谄佞，蔽塞聪明，欲令其国无危，不可得也。”司空长孙无忌奏言：“隋氏之亡，其君则杜塞忠谠之言，臣则苟欲自全，左右有过，初不纠举，寇盗滋蔓，亦不实陈。据此，即不惟天道，实由君臣不相匡弼。”太宗曰：“朕与卿等承其余弊，惟须弘道移风，使万世永赖矣。”

贞观十三年，太宗谓魏征等曰：“隋炀帝承文帝余业，海内殷阜，若能常处关中，岂有倾败？遂不顾百姓，行幸无期，径往江都，不纳董纯、崔象等谏诤，身戮国灭，为天下笑。虽复帝祚长短，委以玄天，而福善祸淫，亦由人事。朕每思之，若欲君臣长久，国无危败，君有违失，臣须极言。朕闻卿等规谏，纵不能当时即从，再三思审，必择善而用之。”

贞观十二年，太宗东巡狩，将入洛，次于显仁宫，宫苑官司多被责罚。侍中魏征进言曰：“陛下今幸洛州，为是旧征行处，庶其安定，故欲加恩故老。城郭之民未蒙德惠，官司苑监多及罪辜，或以供奉之物不精，又以不为献食。此则不思止足，志在奢靡，既乖行幸本心，何以副百姓所望？隋主先命在下多作献食，献食不多，则有威罚。上之所好，下必有甚，竞为无限，遂至灭亡。此非载籍所闻，陛下目所亲见。为其无道，故天命陛下代之。当战战慄慄，每事省约，参踪前列，昭训子孙，奈何今日欲在人之下？陛下若以为足，今日不啻足矣；若以为不足，万倍于此，亦不足也。”太宗大惊曰：“非公，朕不闻此言。自今以后，庶几无如此事。”

畋猎第三十八

秘书监虞世南以太宗颇好畋猎，上疏谏曰：“臣闻秋狝冬狩，盖惟恒典；射隼从禽，备乎前诰。伏惟陛下因听览之余辰，顺天道以杀伐，将欲摧班碎掌，亲御皮轩，穷猛兽之窟穴，尽逸材于林薮。夷凶剪暴，以卫黎元，收革擢羽，用充军器，举旗效获，式遵前古。然黄屋之尊，金舆之贵，八方之所仰德，万国之所系心，清道而行，犹戒衔橛。斯盖重慎防微，为社稷也。是以马卿直谏于前，张昭变色于后，臣诚细微，敢忘斯义？且天弧星罼，所殪已多，颁禽赐获，皇恩亦溥。伏愿时息猎车，且韬长戟，不拒刍荛之请，降纳涓浍之流，袒裼徒搏，任之群下，则贻范百王，永光万代。”太宗深嘉其言。

谷那律为谏议大夫，尝从太宗出猎，在途遇雨，太宗问曰：“油衣若为得不漏？”对曰：“能以瓦为之，必不漏矣。”意欲太宗弗数游猎，大被嘉纳。赐帛五十段，加以金带。

贞观十一年，太宗谓侍臣曰：“朕昨往怀州，有上封事者云：‘何为恒差山东众丁于苑内营造？即日徭役，似不下隋时。怀、洛以东，残人不堪其命，而田猎犹数，骄逸之主也。今者复来怀州田猎，忠谏不复至洛阳矣。’四时蒐田，既是帝王常礼，今日怀州，秋毫不干于百姓。凡上书谏正，自有常准，臣贵有辞，主贵能改。如斯诋毁，有似咒诅。”侍中魏征奏称：“国家开直言之路，所以上封事者尤多。陛下亲自披阅，或冀臣言可取，所以侥幸之士得肆其丑。臣谏其君，甚须折衷，从容讽谏。汉元帝尝以酎祭宗庙，出便门，御楼船。御史大夫薛广德当乘舆免冠曰：‘宜从桥，陛下不听臣言，臣自刎，以颈血污车轮，陛下不入庙矣。’元帝不悦。光禄卿张猛进曰：‘臣闻主圣臣直，乘船危，就桥安。圣主不乘危，广德言可听。’元帝曰：‘晓人不当如是耶！’乃从桥。以此而言，张猛可谓直臣谏君也。”太宗大悦。

贞观十四年，太宗幸同州沙苑，亲格猛兽，复晨出夜还。特进魏征奏言：“臣闻《书》美文王不敢盘于游田，《传》述《虞箴》称夷、羿以为戒。昔汉文临峻坂欲驰下，袁盎揽辔曰：‘圣主不乘危，不侥幸，今陛下骋六飞，驰不测之山，如有马惊车败，陛下纵欲自轻，奈高庙何？’孝武好格猛兽，相如进谏：‘力称乌获，捷言庆忌，人诚有之，兽亦宜然。猝遇逸材之兽，骇不存之地，虽乌获、逢蒙之伎不得用，而枯木朽株尽为难矣。虽万全而无患，然而本非天子所宜。’孝元帝郊泰畤，因留射猎，薛广德称：‘窃见关东困极，百姓离灾。今日撞亡秦之钟，歌郑、卫之乐，士卒暴露，从官劳倦，欲安宗庙社稷，何凭河暴虎，未之戒也？’臣窃思此数帝，心岂木石，独不好驰骋之乐？而割情屈己，从臣下之言者，志存为国，不为身也。臣伏闻车驾近出，亲格猛兽，晨往夜还。以万乘之尊，暗行荒野，践深林，涉丰草，甚非万全之计。愿陛下割私情之娱，罢格兽之乐，上为宗庙社稷，下慰群僚兆庶。”太宗曰：“昨日之事偶属尘昏，非故然也，自今深用为诫。”

贞观十四年，冬十月，太宗将幸栎阳游畋，县丞刘仁轨以收获未毕，非人君顺动之时，诣行所，上表切谏。太宗遂罢猎，擢拜仁轨新安令。

灾祥第三十九

贞观六年，太宗谓侍臣曰：“朕比见众议以祥瑞为美事，频有表贺庆。如朕本心，但使天下太平，家给人足，虽无祥瑞，亦可比德于尧、舜。若百姓不足，夷狄内侵，纵有芝草遍街衢，凤凰巢苑囿，亦何异于桀、纣？尝闻石勒时，有郡吏燃连理木，煮白雉肉吃，岂得称为明主耶？又隋文帝深爱祥瑞，遣秘书监王劭著衣冠在朝堂对考使焚香读《皇隋感瑞经》。旧尝见传说此事，实以为可笑。夫为人君，当须至公理天下，以得万姓之欢心。若尧、舜在上，百姓敬之如天地，爱之如父母，动作兴事，人皆乐之，发号施令，人皆悦之，此是大祥瑞也。自此后诸州所有祥瑞，并不用申奏。”

贞观八年，陇右山崩，大蛇屡见，山东及江、淮多大水。太宗以问侍臣，秘书监虞世南对曰：“春秋时，梁山崩，晋侯召伯宗而问焉，对曰：‘国主山川，故山崩川竭，君为之不举乐，降服乘缦，祝币以礼焉。’梁山，晋所主也。晋侯从之，故得无害。汉文帝元年，齐、楚地二十九山同日崩，水大出，令郡国无来献，施惠于天下，远近欢洽，亦不为灾。后汉灵帝时，青蛇见御座；晋惠帝时，大蛇长三百步，见齐地，经市入朝。按蛇宜在草野，而入市朝，所以为怪耳。今蛇见山泽，盖深山大泽必有龙蛇，亦不足怪。又山东之雨，虽则其常，然阴潜过久，恐有冤狱，宜断省系囚，庶或当天意。且妖不胜德，修德可以销变。”太宗以为然，因遣使者赈恤饥馁，申理冤讼，多所原宥。

贞观八年，有彗星见于南方，长六丈，经百余日乃灭。太宗谓侍臣曰："天见彗星，由朕之不德，政有亏失，是何妖也？”虞世南对曰："昔齐景公时彗星见，公问晏子。晏子对曰：‘公穿池沼畏不深，起台榭畏不高，行刑罚畏不重，是以天见彗星，为公戒耳！’景公惧而修德，后十六日而星没。陛下若德政不修，虽麟凤数见，终是无益。但使朝无阙政，百姓安乐，虽有灾变，何损于德？愿陛下勿以功高古人而自矜大，勿以太平渐久而自骄逸，若能终始如一，彗见未足为忧。”太宗曰："吾之理国，良无景公之过。但朕年十八便为经纶王业，北剪刘武周，西平薛举，东擒窦建德、王世充，二十四而天下定，二十九而居大位，四夷降伏，海内乂安。自谓古来英雄拨乱之主无见及者，颇有自矜之意，此吾之过也。上天见变，良为是乎？秦始皇平六国，隋炀帝富有四海，既骄且逸，一朝而败，吾亦何得自骄也？言念于此，不觉惕焉震惧！”魏征进曰："臣闻自古帝王未有无灾变者，但能修德，灾变自销。陛下因有天变，遂能戒惧，反复思量，深自克责，虽有此变，必不为灾也。”

贞观十一年，大雨，谷水溢，冲洛城门，入洛阳宫，平地五尺，毁宫寺十九，所漂七百余家。太宗谓侍臣曰："朕之不德，皇天降灾。将由视听弗明，刑罚失度，遂使阴阳舛谬，雨水乖常。矜物罪己，载怀忧惕。朕又何情独甘滋味？可令尚食断肉料，进蔬食。文武百官各上封事，极言得失。”中书侍郎岑文本上封事曰：

臣闻开拨乱之业，其功既难；守已成之基，其道不易。故居安思危，所以定其业也；有始有卒，所以崇其基也。今虽亿兆乂安，方隅宁谧，既承丧乱之后，又接凋弊之余，户口减损尚多，田畴垦辟犹少。覆焘之恩著矣，而疮痍未复；德教之风被矣，而资产屡空。是以古人譬之种树，年祀绵远，则枝叶扶疏；若种之日浅，根本未固，虽壅之以黑坟，暖之以春日，一人摇之，必致枯槁。今之百姓，颇类于此。常加含养，则日就滋息；暂有征役，则随日凋耗；凋耗既甚，则人不聊生；人不聊生，则怨气充塞；怨气充塞，则离叛之心生矣。故帝舜曰："可爱非君，可畏非民。”孔安国曰："人以君为命，故可爱。

君失道，人叛之，故可畏。”仲尼曰：“君犹舟也，人犹水也。水所以载舟，亦所以覆舟。”是以古之哲王虽休勿休，日慎一日者，良为此也。

伏惟陛下览古今之事，察安危之机，上以社稷为重，下以亿兆在念。明选举，慎赏罚，进贤才，退不肖。闻过即改，从谏如流。为善在于不疑，出令期于必信。颐神养性，省游畋之娱；去奢从俭，减工役之费。务静方内，而不求辟土；载櫜弓矢，而不忘武备。凡此数者，虽为国之恒道，陛下之所常行。臣之愚昧，惟愿陛下思而不怠，则至道之美与三、五比隆，亿载之祚与天地长久。虽使桑谷为妖，龙蛇作孽，雉雊于鼎耳，石言于晋地，犹当转祸为福，变灾为祥，况雨水之患，阴阳恒理，岂可谓天谴而系圣心哉？臣闻古人有言：“农夫劳而君子养焉，愚者言而智者择焉。”辄陈狂瞽，伏待斧钺。

太宗深纳其言。

慎终第四十

贞观五年，太宗谓侍臣曰：“自古帝王亦不能常化，假令内安，必有外扰。当今远夷率服，百谷丰稔，盗贼不作，内外宁静。此非朕一人之力，实由公等共相匡辅。然安不忘危，理不忘乱，虽知今日无事，亦须思其终始。常得如此，始是可贵也。”魏征对曰：“自古以来，元首股肱不能备具，或时君称圣，臣即不贤；或遇贤臣，即无圣主。今陛下明，所以致理。向若直有贤臣，而君不思化，亦无所益。天下今虽太平，臣等犹未以为喜，惟愿陛下居安思危，孜孜不怠耳！”

贞观六年，太宗谓侍臣曰：“自古人君为善者，多不能坚守其事。汉高祖泗上一亭长耳，初能拯危诛暴，以成帝业，然更延十数年，纵逸之败，亦不可保。何以知之？孝惠为嫡嗣之重，温恭仁孝，而高帝惑于爱姬之子，欲行废立；萧何、韩信功业既高，萧既妄系，韩亦滥黜，自余功臣黥布之辈惧而不安，至于反逆。君臣父子之间悖谬若此，岂非难保之明验也？朕所以不敢恃天下之安，每思危亡以自戒惧，用保其终。”

贞观九年，太宗谓公卿曰：“朕端拱无为，四夷咸服，岂朕一人之所致，实赖诸公之力耳！当思善始令终，永固鸿业，子子孙孙，递相辅翼。使丰功厚利施于来叶，令数百年后读我国史，鸿勋茂业粲然可观，岂惟称隆周、炎汉及建武、永平故事而已哉！”房玄龄因进曰：“陛下撝挹之志，推功群下，致理升平，本关圣德，臣下何力之有？惟愿陛下有始有卒，则天下永赖。”太宗又曰：“朕观古先拨乱之主皆年逾四十，惟光武年三十三。但朕年十八便举兵，年二十四定天下，年二十九升为天子，此则武胜于古也。少从戎旅，不暇读书，贞观以来，手不释卷，知风化之本，见政理之源。行之数年，天下大治而风移俗变，子孝臣忠，此又文过于古也。昔周、秦以降，戎狄内侵，今戎狄稽颡，皆为臣妾，此又怀远胜古也。此三者，朕何德以堪之？既有此功业，何得不善始慎终耶！”

贞观十二年，太宗谓侍臣曰：“朕读书见前王善事，皆力行而不倦，其所任用公辈数人，诚以为贤。然致理比于三、五之代，犹为不逮，何也？”魏征对曰：“今四夷宾服，天下无事，诚旷古所未有。然自古帝王初即位者，皆欲励精为政，比迹于尧、舜；及其安乐也，则骄奢放逸，莫能终其善。人臣初见任用者，皆欲匡主济时，追纵于稷、契；及其富贵也，则思苟全官爵，莫能尽其忠节。若使君臣常无懈怠，各保其终，则天下无忧不理，自可超迈前古也。”太宗曰：“诚如卿言。”

贞观十三年，魏征恐太宗不能克终俭约，近岁颇好奢纵，上疏谏曰：

臣观自古帝王受图定鼎，皆欲传之万代，贻厥孙谋。故其垂拱岩廊，布政天下。其语道也必先淳朴而抑浮华，其论人也必贵忠良而鄙邪佞，言制度也则绝奢靡而崇俭约，谈物产也则重谷帛而贱珍奇。然受命之初，皆遵之以成治；稍安之后，多反之而败俗。其故何哉？岂不以居万乘之尊，有四海之富，出言而莫己逆，所为而人必从，公道溺于私情，礼节亏于嗜欲故也？语曰：“非知之难，行之为难；非行之难，终之斯难。”所言信矣。

伏惟陛下年甫弱冠，大拯横流，削平区宇，肇开帝业。贞观之初，时方克壮，抑损嗜欲，躬行节俭，内外康宁，遂臻至治。论功则汤、武不足方，语德则尧、舜未为远。臣自擢居左右，十有余年，每侍帷幄，屡奉明旨。常许仁义之道，守之而不失；俭约之志，终始而不渝。一言兴邦，斯之谓也。德音在耳，敢忘之乎？而顷年以来，稍乖曩志，敦朴之理，渐不克终。谨以所闻，列之于下：

陛下贞观之初，无为无欲，清静之化，远被遐荒。考之于今，其风渐坠，听言则远超于上圣，论事则未逾于中主。何以言之？汉文、晋武俱非上哲，汉文辞千里之马，晋武焚雉头之裘。今则求骏马于万里，市珍奇于域外，取怪于道路，见轻于戎狄，此其渐不克终一也。

昔子贡问理人于孔子，孔子曰：“懔乎若朽索之驭六马。”子贡曰：“何其畏哉？”子曰：“不以道导之，则吾仇也，若何其无畏？”故《书》曰：“民惟邦本，本固邦宁。”为人上者奈何不敬？陛下贞观之始，视人如伤，恤其勤

劳，爱民犹子，每存简约，无所营为。顷年以来，意在奢纵，忽忘卑俭，轻用人力，乃云："百姓无事则骄逸，劳役则易使。"自古以来，未有由百姓逸乐而致倾败者也，何有逆畏其骄逸而故欲劳役者哉？恐非兴邦之至言，岂安人之长算？此其渐不克终二也。

陛下贞观之初，损己以利物，至于今日，纵欲以劳人，卑俭之迹岁改，骄侈之情日异。虽忧人之言不绝于口，而乐身之事实切于心。或时欲有所营，虑人致谏，乃云："若不为此，不便我身。"人臣之情，何可复争？此直意在杜谏者之口，岂曰择善而行者乎？此其渐不克终三也。

立身成败，在于所染，兰芷鲍鱼，与之俱化，慎乎所习，不可不思。陛下贞观之初，砥砺名节，不私于物，惟善是与，亲爱君子，疏斥小人。今则不然，轻亵小人，礼重君子。重君子也，敬而远之；轻小人也，狎而近之。近之则不见其非，远之则莫知其是。莫知其是，则不间而自疏；不见其非，则有时而自昵。昵近小人，非致理之道；疏远君子，岂兴邦之义？此其渐不克终四也。

《书》曰："不作无益害有益，功乃成；不贵异物贱用物，人乃足。犬马非其土性不畜，珍禽奇兽弗育于国。"陛下贞观之初，动遵尧、舜，捐金抵璧，反朴还淳。顷年以来，好尚奇异，难得之货，无远不臻，珍玩之作，无时能止。上好奢靡而望下敦朴，未之有也。末作滋兴，而求丰实，其不可得亦已明矣。此其渐不克终五也。

贞观之初，求贤如渴，善人所举，信而任之，取其所长，恒恐不及。近岁以来，由心好恶，或众善举而用之，或一人毁而弃之，或积年任而用之，或一朝疑而远之。夫行有素履，事有成迹，所毁之人，未必可信于所举，积年之行，不应顿失于一朝。君子之怀，蹈仁义而弘大德；小人之性，好谗佞以为身谋。陛下不审察其根源，而轻为之臧否，是使守道者日疏，干求者日进。所以人思苟免，莫能尽力。此其渐不克终六也。

陛下初登大位，高居深视，事惟清静，心无嗜欲，内除毕弋之物，外绝畋猎之源。数载之后，不能固志，虽无十旬之逸，或过三驱之礼。遂使盘游之娱，见讥于百姓，鹰犬之贡，远及于四夷。或时教习之处，道路遥远，侵晨而出，入夜方还。以驰骋为欢，莫虑不虞之变，事之不则，其可救乎？此其渐不克终七也。

孔子曰："君使臣以礼，臣事君以忠。"然则君之待臣，义不可薄。陛下初践大位，敬以接下，君恩下流，臣情上达，咸思竭力，心无所隐。顷年以来，多所忽略。或外官充使，奏事入朝，思睹阙庭，将陈所见，欲言则颜色不接，欲请又恩礼不加，间因所短，诘其细过，虽有聪辩之略，莫能申其忠款。而望上下同心，君臣交泰，不亦难乎？此其渐不克终八也。

“傲不可长，欲不可纵，乐不可极，志不可满。”四者，前王所以致福，通贤以为深诫。陛下贞观之初，孜孜不怠，屈己从人，恒若不足。顷年以来，微有矜放，恃功业之大，意蔑前王，负圣智之明，心轻当代，此傲之长也。欲有所为，皆取遂意，纵或抑情从谏，终是不能忘怀，此欲之纵也。志在嬉游，情无厌倦，虽未全妨政事，不复专心治道，此乐将极也。率土乂安，四夷款服，仍远劳士马，问罪遐裔，此志将满也。亲狎者阿旨而不肯言，疏远者畏威而莫敢谏，积而不已，将亏圣德。此其渐不克终九也。

昔陶唐、成汤之时非无灾患，而称其圣德者，以其有始有终，无为无欲，遇灾则极其忧勤，时安则不骄不逸故也。贞观之初，频年霜旱，畿内户口并就关外，携负老幼，来往数千，曾无一户逃亡、一人怨苦，此诚由识陛下矜育之怀，所以至死无携贰。顷年以来，疲于徭役，关中之人，劳弊尤甚。杂匠之徒，下日悉留和雇；正兵之辈，上番多别驱使。和市之物不绝于乡闾，递送之夫相继于道路。既有所弊，易为惊扰，脱因水旱，谷麦不收，恐百姓之心，不能如前日之宁帖。此其渐不克终十也。

臣闻：“祸福无门，唯人所召。”“人无衅焉，妖不妄作。”伏惟陛下统天御宇十有三年，道洽寰中，威加海外，年谷丰稔，礼教聿兴，比屋喻于可封，菽粟同于水火。暨乎今岁，天灾流行。炎气致旱，乃远被于郡国；凶丑作孽，忽近起于毂下。夫天何言哉？垂象示诫，斯诚陛下惊惧之辰，忧勤之日也。若见诫而惧，择善而从，同周文之小心，追殷汤之罪己，前王所以致礼者，勤而行之，今时所以败德者，思而改之，与物更新，易人视听，则宝祚无疆，普天幸甚，何祸败之有乎？然则社稷安危，国家理乱，在于一人而已。当今太平之基，既崇极天之峻；九仞之积，犹亏一篑之功。千载休期，时难再得，明主可为而不为，微臣所以郁结而长叹者也。

臣诚愚鄙，不达事机，略举所见十条，辄以上闻圣听。伏愿陛下采臣狂瞽之言，参以刍荛之议，冀千虑一得，衮职有补，则死日生年，甘从斧钺。

疏奏，太宗谓征曰：“人臣事主，顺旨甚易，忤情尤难。公作朕耳目股肱，常论思献纳。朕今闻过能改，庶几克终善事。若违此言，更何颜与公相见？复欲何方以理天下？自得公疏，反复研寻，深觉词强理直，遂列为屏障，朝夕瞻仰。又寻付史司，冀千载之下识君臣之义。”乃赐征黄金十斤，厩马二匹。

贞观十四年，太宗谓侍臣曰：“平定天下，朕虽有其事，守之失图，功业亦复难保。秦始皇初亦平六国，据有四海，及末年不能善守，实可为诫。公等宜念公忘私，则荣名高位，可以克终其美。”魏征对曰：“臣闻之，战胜易，守胜难。陛下深思远虑，安不忘危，功业既彰，德教复洽，恒以此为政，宗社无由倾败矣。”

贞观十六年，太宗问魏征曰：“观近古帝王有传位十代者，有一代两代者，亦有身得身失者。朕所以常怀忧惧，或恐抚养生民不得其所，或恐心生骄逸，喜怒过度。然不自知，卿可为朕言之，当以为楷则。”征对曰：“嗜欲喜怒之情，贤愚皆同。贤者能节之，不使过度，愚者纵之，多至失所。陛下圣德玄远，居安思危，伏愿陛下常能自制，以保克终之美，则万代永赖。”

附录

唐太宗李世民大事纪

公元 599 年　　隋开皇十九年，出生于京兆武功（今陕西武功西北），是唐高祖李渊与窦皇后的次子

公元 613 年　　献计破解雁门之围

公元 616 年　　击败甄翟儿，救出被甄翟儿起义军围困的父亲

公元 617 年　　李渊从太原起兵，攻入长安

公元 618 年　　隋炀帝在江都被杀后，李渊称帝，建立唐朝，成为唐朝开国皇帝

公元 619 年　　率军讨伐刘武周及宋金刚

公元 620 年　　大败宋金刚，尉迟敬德投降唐朝

公元 621 年　　虎牢关大捷，败王世充

公元 622 年　　讨伐刘黑闼

公元 623 年　　平定刘黑闼

公元 624 年　　率兵抵御突厥

公元 625 年　　屯兵蒲州防范突厥，并加为中书令

公元 626 年　　发动玄武门之变，受高祖传位，登基为唐朝第二位皇帝

公元 627 年　　改元贞观；以长孙无忌为右仆射，君臣议行封建

公元 628 年　　《唐雅乐》作成，前后释放三千余名宫女

公元 629 年　　以房玄龄、杜如晦为左右仆射

公元 630 年　　西域各国君长共尊唐太宗为天可汗

公元 631 年	下诏讨论封建诸侯制
公元 632 年	采纳魏征停止封禅的谏言
公元 634 年	讨伐吐谷浑，建大明宫
公元 635 年	平定吐谷浑
公元 637 年	《贞观律》颁行，讨论刺史世袭
公元 639 年	《氏族志》颁行
公元 640 年	下令撰写《五经正义》，许松赞干布与文成公主结婚
公元 643 年	下令绘制凌烟阁二十四功臣像
公元 645 年	御驾亲征高（句）丽，但久攻不下，班师回朝
公元 646 年	平定薛延陀部叛乱
公元 648 年	作《帝范》十二篇以赐太子李治
公元 649 年	贞观二十三年，托孤于长孙无忌、褚遂良，不久驾崩，谥号“文皇帝”，庙号“太宗”，葬于昭陵

唐朝官制简表

唐官制以三省六部制为核心。“中书取旨，门下封驳，尚书奉而行之”，这是三省分工的总原则。合议与决定政事之权的三省长官为当然的宰相，这个原则以唐初尤其唐太宗时最为典型，但其后未能得到始终的贯彻。从高宗开始，三省长官先后被排斥出宰相行列，决定政策之权被剥夺，真正的宰相往往为同中书门下平章事或其他职位。安史之乱后，尚书省各部司的职权也多为各种使职所瓜分。唐中叶后，三省六部制实际已经名存实亡。

下列为唐朝官制简表。

部门	官名	品级	备注
三师	太师、太傅、太保	正一品	不常设的荣耀虚衔
三公	太尉、司徒、司空	正一品	同上
尚书省	尚书令	正二品	尚书省总管各种政务与决策的执行。下设六部，即吏部、户部、礼部、兵部、刑部、工部。 尚书令一职因李世民曾担任过，后闲置不设。
	尚书左仆射（一人）	从二品	
	尚书右仆射（一人）	从二品	
	尚书左丞（一人）	正四品上	
	尚书右丞（一人）	正四品下	
	六部尚书（各一人）	正三品	
	六部侍郎（各一人）	正四品上	

续表

部门	官名	品级	备注
门下省	侍中（二人）	正二品	负责审核和封驳中书省的诏令、决议等。
	门下侍郎（二人）	正二品	
	给事中（四人）	正五品上	
中书省	中书令（二人）	正二品	负责草拟皇帝的诏令、决议等。
	中书侍郎（二人）	正三品	
	中书舍人（六人）	正五品上	
御史台	御中大夫（一人）	正三品	最高检察机关
	御中中丞（二人）	正四品下	
州	刺史（每州一人）	三品至四品	负责各自地方上的刑狱治安，赋役征发以及宣扬德化，劝课农桑。
	别驾（每州一人）	四品至五品	
	长史（每州一人）	五品至六品	
	司马（每州一人）	五品至七品	
县	县令（每县一人）	五品至七品	同上
	县丞（每县一人）	七品至九品	
	主簿（每县一人）	八品至九品	
	县尉（每县一人）	八品至九品	